红/十/字/文/化/丛/书
池子华　总主编

湖北红十字运动历史编年

（1911—2011）

湖北省红十字会　红十字运动研究中心　编

涂明珍　池子华　主编

合肥工业大学出版社

图书在版编目(CIP)数据

湖北红十字运动历史编年:1911—2011/涂明珍,池子华主编.
合肥:合肥工业大学出版社,2024. -- ISBN 978-7-5650-7106-5

Ⅰ. D632.1

中国国家版本馆 CIP 数据核字第 202484SU20 号

湖北红十字运动历史编年(1911—2011)

湖北省红十字会 红十字运动研究中心	编	涂明珍　池子华　主编

责任编辑	孙南洋
出版发行	合肥工业大学出版社
地　　址	(230009)合肥市屯溪路 193 号
网　　址	press. hfut. edu. cn
电　　话	人文社科出版中心:0551-62903200 营销与储运管理中心:0551-62903198
开　　本	710 毫米×1010 毫米　1/16
印　　张	19
字　　数	331 千字
版　　次	2024 年 12 月第 1 版
印　　次	2024 年 12 月第 1 次印刷
印　　刷	安徽联众印刷有限公司
书　　号	ISBN 978-7-5650-7106-5
定　　价	69.00 元

如果有影响阅读的印装质量问题,请与出版社营销与储运管理中心联系调换。

《红十字文化丛书》编辑委员会

《湖北红十字运动历史编年（1911—2011）》
编辑委员会

《红十字文化丛书》总序

150 年前，高举人道主义旗帜，旨在促进人类持久和平的红十字运动在欧洲兴起并迅速走向世界。100 多年来，红十字会为世界和平与发展做出的巨大贡献有目共睹，因而日益受到世界各国、各地区的欢迎，已发展为与联合国、奥委会并称的世界三大国际组织之一。究其原因，乃其所奉行的七项基本原则——也是红十字文化的内核——涵盖了世界上各种不同文化的共同点，能为文化和制度不同的国家和地区所接受，故而具有强大的生命力。

100 年前，红十字运动东渐登陆中国。在其中国化的发展过程中，红十字会不断吸取中国传统文化的精髓，茁壮成长，逐步形成了“人道、博爱、奉献”的文化内涵，并成为中华文化的瑰宝之一。

百余年来，红十字运动在波澜壮阔的实践中积累了丰富的经验，也留下了许多教训。经验与教训需要上升为理论；也只有理论才能更好地指导红十字事业持续、健康发展。学界、业界对此都进行了持续的关注。

2005 年 12 月 7 日，苏州大学社会学院与苏州市红十字会携手合作，成立全国首家红十字运动研究中心，旨在通过学界和业界的联合，推动和加强红十字运动的理论研究，探究红十字运动中国化的过程与特色，凝练红十字文化价值，探求红十字运动在构建国家软实力和促进中华民族伟大复兴中的地位与作用。同年 12 月 9 日，中国红十字会总会也提出：“确定一批研究课题，组织专家学者开展对国际红十字运动及中国红十字运动的深入研究。”① 由此，学界、业界共同开展了对红十字运动的学术研究与理论探讨。

多年来，红十字运动研究中心除通过专业网站（http：//www.hszyj.net）

① 中国红十字会总会：《关于加强和改进宣传工作的意见》，红总字〔2005〕19 号。

发布和交流学界、业界动态外，已出版研究成果数十部；帮助一些地方红十字会建立与高校的合作，搭建平台，共同开展研究；举办了首届红十字运动与慈善文化国际学术研讨会；培养了一批专门研究红十字运动的生力军；积累了大量的学术资料。中心主要研究人员还借助在各地讲学的机会，传播重视红十字运动研究的理念。正是在红十字运动研究中心的引领之下，红十字运动研究在中华大地上呈现出生机勃勃的发展态势，并取得了丰硕的成果，“新红学”① 呼之欲出。仅以 2011 年为例，各地以纪念辛亥革命 100 周年为契机，纷纷整理、编辑出版了地方红会百年史；有的红会还与高校合作组建相关研究中心，等等②。这些方式有力地推动了红十字运动研究向更深更广的方向发展。

当今世界正处于大发展大变革大调整时期，多极化、全球化深入发展，科学技术日新月异，各种思想文化交流交融交锋更加频繁，文化在综合国力竞争中的地位和作用更加凸显。2011 年 10 月 18 日，党的十七届六中全会通过的《中共中央关于深化文化体制改革推动社会主义文化大发展大繁荣若干重大问题的决定》，提出要推动社会主义文化大发展大繁荣。11 月 7 日，教育部发布了《高等学校哲学社会科学繁荣计划(2011—2020 年)》，强调要大力提升高等学校人才培养、科学研究、社会服务、文化传承创新的能力和水平。12 月 7 日，全国人大常委会副委员长、中国红十字会会长华建敏在中国红十字会九届三次理事会上提出：“要深化理论研究，充分挖掘红十字文化内涵，推进红十字文化中国化，广泛传播人道理念，在全社会推动形成良好的道德风尚。”③ 红十字“文化工程”已然成为红十字会总体建设目标之一④。进一步加强与拓展红十字运动理论研究，尤其是对红十字文化中国化的研究，已成为历史与现实的呼唤。

---

① 在 2009 年 4 月于苏州大学召开的“红十字运动与慈善文化”国际学术研讨会上，红十字运动研究中心主任、江苏红十字运动研究基地负责人、苏州大学教授池子华指出，经过 100 多年波澜壮阔的实践发展和学术界呕心沥血的开拓性研究，在人文社科领域构建一门“新红学”——红十字学，条件已经具备，时机已经成熟。见池子华：《创建“红十字学”刍议》，《中国红十字报》2009 年 4 月 17 日。

② 池子华、郝如一：《2011 年红十字理论研究之回顾》，《中国红十字报》2012 年 1 月 3 日。

③ 《中国红十字会九届三次理事会召开》，《中国红十字报》2011 年 12 月 9 日。

④ 池子华：《“文化工程”应成为红十字会总体建设目标之一》，《中国红十字报》2009 年 12 月 11 日。

有鉴于此，红十字运动研究中心继续发挥高等学校与业界合作的优势，汇聚研究队伍，科学选题，出版一套《红十字文化丛书》，弘扬有利于国家富强、民族振兴、人民幸福、社会和谐的思想和精神，凸显红十字文化在中国文化园地中的地位，使红十字文化在神州大地上更加枝繁叶茂，促进中国红十字事业可持续发展，推动红十字文化的国际交流。

《红十字文化丛书》的出版，得到了中国红十字基金会、江苏省红十字会、苏州大学社会学院、上海市嘉定区红十字会、浙江省嘉兴市红十字会、江苏省盐城市盐都区红十字会等单位的鼎力支持，也得到红十字国际委员会东亚地区代表处及中国红十字会总会的关心和指导，在此谨致衷心感谢。

池子华

2012 年 6 月于苏州大学

前　言

《湖北红十字运动历史编年（1911—2011）》是红十字运动研究中心与湖北省红十字会合作推出的专门检索湖北红十字运动历史和重大事件的工具书。该书在时间断限上为1911—2011年，并着重阐述了自1911年至2011年间湖北红十字运动产生、发展的历程及其在我国社会变革影响下发生的重大事件。

到2011年，湖北红十字运动与我国社会历史变革、经济社会发展紧密联系，总体上经历了兴起与曲折发展（1911—1936）、挫折与“复员”调整（1937—1949）、恢复与快速发展（1950—1964）、重整与陷入顿挫（1964—1976）、重回正轨与大发展（1977—1996）、重塑与新跨越（1996—2001）、依法兴会与科学发展（2002—2011）等7个发展阶段，走过了百年风雨历程，取得了令人瞩目的巨大成就，留下了诸多珍贵的历史记忆。本书以湖北省红十字会档案室、湖北省档案馆、武汉市档案馆馆藏资料以及《申报》《新闻报》《中国红十字会月刊》《红十字月刊》《人民日报》《光明日报》《新中国红十字》《中国红十字》《中国红十字报》等报刊资料为主要来源，旁及湖北地方志、湖北年鉴、武汉市及相关市县地方志、年鉴等资料，从中辑录湖北红十字运动的相关史料，并在整理、解读的基础上，以时间为经、以事件为纬，再现了百年来湖北红十字运动发展的历程，为弘扬红十字精神，推进中华人道事业发展提供历史借鉴。

本书辑录原则如下：

一、本书以时间为经、以事件为纬，力求全面客观地记载历史事件。每一年内，除个别内容为阅读方便而前后衔接外，其余均按时间先后顺序排布，年月日循序展开，具体日期不明确者，置于当月之后，写明月份；月份不详者，置于年末，以“本年”标示。

二、本书内容以湖北省各级红十字会开展的会务和业务工作为重点，涉及组织建设、内部管理、宣传传播、战争救护、灾害救济、社会服务、红十字青少年运动、港澳台事务、国际合作交流等方面，尤其是对湖北省各级红十字会举行的重要会议、重大活动以及取得的重要荣誉等做了详细陈述，以期全面、生动地展现湖北红十字运动的百年历程，让读者对湖北红十字运动取得的成绩和经验有所了解。

三、1911 年以来，湖北省行政区划调整变化较大，尤其是中华人民共和国成立后，其行政区划、地名多有变化。一些区域现在已经不在湖北省界之内，有一些区域是后来才划入湖北的。而且，各地、市、州所辖行政区划也在频繁调整。鉴于此，本书汇编的原则，是以当时的行政区划为准。

四、同一人名、地名的不同写法，依照现存记录及当前习惯用法进行了统一。

需要说明的是，本书是集体劳动的结晶，其中，戴少刚负责资料搜集、编写、校对，池子华进行补充、修订，湖北省红十字会给予全力协助。全书由涂明珍、池子华审稿定稿。由于编者水平有限，错漏之处在所难免，还请读者批评指正。

目　　录

上卷　红十字运动的兴起与曲折发展

上卷　红十字运动的兴起与曲折发展

红十字运动作为社会发展的产物，处于社会这个开放和多变的系统中，并受到历史、政治、经济、文化等因素的影响和制约。1911 年武汉赤十字会成立，标志着湖北本土红十字运动的兴起。湖北红十字运动起源于清末，发展于民国，不仅是清末中国红十字运动大彰之地，而且在民国时期的战争救护、灾害救济、社会服务等方面发挥了重要作用，使湖北省成为中国红十字运动的先进地区。

近代湖北红十字运动从无到有、由弱变强，走过了不平凡的历程。它立足湖北，宣扬博爱，广施人道，既中西合璧，实现了自身的本土化和快速发展；也洋为中用，促进了湖北传统慈善事业的近代转型。同时，它在多灾多难的湖北燃起“红十字”的星星之火，聚集广泛的人道力量，建立多处分会组织，留下了宝贵的组织、会员、医院、诊所等资源；在战争救护、灾害救济等方面出生入死、无私奉献，取得了辉煌成绩，积累了丰富经验，赢得了良好口碑。尤其是，解放战争中，以汉口分会、武昌分会为代表的湖北各地红十字组织，顺应历史潮流，积极配合解放军开展救护伤兵、维持社会秩序等工作，展现出自己的人道热忱和专业能力，建立了与新政府的良好关系，这为湖北红十字运动在中华人民共和国成立后的“新生”与发展，提供了良好基础和外部环境。

1911 年

10 月 10 日，辛亥革命武昌首义，战事激烈，死伤士兵甚众；战地民众亦遭受池鱼之殃，流离失所，多有伤亡。据报载，武汉战后“军民尸骨遍野，不下五六千人”，当地难民“无衣无褐，饥寒交迫”，而且“既遇锋镝，又罹寒冻，失业贫黎朝不保夕”。

10 月 15 日，武汉绅商李国镛、赵伯威等人求见起义军领袖黎元洪，“请求组织红十字会。黎许之”。

10 月 18 日，汉口伦敦会所属汉口仁济医院开始在武汉、孝感等地大量接收伤兵及在战争中受伤的民众，对救助伤员发挥了重要的作用。后该会传教士马谷良等人成立了红十字会，并在武昌、汉阳设立支会，在武汉各教会的中外基督徒均有参与。

10月19日，为救护武汉伤兵，张竹君女士在上海发起成立“中国赤十字会”，并在上海医院举行成立大会，“到会者男女约四五百人。开会后即由发起人张竹君报告发起缘由及宗旨，次宣布草章；次李平书君演说，略言此会在今日为万不可缓之事；次杨千里君演说，略言赤十字会当先发一队至汉口，即在汉口设立总机关，然后再由上海筹进行及扩充方法以继其后”。

10月20日，时任汉冶萍公司经理兼汉阳铁厂总办的李维格收到汉口商会邀请其担任汉口红十字会会长的信函，并于次日至汉口商会，与武昌、汉阳两处红十字会正会长马谷良医生，讨论成立红十字会事宜。

10月23日，给事中涂国盛上奏朝廷，要求大清红十字会会长盛宣怀担起救护之责，谓“鄂陷现已旬余，难民困毙无算，请饬督办大臣盛宣怀酌拨巨款，电商善堂义绅，援案设救局会，速救余生”。同日，盛宣怀上呈一折两片，即“遵旨设立慈善会派员赴鄂救济被难人民折”“拟派沈敦和、福开森赴鄂办理救济事宜片”“在京设立会所片”，表示“迅速设法救援，以活民命”，并称“此次赴鄂救济人民，医治受伤军士，只可用红十字之办法，不便用红十字会之名义。臣斟酌再四，拟请设立慈善救济会，仍按照红十字会宗旨，以救难及医伤两事为切实办法”。

10月23日，中国红十字会创始人之一的沈敦和接到由汉阳某国兵轮上发来的无线电报，“以两军死伤过多，请即亲率红十字会中西医队迅速前来战地，普救同胞”。沈敦和当即复电，表示：“当率甲乙丙丁四医队，备足药品、棚帐，初四启行，招商局特派江轮专送汉口。本会慈善性质，两军伤兵一视同仁。”同日，沈敦和、任锡汾、施则敬在《新闻报》发布广告，通告武汉救护安排及邀请爱心人士次日参加大会事宜，云：“兹因武汉兵事剧烈，官军与革军互有死伤。商明本会柯师、峨利生两西医、王培元医士、头班学生附学德医院学生组织甲乙丙三医队，暂借拨公立医院各项应用器具药品。一面函电李一琴君、卢鸿仓君在武汉就地组织分医院，受伤军民一律救治。”为此决定“定九月初三（阳历10月24日）下午四点钟假座英大马路小菜场楼上议事厅开特别会议”，欢迎各界人士参加，共商进行办法。

10月23日，中国赤十字会第二团在《民立报》发布“广告”，通报组织第二团之缘起，称："武汉用兵，伤痍必惨，敝同人心焉悯之，正在联合团体前往救疗，只以种种困难，未及即时成立。适张竹君女士亦发起中国赤十字会，以第一团出发，尽女子看护救伤之职。敝同人力薄能鲜，益滋惭沮。惟以战事剧烈，战地散漫，断非一团足以济事，不得不组织男子第二团，即日起程，同赴战地，普救受伤之人。"

10 月 24 日，沈敦和假座工部局议事厅召开特别大会，中外来宾多达 700 余人。沈敦和"报告开会宗旨及成立甲乙丙三医队，定初五日乘招商局特派之江宽北上，公举柯师医生为领队"。会上宣布成立"中国红十字会万国董事会"，采用董事会的管理体制，推举古柏、麦尼尔、包克斯、吴板桥、马医生、爱德华医生、福医生、亨司德医生、施则敬、任锡汾、丁榕、江趋丹、汪汉溪、王西星为董事，沈敦和和英国按察使苏玛利为总董。特别大会决定：以三马路《新闻报》报馆楼上为红十字会事务所，以江趋丹为干事部长，正金银行大班儿（倪）玉、朱葆三为会计；组织甲乙丙三支救护医疗队驰赴战地救护；汉口设养病院，战地附近设临时野战病院，战线附近设绷带所；筹备上海总会，劝募捐款，采办药品、食物等。沈敦和宣布："红十字会救人宗旨：不分革军（革命军）、官军。凡革军受伤医治送还革军，官军亦然。众鼓掌如雷。"最后，沈敦和"布告此次赴战地之医生六人、看护生三十一人，分作甲乙丙三队，分驰战地，有进无退，概无半途中止之虑。众鼓掌赞成"。

10 月 24 日，午后，中国赤十字会会员男女 120 余人在派克路育贤女子学堂聚齐后至寰球中国学生会，列坐草地，摄影留念，之后，随张竹君会长一起，前往怡和码头，乘"瑞和"号，鼓轮西上武汉，"施救因战受伤军人"。当日《新闻报》发表评论说："赤十字社定于今日出发，闻往妇女多至五十余人，此果我国女界之创举，所尤奇者闻某学堂学生多有奋然愿往者，吾国女界之不畏艰险而热心慈善，其进化乃至是乎？"

10 月 24 日，记名御史学部郎中陈曾寿、高等审判庭推事王基磐、农工商部参议上行走赵椿年、内阁统计局副局长张国淦以及京外 26 名官员复联名上书朝廷，以"武汉糜烂，变起仓猝（促），居民遭此惨祸，困苦万状，日来战事一开，当更有不堪设想者"，吁请盛宣怀主持的红十字会从速救助。

10 月 25 日，中国红十字会（"沪会"）组织甲、乙、丙三支医疗队，"延英人柯师医生为领队及丹医峨利生，英医班纳德、林冬，西医王培元、杨智生，日医勋七盐谷铁绸等十一人，学生杨九如等廿六人，女看护四人，日看护妇一人，并携带药料、器械、干粮、食物一百数十件”，当晚“乘襄阳丸起程。日清公司允作半价，大菜间每客洋廿元”。上海“绅商军学报界欢送者途为之塞”。

10月25日，《申报》报道说：“红十字会已在武昌设立总事务所，有西妇多人充当，看护妇二十七人。两战革军死伤者约五十余人，官军闻死三百人，其受伤者已请外国医生前往疗治。”同时，该会在各省次第建设分会，又与在武汉的外方医院合作，并认作该会武汉分会医院，开展战事救护。又，“福开森在京组织红十字会，日内将率中外医生起程赴汉，闻兵士受伤者已达千人”。

10月26日，朝廷发布上谕，以大清红十字会会长盛宣怀“不能仰承德意，办理诸多不善。盛宣怀受国厚恩，竟敢违法行私，贻误大局，实属辜恩溺职”，著革去包括会长在内的所有职务，“永不叙用”。又，“昨据盛宣怀奏设立慈善救济会派员赴鄂救济被难人民一折，此次湖北变乱，武汉居民同遭惨祸。现既不得已而用兵，凡军前之受伤被难军民，其困苦尤堪悯念。著（着）即设立慈善救济会，盛宣怀现已革职，著尚书吕海寰妥速筹办，并督饬派往各员于医伤救难两事认真救济。又片奏派令沈敦和、福开森前往办理救济事宜。又片奏在京设立会所，选派得力人员随同规划各等语，均著吕海寰酌核办理”。又，“监国摄政王钤章，内阁奉上谕：监国摄政王奉隆裕皇太后懿旨，现在设立慈善救济会，著赏宫中内帑银三万两以资拯救。钦此”。

10月27日，《民立报》刊登《中国赤十字会临时章程》16条，声明中国赤十字会宗旨为“本人道主义，救护因战受伤之人，不论何方面人，视同一体”。

10月28日，吕海寰致电沈敦和，表示择日亲赴上海，表达“借重”诚意。电文称：“初五日奉旨筹办慈善救济会，派弟督饬各员赴鄂认真救济等因。弟甫接手，均无头绪。兄本旧交，极愿借重，未识目下作何布置？何人帮办？弟拟略事部署，即行赴沪，先此布闻。乞速复。”

10月28日，“中国赤十字会于午前九时登岸，以邮政总局为病院，以美国圣经书会为事务所，预备治疗一切事务”。

10月29日，《申报》发表红十字会理事总长沈敦和等《敬募红十字会捐款》启事，云“武汉风云日迫，战事剧烈，两军兵士出入于枪林弹雨之中，死亡载道”，惨酷之状，实为目不忍睹，耳不忍闻。“他若战地附近一带人民，更不免池鱼殃及，群罹无妄之灾，其颠连困苦，较之水深火热殆有甚焉。”希冀“海内外大慈善家热血一喷，解囊相助，集腋可以成裘，聚沙可以为塔，多固益善，少亦不拘，惟冀源源接济，同襄善举，功德无量”。

10 月 29 日，中国红十字会万国董事会创办的医疗队抵达汉口后，立即救治伤兵，并组织掩埋队，埋葬阵亡的士兵。

10 月 29 日，沈阳湖广同乡因鄂省事起，“必有多数同胞横罹死丧流亡之苦，乃秉慈善性质，特拟创办红十字会，筹款派员前往乱区实行救死扶伤之事”，为此在湖广会馆开会集议，“选举办事人员，并议决电致上海中国红十字会商议加入总会，以便办理一切”。

10 月 30 日，沈敦和回复吕海寰，称：“查沪红十字会系民捐民办，甲辰四月、十二月两次奉旨嘉许，实称善举。上年夏钦派盛宫保为会长，并拟改名大清红十字会，当经敦和力陈利害。案大清红会应归陆军部筹办，如遇战事，仅止随本国军队后救伤，与和等所办瑞士缔盟万国承认之中立红十字会宗旨不同，且沪会系募中外捐款而成，殊难归并，业蒙盛公允商政府在案。”沈敦和并说：“此次川鄂事起，适本会经济告匮，经和延聘中外医生、学生、看护组织甲乙丙三队，初五赴鄂，又成丁队，日内赴川。初三开会，和在会场募得万四千元。更于三马路设办事处，举江绍墀、张书等为理事，并征集中外绅商为会员，广募中外捐款，众情踊跃。又推正金银行儿玉、慎裕朱佩珍为会计，掌收支刊月报，事毕即报告征信，和独担责任。”至于吕海寰“奉命筹办慈善救济会，应否在京津令福开森君等克期组织，前赴信阳、聂口一带救护民军，以期周密而助红会之不逮？宪节指临，尚容缕禀”。

10 月 30 日，《新闻报》报道：“红十字会组织战地医队，业于初四乘襄阳丸出发，今日可抵汉口，专援两军受伤兵士，业志报端。闻吕尚书拟日内来沪就商办法，假用红十字旗号前赴战地电商沈观察。缘沈君因红十字旗号非经万国立约，瑞士缔盟，不能暂用，应请自立救济会旗帜，且现正进行会务，身不能兼顾，虽同是慈善事业，不敢以政府所立之会隶属于绅办之会，拟力辞荐贤自代云。”

10 月，武汉赤十字会在辛亥首义中成立，并被中国红十字会承认为地方分会，标志着湖北省本土红十字运动的诞生。①

① 有学者认为，1900 年黄祖徽、钟熊祥等人在武昌创办的红十字会是红十字组织在中华大地“诞生之最”。此说得到一些地方史志资料的采纳，并认为 1916 年该会改名为武昌分会。考诸史实，此说不足信，该会“并非中国红十字会的源头”。参见尤德新编著：《闪光的红十字》，湖北科学技术出版社 1992 年版，第 128 页；武汉市武昌区地方志编纂委员会编：《武昌区志》（下），武汉出版社 2008 年版，第 1208 页；池子华总主编：《中国红十字运动通史（1904—2014）》（第 1 卷），合肥工业大学出版社 2018 年版，第 117 页。

10月，辛亥革命党人赵伯威先生会同武昌商会会长吕达先等人以武昌红十字会的名义，为辛亥革命烈士家属及贫民募款施药，免费治病，并在武昌斗甲营开办武昌红十字会诊所。

10月，在辛亥首义阳夏战争中，上海万国红十字会电报催请黎元洪成立红十字会，黎元洪指派陈雨苍将革命军卫生队改组成红十字急救队。

11月1日，理事总长沈敦和等在《申报》刊登“红十字会征集会员广告”，以广招徕。广告称：“武汉战事，风云日紧，本会业派甲乙丙医队驰赴战地救援，并续成丁队，专赴四川。援照红十字会万国条例，得征集名誉会员、特别会员、正会员三项，赞助会务。日来热心同志咸愿入会，兹经草定章程，即日发刊。拟即先行征集特别会员、正会员，共谋进行。”其中凡纳会费二百元以上作为特别会员，二十五元以上作为正会员。考虑到会员徽章到欧洲加工制造，故“先赠暂用徽章（以理事部及医队所用之金钱徽章）暂代，佩带此章得以出入战地，认为红会人员，加以保护”。凡愿入会者，可“向三马路新闻报馆楼上办事处索取介绍单式，妥觅当地公正绅商一人介绍，会费一次交足。除掣给会员费收条外，随时照赠暂用徽章、凭照，以昭郑重”。一旦正式徽章由欧洲寄达，即“再行掉（调）换”。

11月2日，《申报》报道：“本埠红十字会甲乙丙三医队业已到汉，昨由无线电报告沪会，谓初六、七日大战，军士、居民死伤遍野，医员、看护不敷分布，所带药物器具只敷旬日之需，迅即接济等语。”

11月3日，汉口医士团特派普济医院英人雷盛休医士代表来沪，与理事总长沈敦和商议，决定如下事项：“凡有武昌汉口各医院，各为本会之红十字分会及军民养病院，一律悬挂该会红十字旗；医员、看护等悉悬该会佩章，以资识别。惟现在各医院及甲乙丙三队所设之分医院，伤兵住院诚有人满之患，必须续添病院，所需药料、各种器具甚伙，必须有沪会陆续接济。预算经费颇巨，事关救济，当力任其难。沈君允为劝募，暂时不敷当向各处筹垫。”武汉医院“各分会医士名单列后：武昌武圣庙普爱医院英医普富英、女医魏医生；同人医院美医马医生、梅医生；汉口普济医院美医雷盛休及其夫人；仁济医院英医吉立生、猛医生；天主教医院英医汤医生、耶医生、看护英人富士女士、看护英女士克迪。以上各医院为中国红十字会分会，各医生、看护亦悉遵总会章程，从事救援医士云”。

11月4日，沈敦和收到红十字会医队队长柯师医生由汉口来函，告以医队所乘“襄阳丸”号轮已“于初八日午后抵汉，候至初九进口，高悬红十字会旗，缓缓而行，至十一点始抵汉口租界，因日清趸船先泊有他轮，是以船在江中下碇，即有人上船欢迎，随即与来人乘坐渡船登岸至大智门相近俄国租界，先经有人代备俄商新建三层楼大洋房一所作为战地本会事务所并养病院。布置尚未粗定，即有两军伤兵纷纷舁来求治。现在一面添购床铺、桌椅等具，一面医治。幸予与峨利生、王培元诸医生，均心手敏捷，东西女看护均系熟手”，尚能应付。只是“此间携来之药品、绷带、药棉花、法兰绒仅敷旬日之用，务请亨司德医生迅速购办一大批，仍交日清公司轮船寄下以应急需，因汉口租界内仅止日清公司一家有趸船也”。

11月5日，《申报》报道：“本埠红十字会扩充范围，编立七队，分驻武汉、宁、镇、沪各处，刻意进行。”

11月9日，吕海寰上奏朝廷，“恳恩推广慈善救济会，按照红十字会章程办理，以广皇仁”。奏折称：“窃臣前因奉命筹办慈善救济会，业将开办一切事宜，先后奏陈在案。臣当即督饬洋员福开森聘请洋医士暨本会会员，约同湖北绅士赶紧前往实行救济，惟是灾黎之颠沛固属无辜，兵士之伤残亦殊可悯。连日与各国医士及慈善绅商再四讨论，佥谓各国红十字会所以两国伤亡一体救治者，固以人道主义为重，亦缘医士往来战地，必须双方承认，方能处险如夷等语。”如蒙恩准，“拟请明降谕旨准臣按照各国红十字会章程推广办理。不独在事中外人员可以出入险地，而两军将士亦当闻而感泣矣”。

11月10日，沈敦和面晤日本驻上海领事，电请日本赤十字社派医员、看护等20余人于12日赴汉口合力救护。当日，日本赤十字社复电：“决议派员三十四人，内有医生三员，制药师一员，看护妇等二十一人赴汉口。”此外，“同仁会亦派医生二员、制药师一员及助手三人于十七日由神户赴汉以助汉口同仁医院”。

11月12日，沈敦和在《申报》刊登《急募红十字会捐款启》，通报救援近况，号召各界伸出援手：“武汉血战，伤亡极众，敝会业已组织甲乙丙三医队，由英医柯师领队，会同峨利生、班纳德、王培元、杨智生诸医博士暨男女看护三十余人，驰赴战地，普救两军受伤兵士及被殃人民，已伤者为之医伤，未伤者援之出险。惟此项人才吾国经验者甚少，不得不借才邻国。航海而来，断难概从义务，他如购办药品、器具、担架、绷带、帐幕以及川资、旅费，需款甚巨。兹事体大，端赖众擎，为此征集会员，竭力扩充办法，务乞热心君子，毅然入会。凡带有入会佩章者，咸得出入战地，受万国之公认、两军之敬重，不特赞襄义举，抑且保卫自身，一举而两善备焉。现接战地医队来电，此次血战汉阳，炮攻军民，死伤遍野。余在汉口俄租界设立本会战地总医院外，并经武汉普爱、同仁、普仁、仁济、天主堂等五医院专派代表来沪，与本会联合，均作为本会分医院，一力推广救护，每日医伤多至千余人，需款尤为浩巨。”为此吁请“海内大慈善家慨解仁囊，源源接济，同襄善举”。

11月12日，《申报》报道，黎元洪代表湖北军政府“赠红十字会银一万两”。又，艺人翁梅倩发出义演倡议，称：“武汉事起，诸大慈善家发起赤十字会、普济善会以医治受伤兵士、救济失所士商为宗旨。惟是愿力宏大，经费浩繁。当此物力艰难之际，募捐大非易易。梅倩一弱女子，未能效力于其间，殊为怅惘，然亦系国民之一分子，不忍坐视，故恳同志艺员协力而助，择于九月二十二晚（阳历11月12日）借宝善街丹桂茶园演剧，即以所售入场券资除开支外，悉数捐助赤十字会、普济善会，聊尽义务，特先登报广告，敬祈大慈善君子届期惠临，无任企祷。”

11月13日，清廷颁发谕旨：“命前外务部尚书吕海寰充中国红十字会会长，仍兼办慈善救济会事宜。”

11月14日，中国红十字会万国董事会事务所在《申报》向救护队员家属报平安，谓救护队员“赴汉阳过江抢救伤兵，时虽经官军误发排枪，躲避得法，并未受伤”，请家属放心。同时“武汉南北两军及华洋绅商敬重本会医队，资助保护，殊为出力。诸君冒险救人，备尝艰苦，热诚堪佩，全体无恙尤为欣慰。深恐各家属亲友悬系，特登报以代函复”。

11月14日，宜昌红十字会在宜昌铁路医院设立的临时医院正式开办，战争期间共治愈1400余人。

11月15日，《新闻报》报道：“战祸蔓延，生灵涂炭，伤者固待医救，死者亟宜掩埋。上海红十字会早经组织医队前赴武汉一力救护，其紧要各埠如宜昌、长沙、南昌、九江、南京、镇江、苏州、杭州、无锡、常熟、吴淞以及本城已次第设立分会，并续编医队驻沪，以备不虞。兹该会理事总长沈仲礼君接汉口医队报告，以武汉血战之后，军民尸骨遍野，不下五六千人，臭秽触鼻，恐酿疫疠，亟待掩埋，尤需倩请人赴汉经理。拟即于第一次征集特别会员正会员内选举理事，而旅沪各国绅商敦促开会讨论进行方法。闻定于二十六日下午五时假大马路小菜场工部局议事厅开特别大会，凡中西士女莅会观礼可任意入内，并不分送入场券。届时想中外热心慈善家必当联袂偕来，共襄善举也。”

11月16日，中国红十字会万国董事会假上海大马路工部局议事厅召开“特别大会”，“中外来宾计千人”参加，盛况空前。沈敦和发表演说，报告中国红十字会缘起及辛亥救护进程，云：“武汉事起，风云日紧，受伤军民莫不延企以待救拯，本会当亟组织甲乙丙三医队，派英医柯师为领队，会同峨利生、班纳德、王培元、杨智生诸医博士暨男女看护三十余人，于本月初出发，备带药品器具、担架、绷带、帐幕等件，驰往战地。业在俄租界设立临时医院，旋由武汉普济、同仁、普爱、仁济、天主教各医院特派代表来沪联合，均认为本会分医院，协力救护，他如宜昌、长沙、南昌、九江、南京、镇江、扬州、清江、苏州、无锡、常熟、杭州、福州、山东、吴淞等埠，及上海城内亦经联合英美各国教会医院组织分会，次第推广，并续编医队，以备缓急。一面征集特别会员，正会员，所以合群策群力，以期一致进行也。近接武汉医队报告，自本月初六七日，两军剧战之后，军民受伤甚众，本医队不顾危险，驰入战线，从枪林弹雨间尽力抢救”，“成绩优美，为驻汉各国海军医官所推许，声誉骤起，因之就医军民日益众多，几至在坑满坑，在谷满谷，有应接不暇之势。黎都督慨助捐款银一万两，其夫人尤亲临慰问受伤军民。”大会选举英国按察使苏玛利为“议长”，负责对外交涉，“以按察使为驻沪最高之外交官确于交涉无间耳”。又“公举中外名誉董事共数十人，又办事董事六人”。沈敦和为理事总长，综理会务。

11月16日，黎元洪都督夫人亲至红十字会医院慰问伤兵，“凡见受伤兵士必赠以鲜花数朵，橘子两枚，洋两元，并以和善之言安慰之。时官军与民军分排而卧，黎夫人并无彼此之分。有一北军谓我为敌军，不能受夫人赠品。夫人告以我等皆属同胞，何分尔我！该兵士卒受之。并有一童子，系由萨镇冰旗舰中登岸购物被弹击伤者，亦得洋数元”。

11月16日，革命军到达沙市后，当地绅商创办沙市红十字会，并组建红十字医院和医疗队，对双方伤亡军人救伤葬亡，“约治愈一百数十人，病者四百余人”。

11月18日，日本赤十字社救护团（共29人）在上野信四郎率领下乘“筑后丸”号轮抵达上海。中国红十字会理事总长沈敦和等“特柬请日本官绅商界及该会医事理事假座汇中旅馆开欢迎大会。该社团医长上野信四郎偕医员二、调剂师一、翻译一、书记一、看护长二、看护廿一人排队入座，精神充裕，身体雄健”。沈敦和致欢迎词，“大旨为中日两国睦谊素敦，今日蒙诸慈善家航海遥临，拯我炮锋余生、呻吟困苦之同胞，辅助本会之不逮，已蒙英美法各国教会出力拯救外，贵队复结队赴援，热心毅力，感佩曷极！当由鄙人分电南北两军一体保护并祝日本国及赤十字诸医团万岁。上野君答词谓，鄙团初次到沪，尚未见诸实际，尊承沈公敦和偕全会理事医员开会欢迎，愈增惶恐，当遵照贵会章程步武诸君之后等语。复全体摄影而散”。当晚该团乘“大利丸”号轮前赴武汉，参与战地救护。另据报道，“战事蔓延，酿成同胞杀同胞之时代，有心人惨焉伤之。日本长崎领事杨书雯君、商会苏道生君介绍长崎医学专门学校朱蓉镜、胡韶成代表偕学生二十余人乘筑后丸到沪，由红十字会理事总长沈仲礼君派理事江趋丹君租开泰栈暂住，俟各医生到齐后即行赴汉云”。

11 月 20 日，中国红十字会掩埋队乘“大元丸”号轮从上海起航，前往武汉掩埋战场尸骸。报道称“武汉血战，陈尸累累，白骨磷磷（嶙嶙），忠魂义骨，为狗雀争食，蝇蚋飞集，不特灰勇士之心，阻从军之志。中国红十字会理事总长沈君仲礼特发宏愿，于捐款项下凑足一万元，倩朱庆章为队长，屠也香、沈石农、周佐尧、姜彰容、姚蕴甫诸君随带芦席、绳索、石炭酸、喷壶、铁扒等物数十捆”，出发武汉战地，“假汉口俄租界宝善里并由沈君备函致黎元洪都督觅武昌隙地从事掩埋，事定之后再行筑墙建塔，以慰忠魂”。

11 月 20 日，《申报》报道：“中国赤十字会自本月初三日由张竹君女医士率第一队赴汉口后，在汉救疗受伤战士数百人，队中男女医士及看护员皆热心任事，饥渴劳瘁，虽苦不厌，军士感之，至为泣下。”

11 月 24 日，《新闻报》报道说：“本埠红十字会沈仲礼君鉴于战火蔓延于中国十八行省及通都大邑设立分会医院，武昌、汉口亦联合英法美各医院及日本赤十字社甲乙丙三医队赴汉医治伤兵，更组织掩埋队专葬阵亡忠烈之士。惟最近战祸尤烈，汉阳之红会医院不敷拯救，爰急发第六医队专驻汉阳，聘定邓祥光、关衍辉、刘仲篪三医士及医学生、看护人等定初六日（阳历 11 月 26 日）由沪起身。近日采办药料、被褥、棉衣种种器具，颇形忙碌云。”

11 月 25 日，《申报》报道说：“汉阳、武昌频受北军炮击，悉系开花榴弹，故南军恒为流弹所伤。汉阳只有医院，其医士无多，黎都督嘱柯师医生函致上海红会沈仲礼君续发第六队，随带器具，初六日（阳历 11 月 26 日）由沪起程。”同日《新闻报》报道说：大战之后，革命军“尸骸遍地，狗噬鸟啄，皮肉尽脱，白骨磷磷，足酿大疫，且伤仁化，见者坠泪。红会医师、旅汉洋商恻然悯之，谓累累陈尸，悉属忠魂，慈善家雇工载埋，北军时开枪阻之。上海红十字会总会沈仲礼分电袁项城及北军前敌统制，并函知黎都督派掩埋队拟将所有尸骨一律埋葬。南北军许之。”

11 月 27 日，吕海寰致电沈敦和，云：“日本救护团襄助，可感。已咨政府转饬保护，并请外（务）部代达谢忱。”

11 月，外国人士在武汉建立的医院响应中国红十字会万国董事会的号召，成为该会武汉分会医院，协助开展救治伤兵和赈济灾民工作。

12 月 1 日，在吕海寰的主持下，“京会”依靠协和医学堂，组织起来的 4 个救护医队（包括教习 12 名、医士 8 名、学生 34 名，共 54 名），举吉义布为总队长，谢恩增为襄理，先后开赴战地。第一队驻京。第二队当日出发孝感，次日第二队前赴信阳，均转赴武汉。第四队预备开赴石家庄救援。同日，福开森致电沈敦和转中西各报馆，通报“北京红会组织第一医队西医劳赉、卜尔脱、麦鲁乃、刘君四人，佐理员十二，京汉专车驻孝感。第二队医士温含、维楼、乌伯兰、张医及佐理等，初十专车出发驻信阳，并转电汉分会医院柯师联合”。

12 月 5 日，沈敦和接武汉救护队来电，得知：“汉阳一役伤兵过多，本会医院天主耶稣教医院人满为患，武昌医院适当龟山炮线，已迁至城外。三队医士不敷医救，掩埋队朱庆章、姜彰容等在蔡甸、赫山对面之山内有阵亡军士数千具急葬，食米、药料、芦席飞寄北军时，与红会会员留难，乞电北军加意保护并乞电复。”

12 月 11 日，下午五时，红十字会中西董事假英按察署特开“研究大会”，到会 40 余人。由董事部长苏玛利演说，缕述上海万国红十字会创建以来红十字事业发展历程。沈敦和报告武汉战事救护进展，云本会“宗旨在普救两军，汉口俄界设有大养病院，专治北军，床位约三百张；武昌大医院专治民军，约容四百人；掩埋队在汉阳一带埋葬两军阵亡兵士二千五百余具，两军各发护照，更派兵队保护，感情极好”。

12 月 12 日，参加武汉救护的丹麦医生峨利生，积劳成疾，病故，时年 35 岁，葬于汉口。媒体报道说：“中国红十字会于庚戌三月设立总医院及医学堂，聘请丹国解剖专门名医峨利生教授解剖学，并充剖割专门医员，服务热心，不遗余力。武汉事起，红会医队前往救护，峨医亦最出力，有枪弹洞穿脑部之伤兵，均经峨医救活，名誉益隆。今红会接得噩耗，据云该医初以积劳成疾，嗣变腹泻，带疾从公，犹复不肯休养，竟致因病逝世，年仅三十有五。名医不寿，深堪悼惜。红会总、分各医院及事务所均下半旗三日，以志悲悼。”

12 月 21 日，赤十字社普济部部长陆树藩在《申报》刊登广告，呼吁爱心人士慷慨解囊，支持赤十字社救援行动。广告称：“武汉事起，鄙人租定轮船拟即前往救济，适值市面恐慌，经费难筹，力与心违，迄尚未发，已请孙询刍君搭轮赴汉开办……又接汉口来信，敝会到汉，民军、北军极欢迎，惟深盼衣被御寒，米粮平粜。所虑者，杯水车薪，无济于事，伏乞诸大慈善家慷慨解囊，源源接济。”

12 月 21 日，《申报》报道武汉掩埋队工作情况，云：“初七午后在四码头用芦席裹阵亡军士二十八名收埋，初八掩埋死尸二口，初九起至十一到赫山由铁道步行三十余里，同全队带干粮、铺盖上山，同洋干事三员至古亭庙前掩埋二百四十名，工毕摄影为志。十二更进至三山境，掩埋七百五名。十五起系洋干事余思恩约定全队多派工人至武圣庙捞尸，共掩（埋）五十九名，掘地数丈，深三尺。十六洋干事派全队至汉阳南面大别山下江口捞尸五百余口，就在保善堂前空地掘长数丈深三尺埋葬。江中无数尸身势难遍捞为恨。十九至汉家墩，行三十余里，旷野间死尸极多，四肢不全，被犬噬去者移在一处掩埋，计二十名，尚拟再寻。今因各处尸积遍野，派沈石农、周佐尧往武昌等处，又派林世丰、姜彰容与洋人向大智门一带掩埋。沈、周二君查武昌有柩三四百具，往往被野狗撞去棺盖，啖噬枯骨。江中有尸极多，业禀明黎都督觅地安葬。林、姜二君查得大智门外铁道下河口已派工人捞尸二十六口，手足不全，秽气难堪，在荒郊掘地深埋，又柩六口，又沟内尸八口，又白骨骷八个，一并埋在穴内，计共六十名，原处再派人逐日捞尸，数目容详报。大智门外死尸极多，自二十一起之廿五止，计坑八处，每坑计二百四十余具。”

12 月 21 日，中国红十字会在上海友宁礼拜堂为丹麦医生峨利生举行追悼大会，据《新闻报》报道：“红十字会理事总长沈仲礼君、议长英按察司苏玛利君暨中西会员四百余人，在圆明园路友宁礼拜堂开峨利生追悼大会。中悬峨君肖像及挽联花圈等。旋由沈君报告开会宗旨，略谓峨君在本会总医院二年，成绩卓著。此次赴汉，伤兵过多，日夜拯治，不遑寝食，因之积劳病故，良深惋惜。除向驻沪丹国领事致唁外，并电丹国外务部道慰。诸君冒雨莅会，咸表哀思，而峨利生舍身救人之盛德，尤为不可及云云。”

12 月 21 日，中国红十字会在《申报》刊登“谨告中外大慈善家”，云：“本会自武汉事起，各埠设立分会医院已有三十余处，治愈伤兵已达数千人，掩埋汉、宁义骨不下三千余具。现逐日所需药物、食粮，为费极巨，竭力支持，穷于罗掘，特呼将伯普救同胞，伏乞海内慈善君子，慷慨乐输，救民水火，不拘多少，造福无量。”

12月25日，中国赤十字会借张园安垲第举行大会，“到者除该会男女会员外，中外男女来宾四五百人。二时四十五分开会，会长张竹君君登坛演说该会在汉口、汉阳战地情形，每至劳苦危险之处，闻者皆为鼓掌”。

12月28日，“中国红十字会部长沈敦和、苏玛利”联名在《申报》发表“中国红十字劝募棉衣裤”启事，称：“南京、汉口难民遍地，无衣无褐，饥寒交迫，惨苦万状，即留养本会医院受伤兵士人数尚多，衣服、被褥需用尤众，除陆续在沪赶制装运济急外，伏念吾同胞处此冰天雪地之中，既遇锋镝，又罹寒冻，失业贫黎朝不保暮。仁人君子如有旧存之棉衣棉裤，不拘男女，不拘单夹皮棉，慨赐捐助，请送大马路万品当余鲁卿君、三马路本会事务所、苏州阊门顺康庄洪少圃君，掣给收条，登报征信，随时运往灾区散放，无任感祷，伏祈公鉴。”

12月，中国红十字会编辑出版《中国红十字会战地写真》，再现辛亥战时救护情形，并刊登照片50多幅。

1912年

1月1日，孙中山在南京就任临时大总统，庄严宣告中华民国诞生。统治中国两千多年的封建帝制时代终结。中国历史开始了新纪元。

1月7日，中国红十字会天津分会在《大公报》发布广告称：“武汉肇变，南北构争，战地伤亡，疮痍满目。凡具爱群思想者，莫不心焉悯之。兹有周君铁珊案请绘画，颇为社会欢迎，此次对于乱事，尤切痛心，故情愿将润笔减半价定格，仍提半数充作本会经费。凡各赏鉴家欲得周君墨宝者，即请向各处接洽，定期取件可也。”

1月12日，瑞士日内瓦国际红会联合会会长阿铎尔致函中国红十字会万国董事会董事部长沈敦和，告知中国红会已得到国际红会的正式承认，享有与各国红会同等待遇，函称：“俱征贵大臣善与人同，友谊克敦，遵即分电寰球入会各国，皆已一律承认，合电奉告。”中国红会由此正式成为红十字“国际联合会”大家庭的一员。

1月20日，《新闻报》报道：赤十字社陆树藩“以汉口被难者众，饥寒交迫，特先运棉衣裤一千件前往散放，中西人士同声称许，谓造福于穷黎不浅。该社现又续行筹备衣粮即日解往施给以期普及云”。

1月28日，“中国红十字协会幼幼会”经内务部允准立案，正式成立，冯国璋任会长。

2月13日，《大公报》刊登“中国红十字协会幼幼会”缘起及简章，明确该会以“专一救济战地灾区之流落儿童，分别资遣留养”为宗旨。

2月17日，沈敦和致电袁世凯，提出“立案”维持中国红十字会的合法存在之请求。

2月21日，副总统黎元洪致电孙中山，恳请给予中国红十字会“立案”。电文称：“鄂省自起义以来，血战数十日，尸骸枕藉，无算伤残，幸赖中国红十字会设立临时医院，救治被伤兵士，并施掩埋。兹查该会已由日本赤十字社社长松方侯爵特派法学博士有贺长雄来沪，商榷改修会章。复承日本介绍，得邀万国红十字联合会公认该会为中华民国正式红十字会。此次民军起义，东西南各省，均设立分会，（共）五十余处，所费不赀，其功甚巨。如此热心慈善事业，似不可不特别表彰，伏恳准予立案，揭诸报章，以资提倡而重观感，是为至要。”

2月23日，孙中山特电黎元洪，请“准予立案”，并对红十字会在辛亥革命中救伤葬亡功德，高度赞扬，电文说：“查民国军兴以来，各战地将士赴义捐躯，伤亡不鲜，均赖红十字会救护、掩埋，善功所及，非特鄂省一役而已，（孙）文实德之。兹接电示，以该会前在武汉设立临时病院，救伤掩亡，厥功尤伟。复经日本有贺氏修改会章，已得万国红十字会公认，嘱予立案等因。该会热心毅力，诚不可无表彰之处，应即令由内务部准予立案，以昭奖劝。”

2月29日，《临时政府公报》第25号发布了《大总统令内务部准予中华民国红十字会立案文》，“应予立案，以昭奖劝”。

4月13日至25日，中国红十字会协会幼幼会会长臧佑宸一行在武汉收容救助辛亥首义牺牲将士遗孤和贫困儿童近20人，并将他们带到北京抚养、教育。

4月16日，《大公报》发布修订后的《中国红十字协会幼幼会简章》，较之前发布的简章更为详细具体。《简章》内容为：名称：“中国红十字协会幼幼会”；宗旨：“专一救济战地灾区之流离男女儿童，分别资遣留养”；办法：“联络京津各慈善大家”；经费：“仿照欧西救儿善举，约集各界善士分担经费，或一人担任数儿或数人担任一儿”；收养：

"临时酌量年龄分配各会院，该经费由本会随儿发给"；分配："天津育婴堂、北京孤儿院、贫儿院、仁慈堂等"。该会为"天津育婴堂总理王竹林、北京孤儿院总理王子真、北京贫儿院总理臧佑宸仝（同）发起"。

4 月 18 日，中华民国鄂都督府顾问官夏口徐如兰知事就红十字会幼幼会到武汉收养幼儿发布布告，称中国红十字幼幼会："自去冬派员赴汉调查后，已在京津约定分配收养所在四处，每个儿月需银五元，已募集常款，约可养儿二百名。现本会男女会员出发到汉实行救济，又红十字总会具情转请大总统特别提倡在案。除到汉后由总会转知各报馆在报宣布并由本会呈请副总统据情通告外，应函知贵执事知照该管地方，凡无家可依或有家而实不能生活之男女儿童速觅保证人偕来。本会收儿报名一在汉口法租界长清里十三号中国红十字总会，一在武昌城内罗家巷赤十字会。填写证书或请各团体具正式公函，以便转送各堂院分别设法收养，并粘钞收儿广告一纸等因准此。查幼幼会专救战地灾区流离男女儿童，洵属胞与为怀，功德无量，保赤善政莫要于此。本知事仰瞻义举，钦佩莫名，除答覆（复）外，合行布知，为此仰各界人民一律知照。如有确系流离无依男女儿童速至幼幼会报名，毋得冒滥，是为至要。此布。"

4 月 27 日，中国赤十字会"功成身退"，宣布解散。

5 月 1 日，红十字协会幼幼会接黎元洪副总统"准知照铁路南局发给送儿到京乘车免票"批复："呈悉。该员等创办幼幼会，收孤贫小儿，分别教养，造福实非浅鲜，所请知照铁路南局发给送儿到京乘车免票，已函知该局照发并着按人数另行挂车，俾该员等得以随同保护以重幼幼会之心。此批。"

5 月 1 日，黎元洪副总统致函红十字协会幼幼会，云："诸君热心公益，提倡义举，教养义士遗孤，慰死恤生，中外称道。"只是"财政支绌，无力多助，勉拨现洋二百元，以表征忱，并谕江汉关饬派专车送京"。

5 月 4 日，红十字协会幼幼会"男女会员乘专车领儿回京。当蒙官绅刘用甫君、徐森玉君、施仲鲁君、黄开文君等送行，并承商会总理及议董等送饮食多种。临行时，留呈副总统公文一件，托武昌赤十字会转递"，内中"陈明在汉口设立幼幼会及将来推广各情形，敬请允准立案"。另附呈武汉幼幼会赞成人姓名："湖北教育司长赵俨葳；汉口慈善会长周秉彝；干事陈际山；汉口商会总理蔡文惠、协理孙涤甫；鄂都督府顾问官冯开濬、李国镛，秘书官杨霆垣；汉口商婴局董事张明斋；汉口贫民大工厂总理马吉皆；驻汉红十字会经理员徐盅，会员黄庆曾、陈元珖、陈元璧、刘克家、陈吉瑞；武昌赤十字会会员张福先、王慎伯、喻寿培；汉口新报馆李华堂、金颂梼；汉口国民共和民报馆张国濬、张国淦；武昌中华民国公报馆高樵、沈维韩、冯开沅、李静衷；临时议会会员查苏生；湖北教育会会长李廉方；江汉关监督黄开文。”

5 月 5 日，红十字协会幼幼会一行回到北京后，“除由总会电知驻汉红十字会幼幼会员及男女小儿平安抵京外，并函达汉口幼幼会告知此次所收小儿均留首善贫儿院教养，以便通信而免悬念。现在女儿已住女儿院，男儿均暂住本会事务所，特于门前悬一横牌，题曰：收养武汉战地遗孤及贫儿到京”。

7 月 16 日，下午五点，中国红十字会万国董事会董事、名誉董事在上海英国按察使署举行“报告大会”，“到者约数十人”。大会主席苏玛利“报告自民军起义，万国董事会辅助红会进行概略及办事成绩，次报告收支账略”。沈敦和“报告此次战务，红会得以有美满效果，西董事之力是赖。武汉、宁、皖各医队、掩埋队所经验之事，不及枚举，此次赴鄂，承黎副总统列队郊迎赐宴，即召某兵官至，该兵官于九月间为北兵侦获枪毙，经救护队冒险救出，身中五枪尚未气绝，经柯师取出枪子医治而愈，当席解衣，胸部疤痕宛在。一兵弹穿脑壳，经峨利生治愈，一兵弹穿肺叶，经柯师治愈，现均行动自如。黎公云：此系红会真实救治功德。且大兵之后必有大疫，现届暑令，疫不时见，是掩埋队之所赐，他如分会至六十余处，办事手续虽有不同，而得教会西董之力居多”。

8 月 15 日，鉴于辛亥武昌之役数百伤兵被截去下肢，沈敦和“特向日本定制象皮腿（假肢），中有弹簧门笋镶配，行走自如，无异真腿”，并请日本医博士田中前往装配。为此，沈敦和当日致电黎元洪副总统，告知田中乘大福丸号轮将于 19 日到汉口，因其“人地生疏，不谙华语，乞派日语通译到船招待”。

8 月 19 日，日本医学博士田中到达汉口。

8 月 20 日，黎元洪复电沈敦和，告知“田中安抵武昌，现正装配伤兵，感德”。

9 月 29 日，中国红十字会第一次会员大会在上海召开。各地分会代表及有关方面人士 1352 人出席。会议主席沈敦和“报告开会宗旨，并宣布袁大总统、黎副总统祝电毕即自行演说”，他说：“今日为民军举义之一周纪念日，亦即本会展发之一周纪念日。盖去年今日武汉起义，本会得耗欲往拯济，苦于无款，爰于九月三十日假议事厅开会筹议，初虑徒手呼号，无补于事，乃诸公救国心热，救人之心愈热，开会一次即集款万余元，以后捐款更源源而来，会员亦争先入会，风声既树，至派往战地之中西救护员亦谓，诸大善事既不惜财，我辈何敢惜命。故日在枪林弹雨中拼死抢救伤残，虽危险万状，不稍退怯。本会西医峨生利（峨利生）竟积劳致疾而死，亦可见善举感人之深矣！”大会通过了《中国红十字会章程》（共6章20条），这是中国红会史上第一个正式会章。大会推举英按察使苏玛利、日总领事有吉明、有贺长雄、李佳白为顾问；推举唐露园、丁榕、贝润生、周金箴、钟紫垣、朱葆三、邵琴涛、谢纶辉、李云书、哈少甫、施子英、蒋星阶等三十四人为常议员。

10月6日，中国红十字会常议员举行第一次会议，常议会正式成立，会议参照东西各国定章，公举中华民国大总统、副总统为中国红十字会名誉总裁，吕海寰为会长、沈敦和为副会长兼常议会议长、江绍墀为理事长。

10月9日，施则敬、洪毓麟、朱佩珍等34位常议员联名公电政府，请以明令宣布正副会长。

10月18日，袁世凯发布“大总统令”：“派吕海寰充中国红十字会正会长、沈敦和充中国红十字会副会长。”

10月28日，中国红十字会名誉总裁黎元洪副总统以中国红十字会统一大会即将召开，从武汉发来贺电：“红十字会吕会长、沈副会长及在会诸公鉴：本会统一大会，元洪身羁鄂事，不克亲临，已委任鄂都督府顾问官赵俨葳君代表，并赍送祝词到会，想荷鉴及。即日开会盛况，洪不胜萦念！两会长及诸君予以热心毅力，成此伟举，仁声义闻，焜耀千秋，岂惟民国之光，盖实人道之福，江天翘企，谨贡贺忱！”

10月30日，中国红十字会统一大会在上海黄浦滩汇中旅馆五楼大会堂召开。参加会议的代表有中国红十字会名誉总裁黎元洪副总统代表赵俨葳，奉天都督代表司督阁，江苏都督代表许葆英，以及外交部、内务部、陆军部、海军部、中国红十字会总会、武昌等地分会代表，加上来宾“约数百人”出席。北京国务院总理赵秉钧和中国红十字会名誉总裁黎元洪副总统发来贺电。吕海寰会长因病未到，由秘书长冯伯岩代表致词。大会主席沈敦和副会长宣布开会宗旨，“极言统一之万不可少”。随后，“各省政界代表致词；次冯伯岩君报告本会规条及章程；次鄂省代表张君，北京谢君，广东熊君，奉天姚君，山东陈君及留日医队华君，总办事处理事长江君报告红十字会成绩；次外交部代表陈征宇君，内务部代表刘伯刚君，陆军部代表汪植圃君，海军部代表谢卫臣君各就红十字会对于本部之关系相继演说”。其间，黎元洪副总统代表赵伯威（俨葳）、武昌赤十字会代表张福先（次野）积极建言献策。

10 月 31 日下午，统一大会继续进行，制定并通过《中国红十字会分会章程》5 章 16 条。

12 月 21 日，《新闻报》报道：“顺直、温处告灾，赈抚事宜义不容辞，副会长沈仲礼君于上月晋京，假道汉口谒副总统商议去岁掩埋武汉义骸，须逐年培土种树，以资观感而垂久远。顷闻黎公致沈会长函有行旌小驻，简亵实多，会务偏劳，益深歉仄。武汉义墓，一经点缀，便壮观瞻，忠魂有知，含笑九泉等语。”

1913 年

1 月 1 日，吕海寰会长、沈敦和副会长“暨全体同人同启”，向社会各界“谨贺新年”。

4 月 20 日，《新闻报》报道：“鄂都督府日前得忧时子告密一函云，赤十字会会长王利用有潜谋不轨行为，于会内藏有枪弹，以印刷物勾煽客军同叛等情。黎公查王为某党激烈派，恐非无因，即派本府侦探员彭义华等多人赴巡警第五署，会同警长巡士前往贡院前罗家巷赤十字会内搜捕，得王及来宾熊国粹一并捆缚，遍搜往来信件详加检阅，并无为匪之据，亦无枪械等项，遂将王解送巡警总厅看管，听候调查。旋由第三师长王安澜遣人保出。王以无辜被捕，已赴高等检察厅起诉，亟通电各处赤十字会矣。”

4 月 21 日，《新闻报》报道：“都督府调查孔玉珊日前诬报赤十字会鄂会长王利用为乱党，派兵抄捕，旋以查无证据释放，而王谓兵丁抢去其纸币二千元及损失书籍等项珍物，现倩万国赤十字会某西人出面交涉，向当道索赔损失三千元，并请治该调查以诬陷之罪。查鄂省近日逮捕之人颇有无辜受罪者，有此一举，以后当道于捕犯必加审慎也。”同日，《民立报》报道王利用履历，云：“王君利用留学日本法政大学，初渡东时即投身同盟会，归国侧身报界，鼓吹革命甚力，复历充湖北自治研究所、法政学堂及各法官养成所管教各职。前岁起义时，曾经多数同志推为司法局局长。阳夏战争剧烈之险，复充军政府秘书官。迨南北统一以后，又代理司法司篆务，卒以湖北政界黑暗已达极点，遂决计辞职，专从事于教育。刻下屏除一切，任法律专科学校教务长一席，置理乱于不闻，不谓日前竟有天外飞来之奇祸。”

5月1日，中国红十字会机关刊物《中国红十字会杂志》创刊，“所以为是编者，诚欲发挥人道主义以感动人心”。杂志所刊总会关于辛亥革命救护的报告中，详细介绍了沙市分会等12个分会的救护成绩。

5月2日，名誉总裁黎元洪副总统特捐第一号“宝塔捐”1000元，函云：“民国初立，贵会诞生，济众博施，民胞物与，见成效之卓著，知愿力之深宏。苟可维持，亟当设法，承嘱募捐一节，当即照办。兹特由鄙人捐助一千元，以资提倡。”

7月12日，李烈钧在江西湖口宣布赣省独立，组织“讨袁军”，发布讨袁通电，“二次革命”（即“讨袁之役”，1913年为旧历癸丑年，又称“癸丑之役”，因主战场为江西、南京，所以又称“赣宁之役”）爆发。中国红十字会开始了新一轮的战事救护。

7月19日，《申报》消息：“中国红十字会总会总办事处鉴于南北冲突，赣省事急，救护手续亟应筹备，除电九江分会、教会出发救护队疗伤葬亡，并照万国红十字章程，恪遵人道主义，不分畛域，一体救护，并电北京海陆军部、武昌、皖、赣各处，一律协助。”

7月29日，《民立报》报道：“汉口人道会以两军交战，不免互有损伤，组织临时赤十字会前往救护。一面筹办一切，一面添招会友。黎督据侦探报告，以为江西军来汉招兵，派侦探长出而干涉，由该会会长胡某赴军政府说明，乃罢查。该会于上年成立，黎氏亦在名誉会长之列，遗书褒美，何亦善忘乃尔?”

8月12日，黎元洪副总统致电沈敦和，希望严厉查禁滥用红十字标志的现象，云：“赣事发生后，湘鄂赣组织红十字会者纷起，其尽心慈善事业者固不乏人，而射利营私冒用记章作奸者亦复不少。查战时国际法关于战军伤兵慈善条约第八章念七、念八条禁制滥用红十字旗章云，有犯者以违法论。执事领袖总会，应有监督纠察之权，祈即派员查明并严行整饬，以保名誉而杜弊端，希速维持为祷。”

8月17日，黎元洪副总统致电沈敦和，云：汉口人道总会“屡经批驳，现将武汉私立十字会人，饬警禁缔，堪慰远念”。

8月27日，汉口人道总会“用红十字标帜结队百数十人由汉口下驶，自称奉黎副总统给发执照，并经海陆军部通电各省军队保护等语。一半往芜湖，一半已抵上海。会首陈铁汉带领数十人，自称已经红十字会许可”，于当日“赴西门斜桥西林庵，硬欲占住。该庵住持慧贞得知西区警局，并赴二马路红十字会总会报告情形，请为阻止，闻郑镇守使、穆警务长已通饬军警彻查”。

8 月 31 日，黎元洪致电上海镇守使郑汝成及沈敦和，谓“汉口人道会既以红十字会为名，当然以贵总会之认可与否为定准，无论有无敝处文件，均应严加取缔。既有黑夜潜赴制造局附近占寺住宿情事，踪涉嫌疑，并应由镇守使速行禁阻为要”。

9 月 2 日，上海“西门外西方庵内湖北人陈某所设之人道会名为慈善性质，扶助红十字会，虽奉有黎副总统命令，然未曾得红十字总会之允可。且举动秘密，情节可疑，业经黎副总统电请郑镇守使禁阻在案”。当日，“郑君已饬沪警察厅穆厅长派警转饬该会，立即解散矣”。

1914 年

8 月 9 日，沈敦和副会长以总会总办事处名义，在《申报》登出《中国红十字会召集救护队员》广告，决定从辛亥、癸丑救护员中遴选、组建救护队，为胶东救援做准备。

8 月 10 日，《申报》报道：“汉口万国红十字会分部向设同仁医院内，近以奥塞战云日急，特召集全体会员，提议组织一行队，配合医官、药剂及队员夫役，预备先往沪上取齐，再定出发地点救护。”

8 月 22 日，《申报》刊登沈敦和副会长招募救护人员启事：“辛亥、癸丑两次战役，本会所延请医队、救护出发战地，极承诸君子热心赞助，成绩优美。本届欧洲战事将延东陆，本会以天职所在，拯救伤亡，拟仍征集陆路救护医队出发山东沿海一带，务乞前在武汉、沪宁战地曾经出力医员队员迅至二马路本会总办事处，与王培元医博士接洽，俾得刻日成队出发，事关紧急，即希从速惠临，无任企盼之至。”

9 月 24 日，大总统申令公布《中国红十字会条例》。《条例》共 11 条，包括“中国红十字会依据陆军、海军部之指定，辅助海军战时卫生勤务，并依内务部之指定，分任赈灾、施疗及其他救护事宜”；“中国红十字会得募款设立医院，造就救护人才并储备救护材料”；“中国红十字会设总会于北京，设分会于各省，各分会均隶属于总会。总会设会长一人，总理会务，监督各分会；副会长一人，辅助会长，办理一切会务”等。

1915 年

10 月 5 日，北京政府颁布《〈中国红十字会条例〉施行细则》。《细则》分总则、事业、机关、会员、议会、职员、资产、大会、奖励、附则共十章 75 条。主要内容：关于事业，规定“本会分任赈灾施疗及其他之救护，临时受主管官厅之指定酌派救护员办理”；关于机关，规定“本会机关除本条例第三条规定设立总会、分会外，因管理便利起见，另于上海设总会驻沪办事处”，“分会设于各省，称为中国红十字某处分会，中国红十字会分会以设立医院者为限，但特经总会认可者不在此限”；关于会员，规定“本会会员分三种如左（下）：（一）名誉会员，以左列人员经常议会认可者充之：甲、独捐千元以上者；乙、募捐五千元以上者；丙、办事异常出力者。（二）特别会员，以左列人员经常议会认可者充之：甲、独捐二百元以上者；乙、募捐一千元以上者；丙、办事一年以上者。（三）正会员，以左列人员得在会会员二人以上之介绍者充之：甲、每年独捐五元满六年者；乙、一次独捐二十五元者”，“名誉会员、特别会员经常议会认可后，由总会登册并颁布徽章分别报部立案，正会员由分会每月开单送请总会登册并颁发徽章”等。

本年，汉口各国联合会会长王琴甫“拟照万国赤十字救人之义，组织红十字分会，推行慈善事，商会赞成者三十多人”。

1916 年

5 月，武昌分会正式成立，会所在湖北省城之斗级营街。“有特别会员二员，正会员一百六十三员，理事长盛春颐。其内部之组织，有理事四员，议事九员，名誉职一员，文牍书记名二员，会计一员，庶务一员，均抱博爱宗旨，纯粹的义务职。”建有医院一所，“时当炎夏，正疫症盛行之际，先用中医中药开办，嗣后贫乏之家，病人就诊者甚多。自六月至十二月，经二十九星期，诊号达二万一千五百余号，治愈病人一万一千二百余名，办理尚有成效。惟发药二万余剂，又须外科丹散及时疫药水，用费综计合洋二千四百余元。若以全年计之，每年需款三千数百元之巨。因筹募困难，暂时停办”。

6 月 13 日，汉口各界假万寿宫召开大会，重建汉口分会，选举临时干事 30 人及互选干事长一人，“俟组织妥协，再选举会长。汉口有此善团，裨益于地方殊为不少也”。会所设在王琴甫让出的私宅，经费由刘子敬捐赠。

6 月，武昌分会成立时，总会拨给基本金共三批，“计洋一千六百八十七元五角”。武昌分会并向总会总办事处报告，请求其代为向陆军部和湖北军署（即湖北督军公署）申请立案等。

8 月，武昌分会成立后，用三个月时间募集特捐、常捐，“总共收入洋三千八百三十四元九角四分”。

8 月 27 日，汉口分会举行选举，选出会长刘子敬、理事长权景全、副会长王琴甫、秘书长王民仆，当时有会员 500 人，并设立议事会，加强会务管理。

9 月，汉口分会派代表赴北京募捐。同时，为表彰汉口分会在辛亥革命中的贡献，黎元洪颁给汉口分会一方写有“心存博爱”的匾额。

10 月，汉口分会为十月党人被杀戮者百余人买棺收尸。

本年，通城分会协助中国红十字会在当地善士中顺利劝捐公债票 900 元，总会对此登报向通城分会致谢。

1917 年

10 月，“护法战争”自湖南开始，川、赣、粤、闽继之。兵燹所经，村镇为墟，惨不忍睹。中国红十字会电请长沙、岳阳、常德、衡州、永州、汉口、重庆、威远、樊城、潜江、富顺、自流井、灌县、析津等分会分别组织救护医队出发战地，设临时医院救护病伤兵民，同时募集捐款，量力接济。其间汉口分会向湖南派出救护、掩埋各一队，开展伤兵救护和尸体掩埋工作；潜江分会亦派出医队开展救护工作。

本年，荆州、宜昌发生战事后，雷春阳等人创办宜都分会；沙市前商会总理肖书卿等人邀请当地绅商和外国传教士，发起成立天主堂红十字会，分别救护、掩埋伤亡军民。此外，武昌分会一面募捐，一面筹设临时医院，并开展战场救护。

1918 年

1 月，护法运动中，“荆襄独立，风鹤频惊”。湖北樊城士绅“谋保全之计，自卫治安，非设立红十字分会不可以。故于枪林弹雨之际，仓促创办。而又暗于章程，始向汉口分会接洽，索来简章筹办一切”。因“无经费可以筹措，遂各解囊捐洋五十元，曰特别捐，以为提倡。继续到会者，每人捐洋十元，曰普通捐。藉（借）资挹注，临时会赖以成立”。同时“就商天主堂主教助理，假以地址，并延医备药，战时遂率救护队从事救护伤者数百余人，治疗者二百余人”。

2 月 4 日，《申报》报道：“川、湘、鄂等省军事日紧，本埠红十字会近接重庆、常德、岳阳、樊城、潜江、汉口各分会先后来电报告，业经分设临时医院并组医队出发救护，当经该会沈仲礼会长分拨巨款并药品器具等物，以资补助，一面分电川、湘、鄂各督军，通令各路军队一体保护矣。”

3 月 10 日，《申报》披露滥用红十字标志现象，谓“汉口红十字会为人道主义组织，一二两救护队分发战地救护，本属慈善性，质无分南北，一视同仁。其标识缘用日来弗条约所规定红十字记章旗号，他人不可冒滥。乃日来嘉鱼宝塔洲太平口一带沿江发现红十字旗差轮”，且“竟有小火轮悬红十字旗运枪械等件至新堤并采办军需，深违公法”。据该处救护队查知，悬红十字旗轮船“系直隶第一旅之差轮，向之交涉，竟不得若何结果。该会以事关会务国格决通电严重交涉，不使万国尊重之红十字失其价值也”。

4 月，从本年 1 月至当月，武昌分会临时医院“治愈病伤就诊军人八百十三名，男女患病民人七百十五名，种痘男女一百八十六名”。

4 月，“江宽”轮被兵舰“楚材”号撞沉后，700 余人遇难，汉口分会组织打捞尸体 200 余具。

5 月 12 日，《大公报》报道：“湘南战争激烈，两方面受伤军士不少。”汉口分会日前“从武岳路解回伤军四十二名之多，由鲇鱼套用驳船装载来汉，抬往第一、第二、第三临时病院诊治”。

10 月 16 日，《新闻报》报道美国红十字会在华征求赞成员（会员）结果，称：“据本埠美国红会正式报告清册云，本年五月间该会在中国所募捐款共约二十五万金元。上海捐款凡墨银十万八千二百十一元余，所招会员西人一千五百五十二人，华人二万六千五百七十七人。汉口捐墨银四万五千八百四十元余，广东一万五千六百三十五元余，南京一万三千一百四十九元又美金四百十七元。”

11 月 9 日，湖北樊城分会正式成立，杨承恩为理事长。据记载：“本分会创于荆襄独立、战事方兴之时，事过即停。同人等痛定思痛，遂奔走呼号而有正式成立之组织。邀集全体，再四磋商，方得稍有就绪。推举杨承恩君为理事长并劝齐会员三十六人，报请总会承认，颁发凭照、佩章、旗帜、图记，于民国七年阴历十月初六正式成立，邀请军民各长官莅会并报告各机关立案保护，刷印《办事规则》并《为善最乐书》两种。”

本年，大冶分会成立。

本年，沙市红十字会成立。据报道，“荆宜战事，仓卒（促）发生。沙市前商会总理萧书卿，现商会协理廖如川等邀集慈善绅商，发起红十字会，救济伤亡兵士。”

本年，襄樊分会成立后，将各会员交纳的约 8000 元会费“存储生息，按月支用”。

本年，汉口分会向社会各界发行公益彩票，并向总会和各大报馆报告开奖结果。

本年，汉冶萍煤铁厂矿向汉口分会捐款 500 元，并同意该会可以先赊购燃煤等。

本年，四川、湖南、湖北等省发生内战后，总会随即电令各地分会救护伤兵、赈济难民。湖北汉口、潜江、樊城等地分会立即组织救护队，开展伤兵救护和难民救助工作；宜昌分会在战场救护伤员 138 人，掩埋尸体 63 具。

本年，武昌分会与湖北省议会、汉口总商会等组织一道，组建请和团，并向全国发出通电，呼吁南北争战双方停战和谈，造福民众。

1919 年

5 月 5 日，由美国红十字会倡导发起的国际红十字会协会（红十字会与红新月会国际联合会前身）在法国巴黎召开成立大会，中国红十字会派王培元赴会。中国红十字会正式加入国际红十字会协会。

8 月 26 日，《申报》报道，湖北水灾，中国红十字会分电湖北各分会“调查灾况，以凭散放急赈”，并“爰由该会理事长唐露园会同仁济、广仁两善堂暨劝赈专员劳敬修，商请南洋烟草公司筹垫洋一万元汇鄂，以应急赈”。

8月28日，湖北督军王占元、省长何佩镕联名致电蔡廷干副会长，对中国红十字会赈济湖北水灾深表谢意。

9月3日，中国红十字会会长吕海寰、副会长蔡廷干联名在《申报》发表劝捐启事，为湖北灾民请命，呼吁“各界仁人君子慨惠巨款，拯此遗黎，俾生者早登衽席，死者获枕首邱，谨代百万灾民九顿首请命”。

9月14日，为救济湖北水灾，刚卸任副会长职务的沈敦和发起成立“湖北义赈会”，沈敦和则担任会长，朱葆三和湖北驻沪募赈专员劳敬修为副会长，募款赈济。

9月16日，前总统黎元洪致电“湖北义赈会”沈敦和会长，朱葆三、劳敬修副会长，表达谢意：“诸公历赈偏灾，活人无算，兹为敝省设会筹赈，义浆仁粟，悉仗鸿施，谨代江汉灾民称谢。”

9月，汉口分会筹集、垫付10000多元，购买面粉4000包、赈济大米2000石，向湖北水灾灾民实施义赈。

10月29日，《申报》消息：“湖北义赈会以该省被灾奇重，待赈孔殷，前已敦请唐郭郑君亲赴灾区散放急赈。兹以天气渐冷，赈衣尤为需要，故唐君在无锡绅商各界募有棉衣四千四百件装运来沪，该会收到红十字会送来棉衣千余件，一并装轮运赴灾区散放。”

本年，大冶县红十字会由招商局黄石港站负责人郭鹤年及黄石港商界人士朱芹香发起成立。成立时以救济事业为宗旨的群众慈善团体，受设在上海的中国红十字总会统一领导。

1920年

6月23日，为救助岳州难民，汉口分会致电湖北督军王占元，言：“难民盼救如炽，敝会特雇丹阳小轮，先派徐钧轩、陈少人二员同岳州代表熊庆云等携带米粮药品，今晚出发往岳救济。恳电沿途军队一体保护。”

6月29日，《大公报》报道汉口分会救济岳州难民情形，谓太古轮船公司“湘潭”号轮由湖南抵汉口，轮船载有岳州难民400余人，其中湖南籍难民200余人，湖北、安徽等省籍难民200余人。汉口分会“职员王森甫君闻信，当同警厅督察长王寿山君往太古码头，将鄂皖等籍者分别代觅船车令其回籍。其有湘籍者，则一一送往本埠湖南、长沙、宝庆三会馆安置居住，一面商同该会馆首士等筹备粮食以资救济”。

8 月 31 日，沙市分会致电总办事处“乞赈”，云：沙市下游石首县属西区之藕池口，“突于七月元日被大水冲溃屋院百余里。桑田沧海，老弱流离，强壮者或栖身树杪，或抱木逐波，嗷嗷哀鸿，待哺孔亟，除由敝分会筹备急赈外，转瞬冬令，严寒交迫，杯水车薪，势难普及。谨代灾黎请命，电恳力予劝募，源源接济，俾死者获安窀穸，生者得登衽席，万家生佛，功德无量，不特迫切待命之至”。

9 月 3 日，吕海寰会长、蔡廷干副会长在《申报》刊登《中国红十字会劝募湖北上游水灾急赈启》，为湖北灾民请命：“湖北上游一带，承长江及洞庭之下流，势如仰盂，一有泛滥，荆南各属便成泽国。本年阴历七月初一日夜间，石首县属西区之藕池口突受上游大水冲决，奔流百余里，冲浸田园庐舍不可胜计，实为历年仅见之浩劫。兹据本会沙市分会飞电告灾并惨述灾民流离状况，恳请劝募，除业由本会电知该分会筹办急赈并通知沪上各善团外，所虑车新（薪）杯水，无济时艰，尚望各界仁人君子慨惠巨款，拯此遗黎，俾生者早登衽席，死者获枕首邱，谨代百万灾民九顿首请命。”

10 月 3 日，大总统令：“令中国红十字会会长吕海寰、副会长蔡廷干：呈会务日繁，难胜重任，合词吁请免职由。呈悉，吕海寰已有令准免职务，蔡廷干在职年限尚未届满，仍应赓续任事，所请辞职之处，著毋庸议。此令。”又“派汪大燮充中国红十字会正会长。此令”。

10 月，针对华北遭遇的严重洪灾，汉口分会募捐 1 万余元，购买粮食、寒衣，送请内务部救灾总会代发，以救助灾民。

本年，为救助宜昌灾民，中国红十字会总办事处请沙市分会协助宜昌分会在沙市购买4000 袋大米，沙市分会接电后积极落实，顺利完成任务。

本年，汉口分会在湖南岳州等地散放粮食药品，救治伤兵难民；在武汉市刘园附近救治伤兵，掩埋尸体，并收容安置妇女数万人。

本年，湖北钟祥分会成立。

1921 年

7 月 18 日，潜江分会以“王家营等处溃口，灾情重大”，乃于张港附近散放急赈，“凡装配船四船，计面包、食品各千斤，又时疫药若干，于是日辰时分途出发”。

7 月 26 日，武昌分会致函总办事处，云“拟遵章开办医院，延请中两医士恤治伤兵，诊疗各症，并附设中医学校储备人材（才），以资应用而符博爱恤兵之意”，并请求总会“转咨湖北军省公署备案，行令军警并地方各公署照案出示保护”。总会接报后，即与湖北地方政府联系协调，帮助解决经费困难，并通过会刊《中国红十字会月刊》介绍武昌分会的办会成绩，予以宣传和鼓励。

8 月 4 日，因湘鄂战起，汉口分会“依万国红十字会救人之义，特派代表李养和、徐忠海偕医士十员、队员二十员督率夫役八十名，携带药品、材料、器具等件”，当日“由武岳铁路开赴蒲圻、赵李桥等处实行救护”。据报告，“救护队抵蒲，陆续救得重伤兵士二百二十九人，轻伤兵士五百三十二人，假蒲邑考棚旧址为临时医院，分别治疗”。

8 月 7 日，汉口分会以“救护代表在蒲圻来电报告连日所救伤兵为数至众，请派轮前往，运载来汉诊治等情”，特派“尹茂哉、喻万安、任炳山、林良栋四员租定厚生公司之一台轮船”，当日开赴蒲圻。

8 月 14 日，汉口分会“兹因前方救护事务殷繁，一队之力恐难兼顾，特又组织第二救护队，推定汤开镛、田强民二君为队长，偕同医士四员、救护员四十四人、夫役五十名”，当日“乘德泰救护轮出发咸宁一带，实行收救职务”。适值“两军激战，战地人民流离失所，曾经陆续救回二千余人”。

8 月 18 日，汉口分会第二救护队所“救护战地妇孺一百七十三名”，当日乘德泰救护轮由咸宁回到汉口，安置在咸宁会馆。

8 月 19 日，汉口分会第二救护队汤开镛队长“偕同随来队员、夫役等乘德泰、翔鸥二轮于今午复赴咸宁实地救护”。

8 月 19 日，总办事处筹洋 500 元，汇樊城分会，用于救济当地水灾。为此，樊城分会“派员分途调查灾情，以凭分别施赈”，并“将此款购办杂粮”，赈济灾民。

8 月 27 日，汉口分会第一救护队报告，“连日伏铺、官塘驿等处，战事激烈。本队在战地收埋两方亡兵约五百人，又救得受伤军民二百余人留蒲医治。惟值秋凉病发，棉被缺乏，祈速设法接济”，汉口分会立即派员“携带棉夹被各一百副”搭乘吉安轮船“取道赴蒲”。

8 月，湘鄂之战中有大批军队“纷集大冶县属之黄石港、石灰窑一带，连同输送夫，为数不下万余人，其势极形复杂”。大冶分会“协同各团体预备供应，设法招待，始免他虞。该军队见本会十字旗帜，颇加敬礼”。

10月10日，《中国红十字会月刊》创刊，至1924年停刊，出版31期。

10月19日，总会总办事处收到宜都分会报告，称“宜昌自八月初一日战事发生，本会当即电请总会转告双方司令准备出发，向宜昌战地方面救护。初一二三等日，宜昌河西地面战事方烈，间有军民淹死大江者，尸骸漂流，目不忍睹。经本会沿江收捞掩埋者，约有二百余具。维时双方攻击日益激烈，于是本会遂租定二马路之屋，宏大可容百余人，并于北门外北五省会馆内设驻扎掩埋队。连日以来，分队向战地出发，救伤埋亡，竭力前往营救，以尽天职”。

10月31日，鄂城分会成立，高华为会长。之后，鄂城分会与当地善堂合作办理“义渡救生红船”，并为“凡属无棺以及途毙”的穷苦百姓，免费提供棺材。

12月3日，武昌分会医院开幕。

本年，全国增设分会14处，“以发给图记之先后为次：一月某日发给常州分会，一月某日发给永顺分会，一月三十一日发给贵阳分会，二月某日发给赤水分会，四月六日发给太和分会，四月六日发给兴化分会，四月六日发给兴化刘庄分会，四月二十六日发给洪江分会，七月十三日发给大冶分会，九月二十八日发给芷江分会，十月五日发给邹坡分会，十月十七日发给蕲水分会，十月十七发给宜昌分会，十月二十一日发给颍上分会，计各省分会之新成立者十有四处”。

1922年

春夏之交，受上年旱灾影响，湖北省粮食奇缺，物价飞涨。中国红十字会总办事处从沙市云锦碾米公司购买大米4000袋，运往宜昌平粜。

4月23日，第21次常议会议决本年6月25日为第二届会员大会日期，当即通告全国各分会，各选举代表2人，依期赴会，“届时将讨论推广分会整顿会务及一切重要问题”。

6月25日至6月29日，中国红十字会第二次全国会员大会在上海开幕。全国22省中分会共217处，出席第二届会员大会者，热河省1处、江苏省19处、湖南省13处、江西省9处、河南省11处、广东省4处、广西省2处、福建省3处、浙江省5处、四川省27处、安徽省19

处、湖北省 15 处、山西省 2 处、山东省 2 处、陕西省 4 处、贵州省 2 处、奉天省 2 处、吉林省 2 处、黑龙江 1 处，共 19 省区 143 处。大会通过《中国红十字会分会通则》，《中国红十字会分会章程》随即废止。《中国红十字会分会通则》分为总则、职员、议事会、事业、惩罚、奖励、保护、医院、救护队、附则，共 28 条。武昌分会的余日章还被推选为新一届常议会议员。

7 月 18 日，潜江分会在当地张港附近，组织救援船只，救助遭受水灾的灾民。

8 月 17 日，大总统令，“派汪大燮为中国红十字会会长，蔡廷干、杨晟为副会长。此令”。

本年，汉口分会和大冶分会分别救助赣战、湘鄂之战受伤官兵和难民；宜昌分会、沙市分会还协助总会办理平粜，救助宜昌灾民。

本年，鄂城分会与当地善堂合作办理“义渡救生红船”，救活 12 人，捞尸 18 具。同时，在当地城乡调查赤贫，发放衣食，“以拯饥寒”。针对当地水旱频繁、疫病流行的问题，该会创办中医，春季自备疫苗送种，防治痘症；夏季则募集丸丹、药茶等施济城乡。

本年起，大冶县红十字会由梅悦臣任会长，朱芹香任副会长，会址在黄石港沿江街 13 号。

1923 年

8 月，湖北潜江县内江堤溃决，潜江分会全力赈救，并致电总会总办事处“乞赈”，总办事处表示给予支持。

9 月 4 日，总会向全国分会发出为日本大地震募集善款和救灾物资的电报后，得到各地分会积极响应。据报道，该会在救援期间募集和支出的善款“总数当在五万元左右”。其中，沙市分会募捐 1000 元，郧县分会捐助大洋 119.2 元、债票 15 元，郧县分会捐款 119 元，襄阳分会、宜都分会、樊城分会各捐助 100 元，鄂城分会捐款 50 元，大荔分会捐助 30 元，潜江分会捐助 12 元，请总会代为转交。另外，汉口分会还筹措 1000 元，由汉口总商会汇往日本。

10 月 20 日，为答谢中国人民给予日本震灾的援助，日本派出以臼井哲夫、铃木富久弥、砂田重政、半泽玉城等组成的“超政府超党派之纯粹代表日本国民”的“国民表谢团”，起程来华答谢。“表谢团”首先抵达大连，而后奉天、天津、北京、洛阳、汉口、南京、杭州，11 月 21 日到达上海，特别拜会中国红十字会总办事处，称谢不置，谓“此次贵国人民，对于敝国震灾所给与伟大之同情，与贵会派遣医队之协助，殊足使敝国上下一致感动。此次来沪，敬表谢意，极希望此后中日两国国民益臻亲善”。湖北红会慷慨捐助日本地震灾害灾民的义举，展现出荆楚民众乐善好施、救助邻国的良好形象，增进了红十字民间交往和与邻国人民的情谊。

本年，经总会发给图记后，枣阳分会、蕲春分会、襄城分会先后成立。

本年，樊城分会协助枣阳分会救助因土匪“老洋人”张庆窜扰鄂北枣阳而受伤害的军民 100 余人；枣阳分会也设立临时疗伤所，救护受伤军民 140 多人。

本年，宜都分会积极救济当地遭受水、旱灾害的难民。

1924 年

1 月 31 日，总办事处接湖北樊城分会会长李广德来函云：前此老洋人股匪窜扰鄂北，攻陷枣阳县城，该县太平分会成立未久，医药未备，乞协助救护。樊城分会特聘雷耀廷为临时西医员，携带药品，并救护队数名，驰往该县协助太平分会实施救护，共计疗治兵民百余名。

3 月 23 日，《申报》报道：“本埠中国红十字会总办事处，前得湖北陨县分会来函云：我国以博爱恤兵为宗旨，章程载在六法全书，列入军事首条，军士上讲堂，先为宣读演说，俾知红会之美意。兵燹迭兴，宣读久停，知红会之名义者少，故此次老洋人窜陨，围攻三昼夜，及其退去，红会原有出发救护掩埋伤亡之天职，因电线早已斫断，又不能以快邮代电通知总会，请转前线饬知保护，乃遵章就近通知军事长官、地方长官饬知保护。地方官已饬警备照章保护见复，团长因见宛洛会员被老洋人所拉之报，未经发明，迟迟未复。乃有无知见嫉之人，唆动军官，诬以分会与老洋人通函欢迎等语，将与分会为难。岂不知此匪到处烧杀蹂躏，无所不为，谁无身家性命，而欢迎无人道之匪。彼姑妄言，此竟妄听，烦言啧啧，几将全会会员哄动偾事。幸得在上津受伤兵士齐抬赴分会医治，始将风潮按息。事已往矣，姑不必言，务请函知督军省长，通饬一体优加保护，勿令军民误会名义，破坏慈善，阻碍进行，是为至祷。”总会总办事处当即致电湖北省军政长官，云：“武昌督军、省长大鉴：据陨县红十字会来函，声称老洋人窜陨，红会会员率被扰害，而军官听人诬唆，传信红会会员通匪，几至偾事。幸该分会办理医队，疗治病兵，始得证明，风潮方息等情。相应据转，敬请通饬各军长官及地方官厅，一体出示妥为保护，令军民切勿误会，破坏善团，是所祷切云云。昨该会得鄂督复电云：皓电致悉，陨西上年被匪，贵分会热诚救助，几至误会，准电前因，当饬知军队及地方官妥为保护，以免误会。”

3 月，汉口分会医院正式成立，设有病床 50 张，首任院长为周厚安。后继院长有：周菁柏、朱文俊、段世源、李兴成、胡崇道、姜书卿、张贯勇等。

4 月 29 日，大总统令：“派颜惠庆为中国红十字会会长，蔡廷干、杨晟为副会长。此令。”

5 月，至本月底，中国红十字会在湖北省共有武昌分会、汉口分会、潜江分会、通城分会、崇阳分会、宜都分会、沙市分会、襄阳分会、郧县分会、黄冈分会、樊城分会、大冶分会、宜昌分会、鄂城分会、蕲水分会、枣阳分会、蕲春分会、光化分会等 18 个正式分会，以及当阳（分会）筹备处和老河口（分会）筹备处 2 个筹备处。湖北省分会数量居全国前列，红十字组织得到进一步发展壮大。

12 月，宜都分会对当地遭受水灾和旱灾的难民实施冬赈，按户发给钱款米粮，使 3000 余人受益。

1925 年

5 月 26 日，总办事处应“前徇四川夔州分会之请，分电北京税务司，暨宜昌海关税务司云：据四川红十字分会电称，川东大旱，夔地食料尽绝，人民饿毙及自杀者，日有数起。分会特托救护队长蔡云樵，前往宜昌采买赈米济急，请为电达，相应电请俯予维持，以便输运，感纫公谊，并盼电复”。当日总办事处“接得北京税务司之复电，谓已令关免税放行”。

8 月 13 日，《新闻报》报道：“中国红十字会理事长庄得之君对于救济各地灾情素极关心，现因陕鄂毗连之兴（安）、汉（中）、（襄）阳、郧阳等处灾耗频仍，特由会派调查员李连普君赴该处调查，以备救济。闻李君等日内即由沪启程。”

1926年

2月14日，出发河南从事战事救护的汉口分会“由前方运回伤兵一百零六名”，内有连长王锡达、排长郭建忠等，“均经派员率同夫役，护送至新兴街敝会所设之第一临时医院”救治。

2月15日，汉口分会“派员役分两路出发，一赴信阳南约二三里地方，一赴信阳城东陈家湾地方，计收得国民第二军阵亡目兵姚文凤、韦双全等多名。又陆续收诊伤兵二十余名，均经员役等觅地掩埋，订立标识。又陆续收诊伤兵二十余名，除仍派员役赴前方实行职务外，相应将经过情形函复察核”。

2月17日，汉口分会救护队队长汤子善报告，“上午十时，信阳蒋军派手枪队数百人，缒城而下，与鄂军作战。昨鄂军奋勇击退，前方伤亡颇多。停战之后，本队员役当赴战地掩埋尸身一百余具，救回伤兵数十名，本拟全数运回，因难民纷纷逃鄂，火车拥挤异常，只得先派医务员谢汇东护送二十四名赴汉，内有营长丁得胜、排长高成旺两员，均留院诊治”。

3月2日，《新闻报》报道：“中国红十字会总办事处昨接汉口分会救护部长王明福报告云，敝会在友仁义社设立第一临时医院收容伤兵各情，业经报告在案。兹因第一医院容纳已满，特在花布街太平会馆设立第二临时医院。正值着手筹备之际，昨日又由前方运到伤兵九十二名，内有受伤最重者三人，车抵汉口时业已身故。敝会当时派救护员率同夫役，将伤兵抬至第二临时医院诊治，一面备棺将死者三人，抬往硚口义地掩埋，钉立标志，用特报请察核云。”

3月15日，《申报》报道：“中国红十字会总办事处昨接汉口分会第十次报告函称，顷据敝会救护队来电称，本队因联军已攻克郑州，特拨队员张汉卿、魏世铭、杜荣斌、曹其康，医士胡幼元、王治斌等，率夫役四十名，开赴郑州，实行救护。并议定在郑州举行办理难民收容所，救济难民，仍留一部驻信，俟信阳开城之日，收埋尸体。闻城中妇女投井死节者甚多，请铸大铁钩四十根，以备捞尸之用，由汤队长运来，是为至盼等情。据此，除照办外，谨此报告，敬祈察核。”

3月19日，汉口分会救护队黎明出发，在河南信阳“北门拱桥边见该处尸棺及露尸骸骨甚多，即派员役收拾，计收得有棺之尸三十六具，内有姓名者二十六具，均特钉立木牌，书其姓名于上。又骷髅三十一颗，无棺露尸三十七具，碎骨一大堆，即行分别掩埋，共成四大冢。掩埋既竣，当由队长参事率队入城谒见道尹于廷鉴、知事王鹏俊、警察局长刘砚书，均蒙特别优遇。队长参事等因信阳死亡既多，尸气流溢，难保将来不发生时疫，比将携来之救疫药水分别持赠，各长官称谢再三，视若拱璧。公毕出城，则见铁路左近发现火车辗毙之男尸一具，又投水身死之女尸一具，亦随时派员埋讫。兹特着队员方伦昌回汉添运收埋材料，并祈加付时疫药水一千瓶，运队备用”。

3月20日，出发河南信阳的汉口分会救护队“上午出发信阳南门，在同善社金星桥师范学校三处，收得棺尸三十五具，露尸三具。又大南门外三里店桥边，收得棺尸三十一具，露尸三具。均经就地掩埋，共成四冢，其中有徽章者，俱已钉立标记，抄录入册，以备查考”。

3月21日，出发河南信阳的汉口分会救护队“上午出发谢家河沟，收得棺尸三具。又仁大洋油栈后，收得棺尸三十六具，又骷髅十个，碎骨一堆。又仁大栈前面收得露尸六十四具，均经就地掩埋，共成五冢”。

3月22日，出发河南信阳的汉口分会救护队“队长等将队员夫役共分两支队，一赴信阳西门外，计收得破碎尸棺二具，又零星骨殖六具，当即掘地掩埋合成一冢；一赴南门外，计收得露尸四具，亦经掩埋停妥，合成一冢。又陆军第十五混成旅正法王姓军官一人亦随时埋讫”。

3月23日，出发河南信阳的汉口分会救护队自3月14日至当日，“总计收埋有棺之尸一百五十九具，无棺之尸二百九十二具，尸骨一百六十四具，骷髅六十三个，残骨二十一堆。先后掩埋，共成四十五冢，均已钉有木标。收埋既竣，即结束回汉。再本队在前方设立临时诊断所，先后治愈伤兵计人民共计四百余名”。虽然“敝会救护队虽已结束回汉，而第一、第二两医院尚容伤兵二百余人，照常开办”。

4月13日，《申报》报道，汉口分会“第一、第二两医院诊愈之伤兵，业已陆续给资遣归在案。兹又有第二医院伤兵张兴同、曹守功、刘金海、王之杰、侯照才、任季先、胡占魁、冯占元、丁金生、尹从之、郑文言、王天顺、王富贵、丁本忠、吕占魁、苗心玉、贾善如等十七名诊治就愈，已于昨日下午八时每名给川资五串文，派员送至循礼门车站，点交讨贼联军总司令部副官处关副官永胜押送上车，沿途遣散回籍”。

4月16日，总办事处接汉口分会理事长王道铎报告云：“敝会在本埠新兴街友仁社设立第一临时医院，自开办以来，已历二月，共计收容伤兵一百五十八名。除陆续诊愈随时资遣出院不计外，实存张沛仁、刘平彦、杨新忠、郭新芳、贾海江、李得功等二十九名，亦经诊治就愈。敝会已派员商准鄂军第一军留守司令部，派差遣员周成勋觅定车辆，将该伤兵等遣送回伍。敝会第一医院即于是日结束，用将办理情形报告察核云云。”

7月9日，国民革命军出师北伐，并向湖南、湖北进军。

9月11日，总办事处收到湖北蕲春分会会长刘学海来电云：北伐战争中，“属会当防线之冲，已成立救护队四十名，妇孺收容所三处，恳迅电南北军统保护云云”。总办事处“当即分电云：孝感、汉口探投联军总司令吴、公安司令刘鉴：敝会各分会现正出发救护，请饬前线各军，遇有敝分会救护队及医院收容所等，一体妥为保护是幸”。

9月12日，总办事处接汉口分会公函云：“窃自湘鄂军兴以来，敝会即已组织救护队出发岳州，实行收埋与医疗职务，曾经电呈大会察核在案。兹查双方战事业已趋重武汉，枪炮之声日夜不绝，人民纷纷逃避，市面备极萧条。敝会召集临时会议，决定择汉阳夏口宽敞地点设立妇孺救济所多处，容纳妇孺。一面就后城马路孤儿院设立临时医院，收诊伤兵。截至今日，已成立之妇孺救济所计有四十四处，收容人数合计三万余名。临时医院收诊伤兵，亦有四百二十余名。此外并组织第二救护队，于今晨出发汉阳。战时救护情形，容俟续报云云。该总办事处当复函云：径复者，函表均悉，该分会实行救护，足征克尽天职，殊堪嘉许，希即督率各员，勉力进行为要。至目下情形，已电请保安刘司令将医院收容所饬属一律妥为保护矣，并希知照。”

9月13日，总办事处复电湖北鄂城分会云：“地方既发生战事，自应竭力救护，以尽天职。双方军事长官业由本处电请饬属一体保护，希即酌量进行可也。”

9月14日，《申报》报道：“中国红十字会总办事处，为汉口分会组织救护队两队，出发战地，实行救护，并设立收容所四十四所，救济灾民事，特电汉口保安司令刘佐龙，请分饬所属，一体保护。”

9月23日，《新闻报》报道：“武穴绅商界因战事迫在眉睫，日前推派代表来沪，请求红十字会总办事处设立武穴分会，即于前日缴款七百五十元，领到三十位基本会员章照及旗帜图记，遄回武穴成立红十字分会。昨日下午四时本埠红十字会总办事处来电报告，已设立妇孺收容所四处，组织救护队四十名，请分电北伐军、联军长官妥为保护，总办事处已据以分电双方司令，饬属妥为保护矣。”

10月17日，汉口分会两次致电上海总商会、湖北同乡会、中国红十字总会："此次武汉军兴，敝会先设医院两处，容纳伤兵千余名。继又分设妇孺救济所四十七处，由武昌救出难民妇孺五万余人，收容给养。"又"敝会刻携棺木二千具，至武昌城垣内外收埋浮尸，并备消毒药品，到处敷洒，以防疫疠"，然"二项用费颇巨，若不疾呼将伯，诚恐功辍半途。诸公博济为怀，恳祈广为劝募，以全善举"。

11月21日，《申报》报道："中国红十字会汉口分会致函上海总商会，详述此次办理兵灾经过情形，并谓连年举办赈灾救伤事宜，耗费已多，虽承各大善士解囊相助，仍杯水车薪，无济于事。素仰贵会乐善为怀，请不分畛域，鼎力提倡，广为劝募，集腋成裘，以济穷黎云云。"

12月6日，汉口分会分电上海总商会、湖北旅沪同乡会、中国红十字会总办事处，拟派员到沪募捐，请赐接洽。电文称："敝会推定王森雨、杜树棠、谢铸陈、方鉴予四君为代表，携带救护写真册，乘吉和轮船来沪募捐，祈贵会赐予接洽。"

12月14日，《新闻报》报道："中国红十字会汉口分会以此次武昌围城兵灾，救护灾民甚众，设所收容五万余人，并掩埋死尸浮棺数千具，见义勇为，有口皆碑。惟收容所灾黎无家可归者，啼饥号寒，惨不忍闻，该会因公帑已竭，无法接济，特派王森甫（雨）、杜树堂（棠）、谢铸陈、方鉴予四代表，携带救护灾民写真图多帧，于昨日莅沪，分向总商会、中国红十字总会、湖北旅沪同乡会及各慈善团体、各大善长前呼吁，筹募振款，以济急需。"

12月27日，湖北旅沪同乡会晚六时"假北京路功德林欢迎汉口红十字分会代表王森甫、杜树棠、谢铸陈、方监予四君，到者关炯之、刘万青、孙松年、卢星阶、周霁光、陶理堂、盛采芝、张恕堂等二十五人。推关炯之、刘万青主席，由周霁光致欢迎词，略谓中国红十字会汉口分会办理救护事业成效昭著，近如救济武昌兵灾，收容难民，掩埋浮棺尸骸各善举。其急公好义，乐善不倦之心，遐迩钦崇。兹者各代表不远千里而来为灾民请命，尤为敬佩，敝会同人设席欢迎，为诸君洗尘云。次由王代表森甫起谓谬承贵会招待，愧不敢当，此次衔命莅会为灾民乞赈，实属万不得已，武汉经此次兵燹后，百业停顿，经济枯窘，呼吁无门，告募维艰。而冬赈在即，待款孔殷，惟望贵会诸乡长量力援助则感激无既云。又传观红会救护灾民及收埋浮尸惨状图影，惨不忍睹，直至八时散会"。

1927 年

5 月 27 日，宋庆龄与何香凝等人发起成立的北伐红十字会，举行谈话会，汪精卫、徐谦、孙科、顾孟余、吴玉章、彭泽民等国民党中央委员及周恩来等 300 余人参加，会上将北伐红十字会正式定名“北伐伤兵救护大会”，每团体举一至二人共同组织；聘请专门救护人才，分别担任救护事宜；设立执行委员会执行会务，宋庆龄担任执行委员会委员长。汉口分会参加“北伐伤兵救护会”的工作，派出医护人员，协助救护伤兵。

6 月 12 日，《申报》报道：“自豫战而后，汉口伤兵骤增至九千余。本埠红十字会等团体，尽力筹助，遣发救护队，已于昨晚乘南洋丸出发赴汉。计中外医生男女看护士共二十三人，医生八人，中有西人两名，即苏州博习医院院长施耐尔及安庆教会医院戴宝尔二氏，皆系著名外科专家。此次人员多由数处招（召）集，北京协和医校并派男护士四名，队长颜福庆博士因事留申，拟于十三号动身，同行者尚有华西大学柯博士及中西队员七人。此次医药用费，全由华人捐集，惟伤兵过多，所费甚巨，尚望各地善士慷慨解囊。”

1928 年

2 月 3 日，交通部长王伯群批示：“具呈人：汉口红十字分会：呈一件：为前发免费照期满请另换新照祈鉴核由。呈及缴销期满免费执照，均悉事关善举，应准换发新照，惟查本部制定《账务电报免费章程》第七条：‘展期至多以六个月为限’，所请以一年为期，核与定章不符，碍难照准。再查《章程》第五条末项：‘每一执照所填发报局名，至多不得逾五处’，来呈所请注明全国电局均可通行字样，是否指此，如系指收报局而言，则照章原无注明之必要，仰明白声叙，呈复到部，以凭填发。此批！”

2 月 15 日，交通部长王伯群训令电政总局、汉口电报局：“案据汉口红十字分会呈称，前领赈务电报免费执照业已期满，请更换凭照，以资应用等情。核与定章相符，除填发赈字第十号凭照以六个月为限，并分令知照外，合行令仰该总局查照。此令！”

9月21日，常议会举行第75次会议，“以迭奉内政部部长薛来函，嘱即改选正副会长，现任正会长颜惠庆、副会长蔡廷干、杨晟，亦以南北统一，各来电辞职。当经议决，即行改选，并选举颜惠庆为正会长、王正廷为驻京副会长、虞和德（虞洽卿）为驻沪副会长”。

本年，宜昌分会组织掩埋队，安葬“河西清乡”中被杀害的中国共产党人和赤卫队员以及其他战乱中死亡的士兵遗体共271具。

1929年

9月20日，总办事处发布《中国红十字会筹备第三届会员大会通告》：“本会为时局关系，久未召集会员大会。今大局已定，公议召集大会，以六个月为筹备期，遵章于是（次）年四月间开会。公推常议员王培元、江趋丹、闻兰亭、袁仲慰、姚虞琴、谭容圃为筹备员。”

本年，宜昌分会在蒋桂战争宜昌之役爆发后，收集、掩埋65具双方阵亡士兵尸体。

本年，汉口分会在陕西、河南等受旱灾的地区，收养180名难童，带回武汉开展人道救助和教育。

1930年

4月20日，中国红十字会第三届全国会员大会在上海天后宫桥上海商人团体整理委员会举行，全国128处分会代表与会，但因暴徒“捣毁”总办事处，致使大会无果而终。

8月19日，因第三届全国会员大会流产，中国红十字会乃在上海宁波会馆二楼召开临时大会加以补救，20余处分会代表及各级会员50余人与会，国民政府、上海市政府分别派代表胡鸿基、阎森“莅会致词”。鉴于“本会旧有章程已不适用，又不完备”，决议成立修改章程委员会，“修正章程”。从8月20日起至9月20日，经过16轮的反复推敲，终将章程修改完毕，9月22日常议会通过后呈报国民政府备案。“修正章程”最大的变动为“章程名称改为《中华民国红十字会章程》。第一条改为：“本会为国际上慈善法团，由本会会员组织之，定名为中华民国红十字会，简称为中国红十字会”。中国红十字会由此抹上较为浓重的官办色彩。

本年，湖北地方政府根据中央政府颁布的《中华民国红十字会管理条例》《中华民国红十字会各地分会立案办法》等法规，印发《省政府准内政部咨中国红十字会应依照慈善团体法受地方官署监督令民政厅饬属知照》，将湖北各地红十字分会视为慈善团体，纳入地方政府的监督之中。

1931 年

5 月 27 日，《中国红十字会月刊》复刊第一期出版，涉及红十字会会务、业务的方方面面，“内容极为丰富”。该刊出版至 1931 年第 1 卷第 3 期后停刊。

8 月 14 日，中国红十字会为各省水灾乞赈，并公布募捐办法：“（一）凡捐款十元者，推赠普通会员；（二）凡捐款二十五元者，推赠为正会员；（三）捐款二百元，或代募捐款一千元以上者，推赠为特别会员；（四）捐款一千元，及代募捐款五千元以上者，推赠为名誉会员；（五）如曾经入会之会员捐款，或代募者，则增进其会员阶级，或转赠其至亲好友；（六）特别出力者，由本会常议会，酌议嘉奖。”

8 月 20 日，《申报》报道：“中国红十字会以汉口水灾为数百年来所未有，居民浸入水中，发生疫病，危险尤大，特组防疫救护队前往救护，拟派医生四五人、护士十余人，携带医治痢疾疟疾伤寒时疫等药，择期出发。”

8 月 21 日，华盛顿电，中国红十字会以长江流域大洪水，致电美国红十字会乞，“水灾形势险恶，灾民困苦迫切，请予援助”。

8 月 22 日，美国红十字会复电中国红十字会云：“近来贵国水灾浩大，深为悬念，本会已发美金十万元交驻汉口美领事就地散放矣，特此奉闻。”

8 月 22 日，《申报》报道：“中国红十字会以汉口水灾奇重，瘟疫流行，特组防疫救护队，连日购办药品，极形忙碌，约一二日间，即可出发。昨因各省水灾急振会代表李组绅乘飞机赴汉，该会特电汉口红十字会妥为招待，并电告湖北省政府以救护队出发之期云。”

8 月 31 日，合众社汉口电：“美红会捐助急赈美金十万元，顷已由驻汉美领亚丹姆斯接到。现时救济工作业完全交全国救灾委员会之手，当地官署则倾注全力于维持秩序，救灾委员会劝沿平汉铁路提防灾民迁徙，颇感棘手，彼等希望能恢复一部分财物，并坚拒打防疫针。长沙顷运到蔬菜若干，上海与下游各地大宗食品，源源而来。”

8 月，河南、湖北大水灾后，汉口分会会长王琴甫任救护队队长，率 15 名队员前往河南赈灾，自带馒头，沿途救济灾民。将无家可归的 9182 名灾民带回湖北，分别送往汉口、汉阳、武昌收容所安置。其后，救护队送走灾民 2800 多人，收治生病灾民 1559 人，并设长江义渡船 9 艘，派出 18 名工作人员分别担任物资、救护、打捞掩埋浮尸。仅 20 天就掩埋尸体 267 具，装棺木掩埋 558 具。由于汉口分会出色的工作成绩，得到了广大民众的交口称赞，黎元洪临时大总统也来电称谢。

8 月，全国多地发生严重水灾，尤其是湖北省有 45 县遭受百年一遇的洪灾，全省 950 万人受灾，500 万人无家可归，仅武汉三镇就有灾民 20 余万人。由于民众饥寒交迫，加之瘟疫流行，每日饿死、病死者逾千人。总会与当地分会一道，组织防疫、救护、医疗等大队，救助灾民，防治疫病。

9 月 1 日，中国红十字会以汉口水灾惨烈，特组防疫医队，随带应用药品“出发汉口实施工作，并拨助汉口分会振款二千元，就近放振，以资救济”。

9 月 1 日，《新闻报》报道：“中国红十字会筹备赴汉诊救灾民疾病各情，已志前报，至于采办药品及聘请医生等等，昨日已完全办妥。救生护士及杂役等共计十余人，定今晨乘怡和公司隆和轮赴汉，诊救灾民，并再将组织一救护队赴邵伯高邮一带，施行救济。”

9月8 日，中国红十字会防疫医队抵达汉口，受到汉口分会绅商各界欢迎，“旋至卫生署金司长及祖祥科长、国府赈灾会主任李组绅等处，均赞成分工合作。明日预备出发赫山一带从事救济，该地灾民近二万余人，露宿餐风，尤为凄惨云”。

9 月 13 日，《新闻报》报道：中国红十字会“救护队到汉后，于昨日全队出发赫山一带，从事工作。该地离汉约二十余里。灾民麇集约二万人，既遭水浸，复受强烈日光熏蒸，致疠疫流行。随即注射霍乱防疫清血诸剂，灾民得以稍安。惟自晨七时出发至下午五时回队，饮食难寻，皆枵腹从公，加之日光激烈，面部颈部均成焦黑。吾侪强壮之人，犹虞不能忍受，灾民其何以堪，故该队异常兴奋，预备明日继续努力工作云”。

9 月 15 日，中国红十字会“接到所派汉口救护队报告云：连日赴汉阳赫山一带，从事工作，医愈灾民约二千余名，其中以痢疾疟疾占多数。自上午八时工作至下午四时回队，平均每日医治灾民约一千余人。尚有汉阳、武昌、汉口共设收容所四十七处，灾民约达十余万人，亦急待医治疾病，故连日忙碌异常。刻下水势尚未见退，且有续涨之患，交通颇感困难，幸蒙汉口分会代雇划船，招待颇周，甫觉便利。灾地影片已拍成，随后即寄。惟灾区浩大，灾民众多，所带药品，不敷应用，请速设法补寄，以拯灾黎。该会得报后，已电复日内准陆续补寄大宗药品，以资接济”。

9 月 18 日夜，日本关东军炸毁沈阳北郊柳条湖铁道，并以此为借口向中国驻军发动进攻，拉开蓄谋已久的侵华战争的序幕。

9 月 19 日，《申报》报道：“中国红十字会派出汉口救护队，近日仍在赫山继续工作，施打防疫针及诊治疾病。分会代雇小划两艘，往返均甚便利。又蒙卫生署金局长派一部分人员，留在武汉各处马路，双方合作，施打防疫针，及诊治灾民疾病，求治者甚为踊跃，其中以患烂脚症者为多数，因终日浸于水中故也。刻下赫山已发现真性霍乱，除将情形报告金局长，当时急施手术注射霍乱疫苗，以防传染。迩来汉地水势，仍然如斯。队员工作，仍晨出晚归，虽辛苦备尝，职责所在，焉敢怠荒，故该队连日工作异常努力，并于今日由长江轮船运往药品三大木箱，俾资应用。”

9 月 19 日，中国红十字会收到 18 日汉口分会发来的电报，称：“承寄混合疫苗二十打，业于筱日由日清公司如数收到，甚感。惟工作紧张，经费困难，仍望速拨赈款，以免功亏一篑，特此电谢，并盼宏施等语。”中国红十字会“当即回电云，汉口水灾奇重，贵分会办理急赈，成绩卓著，请拨赈款，已提交第一百零九次常议会核议，当经议决，准拨洋二千元，以资接济”。

9 月 24 日，中国红十字会为分配赈款事，特开常议会。“计出席者王一亭、姚虞琴、哈少甫、闻兰亭、王培元、张尔云等十余人，主席王一亭，纪录卫锐锋。讨论结果，计江苏七千五百、安徽七千五百、湖北七千五百、湖南七千五百、江西三千、河南五千、浙江二千、广东二千、四川二千。其散放手续，由各该地红十字分会，会同地方各公私机关团体，共同散放，并将灾民领赈手续及清册，汇送总会备案。”

12 月 26 日，振务委员会依汉口分会所请，“代电”铁道部给予赈灾物资通行给予方便：“铁道部勋鉴：案据汉口红十字会漾电称，以汉市灾民麇集嗷嗷待哺，现敝会拟在信阳购办振米一千石，由信阳站运至汉口站，敬希即电铁道部转电平汉路，即予拨车免费起运。此间灾民待振急于星火，愈速愈好，至纫公谊等情到会。事关振运，相应电请查照办理见复为荷。”

12 月 30 日，振务委员会复电汉口分会，云：“汉口红十字会大鉴：前准贵会漾电，以汉市灾民麇集，待振孔亟，特在信阳购办振米一千石由信阳运至汉口散放，请转部饬局拨车免费备运。当经转函铁道部去后，顷准艳代电复，已饬平汉路局拨车计帐（账）备运。”

1932 年

4 月，自 1931 年 8 月至本月，汉口分会掩埋武汉灾区死亡难民万余人。

8 月，汉口分会赶赴钟祥开展防疫，救济难民，一个月内救治病人 800 余人，发放防疫药水 2000 余包、药膏 3000 余包。

11 月 25 日，国民政府立法院第 213 次会议讨论通过《中华民国红十字会管理条例》14 条。内容包括“中华民国红十字会依军政部、海军部之指定辅助陆海空军战时后方卫生勤务并依内政部、外交部之指定分任国内外赈灾施疗及其他救护事宜”；“本会得募款设立医院，造就救护人才及储备救护材料，前项募款每年得举行一次，其日期及办法应呈请内政部核准备案”；“本会设总会及分会。总会以内政部为主管官署，并受外交部、军政部、海军部之监督。分会隶属于总会，以所在地地方行政官署为主管官署”等。

12 月 16 日，国民政府指令：“《中华民国红十字会管理条例》业经明令公布，并通饬施行矣，仰即知照。此令。”

1933 年

4 月 24 日，《新闻报》报道：“上海筹募豫皖鄂灾区临时义振会，昨复中国红十字会函云：敬复者，接准大函，以准河南省振务会函，邓县灾情惨重，待振甚殷，相应函请查照核办等由到会。查本会曾准该省振务会函同前由，业经拨助振洋一千五百元，汇交邓县政府查收救济并告知该县来沪代表，准函前由，相应函复，敬希查照为荷。”

6月3日，行政院长汪兆铭、内政部长黄绍竑、外交部长罗文干、军政部长何应钦、海军部长陈绍宽联衔以训令的形式颁布《〈中华民国红十字会管理条例〉施行细则》(43条)，明定：“中华民国红十字会依军政、海军两部之指定，辅助陆海空军战时后方卫生勤务，并依内政、外交两部之指定，分任国内外赈灾、施疗及其他救护事宜。又规定设总会及分会。总会以内政部为主管官署，并受外交、军政、海军三部之监督；分会隶属总会，以所在地地方行政官署为主管官署。又规定总会之理事及监事，由部转呈国民政府聘任。”中国红十字会已成为官方事实上的附庸机构。

本年，湖北共有22处分会，即武昌分会、汉口分会、潜江分会、通城分会、宜都分会、沙市分会、襄阳分会、郧县分会、樊城分会、大冶分会、宜昌分会、鄂城分会、靳水分会、枣阳分会、蕲水分会、光化分会、老河口分会、当阳分会、监利分会、武穴分会、均县分会、钟祥分会。

本年，民国著名佛教领袖、中国佛教现代化的奠基人太虚大师在为《中国红十字会汉口分会第二、三、四届征信录》作序时，写道：“慈善事业，所以弥天地之遗憾，济人生之厄灾也。而蔚成世界之组织，系统之设施者，厥为红十字会。吾国除上海而外，当以汉口所办为最。”

本年，据汉口分会《第四届征信录》公布的情况看，该会的经费收入来源主要有会员交纳的会费和特别捐款，总会、当地政府、其他社会团体和个人的捐助，所办药房卖药的收入，经费本金存入银行所得的利息等；支出主要渠道有救灾、抚恤、差旅费、办公经费、职员工资、广告费、上交总会的费用等。

1934年

2月10日，《新闻报》披露我国红十字会组织发展近况：“红十字会为欧洲各国所创始，现已普及全世界各国，该会专事办理慈善事业，造福人群实非浅鲜。我国年来对于该会之组织亦颇发达，全国计有分会五百零七处，会员人数达十一万二千二百八十六人。兹特将最近调查统计如下：（一）上海市二；（二）南京市一；（三）北平市一；（四）青岛市一；（五）江苏省七十；（六）浙江省三；（七）安徽省三七；（八）江西省一二；（九）湖北省二三；（十）湖南省一六；（十一）福建省八；（十二）广东省一二；（十三）广西省六；（十四）云南省二；（十五）贵州省二；（十六）四川省二〇；（十七）山东省四三；（十八）陕西省七；（十九）河北省五；（二十）河南省八三；（二十一）陕西省四；（二十二）辽宁省一五；（二十三）吉林省一五；（二十四）黑龙江省一〇……”

2 月 25 日，中国红十字会致函各省市县地方主管官署长官，函聘征求会员委员会委员长。函称：“迳启者：中华民国红十字会管理条例施行细则第十八条规定，本会得每年征求会员一次，其期间以两个月为限，应先行呈请主管机关官署核准，组织各地方征求会员委员会行之，并得聘请地方主管官署长官为委员长等语。现本会定于本年一月一日起至四月三十日止为正式举行期间，并将第一次征求会员章程及酬赠给奖办法分别拟就，提请本会常议会通过。先得呈奉内政部批准备案，并咨行各省市政府转饬遵照在案，相应检送条例细则章程办法暨征求会员特刊等件，函请贵市县长为中华民国红十字会某某征求会员委员会委员长，即祈就职，督统该管分会照章征求并请协助一切，以利进行，统希查照，见复为荷。”

3 月，汉口市市长吴国桢受聘担任中国红十字会武汉征求会员委员长。

5 月 28 日，蒋介石以中国红十字会“电请军委会蒋委员长请通令各师长，自由入会”，复电赞助，“皓代电悉，已令催各路总司令、各级军事长官照办。兹将令催各级军事长官姓名及通信地址列单附达，即请迳与函洽为盼”。名单列出“赣粤闽湘鄂剿匪军北路顾总司令祝同，驻江西南城县；赣粤闽湘鄂剿匪军东路蒋总司令鼎文，驻福建厦门；赣粤闽湘鄂剿匪军两路何总司令健，驻江西萍乡；赣粤闽湘鄂剿匪军南路陈总司令济棠，驻广州；豫鄂皖边区剿匪总司令部刘总司令镇华，驻六安；湘鄂边区剿匪总司令部徐总司令源泉，驻湖北沙市；赣粤闽湘鄂剿匪军预备军陈总司令调元，驻安徽婺源；四川剿匪总司令部刘总司令湘，驻四川成都；豫鄂皖三省剿匪总司令部张副司令学良，驻湖北武昌。”接电后，中国红十字会即“分函向各级军事首领接洽征求入会”。

8 月，内政部公布《中华民国红十字会各地分会立案办法》。《办法》共 13 条，规定：“各地方红十字会分会应依本办法向所在地主管官署呈请立案”；“本办法所称主管官署如左（下）：（一）省会为民政厅；（二）市为市政府社会局；（三）县为县政府；（四）其他行政区域之地方行政官署”；“呈请立案时应备具正副呈请书并附呈左列各文件：（一）全体会员名册；（二）职员名册；（三）财产目录；（四）印鉴单；（五）总会承认书及其他各项足资证明之文件”；“红十字会分会以事务所之设置或迁移立案事项之变更、消灭或废止，为立案或为立案之更正及涂销者，应向原立案官署声请之”；“各主管官署接受立案呈请书，应于详核无误后，即行立案。其有须调查者，应于两星期内调查完毕，但有特别事由者不在此限”；“各主管官署对于红十字会分会之呈请，查有违背法令及本办法者，应令其补正，始予立案”；“各主管官署准许立案后，应即发给立案证书并公告之”等。

9月24日至28日，中国红十字会在上海召开直辖内政部后第一次全国会员代表大会。这也是中国红会史上第四次全国会员大会。大会选举林康侯、王培元、王晓籁、虞洽卿、关炯之、闻兰亭、杜月笙、王一亭、王正廷、朱子桥、颜惠庆、许世英、史量才、王振川、刘鸿生等15人为理事；劳敬修、汪伯奇、黄涵之、沈联芳、叶恭绰、钱新之、穆藕初、姚慕莲、狄楚青、陆伯鸿、袁履登、宋汉章、赵晋卿、徐新六、胡孟嘉等15人为监事。会议讨论通过征求会员案、舟车免费案、发行月刊案、章程修正案、保护及抚恤救护队员案、减轻会费案、补助经费案、拨助药品案、电报免费案、奖励义务职员案、请将红会历史编入教科书案、筹措医院院所及经费案等诸多议案。湖北省“报到分会，计有襄阳、宜昌、宜都、武穴四处，出席代表七人”。

10月，中央红军第五次反围剿失败后，湘鄂赣边区红军主力转移，一些无辜百姓遭国民党军队残杀，抛尸荒野，汉口分会积极组织救护队前往协助收尸掩埋。

本年，汉口分会派张泽三任汉口市救济委员会委员，参加公益及救济活动。

1935年

4月18日，中国红十字会总会制定出第二次征求会员章程及酬赠给奖办法，并呈报内政部审核，经内政部核准后，于5月1日开始筹备，总会成立以王正廷会长为委员长、杜月笙、刘鸿生副会长为副委员长、林康侯、王一亭、闻兰亭、王晓籁、关炯之为常务委员的征求会员委员会，仍聘请各级行政长官为总队长。根据全国会员代表大会议定降低会费精神，各类会员除正会员一次缴入会费10元外，其余均按第一次征求会员入会收费标准的一半核收。

7月1日，内政部核准之《中国红十字会会计规程》正式施行。《规程》分总则、收入款项、付出款项、买卖物品、预算及决算、会计科目、附则共7章38条，其中规定“本会会计年度定为每年七月一日开始，至次年六月三十日终止，每月结算一次，造具月报表，每半年编制半年收支报告书。每年总决算一次，编制全年收支总报告书”，“本会记账以国币银元为单位，所有银角、铜元等辅币及外国货币之收支，应照当日进出市价，折合银元入账，记账小数至分位为止，分位以下，四舍五入”等。

7月10日，中国红十字会会长王正廷，副会长杜月笙、刘鸿生联名发出《致各省市县主管官官署长公函》，以第二次征求会员运动即将开始，“函聘贵长为中华民国红十字会征求会员委员会委员长，即祈就职，督同该管分会照章办理，协助一切”。

7月12日，国民政府修正公布《中华民国红十字会管理条例》。《条例》共18条，明确“中华民国红十字会依内政部、外交部、军政部、海军部之指定，办理左列事务：（一）辅佐陆海空军战时卫生勤务及平时军事人员医务及救护；（二）国内外灾变之救护、振济及伤病之治疗”。

7月，《中国红十字会月刊》复刊，至1940年6月停刊，出版60期。

8月1日，中国红十字会第二次征求会员运动开始，全国445处分会“同时举行”。此次征求会员运动，打出了“为国人谋福利，为国际增光荣”的响亮口号。二次征求会员运动历时近一年（1936年6月30日截止），共征得会员12500名，征得会费72737元。在武汉市，汉口分会制定《第二次征求会员章程及酬赠给奖办法》，扩大征求会员，仅征求队长就有56人。

9月27日，中国红十字会总会救济各省水灾放振委员会举行会议，王正廷、许世英、王一亭、关絅之等参加，“公推王一亭主席，讨论放赈办法，决议：先放湖南、湖北、山东、江苏四省，每省各拨赈款洋一万元，面粉二千包，衣服二千五百件，治疫药水五百匣，共计赈款洋四万元，面粉八千包，衣服一万件，治疫药水二千匣。统交由中国华洋义赈救灾委会代为散放”。湖北各地分会也在总会安排下，赴京山、潜江、枝江、监利四县开展救济。

11月24日，前中国红十字会名誉总裁、大总统黎元洪“国葬于汉口垣东郭卓刀泉南土宫山阳”，汉口分会“特派救护队及产校全体师生参加，并以观礼人众预防万一起见，准备医救。是日，外宾既多，军民执拂者尤众，幸秩序井然。迨事毕，始振队返会”。

1936年

1月1日起，依据军政、海军部批复，中国红十字会统一救护队服装定式。“从此全国红会救护队服装一式，非特各地分会一望而知为本会人员，即战区双方官兵亦能立辨真伪，加以保护矣。”

6月27日，《申报》发布“华洋义赈总会鄂分会代放红会急赈报告”，公布去年水灾期间受中国红十字会之托散放湖北急赈款物情况：“去夏长江泛滥，湖北灾情惨重，分会奉总会指派，代放上海中国红十字会托放之湖北急赈，计赈款一万元，面粉二千袋，赈衣二十一包，照数收到后，商由湖北省水灾救灾总会，指定在京山、潜江两县受灾最重区域散放，并经拟具放赈办法，及与该两县中西人士，洽商组织放赈团体等情，业经先后开单陈报在卷。兹已散放竣事，计面粉二千袋，在该两县各放一千袋，赈款一万元，计放京山县四千七百二十一元，潜江县四千七百五十元，另加两县放赈费用六百六十三元四角三分，合共一万零一百六十四元四角三分，至赈衣一项，以汉阳汉县两县，沿襄河一带地方，被水较重，经转托武汉各教会代为义务散放，其散发地点，代放机关，及发出件数，另列详表送核。”

8月2日，宜昌分会“依法改选理监事，由县政府派员监选，县党部派员指导，选举结果：计选出理事七人，监事五人”。

8月9日，宜昌分会召开第一次理监事联席会议，推选吴梦醒为会长，任子卿、李春澄为副会长；陈耀峰、刘耀亭、胡式如为常务理事，吕逸涛为理事；王自东、谢北平、杨尧卿为常务监事，崔清林、吴嘉言为监事。

11月，钟祥分会遵照管理条例及分会章程召集全体会员大会，开会选举第三届理监事会，推选周思熙为会长，黄云程、范嵩山为副会长，关庆龙、邓书城、张玉如为常务理事，赵凤飞为理事，张正斌、戴之麟、陈志鸿为常务监事，周厚卿、雷震为监事，“业经呈报总会备案矣”。

1937 年

1 月 1 日起，第三次征求会员，经过 10 个月努力，共征得各类会员 8222 名，会费收入 5 万余元。这时全国分会发展到 464 处，红十字医疗卫生机构 262 处。红会整体实力有所增强。

1 月 26 日，襄阳分会召集全体会员开第七届选举大会，襄阳县党部、县政府均派员莅会，参加指导并监选。投票结果选出理事七人，监事五人，复由当选理事选举正副会长，并互选常务理事三人，至当选监事，亦互选常务监事三人。选举结果：会长龚恒甫，副会长娄协华、陈鸣霄，常务理事杨吉生、王干卿、孙晚芳，理事季子扬，常务监事庞牧三、杨瑞僧、郝佐卿，监事张梓全、杨云阶，“业经呈报总会备案矣”。

4 月 1 日，大冶分会召开第七届会员大会，改选职员，党政机关派员出席、监选，结果选出理事七人，监事五人，成立理事会、监事会。“后由理监事联席会议选举梅悦臣为会长，郭鹤年、朱芹香为副会长，姚碌民、汪悦先、李质卿为常务理事，叶熙臣为理事，汪笑词、陈南山、陈济川为常务监事，陶绥之、张国珍为监事，并另聘叶德之为名誉会长，同时宣誓就职，并呈报总会暨主管机关核准备案。”

6 月，汉口分会召开会员大会进行改选。到会会员有 1000 多人，推举苏汰余为会长，陈经佘、江述之为副会长，李存庭、李博仁、王民模、段子润、王保民任常务理事，王保民兼秘书。直到 1939 年汉口失陷前，汉口分会和武昌分会一直在中华民国红十字会总会直接领导下开展工作活动，总会的《1938 年 8 月—12 月工作报告》（香港英文版）中所附照片，可见当时汉口分会救护队的工作范围之广泛，活动之深入。

7 月 7 日，日军在北平西郊的卢沟桥附近进行军事演习时，公然向中国驻军挑衅，炮击宛平城，挑起全面侵华战争的战火，史称“卢沟桥事变”（“七七事变”）。宋哲元所部第 29 军奋起自卫，由此拉开了全面抗战的序幕。

8 月 2 日，中央社电，汉口分会当日“举行改选大会，到会员一百九十余人，结果理事九人为苏汰余、江述之等，监事七人为黄文植、周星棠、陆德泽等。因工作紧张，日内即召集理监联席会议，推选正副会长及常务理事，以便积极推进一切工作”。苏汰余当选为会长。

9 月 8 日，中央社电：“汉口华中万国红十字会委员会八日下午五时在汉成立，到英、法、美、德、意等国总领事及侨商领袖并我方各界领袖共五十余人。吴国桢主席报告设立宗旨，推定吴国桢、黄文植、李尧卿等及各国领事、侨商四十人为委员，吴国桢为主席，英总领默思副之，执委会下设劝募等六小组。”

9月22日，汉口分会会长苏汰余率领救护队和担架队，救护平汉线抗敌负伤将士500余人。

10月1日，《大公报》报道：“武汉三镇中外人士近以敌机到处肆行轰炸，残酷野蛮，不能述状，致我前方士兵及后方非战斗员之民众，被炸伤亡者甚多，特组织华中红十字会，从事救济伤兵伤民。日来正募集款项，并设法充实各医院医师及医药材料。外侨方面日来捐款者颇为踊跃，有德侨数人已捐款三千元，英美法各国侨民之捐款亦称是。并闻该会计划，拟将外县医师调集三镇，以充实救护力量，但事实上伤兵伤民不能集中时，则将派遣医师分赴各县服务云。”

10月1日，武汉国际友谊社于晚八时假汉口商业大楼召集“第一次特别会议，到各国侨商七十余人。聚餐毕，由主席郭泰祯局长报告开会宗旨，继请华中万国红十字会副会长及劝募组组长英国总领事默思演讲。默氏略谓：该会募款已达三万三千余元，但以武汉三镇汇集伤兵及病苦难民日多，公、私立各医院及民众爱国团体，虽热心救治，终不免心有余而力不足。华中万国红十字会可参加服务之机会无穷，刻已在郑州设病床三百具，本地各项工作，亦在推进中。惟以事工浩繁，而经济力不足，国外募捐，尚须五十日始可源源而来。在此远不济急情形之下，深望我武汉素具国际兴趣之外侨，解囊相助云云”。

10月2日，宋美龄复电华中万国红十字会，“允为该会赞助人，并对该会工作予以嘉许及赞勉”。电文称：“汉口英领事馆默思先生勋鉴：承先生电告，武汉万国红十字会推举鄙人为贵会赞助人，不胜欣慰。贵会及社会全体，在此国难时致力救助工作，委员长及鄙人同深嘉慰。以中国每届忧患之际，辄闻汉口方面，有热烈救济精神之高度表现，诸君今日所作义举，只是循辙前进。回念过去汉口外侨及本国民众之热情善行，吾等已有丰富经验与认识，当能博得各方同情，关于鄙人得参与其间事，益觉欣幸不置。此时中国为保护领土人民计，不惜与残忍敌人作殊死战，无疑地已踏入于历史上未有之空前恶劣境遇。但当中国正达到较光明较优民之生活，正逢全国统一完成，正希望为中国及全世界谋和平幸福更加发展之际，彼敌人乃加以压迫屈服之极不人道行为，适足以震撼世界各国耳。今武汉被伤害之灾民，即一般压迫弱国前所未有之最残暴最不人道之被害者，谅诸君正在注视怛恻何如。鄙人及众灾民，兹幸闻贵会诸君正为一般贫病伤残流离无告者，准备慈航，施行普度，感激之深，何可言喻。特电奉复。”

10 月 4 日，华中万国红十字会接南京卫生署电称：“最近将有伤兵五千人陆续来汉，请予设法安插收容等语。”该会副会长英国总领事默思即在英国使馆“召集各陆军医院及各市立私立医院负责人谈话时，除讨论收容前日到汉之伤兵之分配详细办法外，并谈及将到之伤兵如何安插。关于前日已到之伤兵一千余名，已决定由梅神父医院收容二百、普爱医院七十、天主教医院一百、协和一百，余悉安置于陆军第五医院。至于续将抵汉之伤兵，因现时各医院收容额多已告满，实属无法再行安插。决由红十字会负责另觅其他地址，以便医治”。

10 月 12 日，华中万国红十字会会长吴国桢，副会长默思联名“柬请汉市中外名流前往参观求助部工作，计到百余人。首由吴国桢致开会辞，略谓：此次邀请各位参加，希望于此会中各位能捐助本会所急需之邮费用款。旋由该会副会长英总领事默思致词，大意：予今日以外人同时又为本会之主持人之一之地位，希望我给你们帮助，同时你们亦给我们帮助等语。次爱德华氏向来宾报告求助部工作，略谓：求助部现决定发出向世界各国人士求助信一万六千五百五十封，内以一千封分致各国报馆、一千封分致各国大公司、五百封分致各国银行、一千封分致各国大学、一千封分致各国各地商会、二千封分致各国俱乐部、一千五百封分致各国妇女俱乐部、二千封分致各国教会及主日学校、一千封分致各国男童、五百封分致各国女童学校、五十封分致各国广播电台、五千封分致各国富有主妇”。

11 月 3 日，汉口电：“万国红十字会代表华特维尔偕中国红会庞京周三日在汉出席华中万国红会委员会议，并定四日晨乘中航机飞京。”

11 月 4 日，湖北省政府主席何成浚“下午五时招待万国红十字会负责人员茶会，到英、美、法、义（意）、德、芬、丹、葡各国总副领等及天主堂主教暨政、商两界数十人，由何说明召集茶会意义，英总领默思答词，并报告华中万国红会工作情况及计划，至六时许始散”。何成浚说：“今天承诸位光临，非常感谢。我们国家因受日本残酷的侵略和压迫，实在再无法忍受下去，故只有对侵略者予以抗战。中国为爱好和平的民族，从不愿与任何国家发生战争，此次抗战，实因感受压迫太重，无法摆脱。此次抗战期中，关于后方救护工作，极为重要，华中万国红十字会诸位先生有见及此，热心赞助，十分努力，使我后方医院和医师，均感到一种便利和鼓励，并且使每个受伤的将士，得到身体和精神上的快慰，早复健康，更向世界各国呼吁，暴露了日寇的残忍，博得国际间的同情和援助。这种为人道为正义工作，实在使我们钦敬，现在谨代表全国的同胞，向各位致最敬的谢意。”

11 月 10 日，中央社汉口电：“爱尔兰慈善义务赛马公会董事长麦克格拿斯同情我国，日前特在爱尔兰举行赛马数日，凑足英金五千磅，合洋八万四千余元，十日由汇丰银行汇汉交华中红十字会，作救济伤兵、难民医药费之用。该会收到后，特去电致谢。”

11 月 21 日，首都办事处工作人员抵达汉口，“即将前首都办事处机构呈准改称为驻汉办事处”，并将“由南京退汉之医护人员二百余人暂编为武汉救护队，计六队，派驻就地伤兵医院辅助工作”，“由京运到汉之全部药械材料，并会同卫生署所有药品材料等合组而成”联合材料库，“由陈璞主任管理之”。

11 月 30 日，湖北省红十字分会减少至 12 处：大冶县分会、广济县分会、宜昌县分会、钟祥县分会、汉口市分会、宜都县分会、通城县分会、江陵县分会、郧县分会、襄阳县分会、鄂城县分会、武昌市分会。

12 月 6 日，总会在汉口成立临时救护委员会，以王正廷为主席，杜月笙、刘鸿生、王晓籁、林康侯、钱新之、刘月如为委员；聘请林可胜为救护委员会总干事，“负责总理医疗救护事宜”，彭达谋、张祖棻、陈璞、胡会林、柳安昌、杨崇瑞、马家骥等为干事，“分办各主管事项，协助进行”。干事室下设总务、医务、运输、材料四股，架构起救护组织系统。

12 月 6 日，卫生署代表金宝善等在香港与中国红十字会副会长杜月笙、常务监事钱新之、秘书长庞京周等会商，议定《调整中国红十字会总会救护事业办法》。《办法》规定：办事机构随同中央主管机关迁移至汉口，由离开上海之杜月笙副会长、理（事）、监事等主持；总会在沪会所与一切救护事宜，由留在上海的刘鸿生副会长、常务理（事）、监事等斟酌办理；将香港办事处扩大，或另在其他地方设置办事处，以办理接受捐款、征集转运器材等事项。

12 月 15 日，《大公报》报道：“中国红十字会总会秘书长庞京周，自日前由港抵汉后，即着手调整该会机构。盖自上海沦陷后，沪总会已不易指挥其全部事业，而该会前在苏州、杭州、松江、昆山、南京、保定、芜湖等处设立之医院，以局势关系，所有医护人员现均集中西安、南昌、汉口待命，总计不下七百人。兹为适应环境及继续实施救护工作起见，不得不彻底改编，经会同该会救护委员会代总干事林可胜教授详筹办理，编竣者已有甲乙两种医疗队十六队，分担大手术及绷扎任务，每队包括医师、护士、事务员等二十人，每队每月经费预计为国币一千二百元，且有数队业已出发平汉、赣湘两路，实施救护。此种医疗队特点有四：（一）技术及医疗器械俱极优良；（二）人数少而移动方便；（三）男女分队工作，前后方支配适当；（四）经济而易于举办。惟该会现状对于医疗器械及药物因战初竭力储备，现存尚多，人才除外科高级医师及良好之男护士外，其他人员反见过剩，尤以现款不能与人才药物成相当比例，因此不克将事业扩展举办。而国（海）外侨胞及友邦人士又仅源源寄赠药品，将益使此比例倾倒。故深盼此后慈善家多捐现款，以调解之。且该会新制每医疗队每月开支不过一千二百元，则单位既小，筹集似易，倘蒙捐赐一队之经费三个月，则该会以该队队名赠送与捐款人，以扬仁风。”

12 月 15 日，以及 17 日和 18 日，汉口外国外交界人士和英国驻汉海军人员举办歌剧表演，为华中万国红十字会和国际医院筹款。

本年，武昌分会完成改选后，设立救护、医疗、担架、掩埋等救护队，各队队长均由该会理监事分别义务兼任，以应对局势的变化；沙市分会在完成改组后，更名为江陵分会，设立江陵分会医院董事会，成立救护队、担架队，编为 3 个分队，由会长汪润之担任总队长。

1938 年

1 月 2 日，《大公报》报道：“中国红十字会总会，自将原在各地所设医院及救护队等，集中汉口之全部医护人员，由该会救护委员会彻底实施改编以来，编配业已大体竣事。兹将救护队员名称一律改称医疗队，协助各地军医院，实施大手术及一切治疗工作。”

1 月 15 日，《新华日报》报道：“中国红十字会总会驻汉办事处，自将各地退集汉市之全部医护工作人员七百余人，会同该会救护委员会彻底实施改编为医疗队以来，业已竣事，并先后派往西安、延安、潼关、华阴、洛阳、郑州、信阳、南昌、长沙、衡阳、祁阳及武汉三镇等地，协助各该地军医院工作。”

1 月 15 日，华脱维而（尔）向国际红十字会执行委员会报告前往中国考察救护工作情形，据称：“中国红十字会进行工作极其努力，至渠离开中国时，所委托之代表瑞士人高朗医师，现在汉口方面，继续为中国红十字会服务。”

1月15日，《申报》报道：“汉口红十字会组巡回治疗队两队，每日赴各难民收容所治疗染疾难民。”

1月16日，武昌分会为扩大救济事业，决定成立重伤医院两部，第一部设武昌平阅路，第二部设武昌黄龙寺，设备完善。“又该分会刻正大举征求名誉会员、青年会员，以便扩充救济事业。”

1月18日，武昌分会“召集全体会议，尹仲清主持，研讨良久，佥以救护事业重要，当一致议决分设救护总队、担架总队、掩埋总队，并推易蓝先、尹仲涛、唐亚生、周福田、傅炳如、段海等分任三队正副队长，规定队员二十人至四十人，限即日成立，以便定期检阅，至各队设备，均有充分配置”。

1月20日，《申报》报道：“蒋委员长及鄂主席何成濬，曾准各拨五万元救济难民，现闻行政院方面，亦拨三万元，指定以二万元救济鄂属各县难民，一万元救济汉口市难民。华中红十字会亦捐两万元，办理救济。”

1月20日，哈瓦斯社伦敦电：“红十字会国际委员会顷接该会驻汉口委员斯各脱来函称，伦敦中国伤兵难民救济委员会（伦敦市长暨工商界教会领袖所发起）、美国红十字会暨其他团体所汇出之捐款药品，业已收到，对于各伤兵造福匪浅。至目前救济工作中之重要问题，乃为如何安插因日军侵入而流离失所之各地难民云。”

1月22日，《申报》报道：“武昌红十字分会重伤医院，因设备赶办不及，为应急切需要，先设中西医治疗所一所，仍假原新中医专校为所址，即日开始应诊。”

1月16日，武昌分会分别在武昌平阅路、黄龙寺成立重伤医院，并大举征求会员，以扩大救济事业，救助伤兵难民。

1月18日，为充实救护工作，武昌分会举行全体会议，决定成立救护总队、担架总队和掩埋总队，并确定了各队队长人选。

1月25日，武昌分会战区救护、担架、掩埋队正式成立，并由易蓝先担任总队长，“各队设备均甚充实”。

1月（或2月），中国红十字会救护总队部在汉口成立，林可胜为总队长。救护总队部是中国红十字会“专负军事救护之机构”，它的成立，翻开了抗战救护的新的一页。林可胜总队长并派齐清心大队长率两个医疗队、一个医护队和一个X光队到延安八路军战区服务。

1月，武昌分会大举征求名誉会员、特别会员、普通会员和青年会员，以扩充救济事业，并请总会核准编发会员门牌，以保障会员权益。

2月5日，《新华日报》报道，汉口分会“以各难民收容所孕妇分娩极感困难，特开办难民产妇病院，收容共达百余人。并因难民所距离辽远，已组织巡回治疗队两队，轮赴各收容所为难民诊治疾病。昨又成立两个种痘队，派姜桂聪、杨国华为队长，由医院院长高光述、理事王保民监督指导，即日起分往难民所施行种痘，以保健康”。

2月11日，汉口电：“日机飞抵武昌，在郊外余家湾巡司河武建营盘旋，投弹十余枚。”警报解除后，武阳防护团救护队、武昌市政处难民救济队、中国红十字会武昌分会救护队，各乘车驰往被炸地点救护。

2月19日，《申报》报道：“中国红十字会常委林康侯，昨晨十时至武昌视察红十字分会，今日视察汉口分会。”

2月20日，汉口分会在药王庙成立难民病院，“专收重病难民”。

2月22日，《大公报》报道：“中国红十字会近以时届春令，疫疠将生，为求防患于未然起见，正积极筹备组织三大卫生队，会同国联防疫委员会及我政府组织之防疫大队，办理军民防疫工作，先由各种预注射种痘及改良环境卫生、传染病、检查防治等着手云。又该会常务理事林康侯，日前曾偕职员数人赴汉口分会及武昌分会，所设之难民收容所办理救护工作之努力不懈，实深嘉慰，并拟予以药品材料之补助。”

2月22日，应军政部第九伤兵医院协助诊治伤兵请求，武昌分会即“分调本会医疗、担架两队员役，携带应用药物器具及马灯，赶往鲇鱼套车站，目击由前线运回后方大批伤兵转粤汉车赴湘调治，当由各医师分代诸伤兵换药包扎，再由担架队一一扛抬上车。共计由本会医抬之士兵为二百十五人”。

2月23日，武昌分会医疗队“于是日午前分组出发武昌各难民收容所，共诊受病难民六十余名，并分予指导改良卫生设施及防疫常识。同日下午五时半鲇鱼套车站又运到伤兵一批，本会比应第九伤军医院之请，分派医疗担架两队赶往车站救护，由停泊鲇鱼套轮船上分将伤兵扛抬下船送上火车，再由医师一一代为换药包扎，计共转运伤兵三百六十名”。

2月24日，武昌分会医疗、担架两队“于午后六时赶赴鲇鱼套车站，将受伤士兵由轮船转运上车，分代换药包扎，计共扛抬与施诊伤兵三百余名”。

2月25日，“东线受伤士兵，是日续有一批专轮运鄂，停泊鲇鱼套江干”。武昌分会“得讯后，即于午后五时，分调医疗担架两队全体员役会同出发鲇鱼套车站，将受伤诸将士一一转运上车，并予洗治创伤换药包扎，共计诊抬伤兵四百余名”。

2 月 27 日，武昌分会医疗队“于是日上午九时，分组前往武昌各难民收容所，共诊治难民四十余名，至午后返会。又接湖北民众救国后援会电告北战场伤兵三百六十名，乘平汉路车过鄂转湘，嘱即协助救护云云。比于午后七时半仍请医疗、担架两队，各带应用药物整队出发鲇鱼套车站，其时武昌各民众团体到场救护者甚形踊跃。计是日由本会担架队扛抬之伤兵共二百名，及由本会医疗队诊治者共一百五十名”。

3 月 6 日，“军政部军医署第十九伤兵医院，因受设备限制，将院内伤兵六百五十四人转运湖南调治”，武昌分会给予协助。“是日下午六时，本会医疗、担架两队整队出发，担架队由该医院至鲇鱼套车站，分班往来转运，计共扛抬伤兵一百七十一名。医疗队人员则分在车站守候，于伤兵运到站台后即代换药包扎，共诊治一百三十余人。”

3 月 9 日，“前线续有整批伤兵过境”，武昌分会“医疗及担架两队全体员役雇乘汽车出发徐家棚车站帮同救护”。

3 月 10 日，鉴于“北战场大批受伤将士由平汉路运抵汉口”，武昌分会“于是日午后二时三十分，应湖北民众救国后援会电知，调派医疗、担架两队出发汉口刘家庙，运往第十九伤兵医院，先由各医师分代诸将士药包扎，再由担架队一一抬上轮渡，转乘粤汉路车赴湘调养。综计由本会医队诊治之伤兵凡三十人，由担架队转运者凡二百人，军政部电影股并在场摄取救护工作影片云”。

3 月 12 日，武昌分会“分组出发武昌各难民收容所，应诊难民疾病并视察各该所食堂、寝室、厕所设备，随时督同夫役扫除污物及计划加建浴室，以资改良卫生。计是日应诊难民凡三十余人”。

3 月 15 日，武昌分会“鉴于现值春令，防疫至关重要，除在斗级营本会内附设免费种痘处，规定本日起，每日上午九时至十二时实施免费种痘，一面由医疗队按日轮流派员分赴各难民收容所普遍施种。计截至四月底止，共应种四百四十余人”。

3 月 18 日，武昌分会“医疗队西医组携带医疗器械各项药物，暨中医组随带时令药品，分途出发武昌各难民收容所，检查各难民体格并应诊疾病，共计施诊难民三十余人”。

3 月 27 日，日军飞机空袭武汉，“在徐家棚车站附近投弹数十余枚，焚毁该地新村民房四十余栋，路局材料库亦被殃及”。警报解除后，武昌分会“救护、医疗、担架及掩埋等四队，分别雇用汽车出发徐家棚，实施紧急救护”。

3月28日，德国大使陶德曼“在私邸招待方由德国押运药品莅此之德国红十字会代表，并邀中国官员、中国红十字会代表、汉口外侨领袖及德国侨民多人参加。陶氏即席发表演说词称，余今得此机会，将德国红十字会最近派遣来华协助中国红会服务之德籍医生数人，向各位来宾介绍，甚感愉快。渠等此来，带有德国红会所赠之大批药品及手术器械，同时另有一批系由德国工厂社团及私人捐赠汉口万国红十字会者，对于减少战争之痛苦必将有重大贡献”。

3月，意大利政府向中国捐赠大批药品及外科器件，其中一部分被送至汉口，救助伤兵难民。

4月3日，武昌分会“接军政部第九伤兵医院电告，由徐州运来受伤将士九百人过鄂转湘。其中重伤计二百四十三人，轻伤六百数十余人，请即协同救护云云。本会据报后，即于当晚七时，调派医疗担架两队全体员役，赶往鲇鱼套车站，一面扛抬伤兵，一面分予换药包扎。其时武汉各民众团体亦均派代表到站招待茶点，并个别慰问，一时空气至形壮烈”。

4月5日，武昌分会“于是日上午十一时接准军政部第九伤兵医院杨主任由电话通知，告以第十九伤兵收容所，由平汉路运来伤兵，过鄂运湘。内计重伤二十四人，轻伤三百六十七人，嘱予协助救护等由。本会当即赶调医疗、担架两队员役前往鲇鱼套分代伤兵换药，转运上车，至傍晚时分始公毕返会”。

4月6日，《申报》报道：“中国红十字会总会自移汉后，经编竣之男女医疗队共四十七队，分别派往各地协助军医院工作。近鉴于前线战事激烈，正积极计划重行恢复野战救护队，以增加救护力量。”

4月10日，《新闻报》报道：“汉口国际委员会成立于去年九月，以汉口市长吴国桢为主席，英驻汉总领事摩斯副之。该会所收到之捐款及药品，截至本月八日止计共九十万零九千二百余元，其中约八十万元为现款。该款大部在国内捐得约十二万元，卫生署亦补助二十万元，其余为海外寄来之捐款，以英国为最多，计现款二十万余元，药品约六万六千余元，美、坎（加）拿大、洪都拉斯、法次之。此外，尚有瑞典、印度、南非、澳洲等地亦热心捐助，可见世界人士对我抗战之同情。至于该会对收到捐款及药物支配，截至二月廿五日止，计补助各难民收容所及医院教会等约现款三万六千余元，病床及医学器械等约三万七千余元并以现款十三万余万元，补助武汉三镇及鄂豫湘赣鲁皖陕浙苏各省内之医院。又以现款十万余元补助各教会医院，其余十一万余元，补助各方为救济难民之用云。”

4 月 12 日，武昌分会“接据湖北民众救国后援会由电话告以平汉路运来重伤将士六百余人，即日转往咸宁医院调治，请即协助救护云云。本会比于午后六时，责成医疗队遴派手术精干医师多人，暨担架队携带全部担架用具，赶往鲇鱼套车站，帮同一一转运上车”。

4 月 13 日，中国红十字会总会驻汉办事处在《大公报》刊登“征求医护人员启事”，云：“自战事进入第二阶段以来，各地请求本处派遣医疗队前往协助工作者纷至沓来，而本处原有之医疗队五十队遂致供不应求，深感不敷分配，亟拟扩充增编以应需要，并拟加编救护队出发前线工作。凡医师护士或曾受救护训练之学员能不辞艰苦，志愿服务者，请于每日上午十时至十二时、下午二时至五时，随带最近二寸半身照片一张暨履历证明文件等，前来本市特三区怡和街一号本办事处接洽登记，如有外埠医护人员志愿加入者请来函报名先行登记。”

4 月 16 日，《大公报》报道汉口分会自全面抗战爆发以来救护事业推进情形，云：“汉市红十字会，自全面抗战以来，该会即策动大规模之救护组织，推进战时救济工作，迄今八阅月，成效显著。”

4 月 21 日，《文汇报》报道：“有德国红十字会派来医生二人，包扎专家二人已到汉口，俟与中国红十字会接洽定妥，彼等即将赴前方服务。此四人中主任医生名波杰斯基，助理医生为陶德曼，而包扎专家曾在德红十字会服务多年。陶德曼医生，系德大使陶德曼三子，在北平协和大学研究有年，并曾在德专研皮肤病。德红十字会又赠来医药用品四十卡车，系德国各私人及团体所赠，价值五零零零零零元，此项物品，由两次海轮运来，第一批于两周前到港，第二批亦于近日到港。德国专家将先在医院中服务，同时分配医药物品，及领导中国红十字会人员，彼等或即前往河南及陇海线一带云。”

4 月 22 日，路透社汉口电：“华中国际红十字委员会由蒋委员长夫人宋美龄女士主持一切，迄今已募得捐款百余万元，以救济此间空袭被祸之民众、受伤之士兵与难民。该委员会除以款项与药品捐助此间各医院，俾医治空袭之受伤民众外，且在十省六十医院中维持三千余榻，皆留供受伤之兵民与患病之难民者。近者该委员会所办医院之一，曾在郑州于数小时内设榻二百，以收容受炸弹重伤之平民。该会并将药品免费分供各医院，而其收容之难民共约二万之多云。”

4月22日，“汉口第十九伤兵收容所因受设备限制，不敷容纳，即日转运轻重伤将士共八百余人，取道粤汉路，送往咸宁医院治疗”。武昌分会“于是日午前接准汉口第九伤兵医院及湖北民众救国后援会分别由电话告知上项情形后，比即转知医疗、担架两队赶往鲇鱼套车站，由担架队一一送上火车，至晚十时始回会休憩云”。

4月24日，《大公报》代收救护伤兵医药捐款，累计“共收国币三万三千二百十九元八角五分五厘正，除十四次共送交红十字会汉口办事处国币二万九千元外，实存国币四千二百十九元八角五分五厘正”，亦将“送交红会驻汉办事处”。

4月25日，武昌分会“是日接湖北民众救国后援会由电话告知，汉口第九伤兵收容所因受设备限制，转移重伤士兵二百六十三人至武昌黄土坡第五十二重伤医院诊治，嘱予协助等因。经即调派本会担架队于是日深夜一时许出发，帮同抬扛至三时余始公毕返会”。

4月26日，武昌分会“于是日午后四时许，接准武昌第九伤兵收容所电话告知，第十九伤兵收容所由平汉路运来伤病士兵共八百人，转送湖南诊治，嘱予协助等因。当经调派本会担架队全体员役携带担架用具，前往鲇鱼套车站，会同该第九收容所担架夫抬运伤兵上车，至晚九时许始行回会”。

4月27日，武昌分会“应军政部第五十二后方医院电嘱调派担架队前往该院，由工程营至平湖门码头抬运伤病士兵二百余人送上轮船，至午前十时余始暂返会休息。同日午后二时半，又应湖北民众救国后援会之请，续派本会救护队出发武昌鲇鱼套车站，帮同转运往湖南之伤兵共四百余人并代换药包扎，至晚十一时许始公毕回会”。

4月28日，日军飞机空袭武汉，武昌分会“于警报解除后，急调救护、医疗、担架各队分途出发，当在武昌武胜门外三层楼地方，发现被炸片击伤之平民数人，分代诊治”。

5月3日，武昌分会“接第九收容所电话，传知有第六十军由平汉线转来负伤官佐士兵约六百余人到达武昌鲇鱼套，请予派队出发协助等情。当即通知所属救护、医疗、担架等队立往该处工作，至十一时完毕返会。又同日下午二时续接该所电达嘱本会医疗队出发协助约四百余伤兵之赴湘，专车当即赶往绷扎换药，历数小时之久，始行回会”。

5月5日，德国红十字会代表团抵达汉口，“当即并应蒋委员长宴”。据报道，该会赠中国救护伤兵及平民医药品及外科仪器等物甚多，其中“一部分四百余箱，已转前方。另一部分，不日可送抵汉”，该“代表团对我国卫生事业进步之速，颇多赞誉”。

5月5日，武昌分会“下午一时第一次接第九收容所电达，请派医疗队出发协助该所医疗留院轻重伤军共五百余人。又下午四时第二次接该所来电，续请医疗队出发协助医疗由汉口江岸转武昌鲇鱼套登车伤军三百余人，闻讯立往，或予换药，或予包扎，全体队长队员尽力工作，颇得一般伤军称赞”。

5月5日，路透社汉口电：“伦敦市长振济基金汉口支会，经英国驻华大使寇尔爵士之接洽，顷捐赠一万元于中华全国红十字会。此款将供该会医药救济委员会，拨作中国伤兵紧急治疗之用。”

5月6日，武昌分会医疗队“应湖北伤军管理处电约，立即出发到该处，有伤军四百余人，帮同包扎换药完毕归会，旋于十一时又由该队携带药品分往各难民收容所诊治患病难民，治愈者甚众”。

5月6日，汉口电：“《巴黎晚报》记者色斯先生前来华视察，昨返国前曾捐助一千法郎交中国红十字会总会驻汉办事处，作为购买医药救护受伤将士之用。”

5月8日，武昌分会“接湖北省后援会电称，现由伤军计三百二十人过鄂转车赴湘，当命医疗、担架两队联合出发前往鲇鱼套分途工作，直至深夜任务终结率队归来”。

5月9日，武昌分会接“第九收容所来电，谓有新到重伤官兵共三百余人，请本会派医疗、担架、救护各队出发救护，当即全体出发，携带药品器械按照所到人数一一换药包扎抬运上车”。

5月11日，武昌分会“接湖北省后援会来电云，请派医疗队前往协助医疗新到负伤官兵共计六百余人，当由本会集合该队携带药品乘坐汽车前往实施医疗任务”。

5月12日，武昌分会“接第九收容所杨主任来电，当由本会派医疗队全体出发至鲇鱼套车站，与伤军二百余人换药包扎完毕乃归”。

5月16日，《大公报》代收救护伤兵医药捐款，累计“国币七万七千四百三十七元九角七千四百三十七元九角四分正，本日第三十一次送交红十字会汉口办事处国币一千正，连前三十次共送交该会国币七万七千元正，实存国币四百三十七元九角四分正”。

5月19日，《申报》报道：“中国红十字会总会驻汉办事处及该会救护委员会，近除积极筹划恢复前线野战救护队及添购救护大卡车外，并在长沙赶制该会改良之急救包，以便伤者于长途运输中亦可自行更换，而免创口之发炎溃烂。”

5 月 22 日，汉口美联社电："汉口国际红十字会之战区服务部主任麦克罗尔今日经郑州返抵此间，声称陇海路战区现有难童一千二百名，现由该会主办之孤儿院五所加以收容。"

5 月 24 日，武昌分会"接第九收容所电约，当派医疗、担架两队携带全副药品到达鲇鱼套，替百余伤军抬运换药包扎诸务，俟完毕后相率而返"。

6 月 3 日，武昌分会接"第九收容所来电，请派担架队出发至鲇鱼套抬运伤军，由船登陆上车赴湘，当即如约照办。该队颇得伤军赞扬而归"。

6 月 7 日，武昌分会"接第九收容所电，谓今日有轻重伤军官佐士兵共约七百余人到达鲇鱼套，请速派医疗队前往协助云。该队奉命全体乘汽车而往，因伤军人数过多，工作时间较长，直至深夜方回"。

6 月 10 日，武昌分会"接第九收容所来电，有新到伤军约八百名之多，请派医疗队前往协助换药包扎并嘱担架队偕去云云。该两队闻命火速出动至鲇鱼套参加应尽任务"。

6 月 13 日，武昌分会接"第九收容所电传，有伤军五百余人到达鲇鱼套，请派医疗、担架两队前往协助。两队立照指定地点参加工作，历时颇久，竭尽力量始回休息"。

6 月 15 日，武昌分会"接第九收容所来电，报告已有伤军运来约四百余人，亟待医疗、担架等队前往协助云云。本会当即传知该两队队长统率队员药品驰往救护。俟任务完毕，已届正午，方始归来。乃下午二时又接第九收容所来电续有伤军到达，人数约在五百左右，仍请指派医疗担架、两队全体出动"。

6 月 16 日，武昌分会"接第九收容所电，谓连日伤军到达甚众，今日正午又有伤军三百余人运至武昌，请派队前往协助工作。当集合医疗、担架两队火速出动"。

6 月 19 日，武昌分会"接第九收容所来电，已有伤军约三百余人由汉口转运武昌鲇鱼套，亟待医疗抬运。本会以该两队职责所在，不辞卒劳，又命火速出动努力服务"。

6 月 20 日，武昌分会"接第九收容所来电，请派医疗、担架两队出动至鲇鱼套协助工作。该两队虽连日工作过度，仍表现充分精神，奋勇赶往实施救护。共医疗及抬运伤军约四百余人"。

6 月 30 日，武昌分会"接第九收容所电，谓又有伤军三百余人到达鲇鱼套，请速派队驰救云云。仍由本会立命医疗、担架两队联合出发，尽力工作”。

7月2日，武昌分会“接第九收容所电，谓有伤军官佐士兵共约九百余人到达鲇鱼套，立命医疗、担架两队迅速出动，当即集合乘车驰往。因伤军人数过多，顺序换药包扎抬运并予温言安慰，迨下午三时完毕回会”。

7月2日，红十字会“第五医疗队队员胡民范医师、汤国桢医助、林春申医助等在湖北武昌遭敌机炸伤”。

7月4日，武昌分会接“第九收容所来电，报告有伤军计一百余人由汉运武转车赴湘，当命医疗队出发施救”。

7月5日，武昌分会“接第九收容所先后电话传达，首批有伤军四百余人、次批有伤军二百余人，由汉运至武昌过境登车赴湘两次，均命医疗、担架两队立时出动，工作圆满即行归来”。又，“有伤军百余人由汉运至武昌鲇鱼套”，武昌分会“由第九收容所电话通报，立命医疗队携带药品器械出动诊治，三时回会报告工作经过，颇受伤军称赞”。

7月12日，“日机空袭武昌狂炸，受灾较惨者计三道街省立医院附近一带及胭脂山、双柏庙、杨纸马巷、大小东门、熊廷弼路各处”。武昌分会“因灾区甚广，特命全体分途出动实施医疗抬运掩埋等工作。惟医疗队以急救贵在迅速，斟酌情形，转送同仁、仁济两医院收容协助医疗。斯役除毁坏房屋甚多，计死者数十人，伤者约百余人，至全队人员工作至暮方始言旋”。

7月19日，“下午一时，大批日机侵入武昌天空，猛烈轰炸。被灾区城山前黄土坡、石灰堰、东厂口，山后巡道岭，城外宾阳门车站、长春观街及小东门外等有七八处之多”。武昌分会“闻警将救护、医疗、担架、掩埋各队总集合，分途出发驰救，各队努力服务并与其他救护团体人员联系合作，卒将被灾各区达到普遍援助”。

7月31日，“上午八时，第九收容所电达”武昌分会：“谓有伤军约二百余人运到鲇鱼套，请派医疗队前往协助，该队立即奔救。”

8月11日，“下午一时，武昌又发生日机空袭，被难地点有左右旗营房、大东门火车站、长春观正街、小东门余家街，及城内鼓架坡、昙华林、文华中学内等区域，除房屋被炸毁外，伤者数十余人，死者一二十人”，均由武昌分会“医疗、担架、掩埋各队分途出发至上述各处，协同其他救护人员合作施救”。

8月12日，“上午十一时，日机多架又来轰炸武昌，平阅路三佛阁、中和里，大朝街南北段、商家巷、王府口甲乙栈、文昌门、中正桥、吴家巷等处遭受前数次同样不幸，死者十余人，伤者二百余人”。武昌分会“医疗、担架、掩埋各队及全体同人仍抱定奋勇精神，挺进各被灾区域，尽力援救”。

8 月 15 日，武昌分会“接第九收容所电告，谓有伤军数十余人到达鲇鱼套，亟待救护，当由本会医疗、担架两队携带药品前往协助”。

8 月 16 日，“上午十时，日机又狂炸武昌，萃丰巷、火巷、平阅路玻璃厂、沿马路堤街、保安门正街、大朝街中段毡呢厂、营防口豹头堤一带，房屋震塌较前为多，受伤者约数十余名，死者数十人”。武昌分会“闻警不辞劳瘁，鼓作余勇努力迈进救护，俟任务告竣始整队而归”。

9 月 26 日，至 28 日，救护总队第五医疗队及第八医疗队分率第 74、第 80 号救护车两辆，驻在湖北崇阳，“连续遭受敌机狂炸，结果两队安全，两车被焚毁”。

9 月 28 日，“日机轰炸武昌以南五十英里处之大冶医院时，该院中之医官二名、军医三名、男护士三名、伤兵八十名皆为炸死。按大冶并无军队驻扎，仅为一后方伤兵医院区，中国平民仅有五百名、伤兵二千名，日机之轰炸始于午前十时，直至下午始止。据由该处红会某干事来此时言：日机轰炸完全集中于某伤兵医院所在地之一大庙上，该院伤兵计有三百名，当日机来袭警报发出时，轻伤之兵虽皆退出，唯重伤之八十名皆已惨遭炸毙，该院长及另一医院之院长亦将毙命”。

10 月 1 日，总会驻汉口办事处“奉命由汉口迁至长沙，即以前驻汉办事处，原机构呈准更称为临时办事处”。

10 月 2 日，路透社汉口电：“印度医药救护队于星期五日乘载重汽车自香港抵此。该队留汉至多十日，即将奉命至指定之前方服务。该队现编为中国红十字会治疗组第十五队，内有阿特、吉尼士、高路拿、摩卡治与巴索等医士。该队新加入裹伤员及看护十五人，该队带有救护车一辆及现代器械，包括药品五十四箱。”

10 月 25 日，武汉沦陷。湖北当地分会在日军高压统治下，有的被迫解散、停止工作，有的被敌伪劫持，有的名存实亡；个别地区保留或新成立了分会，但开展的工作有限。

10 月，救护总队“第五七医疗队驻湖北崇阳工作，房屋被炸全毁”。

10 月，日军强制命令英占汉口特区 10 万难民迁至襄河上游的新区收容后，中国红十字会协助当地难民迁往新难民区，汉口分会亦派人协助转移难民。

10 月，江陵分会参与救治前线转运而来的伤兵，参与组建 13 处难民收容所，并设立医院、掩埋、运输等各股和难童慈幼院，救助过境难民 90 余万人。

11 月 21 日，印度救护队在武汉沦陷后撤至重庆待命，受到重庆各界盛大欢迎。

11 月，“第十六医疗队及第十九医护队同驻湖北宜昌，两队队部同遭敌机炸毁，公私物品及卫生器材全部损失”。

12 月 14 日至 19 日，中华全国商会联合会主席、上海银行公会秘书长林康侯，以中国红十字会总会常务理事身份在武昌、武穴分会视察，商讨红会组织建设和业务开展等工作。

本年起，武昌分会自武汉失陷至抗战胜利做了大量工作。如武昌事变时，租红船一艘，供负责人往返接洽，便利交通之创道。三年中共掩埋尸体千余人；设立送诊、施药救所，除治病、散发救急药品外，又设茶水亭数座，以利行人。在《武昌事变救济难民事业实录》一书中曾写道：“武昌分会素来对于救济事业不落于后，尤以泽及枯骨，装殓露尸等工作，异常伟大，并对无告之穷民死者，除施以棺木外，尚代为抬埋，事变前后，大部分肩此巨任。除此之外，如施茶、送诊、施药皆相当之成绩，具有社会人士所周知也……总之，该会在此划时代之时期，所做之工作，较之其他方面更为重要，……实令人感谢不忘也。”

1939 年

2 月 14 日，海通社汉口电：“汉口日本当局，现拒绝发给国际红十字会难民米谷之运输通行证，竟要求所有米谷，应交汉口和平维持会，代为分散。国际红十字会对于日方要求，当即严峻拒绝。八千中国难民遂因日本当局之留难，均有断粮之虞。”

8 月 5 日，经总会核准，湖北天门县分会成立。当日总会寄发“承认书并印旗、图记等件，着即召开成立大会选举职员，以期早日办公”。

本年，光化分会坚持努力推进工作，所属救护队员后来陆续应征入伍，参与战场救护工作。

本年，汉口分会在总会直接领导下开展工作，其工作范围主要是组织救护队开展救护工作。武汉沦陷期间，汉口分会会长为王保民，理事长为计国桢。

1940 年

4 月 15 日，哈瓦斯电，“美国医药援华委员会主席罗斯福上校（已故总统罗斯福总统之子），顷发表谈话，略谓日前曾接获中国红十字会医药组主任来电称，迩来中国各地疟疾流行，尤以湘、鄂、赣、粤、桂五省最为猖獗，内地药品缺少，在治疗上殊感困难，贵会倘能接济金鸡纳霜一千五百万片（每片三公分者），暨两公撮之氢氯化合物一百万瓶（注射用），不胜感激之至。因此，敝会现急需十五万美元，用以购办此项药品，运往中国，扑灭疟疾之蔓延。现已在美国七十余城市，开始募集此项捐款”。

5 月 1 日起，救护总队部医疗、医护、医防、急救各队，一律改编为医务队，推进至野战区，开展医疗服务。

5 月，在陕北为八路军服务的第 23 医疗队被抽调至第五战区的湖北老河口前线开展医疗工作，临别之时，中共中央副主席周恩来、八路军总司令朱德等各级领导以及后勤部卫生部、边区医院、第二兵站医院等有关团体赠送锦旗，并召开隆重的欢送会，表达边区军民对医疗队衷心的谢意。

5 月，湖北光化县分会被炸，“重要文件等，均被炸毁”。

6 月，沙市沦陷前夕，沙市分会几近解体，唯有个别董事尽力支撑。

6 月，荆州、沙市沦陷后，江陵分会继续收容、救助当地妇孺 9 万余人，并向汉口分会请求协助提供药品开展诊疗活动。

12 月 3 日，中国红十字会第 54 次常务理监事会议通过《管理分会医院办法》，并于本月 16 日颁布施行。《办法》共 17 条，其中规定：“凡中华民国红十字会各地分会附设有医院者，均定名为‘中华民国红十字会某某县分会医院’以示一律而明系统。其在一地有医院数处者，则冠以第一、第二字样，以示区别。”

本年，江陵分会克服困难，完成难童、难民遣送工作。

1941 年

1 月 1 日，《中国红十字会会务通讯》创刊（从第 11 期更名为《中华民国红十字会会务通讯》，简称《会务通讯》）。

1月1日至10日，举行第一届红十字周活动（除1945年外，至1948年共举办7次红十字周活动，时间一般为10月1日至10日，后形成定制），以征求会员，筹措资金。

5月14日，湖北参议会以“鄂省秭归、兴山、保康、谷城、南漳等县，自去秋以来，疫疠流行，霍乱、伤寒、回归热等症，到处蔓延，死亡枕藉，今夏更恐蔓延”，当日特致电中国红十字会总会，“请派医师携带药品，会同鄂省卫生处前往各该县救治，以维民命。本会准电后，当令救护总队部转令就近医队办理。嗣据电附，略称本年四月间，秭归、兴山一带发现回归热，本会第三中队曾组织临时防疫队两队前往防治，收效宏捷。第二十六集团军周总司令于四月三十日曾电总队部鸣谢有案云”。

10月，华中万国红十字会改名为中国国际救济委员会。

1942年

4月，救护总队第三中队报告，在湖北等地工作的队员生活困难，每日粮食不足，仅能饱腹。

8月15日，总会电令各分会，要求旗帜及公事信笺规范使用红十字标识。

10月1日，总会《补领会员章证办法》新规实施，要求各地分会及各单位补领章证须附送登报启事，“以昭郑重而杜流弊，并规定章证费照旧加倍收费”。其中补领徽章名誉会员20元，特别会员10元，正会员6元，普通会员4元；补领证书名誉会员、特别会员、正会员、普通会员均为2元；补领奖章者16元，补领奖状者2元。

12月6日，《救护总队部业务通报第一号》通报，“本部业务为谋适合现实情况之需要，经订定中心工作目标三项：一辅陆海空军战时卫生勤务，二战时国内外灾变之救济，三战时民众医药之救济”，并“基于中心工作之目标，经将本部各医务队及呈奉总会核准将总会各医防队，合改编为医疗区队一百个，组成中队五十个，大队十个，并依各战区之需要，以每一战区配属一个大队为原则，直辖五个中队（即十个区队），其余中队及区队，即隶属预备大队，视各战区军事情形，指拨战区大队指挥”。其中“第一、第二两大队，尚未组织就绪，第三大队设闽之南平，第四大队设桂之柳州，第五大队设鄂之老河口，第六大队设湘之黔江，第七大队设粤之曲江，第八大队设川之成都，第九大队设湘之长沙，预备大队设黔之贵阳”。同时，“各大队长人选，略事调整。计第三大队长刘培（代），第四大队长朱润深，第五大队长马家骥，第六大队长彭达谋，第七大队长钱惠伦，第八大队长王元一，第九大队长林竟成，第十大队长贾宗舆（代），预备大队长马玉汝”。

本年，湖北各地分会遭受重创，人员流失严重，开展的人道救护工作有限。

1943 年

1 月 26 日，总会改组，蒋梦麟为会长，副会长杜月笙、刘鸿生，胡兰生为秘书长。名誉会长蒋介石；名誉副会长宋美龄、戴季陶、孔祥熙、宋子文、吴铁城、虞洽卿；由秘书长胡兰生兼任总队长。

2 月 24 日，临时救护委员会命令撤销，从此救护总队直属总会。

4 月 1 日，国民政府颁布《红十字会战时组织条例》（1946 年 2 月 15 日明令废止），规定会长、副会长、理监事均由军事委员会委员长令派，卫生署长、军政部军医署长为当然理事；各战区救护队受战区司令长官指挥。国民政府将红会纳入军管体系。

4 月 8 日，国民政府军事委员会公布《国民政府军事委员会战时监督红十字会暂行办法》，意味着战时红十字会主管官署由卫生署转换为军事委员会。

5、6 月间，日军发动鄂西战役。“此次日军趁机大举来犯，分途西进，威胁陪都。赖我鄂西将士，浴血拒敌，我空军及美空军奋勇助战，卒于将来犯之敌，全部击溃，战绩辉煌，海宇欢佩。此一战役，不仅固我国陪都之屏藩，抑且系远东全局之关系。”激战之际，“本会救护总队第六大队，驰赴战地从事救护，工作至为紧张”。

6 月 15 日，中国红十字会救护总队第六大队捐献国币 2000 元，慰劳当地将士。

8 月 13 日，总会致电各分会，要求各地分会，遵照总会安排，10 月 1 日至 10 按期举办第三届红十字周，同时“分函党政机关协助”。

12 月 8 日，“驻恩施第六大队大队长董奎先由贵阳随带材料三车到渝转道往巴东”。

本年，湖北各地分会数量大幅减少至 2 处。但湖北红十字运动并未中断，而是勉力维持，并对抗战胜利发挥一定作用。

本年，中国红十字会救护总队先后派出 108 个服务队，在滇、鄂、皖、陕等 13 个省和各战区，开展救护工作，所诊治的内外科病人，包括军队、平民在内有 1000 万人。

1944 年

1 月 1 日，中国红十字会发表元旦献词："深切希望全世界的热心人士，对于中国红十字会的援助，百尺竿头，更进一步！更希望我们国内外的同胞，以新国民精神，促使其发扬光大，在远东放射出万丈光芒的博爱光辉！"

5 月 25 日，蒋梦麟会长在贵阳举行茶会，招待新闻界记者，"到宾主三十余人，美军医官金初锐亦被邀参加，会场四壁遍悬本会年来工作成绩图表及医疗救护队分布情形，图表精确，使人一目了然"。蒋会长报告会务，称："本会医疗队遍布全国，十三省共一百零八队，计有医务人员五百三十一人，内江西七队，福建五队，浙江二队，安徽二队，广西六队，贵州十三队，湖北九队，河南四队，陕西四队，湖南十六队，云南二十二队，广东十队，四川八队。至各队工作多数配属军队，计随军七十四队，民众诊所十七队，战区医院六队，协助卫生教育十一队。"

7 月，救护总队部原设湖北均县第五大队，暂行撤销，所辖第 511、第 512、第 521、第 522 医疗区队，拨归第六大队指挥。

8 月，原第五大队恢复建制，以应对鄂东、鄂北战事救护之需。

本年，郧县分会发动 42 名正会员缴纳会费 1050 元，以维持运转。

本年，中国红十字会有 155 支医疗队在全国各战场服务。其中，在湖北均县、恩施、巴东、秭归等地派有 14 支医疗队。

1945 年

3 月，豫南、鄂北剧战，救护总队部"配设该方面第五大队所属各医疗队，已积极展开战地救护工作，并于鄂北方面由第六大队部就近派医疗队协助工作"。

5月，经重新调整医疗队部署，救护总队部决定于全国设4个医疗大队，以任指挥：第一大队设云南昆明，任西南区救护之指挥；第二大队暂设湖北恩施，任西北区救护之指挥，并向平汉线及黄河岸推进；第三大队暂设福建邵武，任东南区救护之指挥；第四大队暂设贵州独山，任中区救护之指挥，准备向粤汉及长江下游线推进；预备大队仍设贵阳，控制医疗队若干，以资策应。

6月1日，当日出版的第33期《中华民国红十字会会务通讯》报道："湖北省襄阳分会，于本年鄂北大战之前，曾召开全体会员大会，改选理监事，并商讨发展会务，选举结果，雷韵午当选为正会长，娄协华、吴书田为副会长。"

8月15日，日本宣布无条件投降。中国人民经过艰苦卓绝的奋斗，终于取得抗日战争的伟大胜利。抗战胜利后，中国红十字会进入"复员时期"，工作重点转为和平建设之社会服务。"服务社会，博爱人群"为其宗旨。

9月18日，武汉区受降仪式举行，湖北地区长达14年的抗日战争胜利结束；湖北各地分会"复员"，湖北红十字运动翻开了新的篇章。

9月，江陵县分会职员和会员陆续返回，提前着手组织恢复工作。

11月14日，至16日，胡兰生秘书长出席国际红十字会协会于巴黎召开的第八次理事会，中国红十字会"被推为国际红十字协会执行委员会之一，蒋会长梦麟且于同时被选为协会副主席。（副主席共四人，除本会蒋会长外，余为英法巴西三红会会长）"，是为"本会自成立以来，国际地位推此时为最隆著"。

11月20日，行政院第21次例会，通过《复员期间管理中华民国红十字会办法》。

11月，中国红十字会救护总队原驻湖北之621、622区队，本月"调至汉口后，在本会汉口市分会设立诊疗所，曾担任难民巡回医疗队及第二难民收容所治疗及环境卫生工作，协助市卫生局施行强迫种痘并派医事人员赴各小学接种牛痘，卅五年七月改组为汉口市分会治疗所"。

12月，救护总队部由贵阳图云关迁重庆，与总会同地办公，仍与行政院救济总署合作，办理民众医疗救济工作。根据变化了的新形势，医疗队缩编为40个区队，分布在浙江、江苏、江西、湖北、湖南、四川、福建、广东、广西、贵州等地。

本年，襄阳分会召开全体会员大会，改选理、监事，并选举雷韵武为正会长，娄协华、吴书田为副会长。

本年，根据中央政府指令，湖北省政府颁布训令，停止执行《国民政府军事委员会战时监督红十字会暂行办法》，为湖北各地分会“复员”解除了障碍。

本年，中国红十字会在全国有 90 处分会、31 处医院、29 处诊疗所、41 个医疗救护队，但湖北仅有 3 处分会，有医院、诊疗所、救护队各 1 个。

1946 年

1 月 1 日，《复员期间管理中华民国红十字会办法》实施，“是为本会复员改组之根据”。依据本办法，“本会应设总会于首都，以行政院为主管官署，并以其业务性质受社会部、卫生署、善后救济总署之指挥监督。复依复员期间总会组织规程之规定，总会设会长一人，副会长二人，理事十五人至二十一人组织理事会并就理事中指定七人为常务理事，均由行政院聘任之”。据此，行政院聘蒋梦麟为中国红十字会会长，杜月笙、刘鸿生为副会长，胡兰生为秘书长，曾大钧、汤蠡舟为副秘书长。取消监事会，理事会为最高权力机构。

1 月 31 日，《红十字月刊》创刊。至 1948 年停刊，共出版 36 期。

1 月，中国红十字会救护总队原在四川之第 141、142 两区队“护送难民至宜昌与行总湖北分署成立诊所，复应社会部之请，加强长江沿线医疗工作，防治霍乱流行。后于同年五月护送难民至汉口，应行总湖北分署洽派，开往荆门县沙洋镇工作”；第 821、822 两区队“由重庆南温泉循川湘公路随同第二俘虏收容所开往汉口，由行总湖北分署派往硚口担任民众诊疗工作”。同月，中国红十字会救护总队原在广西之第 421 区队“向汉口开拔”，并于“留汉期间曾协助第 621 区队开展工作，并应行总湖北分署之命，开往滠口防止天花并与附近各处举行挨户种痘。同年三月开拔南京，驻于下关，在京沪及津浦两车站与 932 区队推行疫苗注射及检疫工作。七月改组为南京市分会新街口义诊所”。

3 月，本月开始，“上海、汉口、北平、重庆、广州各办事处分别筹组成立。各区办事处虽于卅五年十二月底以各地分会大致复员就绪，陆续宣告结束（惟上海区办事处改组缩小为上海办事处继续存在），但于各地分会之调整管理，亦已完成其使命”。

4 月 21 日，汉口市分会“举行整理委员会筹备复会会议，推选候聘理事，提请总会聘任。现该分会理事候聘人，多为地方各界实际负责领袖，对于会务，均极热心。预定在五月间，即可正式恢复会务”。

4月30日，经积极筹备并经中国红十字会汉口区办事处主任于恩德努力协助，汉口市分会“业经正式改组成立，经选聘陈经畬、王修恺、黄焕如、郎维汉、程子菊、徐恕宇、宋漱石、张兆理、高光述、卢镜澄、董奎先、苏汰余、李荐廷、王民朴、宋如海等十五人为理事”。李荐廷任会长，王民仆、宋如海任副会长，并设立红十字会医院一所，由朱文俊任院长。

5月5日，汉口分会医院朱文俊等27人，被总会评为优秀红十字工作者，“各给予胜利勋章”。

5月6日，为扩大工作、加强对武汉及湖北其他地区分会“复员”工作的领导，总会派秘书于恩德来汉筹设汉口区办事处（后因经费困难于同年本年撤销）。

6月10日，汉口市分会征募运动揭幕，征募期间为一个月，由中国红十字会汉口区办事处“协助进行，所聘征募队长已达一百人，预料成绩定有可观”。

6月，汉口分会新组之医院及平民产院开幕，“人才设备，具称完善”。医院附设之高级助产职业学校恢复招生，使救助人才培养步伐加快。

6月，襄阳、光化、老河口分会复会，孝感分会成立。

6月，解放战争爆发后，中国红十字会虽然没有开展大规模的救护活动，但力所能及地履行了人道使命。湖北各地分会在总会的指导下，一边复建调整组织和扩大业务范围，一边配合解放军开展伤兵救治和政权接收工作，取得了一定成绩。

9月，汉口分会与武昌分会、宜昌分会一起被中国红十字会确定为其在湖北省的核心分会。

10月1日，至10日为第五届红十字周。“全国各地分会，一致热烈进行，最具有规模者，为南京、上海、北平、汉口、广州、西京、武进等分会，宣传日程自十月一日起至十日止共为十天，活动节目各地分会各具有特色。”

11月4日，武昌分会奉总会命令开始“复员”。为了恢复武昌分会工作，组成了整理委员会，由杨锦显担任主任委员，尹仲涛担任副主任委员，肖幼三担任总干事，段海清担任副总干事。

11月，湖北汉口市分会“为促进各在学青年写作能力，俾增加其对中国红十字会事业之兴趣，特举行第一届学生论文比赛，分中学及小学两组，中学组题目‘为如何发展中国红十字会事业’，小学组题目为‘我怎样为中国红十字会服务’。参加中学五个单位，小学二十一个单位，全部应赛文稿共一百零二件，下期揭晓”。

11 月，汉口市分会征募运动，截至本月底，“计征得团体会员二个，名誉会员一三二人，特别会员七二二人，普通会员五三六三人，青年会员一二九七四人，合计会员一九一九三（人）。收入会费国币九·〇〇八·九〇〇元。”

12 月，“各地分会领导下的医院业已恢复工作的有上海、重庆、西京、北平、汉口、长春、灌县、万县、内江、富顺、章丘等十一个医院，已经成立诊疗所的有上海、南京、广州、汉口、福州、重庆、北平、长春、南昌、武进、江都、荣昌、邛崃、永城、临汝、平凉、遂宁、梁山、安阳、亳县、江陵、鄞县、即墨、孝感、嵩县等廿五个分会”。

本年总会给南京、长春、北平、汉口、上海、广州、重庆等地分会补助经费 17294 万元。

本年，根据国民政府规定中国红十字会“复员”时期的工作重点是“和平建设之社会服务”等要求，总会先后发布“复员”期间“总会调整及管理分会办法”“分会组织规程”“分会工作纲要”等规章制度，并确定以“征求会员、筹集基金”为中心工作。这为各地分会重建和调整提供了遵循和指南。在湖北，中国红十字会对该省的“复员”工作高度重视，并准备将汉口打造成为全国 5 个“红十字会服务中心试验区”之一，这加速了湖北各地分会的“复员”进程。湖北各地根据总会的要求，克服会址破败、房屋失修、人员星散、物资匮乏等困难，多方争取经费和物资，开展组织恢复和业务工作，取得了较好效果。

本年，黄陂分会“复员”后，成立了诊疗所和乡村巡回医务队，在乡村集镇服务广大农民；加强急救训练，提高救助能力，并成立 4 个救护队、1 个担架队，开展救助工作，赢得了民众的信赖和认可。

本年，孝感分会通过组织诊疗所、巡回医疗队、设立支会服务站及举办救护训练班等方式，充实力量，救助贫苦无力求医的患者，免费为民众接种牛痘和防疫注射，并对赤贫者承诺永久免费施救。据统计，该会开展服务 2748 次，救助 1996 人，支出经费 595 万元。

本年，江陵分会理事长张春洲病逝后，国民政府行政院颁布命令褒扬张氏，“以昭激励”，称赞他“在抗战期中，维护红十字会事业，劳勋卓著”。

本年，江陵县分会为了开展防疫工作，向政府申请拨给防疫药品等救济物资。

本年，孝感县红十字会的前身——天缘善堂于开创免费门诊，任诊医生是当时济时诊所的邵济时医师和其婿李醒华为医师。另有几个青年负责打针、发药、施行免费门诊。

1947 年

4 月 1 日，孝感县分会开办救护训练班，“考录学生三十七名，四月十六日正式开课”。训练课程“计分生理、药物、治疗、护理、急救、担架、绷带、花柳、防毒、国文、英文、军事常识等科，训练三个月，于七月一日结束，三日举行毕业典礼”。

4 月，孝感县分会为推进乡村卫生及医疗工作，特“组织巡回医疗队，经常携带药品赴各乡村医疗病人并指示打扫清洁，注意卫生，甚受乡民欢迎”。

5 月，大冶县分会“因感夏令时疫最易流行，除医院经常应诊并施发药品外”，又“增聘医师二人，每日分赴附近乡村，施救贫病人民”。

6 月 11 日，武昌分会正式改组成立，选出新一届理事，并推选沈肇年为会长，尹仲涛、鲁寿安为副会长，王同为总干事。经过努力，该会“征得会员 700 多人，收纳会费 1000 多元”。

6 月 18 日，总会以南京、上海、广州、西安、北平、重庆、汉口、武进 8 市县分会能遵照计划推进业务，且征募成绩优良，特颁给甲等奖状；长春、昆明、南昌、邕宁、江都、郾城、砀山、丰顺、灌县、内江、永嘉等 11 分会颁给乙等奖状。

7 月，黄陂县分会开办诊所，“开始施诊”。

10 月 10 日，武昌红十字会医院门诊部正式成立。

10 月，武昌分会举办急救训练班 30 多处，聘请武汉私人开业医生和公私立中学的校医担任教师，以总会编印的急救课本为教材，共培训学员 1200 多人。学员受训后被分配入在武汉市内设置的急救站，并与该会组织的三轮车急救队一道，对病情轻微者开展治疗，重症者则送附近的医院诊所，并由该会对贫困者资助车费。

12 月，截至本月，“全国分会已达一百八十处。其分布情形如下：江苏一九、浙江九、安徽十三、江西四、湖北十三、湖南五、广东八、广西五、福建四、四川二〇、贵州二、云南三、河南三八、河北九、陕西二、甘肃二、山东一四、东北六、绥远一、察哈尔二、山西一。”

12月，复员以来，截至本月，“各地分会共成立救护队二十五队”；“各地分会有救护训练班之设者为北平、绥中、济源、孝感、即墨、章邱、荥阳等分会，两年来受训结业者二七八人。总会并绘制急救止血挂图分发各地分会应用”。

本年，总会“补助南京、汉口、武昌、北平、广州、上海、西京、南昌、江都、济宁、镇远、灌县、荥阳、长春、固始、洛阳、清苑、连城、孝感、江陵、永嘉、射洪、章邱、济源、即墨、万县等分会经费一六六、一九九、八七三·四〇元。”

本年，“中华民国红十字会麻城县分会”复会，会长陈华斋，副会长袁益香；会址设在该县宋埠镇清源堂。因湖北省未建立管理机构，而直属于在南京的红十字总会。

本年，汉口分会向政府及交通银行、中央银行等四家银行劝募恢复红十字医院基金，并得到四家银行各捐10万元善款。

本年，江陵分会组织巡回医疗队，推行防疫及治疗工作；在公园等公共场所设立儿童营养站，为贫苦儿童免费提供牛奶、饼干，促进他们健康成长。

1948年

1月，总会专门成立红十字少年委员会，胡兰生秘书长担任主任委员，视导吴耀麟为总干事，“专责推动，共策进行”。委员会制定下发了《中国红十字会总会红十字少年委员会组织暂行简则》《中华民国红十字会各地分会推行红十字少年工作办法》《学校团体组织红十字少年会办法》《红十字少年会训练实施办法》等，对组织红十字少年会的目的、任务、程序等作了详细的规定。

2月15日起，执行会费新标准：“（一）青年会员每年纳缴会费国币一万元；（二）普通会员每年纳缴会费国币二万元；（三）特别会员一次纳缴会费十万元以上；（四）名誉会员一次纳缴会费国币三十万元以上；（五）团体会员一次纳缴会费国币五十万元以上。”

2月，总会“为洽筹专款补助分会之办理具有成绩之医院，以谋发展医疗业务，拟补助西京市分会医院、重庆市分会医院、汉口市分会医院、南昌市分会医院、广州市分会医院、北平市分会医院、昆明市分会医院、台湾市分会医院总会、总会重庆医院、总会上海第一医院、苍梧县分会医院、赣县分会医院等十三医院。其补助项目约计（一）补助免费病床；（二）修缮医院房屋；（三）购置病床设置等。”

3 月 1 日，汉口市分会医院应武汉行辕商请，“组织过境部队招待委员会武汉分会，为过境部队伤病官长担任医药救济工作”。

3 月 27 日，孝感县分会花园支会诊疗所成立。

4 月，“总会为统一募捐工作以昭大信于社会，经拟定统一募捐办法通令各分会施行，今后分会不得单独发动募捐”。《中华民国红十字会统一募捐办法》共 14 条，规定：“中华民国红十字会（以下简称本会）为筹集经费及临时灾害救济费，得举行定期及不定期之统一募捐（包括现金与物资）”；“本会一切募捐，统以总会名义举行，分会不得自行筹募”；“定期统一募捐，于每年十月举行红十字周时由总会通知全国分会一致举行，不定期统一募捐于遇国内外发生重大灾害及特殊需要时随时由总会通知分会举行”等。

4 月，孝感县分会救护队“出发施行简易治疗，计五百七十八人”。

5 月 12 日，应山县分会“假广水镇商会开成立大会，当时到会者有当地政府机关首长及地方贤达数十余人，孝感分会代表朱慎行先生，本会会员二百余名”，经投票选举吴子珊为会长，梅润卿、胡少濂为副会长。“他们都是德高望重、热心公益的人”。

5 月，汉口市分会医院“为扩大诊疗服务工作，与汉口市社会服务处合作并订立特约免费办法为平民诊病，又特约担任人民总队医疗工作”。

5 月，孝感县分会“为推行防疫工作组织医务班，并分组出外为民众及各学校种痘，共接种六四三一人”。

6 月 1 日，麻城分会救护训练班开课。

6 月，汉口市分会医院“与汉口社会服务处订立特约诊疗办法，推广医防业务”。

7 月 19 日，汉口市分会医院为培植医疗干部“设立助理员训练班，计考取学生十四名”，当日“开始上课”。

7 月，红会利用美国援华经费设置了上海、南京、武进、砀山、灌县、邕宁、长泾、青浦、江都、孝感、开封、长春 12 个乡村巡回医务队，深入民间，为民众服务。

7 月，孝感县分会诊疗所医师李醒华“来京洽商筹组第三乡村巡回医务队事宜”。又，“孝感县分会诊疗所预防接种霍乱疫苗注射计三、七六二人”。

8月1日，孝感县分会第三乡村巡回医务队开始工作。“其工作地区为孝感火车站、花园车站等处。”

8月20日，国民政府宣布币制改革，发行金圆券，所有公私会计均以金圆券计算，中国红十字会各级会员会费标准相应修订为：青年会员年纳会费金圆券2角，普通会员年纳会费金圆券1元，特别会员一次纳会费金圆券5元，名誉会员一次纳会费金圆券20元，团体会员一次纳会费金圆券50元。

8月，据《中华民国红十字会分会地址及负责人姓名一览表》显示，湖北省有11处分会登记在案，分别是：襄阳县分会，会长赣哲甫；汉口市分会，会长李荐庭；武昌市分会，会长沈肇年；孝感县分会，会长胡信之；江陵县分会，会长汪润之；黄陂县分会，会长梅中立；光化县分会，会长雷霞轩；钟祥县分会，会长周恩熙；大冶县分会，会长梅悦臣；应山县分会，会长吴子删；麻城县分会，会长陈华齐。

10月1日至10日，第七届红十字周举行。蒋梦麟会长发表“献词”，“呼请社会共起赞助或捐献金钱，或慨输物资，或以精神时间贡献红会担任义务工作，庶几红十字会之事业日趋光大，而博爱人群服务社会之理想得以普遍达成”。

10月，“本会组织法草案（即《中华民国红十字会法草案》），据报载已经行政院政务会议通过咨送立法院完成立法手续”。

10月，孝感县分会第三乡村巡回医务队“增设三叉埠车站巡回医务工作”。

11月27日，立法院卫生委员会召开会议审议《中华民国红十字会法草案》。

本年，大冶分会多方募捐，救助遭遇暴雨洪灾的本县和外来灾民。

本年，湖北各地分会继续在总会的指导下，一边复建调整组织和扩大业务范围，一边配合解放军开展伤兵救治和政权接收工作。

本年，孝感县红十字会成立，编制6人，由胡信之兼任会长，王善甫、曾慕藩任干事。

1949年

3月，为稳定民心，武昌分会会长曹美成举办演讲会，邀请该会名誉会长李书城向本地工商界、教育界人士介绍解放区的情况，受到欢迎。与会者纷纷表示愿意捐出物资，迎接解放军入城。

4 月 23 日南京解放后，中国红十字总会少数上层人士赴台，大部分留上海。留在南京的职工组织成立职工会。

5 月 16 日，武汉解放后，武昌分会工作人员每人得到武汉市军管会颁发的书面奖状。不过，由于百废待兴，一时难以开展工作，武汉市红十字运动停顿了一段时间。

5 月 28 日，上海解放后，胡兰生秘书长令留守南京的红会工作人员全部迁往上海，与上海办事处合并。

5 月 30 日，中国红十字会总会鉴于全国大部分地区已经解放，“解放区各地分会因社会制度及会内人士多有变更”，特颁布《中华民国红十字会解放区分会目前会务注意要点》，表达了红会渴望向人民政府靠拢的一片赤诚之心。这是中国红十字会在新的历史条件下的新的抉择。

5 月，武昌分会在武汉和平解放前夕成立临时救护委员会，委员由卫生机构、医师公会和公私立医院、诊所的医师等 23 名组成，以应变时局，迎接解放，负责维持武昌的治安，站岗、巡夜，组织担架队、救护队，运送救护解放军伤员。

5 月，武汉解放后，汉口分会组织一支乡村巡回医疗队，开展巡回医防服务，但因为经费不足，未能广泛开展起来。

8 月，中国红十字会大冶县分会更名为中国红十字会大冶工矿特区分会。

9 月，汉口分会向武汉市人民政府民政局申请社会团体登记，不久即获批准。

10 月 1 日，中华人民共和国成立，总会在维持各分会机构的同时，集中全力于总会的改组、改造工作，走向“新生”之路。

10 月至 12 月，中华人民共和国成立之初，湖北省各地分会的会务基本陷入停顿，如汉口分会“业已解体”，仅有医院存在。

中卷　百废待兴与陷入低潮

中华人民共和国成立之初，湖北省各地分会的会务基本陷入停顿，但从1950年开始，在党和政府以及总会的领导和支持下，湖北红十字运动逐渐复苏。尤其是，武汉市、黄石市、麻城县、孝感县四地分会从1951年至1952年先后完成改组，奠定了当代湖北省红十字事业发展的良好基础。其中，武汉市分会是继1950年12月北京市分会后全国第二家完成改组的分会。可以说，湖北红会在中华人民共和国成立后，首批完成了向社会主义性质的红十字组织的转型，在中西部地区省份的红十字会中较早地开始了新生和起步。这不仅促进湖北本土红十字运动得到新生和快速发展，而且使湖北红会在抗美援朝、灾害救助、卫生救护、工农业生产等方面发挥出应有的作用，并进一步扩大了红十字运动的社会影响。

从1949年到1965年，湖北省红十字运动总体上呈现出上升发展的势头，不仅完成了红十字组织的改组和省红十字会的新建，而且组织规模得到壮大，内部治理得到加强，社会救助、救护训练等业务也取得较大成效。从1966年到1976年，湖北红十字事业陷入停滞，并在"左"的思潮影响下被视作"封、资、修"，长期受到压制和忽视。尽管受制于政治、经济和思想文化等外部因素，湖北红十字运动在"大跃进"后陷入低谷，并很快遭遇重创和陷入停滞，但它在湖北省的人道主义根基和群众基础依然稳固。社会主义革命和建设时期湖北红十字运动取得的成绩和遭遇的挫折，是内外部因素共同作用的结果，为改革开放新时期湖北红十字事业积累了宝贵经验，奠定了重要基础。

1950年

2月1日，总会向尚有联系的64处分会发出通知，希望各地分会派出工作人员参加3月在上海市召开的红十字会工作检讨会，共商中国红十字会的前途。

3月，总会召集各地分会代表40余人在上海举行工作检讨会，是为“改组工作的发动点”。会议决定，派出以胡兰生为首的红十字会代表团，赴北京与卫生部、内务部外交部汇报工作，商讨改组事宜。时任汉口分会会长宋如海参加了上述工作。

4月初，总会接到卫生部通知：周总理指示，红十字会迁往北京，由卫生部和中国人民救济总会负责领导改组工作，并由中国人民救济总会负责具体筹备工作。

4月8日，国家财政部向卫生部复函，鉴于武汉市的红十字组织及其所属红十字医院、诊所在支前、义诊、防疫、扑灭瘟疫，及拥军优属、送诊、送药等方面的优异表现，同意对武汉市的红十字组织开展施诊所得药费收入免征工商业税。

7月26日及28日，针对美帝国主义狂轰滥炸朝鲜、侵犯中国领空的行为，总会先后发表声明，“严重抗议美帝国主义的犯罪行为”。

8月2日至3日，在中国红十字会协商改组会议（中华人民共和国成立后的第一次全国会员代表大会）上，中国红十字会提出该会的发展步骤之一就是：“先整顿旧组织和训练旧有会员，使之建立人民观点，以便开展新的工作。”会议通过的《中国红十字会会章》亦对各地分会组织的设立与管理做出了规定。同时，为加强对各地分会改组的指导和帮助，中国红十字会出台了《中国红十字会各地分会整理暂行办法》《中国红十字会分会暂行组织通则》，分别规定了各地分会改组的原则、方式、步骤和分会的名称、任务、会员权利义务、组织，等等。可以说，总会的成功改组，为各地分会的改组提供了示范，加速了各地分会的改组进程。

秋季，武汉市分会红十字医院在武汉市秋季种痘运动中，主动向群众进行宣传，启发群众，并带头行动，推动工作，成绩显著。

9月25日，中国人民救济总会致函该会所属武汉市分会，要求该会与当地卫生、民政部门配合，协助当地红十字会实施改组。

10月5日，汉口分会申请参加中国人民救济总会武汉市分会，成为该会的团体会员。

10月16日，内务部、卫生部联合通令各省、市人民政府协助中国红十字会整顿各地分会。

10月，湖北各地红会积极参与总会组织的“治淮工程”医防服务，开展卫生宣传、环境卫生整治、防疫、灾民救助等工作，得到当地群众的欢迎和爱戴。

11 月 6 日至 12 月 6 日，总会召集汉口分会、北京分会、上海分会等分会的会务主管人员及业务主管人员到北京参加集体学习。汉口分会参会的代表是时任会长宋如海和时任该会红十字医院院长朱文俊。其间，两人与来自全国 30 个分会的代表一道签署联合宣言，反对美帝发动侵略战争，破坏和平，制造灾害；拥护各民主党派的联合宣言，并动员中国红十字会会员为抗美援朝保家卫国而奋斗。

12 月 17 日，武汉市医务工作者举行集会，一致要求立即组建中南区医务工作者抗美援朝行动委员会，并公推汉口分会宋如海、朱文俊为该委员会委员。同日，中南区医务工作者抗美援朝行动委员会武汉市分会成立，由卢镜澄任主委，宋瑛、范乐成、陈修元为副主委。

12 月 18 日，汉口分会选派精干人员参加总会在南京市开办的中国红十字会医防服务干部训练班。

12 月 25 日，时任中南军政委员会卫生部副部长姚克方、汉口分会会长宋如海联合致信，邀请武汉市人民政府民政局、卫生局、武汉市救济分会等政府部门和群众团体派代表商讨汉口分会改组事宜。

12 月 27 日，汉口分会和武昌分会改组协商会议正式成立，并由武汉市民政局、市救济分会与汉口分会、武昌分会两个分会共同提出协商会议代表名单。

12 月 28 日，武汉市分会派出医护人员和助产学校毕业生参加总会为配合政府生产救灾、治淮工作需要举办的训练班。

本年，孝感分会由孝感县人民政府接管，由该县民政科具体领导，并对外开展门诊业务。由免费门诊，改为收费门诊。

1951 年

1 月 5 日，为实行民主管理，改进医院业务，并提高职工政治水平，发扬全心全意为人民服务的精神，汉口分会红十字医院探索改革内部管理体制，成立院务管理委员会。根据群众意见，决定院务管理委员会委员为 9 人，除推选该院院长为委员外，其余 8 人为医师组 1 人，护士助产士组 1 人，医护技术组 1 人（包括检验员、药剂生、医护员），事务人员组 1 人，工友组 3 人，工读学生组 1 人。3 月 1 日，此举受到总会表扬。

1 月 8 日，对汉口分会、武昌分会进行协商改组的会议正式举行。

会议开始时，先由中南军政委员会卫生部姚克方副部长报告红十字会在过去反动派统治之下不能很好地发挥为人民服务的作用，而中央人民政府很重视这个群众性的医疗服务机构，所以觉得有加以调整的必要；接着由原汉口分会会长宋如海报告会务，说明分会在战争灾难救济上是有一定成绩的，并指出红十字会是中国人民的组织，必须站在人民群众的立场，发挥自救助人的精神为人民服务。武汉市民政局徐力之处长代表市政府向分会致贺词，指出武汉市社会救济统一战线必须继续扩大，尽量吸收一切愿在人民政府领导之下的团体和个人，共同治疗战争的创伤。市民政局胡泽萍科长报告了武汉市分会筹备改组过程。会议决定把原有汉口、武昌两分会合并为武汉市分会，修正通过了《中国红十字会武汉市分会组织规程》，并选出了新一届理事。

1 月 10 日，经黄石市人民政府批准，黄石市分会正式成立，会长梅悦臣，副会长周振家、姚余三。

1 月 14 日，中国人民保卫世界和平反对美国侵略委员会发出慰劳中朝人民部队和救济朝鲜难民的号召之后，中国红十字会一面与中国人民救济总会发出联合通知，响应这一号召，协助进行这一工作，一面又在红十字会特殊性能上动员各地分会开展了组建救济朝鲜难民的医防服务队的工作。

1 月，武汉市分会发起成立了武汉市医务工作者抗美援朝行动委员会，选出卢镜澄为主委，并动员组织首批赴朝国际医防服务队，表现出高度的爱国主义和国际主义精神。

春节期间，总会为了表达对医防服务队同志们的关怀，和慰劳他们的家属，特于春节致函各队员，并对队员家属举行了春节送礼运动。汉口市分会按照总会的要求，对周守忠等 3 名参加国际医防服务队的队员的家属开展慰问，为他们送去年糕、猪肉和慰问金。

2 月 5 日，总会来函表扬武汉市分会道："你会医院发扬民主精神，组织院务委员会在所有分会中，起到了带头作用，除摘登《新中国红十字》月刊外，特此表扬。"

2 月 15 日，武汉市红十字分会举行第一次全体理事会议，选出了王同等 11 人为常务理事，通过了 1951 年度工作计划大纲，讨论了经费筹措方法、会址及发动组织援朝医疗队等提案。紧接着，举行了第一次常务理事会议，选举了武汉市卫生局局长卢镜澄为会长，原汉口分会会长宋如海、市民主妇联主席戚元德、市工商联常委赵厚甫三人为副会长。常务理事有王民仆（原汉口分会副会长）、朱文俊（原汉口分会常务理事）、王同（原武昌分会常务理事）、姚克方（中南军委卫生部副部长）、蒋铭（“救总”武汉市分会秘书长）、刘静（市生产教养院长）、王景瑞（市总工会劳保部长）。理事有高欣荣（原汉口分会理事）、刘理壎（原汉口分会理事）、曹美成（原武昌分会会长）、吕道信（原武昌分会副会长）、陈铭枢（中南军委农林部长）、胡泽萍（市民政局社会科长）、陈先（民青主席）、林厚周（市善堂联会主席）、黄居易（市郊农会主席）、张吟秋（市工商界代表）、戴今生（市协商委员会秘书处长）、刘年芬（市女青年会代表）、陈修元（市医务工作者联合会秘书长）、吴天保（市文艺工作者联合常委）、崔思恭（市工商界代表）。

2月24日，武汉市分会举行第二次全体委员会议，决定与全市各公、私立医院及开业医务工作者共同组建志愿手术医疗队，其中武汉市分会负责组成两队，每队人数为各15人，另两队由市第一、第二两个医院负主要组织责任，每队人数各为12人，限月底以前各队一律组成。同时，分组织、秘书、供应、服务四组，分别办理宣传动员、药材劝募以及为参加志愿手术队员家庭服务等事宜。

2月28日，武汉市分会组织的国际医防服务队偕同广州队共50余人乘车前往北京总会报到。当日下午1时，武汉市各界1000余人为该队举行了欢送大会。会前，时任中南军政委员会文教委员会副主任兼教育部部长潘梓年特地赶来向队员们致敬和表达慰问。时任中南军政委员会卫生部副部长姚克方勉励队员们克服困难，发挥革命的人道主义精神，圆满完成任务。随后，武汉市总工会、市工商联、市妇联、民革武汉市分会等代表分别致辞，侨居武汉的朝鲜妇女代表金月香、何君子致辞，并向服务队献上“发挥国际友爱精神”的锦旗。最后，由广州队和武汉队的队长致谢词。

2月，武汉市分会主动与武汉市医院联合组织了由24人组成的国际医防服务队武汉队，并由孔国强担任领队。

3月初，湖北红会参加国际医防服务队的队员在北京接受短期政治和业务学习后被分在了国际医防服务队第一大队，主要担任一般医疗和防疫工作。

3月17日，湖北红会的队员随国际医防服务队第一大队以及第二大队共224人奔赴朝鲜前线，中国红十字会会长李德全、伍云甫以及“中国和大”副主席陈叔通等400余人前往火车站欢送。

3月18日，为支援新中国水利建设，孝感分会组织的河工巡回医防队开始在当地修筑河堤的工地救治河工。在5个周日，医防队共诊断了内、外科373名修堤河工。

4月至6月，武汉市分会诊所利用“五一”劳动节期间在汉阳门设站，救护参加游行活动的群众百余人。

5月15日，武汉市分会举行第一次全体理事会议，选举台端等人为该会常务理事。该会除将结果呈报总会及武汉市人民政府外，还致函各位理事，通报理事选举情况。

5月，武汉市分会红十字医院组织医疗巡回工作队，并派医师2人、护士2人到该市各灾民所做免费诊疗工作，共诊治453人，安排住院234人。

6月17日，孝感县分会召开理事会议，商讨展开推行捐献的办法，当场决定除理事个别自动捐款外，尽量向外发动劝捐。该会诊疗所司药黄月峰、护士周俊儒、助理员王光珠等6人，自愿将节省伙食所得的6万元（旧币，下同）捐献出来。会后，时任该会会长胡侯之、副会长李醒华各捐5万元，理事刘健春捐2万元，副会长邓云樵捐夹袄一件，变卖作捐款。

6月25日，武汉市分会红十字医院召开全体职工会议，响应总会关于捐献“救护机”的号召，当场捐献141多万元（旧币）和现大洋14元。武汉市分会除本身的捐献之外，还向群众宣传并募集捐款。

6月，武汉市分会在“六一”儿童节为数万名贫农子弟检查体格，并为武昌花园山孤儿院的孤儿义诊。

6月，由于汉口市分会医院在1950年积极协助汉口市卫生防疫委员会开展种痘等工作，主动向群众进行宣传，启发群众，并用带头的行动，推动了工作，受到该委员会的表彰。

7月1日，武汉市分会红十字医院响应总会号召，并通过应诊筹款，捐献诊费100万元（旧币），用于购买“救护机”。

7月8日，总会汇拨行政补助费后，武汉市分会开始建制，总干事由武汉市救济分会郎勤襄秘书长兼代，鄢曾佑为副总干事，并在常务理事中推选王民仆驻会办公。

8月1日，黄石市分会在建军节发布《庆祝八一建军节致本港烈军工属及残废军人书》和《烈军工家属及残废军人医药优待办法》，对烈、军、工家属和残废军人及困难群众给予医药优待。该“优待办法”规定，凡持本优待券者一律免收挂号费，有优先治疗的优待，但按各个不同经济力量享受不同的优待程度：确系贫苦又系老弱且无收入者，照门诊依以五折优待；本人系有生产力、因病不能生产者照门诊予以六五折优待；经济力量较好（营有工商业者）照门诊以八折优待。此外，武汉市分会对通过了区政府和公安证明的军烈属，均予以免费治疗，并按季节随时开展慰问工作。

8 月 30 日，为帮助母亲和妇女们了解妇幼保健知识、新法接生的好处等，武汉市分会与武汉市第二区卫生所联合举办母亲会，有 710 余人参会。母亲会首由大会主席、武汉市红十字会医院朱文俊报告召开扩大母亲会的意义，继由市一医院保健科胡科长、妇联代表、二区卫生科等单位代表讲话，然后由武汉市红十字会医院妇产科医师韩仁瑛介绍新旧接生法的比较，以及旧法接生的危害。最后，由选出的典型母亲作介绍，宣传新法接生，保证母婴健康。

9 月 18 日，为增进中苏两国文化、政治、经济、建设和科学的成就，加强中苏两国在争取世界和平的共同斗争中的紧密团结，武汉市分会成立中苏友好协会武汉市分会支会，一次入会 59 人。

9 月，为提高红会干部综合素质和业务能力，武汉市分会派遣鄢曾佑、李懋基、刘铁良三人参加总会组织的干部培训。

10 月 24 日，国际医防服务队第一大队大部分队员在完成任务后回国，受到热烈欢迎。据统计，该大队在第一阶段的 75 天里，共开展一般治疗 24762 人，传染病治疗 9058 人，预防注射近 28823 人；第二阶段里，在两个病院共治疗 5474 人，获得院方的传令嘉奖。这其中，湖北省红十字会派出的队员作出了重要贡献，值得肯定和铭记。

10 月，武汉市分会红十字医院组建增产捐献小组，并通过星期日照常应诊、主动到各企业和工厂接洽检查体格、节约茶叶费和医疗耗材使用等方式，完成增产节约任务。

10 月，武汉市分会在该市 1951 年国庆节大游行期间成立急救站，专门担任现场急救工作，确保活动顺利举办。

11 月 1 日至 8 日，在武汉市第二区卫生科举办的妇幼图片展览活动中，武汉市分会所属红十字医院担任筹备和妇幼产前检查与图片宣传说明的工作，该会所属的诊所则办理妇幼检查与免费接生工作。

11 月起，武汉市分会在武汉市党和政府及红十字总会的正确领导下，学习苏联红十字会的先进经验，开始推行初级卫生急救训练，教育和组织人民群众实行自救助人、开展群众性卫生工作。

11 月，武汉市分会成立增产捐献组，开展捐献“救护机”运动。

12 月 10 日，为了执行与贯彻全国统一卫生教育的政策和培养大量卫生干部，中国红十字会召集全国各地有教育机构的分会代表座谈卫生教育问题。武汉市分会派出代表参加座谈会，研讨发展人民卫生保健事业。会后，根据会议提出的“1952 年要着重开展中级卫生教育，广泛地开展卫生干部的训练，以共同肩负起重大的人民卫生保健事业”要求，武汉市分会对其原来所属的私立汉口红十字会高级职业助产学校进行了复建和整顿。

本年，应武汉市民政局和“救总”武汉市分会要求，武汉市分会红十字医院医护人员在时任院长朱文俊带领下，前往该市临时乞丐收容所，协助医治回归热。对经化验确诊的 110 人，每日开展药物注射，并建议该所彻底进行灭虱运动，以期根绝传染病。总会为了协助此项工作，特由上海材料库发给该医院防治药物 300 支，以应急需。

本年，武汉市分会配合市卫生局加强对原有医院、诊所的改组和整顿，将旧有的在汉口的一个医院和在武昌的一个诊所加以整顿扩充，随后在汉口又添设了两个门诊部，并重建助产学校 1 所。同时，加大经费投入，完善医疗设备配置，提升其医疗服务水平。据统计，该会所属各医院诊所各科门诊人数为初诊 25937 人，复诊 28439 人；开展产妇产前检查 1597 人，产后保健服务 6012 人。

本年，武汉市分会红十字医院经费系半自给自足性质，并由武汉市卫生局每月补助一部分病床补助费。

本年，武汉市分会改组后，该会财务根据财政局规定为现金管制账户，需要每一季度开始时，造就季度计划、每月收支预算计划，经武汉市财委核准后，由银行监督使用。领导关系明确后，该会建立了财经制度。

本年，孝感县分会配合当地卫生机构开展防疫宣传和注射工作。防疫注射所采取的方式和方法是多式多样的：进行住户注射就抽调一个或两个医务干部，配合保健站和中西医务工作者一道工作；进行机关学校注射就抽调 1 个医师配合孝感实验卫生院工作；进行船户及行人注射就于办公和学习时间外全体出动。据统计，该会在当年完成了 4155 人防疫注射任务。

本年，武汉市分会主动与硚口区人民政府合作，组织接生员训练班。同时，该会对其所属红十字医院妇产科加以修理和充实，并在新建成的助产学校内组建一所接生站。

1952 年

1 月，麻城县分会完成改组并正式成立，由张文礼任会长，夏德彰、帅安义、唐敏斋为副会长，吴伯厚为总干事。理事会成员得到北京总会承认，并发来聘书。

年初，为了粉碎美帝国主义的细菌战争，全国各地热烈地掀起了爱国卫生运动，武汉等地分会会员和医务工作者积极参加防疫、卫生与宣传教育工作，赢得了群众的信任和好评。

2 月，武汉市分会红十字医院积极开展增产节约运动，并定出了增产捐献计划。

2 月，武汉市分会正式成立红十字会汉口助产学校，历任校长有：孔仁怀、黄远芳、马云香、周冲、张衍蕃等。

2 月至 3 月，武汉市分会响应中央政府和总会的号召，连续在武汉各报发表声明，抗议美帝国主义进行细菌战的罪行。

3 月 22 日，武汉市分会红十字医院响应总会组织第二批医防队的号召，组织了志愿赴朝防疫队，并报请中南医务工作者抗美援朝行动委员会登记。

4 月 21 日，时任武汉市卫生局局长杨桂生兼任武汉市分会会长后，该会全面改组人事，整顿会务，成立了人事室、团支部。

4 月，为了响应政府的号召，并防患于未然，遵照中南区防疫委员会的指示，武汉市分会成立防疫分会，并成立武汉市第二区卫生防疫委员会红十字会医院分会；武昌支会成立防疫第八分会；配合政府办理防疫宣传教育、环境卫生、预防医疗等事宜。另外，该会下属的助产学校利用星期假日，结合卫生宣传运动，宣传美帝使用细菌战毒害人民的罪恶。

5 月 12 日，孝感县分会与县卫生科、卫生院合署办公，并参加该科、院的学习。

5 月 30 日，汉口重阳医院发生火灾，武汉市红十字会医院组织医护人员到火灾现场进行医疗救护工作。诊治灾民 453 人，安排住院 14 人，开展门诊 234 人，均系免费义务医治。

5 月，武汉市分会全体人员除参加“五一”劳动节示威游行外，还成立巡回医疗队在现场担任急救工作。

6 月，武汉市分会组织救护站，为全市义务修建人民广场的市民服务，共计诊疗 1334 人。

7 月 9 日，总会与卫生部、内务部联合发出通知，要求各地分会与当地卫生部门合署办公。

夏季，麻城县分会派出医务人员赴该县唐山区开展卫生知识宣传和医防服务，帮助群众破除“治病求菩萨”的封建迷信思想，并办理急救员、接生员训练班，受到当地政府和群众的欢迎和支持。

8 月 1 日至 5 日，孝感县分会在当地农村发展基层组织，开展卫生宣传、防疫灭病、爱国卫生运动、环境改善等工作，提高了农村卫生工作水平。

8 月 15 日，武汉市分会明确由市卫生局领导，市卫生局杨桂生局长任会长，戴维天医师任总干事。

8 月起，孝感县分会按照总会要求，组织工作人员和会员学习《新中国红十字会的工作方向与发展步骤》。此项学习活动一直持续到当年 12 月才告结束。

8 月，黄石市电厂在当地红十字会支持下，试办家庭护理训练，并取得了显著成绩，该厂 17 名红十字会会员（接生员）被评为模范。

8 月至 9 月，黄石港分会和当地卫生协会合作组织卫生工作人员组建防堤队，协助政府开展防汛工作，并开展爱国卫生运动，讲解卫生知识，防治疫病。该会还将县防疫委员会发给的“六六六”喷洒到各厕所和低洼积水地方，三天共喷面积 359 平方公尺，消灭大量蚊蝇，获得群众一致好评。

9 月 7 日，为了加强卫生教育，增进人民群众对新红会的认识，武汉市分会结合爱国卫生运动，在市立第一医院大礼堂举行庆祝大会。到会的有武汉市各机关首长、民主党派地方组织负责人，各人民团体代表和武汉市医士学校、护产学校全体同学和武汉市红会所属医院、产校、武昌支会全体学生员工共 500 余人。庆祝大会后，随即举行爱国卫生运动游行。参加游行队列的有武汉卫协、中西医务工作者、医士学校、市立护产学校全体同学等 300 人，及武汉市分会所属学校 150 人，共 450 人。行列中有各种模型、图表、画片等。另行组织宣传队，分发会务介绍 6000 份、卫生常识传单 4000 份、街头标语 2000 份，分别在各区居民中进行爱国卫生运动宣传。

9 月，原华东军政委员会建筑工业部武汉工程处来信，表扬武汉市分会红十字医院医师和病房护士对该部送来住院的病员认真诊疗和殷勤护理，使病员恢复健康，走上工作岗位。

9 月，武汉市分会在当地三轮车夫中开展急救训练，并在武汉市设立 6 个急救站，开展急救工作。

10 月 12 日，武汉市分会红十字医院召开第二届母亲会，向母亲和妇女们详尽地讲解新、旧接生法的比较和人民政府的妇幼政策，而且该院相关科室每次做产前检查访问及产后访视时，经常向孕产妇讲解妇幼卫生知识。

10 月 12 日至 11 月 24 日，武汉市分会组织了一支由 19 人组成的农村医防队，冒雪到麻城重灾区担任扑灭疫情的工作，共治疗 2097 人，开展产前检查 63 人，农村访问 129 户。

10 月，湖北省人民政府财政厅发出通知，规定黄冈专署、孝感专署、黄石市三地红十字会的经费，在预算未核定前，由各财政部门暂借开支。随后，按照中央政府授定数，湖北省分别向黄石分会、孝感分会、麻城分会下拨人员经费及事业费补助预算共 2. 4 亿元，其中黄石分会医院、孝感分会诊所、麻城分会诊所分别得到 6480 万元、5760 万元、3420 万元（旧币）经费。

10 月，武汉市分会着手推行急救训练，陆续在汉口、武昌两地开设 12 个训练班。

10 月，麻城县发生旱灾和传染性痢疾流行后，该县红十字会立即将灾情上报给总会。总会立刻派出医疗队携带药品到麻城灾区开展巡回医疗，并急电武汉市分会医院组织医疗队，协助麻城扑灭疫情。医疗队 24 名队员，翻山越岭，夜以继日地为灾区患者送医送药，分文不取。在疫情扑灭之后，医疗队又赶赴乘马、林店等地区，为人民群众开展免费医疗，受到当地政府和群众的好评。

10 月底，在爱国卫生运动中，武汉市分会诊所完成接种注射 6951 人，扭转了各团体和人民群众间对红十字会的观点。

10 月底，武汉红十字会诊所累计实施产前检查 36 人，接生婴儿 4 人，产后访视 43 人，儿童体格检查 308 人。

11 月 1 日，经过积极争取政府支持，武汉市分会工作人员正式享受国家公费医疗。

11 月 2 日，为抢救因产后大出血而生命垂危的产妇杜娇莲，武汉市分会会员、市红会红十字医院护士陈国樑见义勇为，自告奋勇地为患者输血 200 毫升，从而使这位快要死亡的产妇转危为安。

11 月，麻城县分会组织 505 名会员参加会务训练班。会员们在参加学习后，对红会有了初步的认识，弄清了新、旧红十字会的区别，明确了会员的权利与义务，并积极宣传红十字会的宗旨及做好卫生工作。

12 月 15 日至 21 日，中国红十字会全国工作会议在京召开，到会的有 71 个分会的 94 名代表。湖北省红会派出代表参加会议，并与兄弟省市红会代表交流工作经验。

12 月 19 日，朝鲜驻华大使代表该国最高人民会议常任委员会将“朝鲜最高人民会议功劳章”授予国际医防服务队第一、第七大队的 30 名模范工作者。武汉市分会的杨荣恩护士获此殊荣。这是对他们舍生忘死、辛勤工作的肯定，“更加强了中朝两国人民的战斗友谊”。

12 月 21 日，30 位荣获“朝鲜最高人民会议功劳章”的国际医防服务队队员上书国家主席毛泽东，表示：“保证在各自岗位上，加倍努力。”

12 月，武汉市分会工作人员享受公费医疗获得当地政府批准。

冬季，中国红十字会第一医防大队麻城工作队趁乡民农作较闲时节，协助麻城县龟山区人民政府，训练了急救员 39 人，组织成一个红十字急救站，分两个队流动服务。

本年，武汉市分会在当地卫生局统一领导下与中华医学会卫生工作者协会合署办公。

本年，武汉市分会有干部 12 人，其余因武昌支会人员编制不明确，未能补充足额。

本年，武汉市分会利用总会补助的经费，为其所属医院充实手术设备，修建两栋房屋，并增加病床 20 张。同时，该会陆续在汉口、武昌两地训练了 12 个班的学员。

本年，武汉市分会所属的私立汉口红十字会高级职业助产学校更名为武汉市红十字助产学校。

本年，武汉市财政局规定武汉市分会财务为现金管制账户，每一季度开始时，造就季度计划、每月收支预算计划，经武汉市财委核准后，由银行监督使用。同时，该会建立完善了财经制度，单位经费由分会代领转发、监督使用。此外，该会所属医院经费仍系半自给自足性质。

本年，武汉市分会组织农村医防队、旅行式农村访问医疗队和鄂东北医防队等三支队伍，大力加强农村医疗卫生事业。农村医防队以武昌为重点推展区，照顾缺乏医药的郊区农民，先后治疗了 581 人；旅行式农村访问医疗队，利用星期假日，发动医院、产校人员轮流以旅行方式下乡，向农民做卫生宣传、访问、医疗等工作，已经在惠洛区马城乡访问了1700多户，治疗了294人，开展产前检查11人；鄂东北医防队，响应总会关于组织的一个突击大队的号召，在与湖北省人民政府卫生厅联系了解了麻城灾区的疾病情况后，到麻城开展防疫治病等工作。

本年，武汉市、黄石市、麻城县、孝感县四地的红十字会先后完成改组，并建立了领导机构，成为中国红十字会在中南地区的重要分支力量。

本年，麻城县分会建立了红十字诊疗所，配备4名医务工作者，并在总会医疗队协助下，开始接受对外诊治。该诊疗所全心全意为病人服务，在城乡群众中享有较好信誉。

本年，武汉市分会红十字医院成立了无痛分娩法推行委员会，组织全体护士、助产人员学习巴甫洛夫的学说。武汉市分会还通过鄂东北灾区医防队把无痛分娩法推行到农村，并与硚山区政府合办接生员训练班。

1953年

1月6日，孝感县分会巡回医防队奔赴当地金盆浴鲤水库工地为受伤民工治病，整治环境卫生，帮助他们养成良好卫生习惯，并提出“不让民工病死一人”的口号，受到民工们的欢迎和支持。

2月1日，中国红十字会总会向全国各地分会及各医防队发出春季开展爱国卫生运动的指示，要求各地分会和各医防队应把开展爱国卫生运动，列为经常性的工作之一，并结合当地具体情况订出切实可行的计划；每一个红十字工作者应积极参加春季爱国卫生突击运动，大力协助当地人民政府，动员和组织群众发挥潜在力量，做好预防为主的卫生普及和卫生救护工作，大力训练初级卫生人员和卫生宣教人员，培养成为爱国卫生运动中的骨干。

2月初，孝感县分会巡回医防队在金盆浴鲤水库工地共治疗民工3474人，保证了民工的健康，对水库工程的顺利进行起了一定的作用。工程结束后，民工们一致提出“要把这里的卫生习惯带回各区去”。

2月，武昌支会购得武汉市得胜桥267号房屋，以作开办诊所之用。

2月，武汉市分会大力推行急救训练。参加的学员对学习急救情绪都很高，每班学员在两个月的学习期间后，一般的都能掌握急救方法，并且实地运用。

2 月，武汉市汉阳国棉一厂得到武汉市分会的协助，在车间成立了 3 个急救站，3 个站共有急救员 30 人，急救员都是没有脱产的工人，经过短期的急救常识的学习后就能承担基础急救工作。

3 月至 4 月，为加强急救工作，武汉市分会与该市卫生局和民政局合作，推行急救训练和组织急救站。

4 月，在黄石市开展的爱国卫生运动突击月中，黄石市分会配合该市环境卫生工作组向群众宣传苍蝇病菌对人类的危害，推行厕所加盖和取缔不合理的厕所，攻克了该市黄石港镇最落后的一个死角。工作结束后，群众赞扬说："多亏红十字会同志们的热心帮助，攻不破的碉堡攻破了。"该会还在该市大冶发电厂成立爱国卫生委员会电厂分会和 5 个支会，对职工群众开展卫生讲座，推动爱国卫生运动走向深入。不到两天时间，该厂就清除垃圾和铲草 2000 多担，清出废铁、旧材料二三百斤，填平污水坑 12 处。

4 月，麻城县分会在春季卫生突击运动后，与当地爱国卫生运动委员会、工商联、公安局等单位合作，动员饮食行业（包括饭馆、豆腐坊、酱园业等）及理发业、浴室及公共场所、屠宰业等单位的工作人员开展卫生培训。学习材料由该会商同当地卫生部门统一布置，内容包括一般个人卫生，如疥癣、秃疮、梅毒、痢疾、伤寒、霍乱、皮肤病、指甲、头发卫生等；环境卫生，如垃圾污水的处理，传染病的来源及预防，疟疾、蛔虫、砂眼、肠胃病的来源及预防；等等。此次培训共训练了 162 人。此外，为使各行业保持并巩固学习成绩，成立了行业卫生管理委员会，并由爱国卫生运动委员会订立了检查汇报制度，各行业据此进行自我管理。

4 月，中国红十字总会派出检查组，前往北京、华东、中南、河南、福州等地分会检查工作。此次检查工作的目的，主要是了解各分会如何配合当地政府卫生部门起其助手作用及会员们的活动情形，以便确定今后各地组织在国家建设中应如何发挥其力量，并通过对各地分会工作的检查来进一步检查总会领导工作上的官僚主义。

5 月 8 日，经全国编制委员会审核确定，中南区各地分会会务人员编制共 222 人，其中，下拨给武汉市编制 20 人，黄石市、孝感县、麻城县三地分会编制各 4 人。

5 月 12 日，孝感县分会与该县卫生科、卫生院合署办公，并参加该科、院学习委员会一起学习。同时，为提高干部政治水平及业务能力，派员参加孝感专区卫生所长训练班学习。

6月18日，中国红十字会向全国各地红十字分会以及其所属的中南、华北、西北三个医防大队和诊所等发出学习和讨论《中华人民共和国宪法》（草案）的通知。通知中指出，深入地学习和讨论中华人民共和国宪法草案是重大政治任务，各分会、各医防队等必须在各级党委、各级人民政府卫生部门和当地宪法草案讨论委员会的领导下，以身作则地认真组织学习与讨论。

6月，孝感县分会成立急救训练委员会，开展急救训练工作，共训练急救员577人，建立急救站9个。其中大部分是工人，并在该县农具厂、红星烟厂、地方印刷厂、搬运站、织布生产合作社建立了5个工人急救站。

7月起，武汉市分会在急救师资训练班及急救训练班中增设政治课程，要求做到行政辅导和教学相结合，充分供给讲师关于学员思想情况的材料及提出讲授意见；单元讲授后并注意组织学员讨论；采取座谈会、报告会、学习会等形式进行。这提升了训练的效果，进一步密切了学员和分会的关系。

7月15日，武汉市分会对在各种业务训练班增加讲授政治课程的做法作了决定，内容暂定为三个单元：学习态度（2至3小时）、新中国红十字会的性质与任务（3至4小时）、革命人生观（2至3小时）。决定要求做到行政辅导和教学相结合，训练班行政领导应充分供给讲师关于学员思想情况的材料并提出讲授要求等；单元讲授后并注意组织学员讨论。在方式上，采取座谈会、报告会、学习会等形式进行。

夏季，麻城县分会在当地政府卫生部门领导下，根据当地实际需要，组织小型巡回医防队、医防组和工作组，深入农村为“抗旱保秋”和“抗旱除虫”的农民服务，使他们认识到“今天的政府的确是人民的政府，今天的红十字会，是人民自己的团体”。

8月上旬，襄河水涨后，孝感分会在县卫生科领导下，和县卫生院、卫生所合组医疗队开赴汉川襄河大堤，不分昼夜为抢险民工服务。

8月30日，麻城县白果区罗家大塆乡红十字急救员王明福救治当地人民银行警卫班员工王柏松，保护了他携带的手枪和钱款，受到白果银行营业所主任及该区区长的慰问，以及当地政府的通报表扬。

9月，武汉市分会在汉口开办急救培训班两班，武昌一班，各有学员60名。该会派负责同志讲授会务课程，以加强为人民服务的思想。筹委会议定训练完毕后，在汉口各交通要冲设立十二个急救站，其中包括四官殿轮渡、武汉关、中山公园、车站路、粤汉轮渡码头等处；另外在武昌设6站。

秋季，麻城县分会为保证送粮农民身体健康，特安排106个急救员，在仓库附近及运粮路线上设立了8个送粮急救站，为送粮农民服务。据统计，在15天中，共急救了2190人。由于急救员积极工作，关心患者的痛苦，做出了不少模范事迹。农民邹金台中途晕倒，急救员徐志福跑去急救以后，又把他一挑一百多斤重的谷子挑送到六七里外的麻城县仓库。

11月27日，为明确各地红会的领导关系，总会致函各地分会，指示："至于分会的领导关系，系接受总会及当地卫生部门的双重直接领导，而分会所属业务单位，系接受当地卫生部门及分会的双重直接领导。其目的是更好地配合卫生部门进行工作，但并不等于是卫生部门的附属机构。"

11月，孝感县红十字分会和县卫生院派钩虫病防治组下乡开展钩虫病预防知识宣传和防治工作，受到群众的欢迎。

12月10日，为落实总会发布的《急救训练组织方案》要求，加强对急救站工作的规范管理，巩固各急救站的组织，武汉市分会下发了《急救站工作制度通则》，并对急救站的组织、制度、工作范围、急救处理步骤、会议、学习、工作检查等进行明确规定，使武汉市分会的急救站建设和急救训练工作步入制度化、规范化轨道，并实现快速发展。

12月17日，麻城县分会举行急救员代表会议。麻城县第二副县长吴伯厚和县人事科科长在会上作了报告。对于急救站的领导体制，县卫生科规定，学校由本单位行政领导，农村归区卫生所领导，县府同时通知各区乡、各区卫生所及设有急救站的单位应对急救站多加协助；各急救站今后不再接受简易治疗或复诊。会上，与会代表制订了今后急救工作的计划。计划中除了从工作、学习、思想、组织制度等方面保证做好急救工作、卫生工作外，明确提出结合总路线总任务进行工作，动员亲友把余粮卖给国家。

12月20日，武汉市分会将其举办的两个回民急救训练班中结业成绩较好的学员组成3个急救站，为市民开展急救服务。其中一个设在当地久安药厂的急救站设立后，一般工伤患者就不需去门诊部，节省了时间，为增加生产发挥了显著作用。

本年，武汉市分会所属医院、门诊部、诊所等单位1951年至1953年累计门诊总人数达到248048人，治疗率一般达到70%以上，助产学校陆续为医疗单位输送了140余名正规助产人员。

本年，黄石市分会决定在黄石港卫生所的基础上，成立联合门诊部。该门诊部有医务人员 30 人，日门诊量达 200 多人。

本年，中央政府向武汉市分会下属的助产学校下拨 1954 年基本建设经费 22 亿元（旧币，下同）；武汉市分会医院获得上级批准划拨的近 15 亿元预算，用于建立可以容纳 500 人的门诊部。

本年，武汉市分会与市卫生局、市教育局合办了学校卫生保健指导训练班，对来自武汉市中小学的 71 名保健员进行培训。该班学员结业后返回 60 余个学校岗位，对推广学校卫生保健、培养学生保健员发挥了作用。

本年，武汉市分会在急救训练中总计训练了 24 个班，结业急救员 1286 人。同时，在汉口江岸区设了 7 个站，有 180 人参加；武昌设了 28 个站，有 303 人参加；在汉阳国棉一厂三个车间设了 3 个站，30 个受过训练的急救员都参加了工作。此外，还从急救员中选拔一些较好的办了一期师资训练班。

本年，武汉市分会协助其下属的武汉市红十字助产学校，解决基本建筑所需经费、土地等问题。

本年，武汉市汉阳国棉一厂劳保福利科主动与武汉市分会联系，开展急救训练，改善工人工作条件。据该厂统计，仅 1953 年 9 月份车间急救站就急救 420 人次，节省裹伤、治疗时间 210 小时。由于节省了到卫生所治疗的时间，仅一个月的工作就间接为国家增产二十支细纱 4200 磅。该厂职工反映，这对增加生产和保护工人健康都有利。

本年，黄石市分会在市内五大厂矿之一的冶电厂工人家属中进行家庭护理训练。首先通过妇联及厂内家属委员会进行深入动员，然后再选择积极带头的妇女家属，在自愿的基础上进行学习。学习后再组织家庭护理互助小组。为保证成效，黄石市分会还制定了汇报、检查制度。

1954 年

1 月 11 日，为了提高护理员及卫生员业务水平，武汉市分会医院特举办初级护理人员训练班，在训练班开设政治课、绷带学、护理学、急救学等课程。

2 月中旬，武汉市分会及其所属第一和第二门诊部全体工作人员在总路线学习中提高了思想认识，工作也有所改进和提高，严格执行经费预算管理，而且明确了今后工作必须面向厂矿，技术必须为政治服务，得到了武汉市卫生局党委的通报表扬。

3月4日，为了集中力量搞好基建工作，武汉市分会基本建设委员会正式组建成立。共有委员11人，推选戴维天为主任委员，胡崇道为副主任委员。

3月4日，麻城县白果区红十字急救员宁永忠在梁家畈乡参加春节文娱活动时，救治该乡遭遇严重摔伤的妇女罗文兰，受到罗文兰家属和当地群众的感谢和赞扬。

春季，麻城县、武汉市等分会在当地党政领导及爱国卫生运动委员会统一布置下，积极在工厂、城镇展开春季爱国卫生运动。

6月，湖北多地发生百年不遇的特大洪涝灾害，有2636万余人受灾，受灾面积达6300多万亩。湖北各地分会立即组织救护队开展救助工作。武汉市分会响应政府防汛号召，在市卫生局领导下，抽调医师3人、医士4人、护士5人、红十字急救员11人，组织5个抗涝救灾队，赶赴该市东湖、南湖等地工作。在防汛前线，该会的红十字工作者和急救员都能夜以继日地为防汛伤病员开展急救、护理，涌现出许多感人事迹。

7月30日，因武汉市分会尚未发展会员，不符合设立支会的规定，武昌支会正式改为武昌办事处，办事处主任为王同。

7月下旬至9月上旬，武汉市分会组织了15个卫生防疫队，分赴惠济、福城、东湖、南湖等地救灾。

9月8日，中国红十字会成立50周年纪念大会在北京举行，湖北各地红会结合当地实际情况，开展了纪念活动。

9月至11月，武汉市分会防疫队在各乡共种痘3592人，开展白喉注射11928人、疟疾服药4956人。在防汛救灾中，武汉市分会在全市卫生系统中涌现出功臣37名、集体立功单位4个。

本年，经过调整，由时任中共孝感县委组织部部长程文元兼任孝感县分会会长。

本年，麻城县分会先后在该县宋埠、城关、中驿组建急救站8个，训练急救员242人。该会急救员还在该县大坳渠道工程中急救民工16000余人次，在全县防洪中急救灾民和防洪战士3900余人次。在夏秋两季的农民缴送公粮与统购送余粮，各站急救员也都主动到仓库附近送粮的路线上为农民服务。

本年，在黄石市分会帮助大冶钢厂下属的碎石厂开展急救训练后，该厂每一个采石和捶石工地上都出现了背着红十字急救包的急救员，20天内就处理200多次伤患，给工人们带来很大的便利。

本年，武汉市分会先后在该市23个中小学建立学校红十字卫生站，并开展红十字卫生员训练。

本年，麻城县红十字会会员、乘马区急救站站长、急救员王阵权，为报答人民政府对他的培养和希望，积极参加红十字工作，争取领导、结合中心工作开展经常的爱国卫生运动，救治伤病群众，并始终如一地为人民的健康事业积极工作，得到了该乡群众的信任，被乡亲们称为“一个模范卫生工作者”。

1955年

3月，武汉市分会组织临时医疗队一队，共抽调医师1人、医士1人、护理人员4人，为该市转业军人服务两个月，受到当地政府和转业军人的称赞。

5月20至21日，捷克斯洛伐克红十字会代表团到访我国，受到国务院副总理陈毅的接见，并赴武汉、杭州等地访问。

7月，武汉市分会与武汉市外宾接待委员会联系，办理了护送前“联合国军”美国籍战俘回国的过境工作。

10月10日，根据湖北省关于“统一省内各类医药学校名称”的部署，武汉市红十字助产学校被改名为湖北省汉口助产学校。

本年，时任孝感县副县长李森华兼任该县红会会长，时任卫生局局长肖华诚任副会长。

本年，经历了中华人民共和国成立之初的较快发展后，中国红十字会的组织建设逐渐转入低潮。湖北红会的情况也不容乐观，该省原有的四个市、县红十字会“名存实亡”。

本年，为了适应社会主义建设事业快速发展的需要，根据卫生部和总会的规定，湖北各地红会不再领导和管理医疗保健等业务机构。武汉市分会将其所属1个红十字医院、3个门诊部和1个助产学校，均交由武汉市卫生部门统一领导与管理。

本年，孝感县分会的经费由县财政统一开支后，利用上级拨专款在六家巷购置会堂，进行修缮，并添置医疗设备，开展综合性门诊，设置图书室，对外进行宣传（预防、卫生、教育）活动，同时在城关、花园两镇发展红十字会会员，培训急救员，建立街道红十字急救站，免费做急救工作，保持其社会活动。

1956 年

2 月，总会下文，同意麻城县分会自 1956 年起发展会员 2000 人。同时，为组织和训练会员，开展群众性的业余活动，提高人民健康水平，湖北各地分会对会员开展教育培训，以提高会员的思想认识，进而发挥会员作用。

3 月，为了承担起新的任务和对原有地方组织进行整顿，卫生部和总会发出《中国红十字会工作方案》和《1956 年国内工作计划要点（草案）》，要求各地红会加强组织建设和发展，其中对湖北省的要求是在原有的 4 个分会基础上，建立湖北省红十字会，并在宜昌市、沙市市、襄樊市三个省辖市建立分会。为此，湖北省卫生厅分别向省政府有关部门申请建立省红十字会。该厅还抽调人员，组建相关办事机构，推动湖北省红十字会成立各项准备工作。

4 月 16 日至 24 日，中国红十字会全国工作会议在京召开。参加这次会议的有 22 个省、自治区和北京、天津、上海 3 个直辖市的卫生厅、局的有关人员，以及红十字会分会的负责人，共 50 余人。会议讨论了今后的工作任务和 1956 年工作计划要点，决定“整顿成立地方组织，大力发展会员”。

4 月 17 日，武汉市分会第一、二、三门诊部被撤销。第一门诊部划给市二院，第二门诊部划归市第一工人医院，第三门诊部与武汉市红十字会医院合并。

4 月，自中国红十字会总会四月全国工作会议后，湖北省党政领导机关指定姚克方、卢镜澄、孙冰、毛景芳等组成湖北省红十字会的临时办事机关，并陆续增添几个工作人员，与本省原有红十字地方组织取得联系，帮助其整顿组织并先后在没有红十字地方组织的宜昌、沙市、襄樊三市帮助其建立新的地方领导机关。

5 月，省卫生厅在厅务扩大会议上传达了中国红十字会四月会议的精神，并向省人民委员会提交了有关成立省红十字会和三个市（宜昌、沙市、襄樊）红十字会的报告和请求批准下达省红十字会 1956 年工作计划的报告。

7月，湖北省召开了由各市、县红十字会专职干部参加的全省第一次红十字会工作会议，并确定两项重点工作：一是开始发展红十字会会员和建立基层组织，进行卫生强国训练和建立卫生站，开展群众卫生宣传和卫生服务活动；二是在湖北省委和省人民委员会的直接领导和指示下，与湖北省及武汉市有关机关、民主党派、人民团体、宗教界等协商推派代表举行全省红十字会代表会议。与会的人员强化了红十字会是政府卫生部门的助手、是开展群众卫生工作最好的组织形式的认识。会议确定要在全省普遍发展会员，建立基层组织。

8月，湖北省卫生厅给湖北各地分会下拨了17180元补助专款，为各地卫生站装备急救箱、站牌各1个，为卫生队的每个小组配备担架1付、急救箱1个、臂章5个、队旗1面；并安排训练费用于教员酬劳、交通费、课本费、教材、挂图、灯油、茶水、文具等开支。

9月3日，湖北省卫生厅向省人民委员会递交报告，请求省人民委员会在省红十字会组织即将成立的时候，指示有关市、县人民委员会重视红十字会的工作，并把它纳入到当地整体卫生工作规划中去，有计划、有步骤地统一布置进行。不久，省人民委员会发出通知，要求各市、州政府重视和支持红十字会开展工作。

9月，武汉市分会与武汉市公安、民政等部门将在中国死亡的日本战犯的骨灰10罐送至广州，交日本代表团携带回国，并协助在中国与中国人结婚的日本妇女回日本探亲，以及开展答复外侨来信等工作。

10月起，根据总会工作部署，武汉市红十字会在武汉市开始了发展红十字会员、建立红十字基层组织的工作。

11月初，在湖北省委和省人民委员会的直接领导下，湖北省及武汉市有关机关，民主党派、人民团体、宗教界等协商推派代表举行全省红十字会代表会议，并特邀一部分高级医学技术专家和社会有影响的人士为代表参会。经协商确定，省属单位及武汉市代表共92人，各市县代表共21人，列席代表10人。随后，湖北省人民委员会批复，同意召开全省红十字会会员代表会议。

11月20日至22日，湖北省红十字会第一次会员代表大会在武汉市洪山礼堂举行。出席代表约120人，主要成员是湖北省及武汉市党、政、人民团体负责人和社会各方面有关人士。会议正式产生了执监委领导机构，在更大的范围内增进了红十字会的社会影响，为今后开展红十字会工作起了动员和号召的作用。11月22日，湖北省红十字会执行委员会和监察委员会召开第一次联席会议，选举时任省卫生厅厅长姚克方担任湖北省红十字会执行委员会主席，时任省民政厅副厅长刘劲、湖北医院内科主任卢镜澄担任执行委员会副主席。由王作臣（省工会联合会生产部长）、刘劲（省民政厅副厅长）、卢镜澄（湖北医院内科主任）、胡伊然（省教育厅副厅长）、姚克方（省卫生厅厅长）、张敏（团省委书记）、张天翼（省、市科普副主席）、张有典（省委文教部科学卫生处处长）、孙光珠（省卫生厅副厅长）、杨桂生（武汉市卫生局局长）、董燕梁（省妇联副主任）担任常务委员。由于幼民（省回民文化协会主席）、方保章（省体委主任委员）、王一蛟（省农业厅副厅长）、王作臣（省工会联合会生产部长）、王际清（武汉市民主建国会副主任委员）、庄志（省卫生厅厅长）、刘劲（省民政厅副厅长）、刘南山（武汉市结核病院院长）、朱裕璧（湖北医学院院长）、李博仁（武汉市卫生工作者协会副主席）、吴传一（省宗教事务处处长）、周杰（省政协副主席）、易宣化（天主教襄樊区主教）、卢镜澄（湖北医院内科主任）、胡伊然（省教育厅副厅长）、姚克方（省卫生厅厅长）、涂登榜（武汉市九三学社、武汉区医学院附属第一医院院长）、唐哲（武汉医学院院长）、陶述曾（省科联主席）、陈克非（起义将领）、陈昌雄（归国华侨）、陈新乾（省工业厅副厅长）、陆继韩（武汉市中医研究会）、阳太阳（民主促进会中央委员）、黄力丁（省文联秘书长）、张敏（团省委书记）、张天翼（省、市科普副主席）、张有典（中共省委文教部科学卫生处处长）、张海松（基督教爱国运动委员会会长）、张国良（黄石市卫生局副局长）、张苍祥（湖北医院院长）、曹水清（中华医学会武汉分会理事长）、孙冰（省红十字会总干事）、孙光珠（省卫生厅副厅长）、孙家齐（武汉市卫生局副局长）、弥宝（省佛教联合会方丈）、董燕梁（省妇联副主任）、杨桂生（武汉市卫生局局长）、杨实舜（宜昌市红十字会副主席）、韩高超（道教道长）戴维天（武汉市红十字会总干事）担任执行委员。另外，湖北省红十字会监察委员会由唐午园（武汉市农工民主党主委）担任主任，熊子民（省监察厅副厅长）担任副主任，由沈肇年（省文史馆馆长）、袁茂青（省财政厅副厅长）、周苍柏（省工商联主任委员）、唐午园（武汉市农工民主党主委）、秦芳斋（省公安厅第三处处长）、蒋树人（省参事室参事、名中医）、熊子民（省监察厅副厅长）担任委员。

12 月底，湖北各地红会所有老机构，除武汉市外，均已按照新的章程改选了委员会；所有新机构，除浠水县尚在进行筹备外，均已召开了代表会议，选出了委员会。据不完全统计，共发展红十字会员 26428 名，确立基层组织 202 个，有卫生员 7335 人、卫生站 427 个和学校卫生组7个。

本年，省红十字会成立后，积极探索推动各地发展会员，并得到各地医务工作者、工人、农民等的热情支持。尤其是宜昌市红会在不到两个月的时间里，就发展7070名会员。

本年，为加速各地红会组织建设与发展，省红十字会召开了第二次全省工作会议，对组织建设等工作做出细致研究和具体布置。会后，各市、县红十字会改组与新建工作迅速推进。

本年，总会要求各地红会协助卫生机关对人民群众进行输血意义宣传和自愿输血的组织工作。湖北红会认真落实总会部署，开展了相关宣传和组织工作。不过，由于当时红十字会人民卫生救护团体的性质，其承担的输血工作主要是宣传和组织，各地红会参与度并不高。

1957年

1月，湖北省编制委员会批复省卫生厅、省红十字会："红十字会的编制非垂直划拨和管理，各级根据省批准建会指示和各地需要情况与可能拨给一定的编额。"另外，各地红十字会"有关经费问题，请直接与省财政部门协商解决"。

2月12日，湖北省编制委员会致函省卫生厅、省红十字会，指出："凡已有编制的各市、县，由各地根据需要与可能自行掌握。至于能发展会员的宜昌、沙市、襄樊三市要求配备编制问题，我们意见可以告各市请示各级编委考虑。"

3月，据总会统计，全国共有14个省级红十字会、3个直辖市红十字会、136个市县级红十字会，以及3600多个基层组织和5600多个红十字卫生站；累计训练了40多万红十字卫生员。

4月3日至10日，中国红十字会全国工作会议确定：今后红十字会的工作任务是在整顿、健全和巩固原有组织的基础上，重点建设地方红十字会组织，做好卫生教育与宣传工作，深入开展各种群众性卫生工作等。

4月，经过浠水县政府同意，浠水县红十字会成立。

7月，国务院在《国务院关于加强红十字会国内工作的指示》中提出，红十字会的发展工作，"可在农村和少数民族地区进行试点工作，在工作有了成绩取得经验后，逐步推广"。不过，此项工作在湖北省一直进展不大，湖北省少数民族地区红会工作依旧是“空白”。

7月，在麻城县宋埠镇党政领导和红十字会的支持下，该镇勤俭一社吸收52名优秀社员为红十字会员，成立了基层红十字会，训练了18名红十字卫生员，并且组织卫生员学习了“除四害”小册子，分头包教会员。在镇党支部领导下，党团员和红十字会员们又学习了农业发展纲要草案，着重讨论了“除四害”的意义，算了搞好卫生增加生产的细账，然后以支部为领导，团员和红十字会员起保证作用，组织了除四害突击队、侦察兵、检查员和技术指导员，开展了除四害、讲卫生的活动。

9月至11月，中共八届三中全会提出积极开展卫生运动的号召后，以除四害、讲卫生为中心的爱国卫生运动在全国各地更大规模地开展起来。武汉市江岸区大智街的红十字会员带动群众建立“地段责任制”，每个会员带动三到五户，订立卫生制度及保证贯彻的办法，使讲卫生达到家喻户晓，人人动手，走上经常化。孝感县城关镇红十字会员带动群众讲卫生，产生了“消极变积极，突击变经常，污坑变大道，死角变乐园”的四大变化。

12月，湖北省卫生厅发出通知，要求各级卫生行政部门将红十字工作纳入卫生行政职责范围以内，厅、局（科）长要具体负责。

12月底，经过红十字会员的包户宣传教技术，麻城县宋埠镇勤俭一社全社男女老少都以革命干劲行动起来，家家动员，人人动手，共灭鼠20000多只，消灭麻雀及雀蛋1400多个，挖蛹300多斤，半年内基本上消灭了鼠雀和蝇蛹。

本年，中国红十字会取消“分会”名称，改称省、市、县红十字会。

本年，麻城县红会5700多名红十字会员组织的107个突击队，共灭鼠509060只，捕麻雀306580只，灭蝇挖蛹755.5斤。

本年，麻城县红会组织急救员参加工地巡回医防，为民工服务。该会白果、闵集两地的急救站担任了大坳渠道工程民工救护工作，并安排急救员每人巡回27里长的渠道。他们不但做了很多卫生宣传工作，帮助民工打扫卫生，还开展急救工作。在70天里，共急救16000余人次。在“五一”节开放水典礼大会上，两站参加渠道工作的急救员被邀请参会，并收到工程指挥部赠送的锦旗各一面。

本年，武汉市分会的红十字卫生员带着防暑药品到工地开展巡回治疗，遇到病人随时给他们服用或进行冷敷，并且向工人供应清凉饮料，找办法消灭工棚里的臭虫，使工人得到安眠。

本年，麻城县分会红十字诊疗所，全心全意为病人服务，在城乡群众中享有较好信誉。该会红十字会医院也得到较快发展，有业务人员19人，每日门诊病人近300人。而且，该院平时对持有乡政府以上证明的贫困患者，给予免费医疗。

本年，麻城县宋埠镇红十字会开展妇幼卫生宣传和新法接生等工作，大人小孩分别作了伤寒、百日咳等疫苗注射，并采用常山丸抗疟和做饮水消毒。

本年，总会提出各地应该根据“边发展、边组织、边训练、边巩固”的方法，首先发展医务人员和群众中的卫生积极分子骨干为会员等要求后，省红十字会确定在麻城县等地开展会员发展试点工作。麻城县分会在不到一个月的时间里，吸收会员459人，建立7个基层委员会和1个红十字会，训练会员50人，取得了不俗成绩。

本年，武汉市发生较大的流行性感冒期间，湖北省武昌实验中学安排各班红十字卫生员随时测量体温，发现病人及时隔离治疗，因此该校没有发生大流行现象。

本年，湖北红会积极落实党和国家的指示，开展群众性的节育宣传工作。省红十字会发出通知，要求凡是建立红十字会的地方都必须积极宣传和推广新法接生、新法育儿、产前检查、妇女劳动保护，特别是经期、孕期、产后期的照顾等也应积极宣传和推广，并做到男女青壮年都懂得节制生育的意义和自觉自愿地进行计划生育。湖北各地红会还采取讲座、展览、演唱、黑板报等形式，向群众宣传计划生育的好处、意义和方法。其中，麻城县宋埠镇勤俭一社通过宣传妇幼卫生知识，使1957年全社所生的36个婴儿都采用了新法接生，68个需要避孕的妇女都自愿报名，填写了计划生育登记表。

1958年

1月，省红十字会确定，除对省红十字会和部分原有组织的编制予以适当增加外，新发展的12个县每县按照1个编制，共下拨24个编制。

1月，在麻城县红十字会5700多名红十字会员的共同努力下，该县宋埠镇勤俭一社成为该县第一个“四无”社。该社代表龚一波在麻城县红十字会先进工作者代表大会上说：“红十字会的建立，为社员创造了无穷的幸福。”

1月，麻城县宋埠镇勤俭一社建立红十字会以后，普及了卫生知识，保障妇女婴儿健康，并根据生理状况给予合理照顾，以达到消灭妇女疾病，增加生产的目的，因此实行了劳动保护四挂牌制。该镇以生产队为单位，红十字会员小组为组织保证，制作四个牌子，妇女社员根据本人身体情况，将自己的姓名牌子挂在不同的栏里。妇女队长根据保护妇女劳动的原则，遵照公社管理委员会的决议，在排工的时候，给予“三调四照顾”：经期调干活不调湿活；孕妇调轻活不调重活，哺乳期调近不调远；产期除给予工分补助外，还给一个月的休息时间。

年初，武汉市武昌造船厂的红十字卫生员在厂内张贴除四害讲卫生的标语、大字报、连环画，并在中午时间用广播向各车间开展了多样化的口头宣传，发动群众参与除四害、讲卫生行动。武汉市汉阳区红十字卫生总站抽调75名红十字卫生员，集中学习除四害的具体方法，并邀请挖蛹能手江翠华和捕鼠能手明定魁等人分别介绍挖蛹、捕鼠经验。学成归来后，卫生员们立即深入居民小组，开展相关工作。

年初，孝感县红会向全县的红十字会员发出通知，要求做到“两有”（天天手中有捕蝇拍，夜夜家中有捕鼠器）、“三包”（基层包片、包单位，会员小组包车间、班、队、居民组或科、室，会员包院、包户）、“三会”（会用普通除四害的工具，会用普通除四害的药物，会挖鼠穴、堵鼠洞、掏雀窝、毁雀巢和灭蚊、灭蛆）、“四懂”（懂得四害的生活习惯，懂得四害的危害性，懂得除四害的重大意义，懂得除四害的技术）。

2月14日，为加强对红会经费的管理，湖北省财政厅、卫生厅、红十字会联合发出通知，要求各地分会落实上级文件精神和制度规定，并规定：各地红十字会的行政费，如已批准之编制人员工资，机关所属的办公、杂支、旅费、房屋修建及业务费［包括发展会员费和添置宣传材料及经常宣传用的宣传费（宣传费占业务费的10%）］，按当地政府规定的标准及会计制度，在地方“民主党派及人民团体补助费”项下，由红十字会编造预算连同工作计划，径送当地政府财政部门列报；各地红十字会所属事业单位如医院、诊所、医防队、妇婴保健站及医药器械设备及房屋修建费等由红十字会列入“卫生支出”项下，其医学教育和训练应分别列入“教育支出”及“干训支出”项下编造预算，送请当地政府卫生部门汇列地方卫生事业总预算内，转送财政部门。

2月26日，武汉市委宣传部同意武汉市红十字会出版《武汉红十字》简报（月刊），每期发行控制数为1500份。

2月，全国有省、自治区、直辖市红十字会组织20个，市、县红十字会组织193个，红十字基层组织约10000个，红十字卫生站13000多个。会员中，受过短期急救训练的红十字卫生员有54万多人。

春季，麻城县红会352名红十字卫生员为该县5.2万人接种牛痘。群众都说："红十字卫生员是卫生部门的得力助手。"

3月26日，孝感县红十字会向全县的红十字会员发出积极参加除四害、讲卫生活动的通知，要求基层包片、包单位，会员小组包车间、班、队、居民组或科、室，会员包院、包户；还要求会员加强学习卫生科学技术，使每一个会员都做到"四懂"（懂得四害的生活习惯，懂得四害的危害性，懂得除四害的重大意义，懂得除四害的技术）"三会"（会用普通除四害的工具，会用普通除四害的药物，会挖鼠穴、堵鼠洞、掏雀窝、毁雀巢和灭蚊、灭蛆）"两有"（天天手中有捕蝇拍，夜夜家中有捕鼠器）。

3月27日，武汉市第十四中学红十字会举办了"除五害"技术训练讲座。3月29日至30日，经过两天大搬家式的扫除，学校每个角落都打扫得一干二净，该校后山上15000平方米的杂草也拔光了，厕所周围都填上了新土，16名红十字少年还对该校全部宿舍进行了消毒。

3月，武汉市汉阳区红十字卫生总站抽调75名红十字卫生员，集中学习除四害的具体方法。

4月8日，孝感县红十字卫生学校正式开学。该校是孝感县城关镇为了给城关镇各单位培养卫生防疫保健人员，在县红十字会具体指导和帮助下，创办的一个红十字卫生业余学校。校长由城关镇副镇长兼镇党委宣传委员王青云担任，副校长由镇卫生所所长叶志清担任。教师由镇里各单位、各医药卫生单位的医护人员兼任。学生学习的课程有会务、卫生、防疫、急救、生理剖析、药物、内科、外科等，以及每周有一定数量的政治课。

4月19日，孝感县城关镇除四害指挥部、镇红十字会组织120余名红十字会员，向县委、县除四害指挥部报请验收，该镇基本实现"四无"。

4月，武汉市红十字会负责人参加在北京召开的部分城市红十字会工作座谈会，汇报本地区开展红十字会工作的情况，并交流工作经验。

5月，武汉市红会的红十字卫生员积极担任武汉市江汉区的各种预防注射工作，不到20天就胜利完成了大脑炎第一次和第二次的预防注射工作。卫生部称他们是“一支最可靠的防疫助手”。

6月，麻城县平靖乡的148名红十字会员，包队包户，送药上门，开展抗疟疾复发治疗工作，使该乡发疟率占总人口的比重，从1954年的64.3%下降到1958年的0.63%。7月，该乡没有报告疟疾复发现象。8月，该乡实现“无疟乡”。

6月，以波兰红十字会会长伊伦娜·杜曼思卡夫人为首的波兰红十字代表团在武汉等地进行友好访问。

7月11日到15日，麻城县福田河镇红十字会员开展美化家庭运动。在开展运动中进行了三个结合：供销社结合收购废品；居民用卖废品的钱来美化家庭；红十字会员和卫生部门结合以上两项，协助居民进行卫生美化家庭工作。此举既美化了环境，又促进了工农业生产。

7月，江西、湖南、湖北三个省的红十字会参观团来到麻城县宋埠镇勤俭一社，都认为该社四挂牌制度效果好，准备回去也照样执行。

8月5日，孝感县城关镇西正街的红十字会员开展卖废品活动，既搞好了家庭卫生，又支援了国家工业建设。

8月，武汉市红十字会举办会员进修班，培养80名红十字卫生员达到医院护理员的技术水平，去支援该市关山、青山等工业区的建设。

9月，孝感县城关镇理发社的红十字会员参加“大跃进”运动，共急救了跌打损伤和各种小病病人达300多人，被群众称为“理发医生”。

秋季，武汉市红十字会医院在“大跃进”的基础上开展了“大医院带小医院”的业务活动，提高了与其合作的武昌县卫生院的医疗服务水平。

11月3日，武汉市红会开展以消灭蚊蝇、整顿市容为中心的突击运动后，江汉区4万多名小学生组织50多个宣传队、100多个捕蝇队和500多处交通卫生监督岗。宣传队深入街道里巷进行宣传爱国卫生运动的意义和卫生知识。捕蝇队到处捕打苍蝇，仅前进街三个小学的学生在四天里就打苍蝇112515只。交通卫生监督岗上的小学生们劝导行人走便道，遵守不随地吐痰、不乱丢果皮纸屑、不乱倒垃圾、污水、不随地大小便的规定；督促工商户刷洗门前果皮箱、痰盂摆放端正；督促工商户和居民刷起墙头乱贴的广告、标语，严格认真地执行自己的任务。该市花楼街等地还组织学生检查组，由老师带领按居民委员会检查卫生。

本年，麻城县红会自1956年到1958年先后在全县发展了一万多名会员，培训了300多个卫生人员，转入农业战线。

本年，省政府下拨给湖北省各地红十字会的经费由“党群费”与“卫生事业费”两部分组成，共计73800元。

本年，武汉钢铁公司的红十字会员和全体职工在1958年爱国卫生运动中进行了6次卫生大突击，填平塘坑34577立方米，灭鼠6168只，灭蚊蝇734斤。

本年，武汉市红十字会医院积极响应党中央提出的“城市支援农村、工业支援农业”号召，在市卫生局、蒲圻县委和卫生局的具体领导下，成立了一支由212人组成的医疗队伍，在该县的5个公社的各管理处直至生产队设立了42个医疗队，形成了一个全面周密、力量雄厚、组织健全的医疗网，并帮助当地蒲圻县卫生院基本达到了市内综合医院的业务水平。

本年，针对美英帝国主义者武装侵略黎巴嫩和约旦的行为，麻城县城关镇红十字会举行了抗议大会，会后红十字会员签名表示支援阿拉伯人民的决心，并参加了当地的示威游行。

本年，孝感师范学校学生和红十字少年自从开展勤工俭学后，到处找生产门路，有报酬无报酬他们都一样地干。他们清理了校内外几十条污水沟，捕到上千只老鼠、800只麻雀，挖光了校内厕所的蝇蛹，还分别到附近的农村去帮助农民突击清除水沟和垃圾。

本年，随着社会主义各项建设事业的突飞猛进和“大跃进”运动的开展，湖北省红十字运动迎来了高潮，仅武汉市就有基层组织680个，工厂学校都有组织、有活动，红会会员就达到30多万名；沙市、宜昌、黄石、襄樊以及各县的红十字会组织也很庞大，麻城县红会也发展了1万多名会员；在群众中有很大影响。

本年，孝感县红十字参观团在考察完麻城县红会的工作后，由衷地赞叹道：“久仰麻城信未真，而今一见始倾心！城乡共誉红十字，救死扶伤讲卫生。”

本年，湖北各地红会积极协助卫生防疫部门和医疗部门，坚持“易办、易讲、易懂”原则，做好季节性传染病、职业病、献血、计划生育的预防与宣传。而且，城镇以居民区或较大的居民小组为单位，乡村以合作社或较大的生产队为单位，由基层红十字会或会员小组具体负责，开展宣传教育工作。学校红十字会除了做好学校卫生工作以外，还着重宣传卫生知识，培养青少年的卫生习惯。

本年，根据国务院部署和总会安排，湖北红会将其在国家第二个五年计划建设时期的工作方针确定为：“在搞好城市工作的同时，面向农村，城乡并举。”并将该会1958年的工作目标确定为：“在保证巩固原有组织的基础上，促进农村工作有适当的较大的发展。”

1959年

上半年，武汉市第四十中学红十字青少年工作取得显著成效，该校高二（6）班全班学生都是红十字青少年会员，学校里不论搞任何卫生活动，全班总是带头打前锋。他们不仅在消灭蚊子方面，仅3天时间就打捞子孓160斤，而且积极参加宣传队，通过黑板报、展览、文艺演出等方式，帮助群众提高卫生知识。

9月，武汉市红会成立了武昌、青山、江岸、江汉4个区红十字会及硚口、汉阳、水上、郊区4个区红十字卫生总站，建立了43个基层红十字组织。

本年，武汉钢铁公司的几千名红十字会员仅在3个月中就清除垃圾10600担，积肥83343担，灭老鼠69707只，灭麻雀1072只，整理污水塘30个。

本年，湖北大部分地区红会工作有所放松，除武汉、沙市、麻城、浠水等地红会还在活动外，其他有红十字会的市、县的红会工作，基本上陷入停顿，省红十字会也没有开展什么工作，甚至麻城县红会1959年后“大部分的基层组织也就随之而散了”。对此，湖北省红十字会发出通知，要求各地红十字会组织和会员应在1959年整顿、巩固、提高为主的基础上进行适当发展，并重点放在大、中城市。不过，此举收效不大，湖北红会组织发展仍处于低谷。

本年，武汉市分会从1951年至本年在工厂、工地、企业、农村、学校、街道举办了250个训练班，累计建立红十字卫生站（不包括工厂车间站及工地分设的站）694个，训练红十字卫生员23156人，发展会员171212人。经过初级卫生训练的红十字卫生员们，在不同的岗位上，除了随时随地抢救和处理意外伤害外，并协助卫生防疫注射和保健工作以及接受各方面的临时救护任务，对保障人民健康、提高出勤率，推动生产和学习都起了一定的作用。

本年，经过不断发展，武汉市分会红十字医院已是江汉区的中心医院，担负着该区30万人民的治疗和预防工作。

本年，从1951至本年，武汉市红会接待了前捷克斯洛伐克、波兰、前民主德国等国红十字代表团，以及朝鲜红十字会会长；组织学校红十字青少年与苏联、前捷克斯洛伐克、匈牙利、波兰、荷兰等国的红十字少年和小朋友互赠礼物，建立了友谊通讯，增进了与各国人民之间的友谊。

本年起，由于总会和中央有关部门对红十字会经费工作“都没有管”，导致湖北红会等地方红十字会经费来源存在有单独预算、全部预算在当地卫生部门、由当地卫生部门负责业务费等3种情况，而且多数红会获得的政府拨款大幅减少。

本年，武汉分会新成立江汉区、青山区两个区红十字会。

1960年

3月23日，省红十字会发出通知，要求各地红会协助政府卫生机关对人民群众进行输血意义宣传和自愿输血的组织工作，并将输血工作作为红十字组织和会员的基本工作任务。不过，受制于红十字会的性质和在输血工作中承担的职能，湖北省红十字会血液工作在当时的发展不够充分。

3月，湖北省红十字会发出通知，要求各地红十字会组织和会员应在1959年整顿、巩固、提高为主的基础上进行适当发展；明确各级红十字会要在各级党委和爱委会等卫生部门统一指导下开展活动，各级红会要有专人兼办红会的工作。从实际效果看，此举收效不大，湖北红会组织发展仍处于低谷。

4月2日，卫生部与总会联合发出通知，要求“各级红十字会组织应与各级爱国卫生运动委员会结合起来，共同拟定工作计划，开展工作”。

4月，武汉市红会已有红十字会员35万余人，并助力武汉市全市基本上实现了保健化。

本年，为提高医护人员的医疗救护水平，武汉市分会红十字医院派出黄福伟、禹鲁民去北京学习；派出黄逸民到武汉医学院口腔科学习；送高淑志、任爱建、杨桂华，到武汉医学院附属一、二院进修。

本年起，湖北省红十字会长期没有专人管理，很多工作陷于停顿状态。

1961年

3月，武汉钢铁公司在职工中培养了一批业余的红十字保健人员，初步形成了一个比较完整的工人卫生保健网，有效地保障了工人的身体健康。

10月23日至27日，中国红十字会第二次全国会员代表大会在北京召开。会议改选了领导机构，修改和拟定了组织章程，提出“红十字会的国内工作必须有计划、有重点，根据需要与可能，适当发展”，“国内国际工作联合进行”。

本年，中国红十字会“二大”后，中国红十字会要求已经开展献血工作的红会，继续做好输血的宣传、组织工作。湖北红会落实会议部署，坚持做好此项工作。

本年，从1951年至本年，武汉市红十字会组织学校红十字青少年与苏联、前捷克斯洛伐克、匈牙利、波兰、荷兰等国的红十字少年和小朋友互赠礼物，建立了友谊通讯。

本年，从1954年至本年，武汉市红十字会先后协助政府办理遣送日侨3900余人。

1962年

6月29日，为应对蒋介石和国民党残余武装进犯大陆沿海地区，卫生部、总会发出紧急通知，要求各地红会建立、健全红十字卫生站和卫生队，加强群众性的爱国卫生运动和国防卫生救护训练，以适应平时和战时的需要。湖北红会积极开展相关活动，并将之与国防建设、工农业生产等相结合。

7月9日，武汉市红十字会参加了武汉市人民防空卫生救护指挥部，并以红十字会会员为骨干，分别组成若干个伤兵搜集搬运队、救护队、卫生队，以备临战需要。各区红十字会对街道、居民、工厂、机关、学校、职工及学生进行卫生知识训练，共计建站635个，召集卫生员3646人。

本年，麻城县红十字会把工作转到重点城镇，在有条件的厂、社、学校等集体单位，继续恢复原有组织。

本年，湖北省各级红会贯彻红十字会全国代表会议精神，进行组织整顿，恢复了工作，明确了红十字会国内工作方向，扭转了停顿局面，但是全省红会工作依然处于半停顿状态。

本年，湖北省红十字会机构、编制撤销，全省红会工作处于半停顿状态。武汉市红会反映，该市卫生局每月只给该会5元钱，导致其“什么也干不了”。

本年，中共中央、国务院发出《关于认真提倡计划生育的批示》，要求在城市和人口稠密的农村提倡节制生育，从而使生育问题“逐步走向有计划的状态”。这推动计划生育工作向全国推广。湖北各地红会积极宣传、落实这一批示。

本年，武汉市红十字会参加了武汉市人民防空卫生救护指挥部，其医疗救护科指挥部就设在市红十字会内。当时，市红十字会以此项工作为主，以红十字会会员为骨干，分别组成若干个伤兵搜集搬运队、救护队、卫生队，以备临战需要。各区红十字会对街道、居民、工厂、机关、学校、职工及学生进行卫生知识训练，共建立红十字卫生站635个，召集卫生员3646人。工作做得比较好的有江岸区，全区各街普遍建立卫生急救站，并开展了专业工作。

1963年

3月29日，省红十字会有编制11人，有1人是卫生行政事业编制；武汉市6人，均是党派团体编制；麻城2人，1人为党派团体编制，1人为县红会诊所收入开支；黄石市1人，卫生行政事业开支；宜昌市1人，党派团体编制，其他市县无编制。

3月，在学习雷锋活动期间，武昌实验中学红十字会教育青少年要像雷锋那样处处为人民服务，贯彻助人为乐的思想作风，做一个像雷锋一样的红十字青少年。

4月27日，中国红十字会总会发出通知，对地方红十字会编制问题进行明确：在批准给予此项编制的地方红十字会，现有编制属卫生行政或卫生事业的，均应改为党派团体编制；凡国务院编制委员会没有下达编制的地方红十字会，现有人员属卫生行政或卫生事业编制的，应予保留，仍属卫生民政或卫生事业编制，其机构和人员，不得撤销等。

6月至10月，湖北省各地红会结合开展爱国卫生运动，本着“整顿一批、巩固一批、提高一批”的原则和“边宣传、边检查、边整顿”的工作方法，开展整顿组织工作。经过整顿后的红十字卫生站，工作普遍活跃起来，成为群众性卫生工作的一支骨干力量。

8月，湖北省卫生厅向省政府报告：由于省红十字会机构、编制撤销，全省红会工作处于半停顿状态。

8 月，省红十字会组织召开部分市县红十字会工作座谈会，交流工作经验，并加强对红会干部的培训。

8 月，据武汉、麻城、浠水三地红会的不完全统计，它们有基层红十字会 12 个，以及红十字卫生站 2160 个。其中，武汉市有会员 40000 余人，红十字卫生站 2100 个；麻城有会员 2000 余人，卫生站 65 个；浠水有会员 805 人，卫生站 5 个；在武汉有 6 个分会，在麻城县和浠水县各有 3 个基层红十字会。

10 月 6 日至 10 日，省红十字会在武汉召开了全省红十字会工作座谈会，出席的有武汉市、黄石市、沙市、宜昌、襄樊市、麻城、孝感、浠水县红十字会的专职干部和兼职干部。各地红会汇报了情况，交流了经验，学习了总会领导的讲话，并参观了武汉市红会工作做得好的街道、工厂、学校、旅馆。此外，会议学习了李德全会长 1961 年 10 月 23 日"在全国代表会议上的报告"和彭炎秘书长 1963 年 3 月 23 日在"部分城市红十字会工作座谈会上的总结"。

10 月下旬起，省红十字会分别赴黄石、浠水、麻城、孝感、沙市、宜昌、襄樊等地开展工作检查。所到之处，检查组除了听取当地红会的汇报，参观基层，还向当地卫生行政领导宣传过红会的性质、任务和在爱国卫生运动中所能起的作用。此次检查活动至当年 12 月上旬才告结束。

11 月，武昌实验中学红十字会共发展会员 920 人，其中大部分为红十字青少年，他们成了学校卫生宣传活动中的骨干和预防保健工作上的得力助手。

11 月，省红十字会发文向全省推广武昌实验中学红十字青少年工作的经验。

12 月，红十字会协会秘书长亨利克 · 比尔一行在武汉等地访问交流。

本年，武汉市助产学校与武汉市护士学校合并为武汉市护产学校，继续为当地医疗卫生事业发展和人民群众健康服务。

本年，湖北省大多数红会没有开展工作，而且原有的会员没有重新组织起来，不能发挥会员在卫生运动中的作用。一直保持良好会员发展态势的武汉市分会，也陷入大面积减员的困境。

本年，经过整顿后，武汉市江岸区大智街红会建立卫生站 16 个，开展了许多经常性活动。该街大光明五金电器生产合作社建立红十字卫生站后，工人医药费由 1962 年的 500 余元下降为 200 余元，整个企业扭亏为盈。此外，汉口同和旅社建立的红十字卫生站，被旅客称为“第三医院”和“病员之家”。

本年，据武汉市五个区和浠水、麻城两县的不完全统计，它们有红十字青少年会员 1750 人，这些青少年会员成了学校卫生保健工作的得力助手。

本年，武昌实验中学红十字会积极争取学校党政领导的重视与支持，主动与青年团、学生会等部门密切联系和配合，并开展丰富多彩的活动，使青少年经常有事做，又能引起他们的兴趣，同时还注意了经常表扬好人好事，得到社会各界的肯定。省红十字会发文向全省推广该校的经验。

本年，麻城县红会加强组织训练，有 50 余人担任了计划生育的宣传技术指导员。同时，该会配合保健所开展计划生育展览宣传 3 次，画连环画、宣传画 50 多幅，观众达一万多人次。

本年，麻城县红会因时而异地在农村开展有针对性的卫生宣传工作，并配合防疫站、保健所进行预防农药中毒、防暑降温的组织训练和宣传讲座。同时，在爱国卫生运动中，通过防疫卫生小报宣传卫生知识、表扬好人好事、互通运动开展情况，共印发防疫卫生小报 11 期，出黑板报 25 期，广播 10 次，放幻灯片 20 余次。此外，麻城县红会在该县白果镇协助开展卫生突击月活动，共灭蝇 25 斤，灭鼠 3000 余只，积肥 4 万多担，有力地支援了农业生产，做到了生产讲卫生、卫生为生产。

本年，湖北红会进一步贯彻“调整、巩固、充实、提高”的方针，本着“整顿一批、巩固一批、提高一批”的原则和“边宣传、边检查、边整顿”的工作方法，都进行了组织整顿工作。经过整顿后的红十字组织，工作普遍活跃起来，成为群众性卫生工作的一支骨干力量。相较而言，武汉市红会基层组织整顿和建设工作一直在推进，并促进了工、农业生产，成为这一时期为数不多的“亮点”。

本年，为了迅速开展红十字卫生站的活动，省红十字会购买了价值 600 多元的常用药品，又从卫生厅仓库中拿出了一部分药，充实了 30 个保健箱。

1964 年

年初，湖北全省红十字会有 12 个编制：省红十字会 2 个、武汉市 7 个、黄石市 1 个、麻城县 2 个，其他红会都无编制。

2月8日，财政部、卫生部、国家编委和总会发出联合通知，对各级红十字会经费问题作出明确规定。

3月3日，卫生部、总会发出通知，明确湖北省红十字会1964年卫生业务活动费指标为30000元，并要求省红十字会分配下达给各市、县红十字会。同时，分配指标时，应首先保证全国重点市、县红十字会卫生业务活动的开展。

5月6日，武汉市红十字会接待阿尔及利亚卫生代表团团长曼什里一行三人，并宴请了援阿医疗队队员在武汉的家属。

5月26日，为贯彻总会和省会会议精神，武汉市红十字会召开了由200多人参加的大会。参加会议的有各区的副区长，街办事处主任、卫生干事，各区卫生科科长。特别是各级领导开始把红会工作纳入议事日程，中共武汉市委常委专门讨论、研究了红会工作，这是武汉市红会工作出现大好形势的根本原因之一。

5月，省红十字会在全省红十字会工作座谈会议上要求已开展输血工作的地方红十字会，必须继续做好输血的宣传、组织工作；有条件的红十字会，可试办群众输血站，同输血机构和医院联系，宣传和协助组织输血工作。

5月，在全省红十字会工作座谈会议上，省红十字会确定了办会的思想基础：红会工作要为无产阶级政治服务、为生产服务、为保障人民健康服务，必须与阶级斗争、生产斗争和科学实验三大革命运动紧密结合，在各项活动中，贯彻阶级观点、群众观点和生产观点；各级红会必须在当地党委的统一领导下，根据国防形势和防治疾病的要求，紧密结合阶级斗争、生产斗争和科学实验，配合爱国卫生运动，开展国防卫生救护训练和卫生知识的教育。

6月，麻城县红会通过在该县白果镇开展为期20天的卫生突击月活动，积了4万多担肥，有力支援了农业生产；协助填平了2个污水坑，疏通阴沟28条，灭苍蝇25斤，灭老鼠3000余只。

7月，为落实总会提出的关于开展“五好”红十字卫生站、基层红十字会、会员评选的部署，湖北省卫生厅、省红十字会发出通知，公布了先进单位、先进工作者的评选条件。同时，省红十字会还对各地红会推荐先进单位和个人的名额进行了合理分配。其中，先进单位、先进个人（同时是会员代表）：武汉市28人，黄石市8人，宜昌市、沙市市各4人，襄樊市、麻城县、浠水县、孝感县各3人；共计56人，另有2个机动名额。

7 月，省红十字会向湖北省人民委员会报告，请求召开湖北省红十字会第二次会员代表会议暨先进单位、先进工作者代表会议，并改选湖北省红十字会委员。不久，请示得到省人民委员会的同意。

9 月，湖北省已恢复机构、开展工作的红十字会有 8 处：武汉市、黄石市、宜昌市、沙市市、襄樊市 5 市红十字会，以及麻城县、浠水县、孝感县 3 县红十字会。它们和省红十字会全部完成了改选。

9 月，省红十字会向总会报告，各地红会会务、业务活动加强，经费不够需用，一些经费还要省卫生厅从卫生事业活动经费中解决；希望总会能酌情增加下一年湖北省红十字会的经费预算，以利工作开展。

10 月，市红十字会迎送阿尔巴尼亚红十字会代表团一行三人，团长马内绍瓦。

11 月上旬，湖北省红十字会第二次会员代表会议暨先进单位、先进工作者代表会议举行。改选后的湖北省红十字会委员会，由时任湖北省人民委员会副省长孟夫唐担任名誉会长，时任省卫生厅厅长姚克方担任会长，时任省人民委员会副秘书长刘天民担任副会长。武汉市的江岸区、武昌区，麻城县，浠水县；宜昌市的市一中、三轮车合作社，沙市市的新沙路小学；武汉市的大智街、四维街、实验中学、十四中、满春路小学；黄石市的联合村，麻城县的白果镇，浠水县的沿河街、红星大队的红会组织；武钢钢厂、大光明五金厂、同和旅社、交通旅社等单位和个人获得“先进”称号。宜昌一中、沙市新沙路小学、武昌实验中学的红十字会介绍了开展学校卫生的经验和在注意学生营养、保护视力、体育锻炼、劳逸结合、治疗疾病等方面的好办法。

11 月，在湖北省红十字会“二大”上，省红十字会提出各地红会要协助卫生部门整顿输血组织，进行输血意义的宣传，并鼓励自愿输血。

本年，由于会员流动性大，工作抓得不够全面，麻城县红会只剩下 40 多个基层组织，而且原有较好的基层组织多已涣散。

本年，麻城县红会在该县 3 个镇开展了 6 次爱国卫生运动。该会在冬春以积肥为中心，夏秋以消灭四害、预防肠胃传染病为中心，在各镇都建有“安全卫生竞赛图”，规定每季度大检查 1 次，评比时分类型挂牌，采取表扬先进、带动落后的办法。

本年，宜昌市三轮车合作社的红十字卫生站协助该合作社党政领导开展计划生育后，这个站 77 个有生育能力的人结扎了 23 个，没有结扎的也都广泛实行了避孕措施。特别是各地会员们通过男对男、女对女、串门子、谈家常等方式交流，谈得很深很细，消除了群众对避孕、产检技术的疑虑，促进了工作落实。

1965 年

7 月，武汉市江汉区在进行大面积灭蚊时，根据区爱委会要求，每个居民小组要 2～3 名骨干掌握敌敌畏烟剂量和使用方法，统计全区需要 3000 余人，经过各街红十字会的布置，参加这项工作的会员达 1500 余人，推动了灭蚊工作的进行。

10 月 18 日，澳大利亚红十字会纽曼·莫里斯一行在总会领导陪同下，到武汉市红会访问交流。

本年，据武汉市红会的不完全统计，该会共有会员 36873 人、红十字卫生站 1302 个。这些站和会员，大都是经过整顿和充实，有的是在运动中发展和组织起来的，因此比较巩固。

本年，武汉市红会安排机关干部下基层蹲点调研，使市红会机关干部与基层红会干部和广大会员建立了深厚的感情，改变了过去在工作中的主观片面和脱离群众的工作方法，提高了思想认识，转变了作风，促进了工作。

本年，在武汉市红会会员的协助下，汉桥区全区肠道传染病预防注射率达 84.7%；江汉区也组织 315 名会员参加了肠道传染病预防注射工作。

本年，武汉市各级红会结合战备形势教育，宣传和实施国防救护训练。在训练的过程中，它们始终贯穿政治思想工作，开班前作形势报告，组织学员反复学习战略战术思想，学习《为人民服务》《纪念白求恩》等文章。汉桥区每次培训公社卫生员时，引导学员进行新旧社会对比，忆苦思甜，提高学员阶级觉悟，启发他们的学习热情，并加强卫生员为贫下中农服务的意识。据统计，共培训了 5403 人。

本年，武汉市红会会员在爱国卫生运动中以身作则，带头响应号召，积极投入运动，成为运动中的一支骨干力量。从家庭卫生看，当地卫生好的家庭比例从过去只占 10% 左右上升到 70% 左右，并出现了许多卫生之家，其中红会会员占很大比例。

本年，湖北红会积极组织城市医药卫生人员到农村为农民服务，为农村培养医药卫生人员，提高农村卫生院等的医疗卫生水平。

本年，湖北红会在组织重整后得到了较快发展。例如，麻城分会发展会员近6000人，其中，红十字少年1300人，建立基层红十字委员会230多个。

本年，武汉市红十字会在武汉市水上区、江岸区和汉口铁路医院开展水上救护训练，建立红十字卫生站5个，训练红十字救生员265人，还配合游泳池救生员救出溺水者350人，在游泳池卫生站值班的会员达3060人次，还与省、市医学会共同放映“三防”和军事医学知识的电影。特别是1965年国防救护训练的5403人，为武汉市进一步在群众中普及“三防”知识和救护技术打下了良好的基础。

本年，武汉市江岸区四维街寿星居委会红十字卫生站，在街办事处和街红十字会的领导下，配合居委会，发动会员，带头改善家庭卫生和环境卫生，取得了很大成绩。从家庭卫生看，过去卫生好的户只占10%左右，后来上升到70%左右，出现了不少卫生之家，其中会员占很大比例。

1966年

年初，武汉市红会红十字医院为了进一步贯彻党的卫生方针，实现医院革命化，使医院工作更好地面向群众、面向生产、面向基层，成立了“工厂地段防治办公室”的专班，协调326名医务人员，加上两个门诊部保健科，走出医院，加强基层卫生院和工厂保健站，与他们共同开展防病治病工作。

3月15日，卫生部与总会联合下发《关于1966年地方红十字会工作意见》，要求各地分会继续抓好国防救护训练、献血宣传与组织、街道红十字卫生站建设、农村卫生员训练等工作。

8月，武汉市红十字会接待刚果（布）红十字会副会长安德烈·毕隆波率领的刚果（布）红十字会代表团一行5人。安德烈·毕隆波在武钢参观时说：“我想强调两点……第二是这里的红十字会工作给我很深刻的印象，红十字会员为工人服务，治疗小伤、小病，及时处理外伤事故，这在其他国家的红十字会是做不到的……这就是社会主义国家红十字会的组织原则，我这次回国后，不得不把原来红十字会工作的组织原则推翻，重新按照中国的办法去开始新的工作，红十字会的作用能够在七亿中国人民中间很好的实现，也一定能在不到一百万刚果（布）人民中间实现。”

1967—1976 年

1967 年 4 月 17 日，卫生部与总会联合发出通知，要求“红十字会所有会务工作一律停止”。各级红十字会组织被迫撤销，国内会务工作陷入停顿。此后，由于“文化大革命”和“四人帮”的干扰破坏，湖北红十字事业造成了严重挫折和毁灭性打击，各地红会人员被调走，机构被拆散，国内工作“实际上都已经无法进行”。

1976 年 10 月 6 日，党中央成功粉碎“四人帮”，宣告十年“文化大革命”结束。中国红十字事业迎来新的春天。

下卷　红十字事业腾飞的时代

党的十一届三中全会后，湖北红会走出了“文革”后的短暂“徘徊期”，并迅速落实党和国家以及总会部署，克服各种困难，较为快速地完成恢复，这在中西部省份红十字会中是不多见的，湖北也成为中国红十字运动发展的重要区域。从 1979 年到 1995 年，湖北红十字事业迎来新的“春天”和大发展，不仅省红十字会得以重建，各级组织得到恢复和发展，经费得到保障，体制机制得到进一步完善，而且各项业务活动也在改革开放的大潮下蓬勃开展。尤其是，1993 年《中华人民共和国红十字会法》颁布实施后，湖北红会认真贯彻执行，使湖北红十字事业走上法治化轨道。从 1996 年到 2011 年，湖北红十字事业在社会主义建设新时期加速发展，进入腾飞的时代，不仅召开了湖北省红十字会“四大”，出台了《湖北省实施〈中华人民共和国红十字会法〉办法》和“1996—2000 年发展规划纲要”，理顺了省红十字会管理体制，实现了组织建设的新跨越，树立了法治化建设的里程碑，而且在建设有中国特色的红十字事业中取得了显著成效，将湖北红十字运动成功引向 21 世纪。值得一提的是，2011 年召开的湖北省红十字会“六大”，选举产生了新一届领导机构，审议通过了《湖北省红十字事业 2011—2015 年发展规划》，推动湖北省红十字事业迈入科学发展的新阶段。同时，这一时期，湖北各地红会坚持依法建会、依法兴会，积极开展组织建设、卫生救护、灾害救济、社会服务等活动，并拓展业务领域，参与精神文明建设、义务献血、港澳台事务等工作，为湖北省经济社会发展作出了重要贡献。

当代湖北红十字运动是国际红十字运动和中国红十字运动的区域实践，是中国特色红十字事业的“缩影”和展示中国红十字运动发展成果的“窗口”，具有重要的地位和影响。湖北红会在此过程中积累的经验教训，为新时代实现湖北红十字事业的高质量发展提供了理论基础、经验借鉴和实践指导。

1977 年

“文革”结束后，受“左倾”思想和复杂政局的影响，中国红十字运动依然在低谷中徘徊。湖北省红十字运动依然处于停顿状态，并在“左”的思潮影响下受到压制和忽视。

1978 年

1 月 27 日，中国红十字会向卫生部递交报告，提出在对外开放的一些重点城市恢复红十字会工作。

3 月 29 日，卫生部与外交部联合向国务院递交《关于恢复红十字会国内工作的报告》。

4 月 10 日，国务院批转了卫生部、外交部提交的《关于恢复红十字会国内工作的报告》，同意首先恢复北京、上海、武汉等 10 个大城市红会的工作。该文件很快转发到湖北省卫生系统，并受到政府相关部门的重视。

6 月 3 日，根据国务院文件精神，武汉市卫生局党委向武汉市革命委员会提交报告，请求恢复武汉市红十字会，并建议武汉市红十字会恢复工作后，由该局局长谈太阶兼任，并每年拨给经费 10 万元。

6 月中旬，总会领导在全国医药卫生科技大会期间，邀请首批恢复红十字会工作的 10 个城市和有关省的卫生局负责人专题座谈红十字会恢复国内工作问题。

6 月 26 日，中国红十字会、卫生部要求各地将红十字会工作恢复情况和有关问题及时上报，并加快推动相关工作。

8 月 16 日，卫生部和总会发出通知，重申各级红十字会要执行卫生部、总会等部门于 1964 年制定的有关红十字会经费问题的规定。同时，规定：“各级红十字会的行政经费开支，包括在编专职人员个人经费、公务费和有关宣传红十字会的性质、任务和作用等会务宣传费，以及发展会员，召开会员会议，开展会员评比竞赛奖励，举办红十字青少年夏令营等会务活动的业务开支，均列入‘行政支出’表下党派和人民团体补助费项内开支。”

8 月 19 日，武汉市革命委员会向市卫生局党委批复：同意恢复中国红十字会武汉市红会，列行政编制 5 名，和有关部门合署办公。

8 月 22 日，总会重申关于各地红十字会人员编制和经费问题，仍按 1964 年 2 月 8 日有关通知精神办理。

9 月，武汉市卫生局指定专人主抓武汉市红十字会恢复工作。总会工作简报第 11 期对此进行了报道。

11 月 24 日，国务院批转卫生部《关于加强输血工作的请示报告》，提出“红十字会要积极协助卫生部门搞好输血和义务献血的宣传、动员、组织工作”。

12 月，党的十一届三中全会胜利召开，“成为开辟有中国特色的社会主义道路的伟大起点”。

本年，国务院发布《关于坚持开展爱国卫生运动的通知》后，湖北各地陆续恢复和调整了爱国卫生运动组织。尤其是，武汉市红会恢复后，积极组织和发动红十字会员参加该运动。该会部分区、街和学校红十字会恢复之后，配合政府卫生部门加强卫生宣传、防病治病，并在培养学校红十字青少年讲卫生、树立社会主义新风尚等方面收到很好效果，受到社会的赞扬。

1979 年

1 月 15 日，武汉市卫生局党委经研究，安排谈太阶同志参加中国红十字会理事会。

2 月 20 日至 24 日，中国红十字会第三次全国会员代表大会在北京召开。会议选出第三届领导人，修改和通过了《中国红十字会章程》，并提出要加强国际交流合作，广交朋友，增进友谊，互相促进。

6 月 27 日，卫生部、总会通知武汉市输血站派 1 名领导业务的负责人（市中心血站主任王文举），赴日本考察献血组织管理。

10 月 20 日，武汉市卫生局提出“关于武汉市红十字会理事会人选安排”，报告给会长邓垦、副会长刘建国、谈太阶等。11 月 6 日市革委会批准了上述人事安排。

11 月 6 日，武汉市革命委员会印发通知，明确武汉市红十字会理事会组成人员名单：由邓垦担任会长，刘建国担任副会长，唐明担任秘书长，由贺青云、姜斌、宋捷、黄忠科、田克理、沈震明、许忠、彭树襄、马若龙、王伯彦、徐子洲、杨战兵、何巧芝、王文举担任理事。

11月，武汉市红十字会二届二次理事会召开后，该会在党的十一届三中全会精神指引下，根据总会1979年上海工作会议精神，积极开展红十字工作。

12月6日，武汉市人民政府发出通知，同意将武汉市第十一医院仍恢复为武汉市红十字会医院，并确定该院恢复后，领导体制、经费渠道不变。

12月，卫生部和总会在上海召开部分省市自治区输血工作座谈会时，卫生部部长、中国红十字会会长钱信忠同志提出："没有建立省级红十字会的，应该建立起来。"

12月，在总会要求各地方红十字会加强基层组织建设、做好会员发展等工作后，武汉市红会在当地一元街开展的基层组织建设试点工作取得了成功，不仅使街道红十字工作在"四化"建设和加强城市街道基层卫生组织建设中发挥了作用，而且为武汉市恢复街道红十字基层组织摸索了经验。

12月，武汉市政协委员戴维天向政协武汉市第五届委员会提交《关于恢复"红十字少年"组织并开展活动案》的提案。

本年，武汉市部分区、街和学校红十字会恢复之后，积极配合政府卫生部门开展爱国卫生运动、卫生宣传、防病治病以及培养学校红十字青少年讲卫生、树立社会主义新风尚等工作。红十字青少年积极参与学校和班级的卫生值日、卫生检查、卫生监督，设立服务台，治疗处理小伤小病，并参加社会宣传，成为学校开展卫生工作的骨干力量。

1980年

5月6日，为加强党对武汉市红十字会的领导，武汉市卫生局党委下发文件，决定建立武汉市红十字会和中华医学会武汉市分会联合党支部。党支部委员会由唐明、宋振军、张德义等人组成，唐明任党支部书记。

5月28日，武汉市江汉区红十字会恢复重建。

6月19日至20日，武汉市红会协助总会接待以阿尔及利亚红新月会主席贝拉万为团长的阿尔及利亚红新月会访华代表团。

7月，武汉市红会与市血液部门合作，在各区放映了14场血液知识电影（即日本赤十字社拍摄的三部彩色纪录片《血》《受伤输血》《中国红十字会输血考察团访问日本》），观众累计有18000多人。

暑假期间，武汉市满春路小学和大兴路小学联合举办了红十字青少年夏令营活动，受到老师、学生和家长的肯定和欢迎。

10月8日至12月15日，根据总会部署，武汉市红会在江岸区一元街开展恢复街道红十字基层组织的试点工作。

本年，武汉市红会在该市各级医院发展团体会员单位，充实人道力量，并先后发展了铁道部大桥工程局汉阳铁路中心医院、武汉市卫生防疫站、中国人民解放军总后第一职工医院、武汉市中心血站等多家医疗单位。

本年，总会发文，希望湖北省政府能够尽快恢复湖北省红十字会。

1981年

1月6日，为理顺管理体制和加强对湖北省红十字事业的领导，省卫生厅向省编委提交《关于恢复湖北省红十字会的报告》，希望省编委能与有关方面协商，迅速恢复省红十字会，并建议恢复后的省红十字会下设办公室，确定事业编制3人，与省卫生厅医政处合署办公。

2月14日至17日，总会在北京召开了三届二次理事会。会议指出：各地红十字会要认真贯彻中央工作会议精神，积极调整红十字会的工作。红会的调整主要是两个方面，一是组织建设方面的调整，凡已建立组织而没有配备专职人员或配备不足的，应积极配备适当数量的专职干部；二是工作任务方面的调整，一方面要把配合政府各部门的工作做好，同时尽可能做一点具有红十字特点的专项业务工作。卫生部部长、中国红十字会会长钱信忠指出：关于编制经费问题，有的省、市已解决，财政部、编委答复都在地方，各省市红十字会向地方领导汇报，解决问题。

2月，武汉市红会接受香港侨胞李琼瑶女士自愿捐赠的人民币900.60元善款。该会按照规定报请武汉市外办、市革委会、省外办同意后，将捐款留存，备作武汉发生灾情时使用。

3月7日，总会发出通知，要求各地红会积极投入“五讲四美”活动，在精神文明建设中做出新贡献。

3月，经过努力，武汉市红会已恢复成立区红十字会2个、街红十字会 1 个、居委会红十字卫生站 5 个、学校红十字会 4 个；发展团体会员单位 29 个、团体和个人会员共有 15800 多人，并恢复了 1 个红十字医院。

7 月，总会决定将国际红十字会赠送的一辆面包车转赠给武汉市红十字会。

8 月 11 日，武汉市编委下达文件，确定武汉市红十字会工作人员增加行政编制 6 名；同意江岸、江汉、硚口、武昌、汉阳、青山等 6 个区恢复红十字会，工作人员共列事业编制 6 名，每区 1 名；各区红十字会与所在区卫生局合署办公，所需人员从卫生系统现有人员中调剂解决。

9 月，武汉市红会致函总会，请求补助宣传、会员发展等活动的经费。

10 月初，武汉市红会收到总会转交的日本朋友野田甚一先生捐赠给湖北省水灾灾民的 3380 件衣物，并将衣物发放至该省 1980 年受水灾危害较严重的郧县、汉阳县和洪山区。同时，将香港侨胞李琼瑶女士自愿捐赠的善款拨付给武汉市汉阳县两个受灾较严重的公社。

10 月 5 日，武汉市红会向总会报告组织建设和发展情况：有街道红十字会 10 个、学校红十字组织 11 个（其中，有 2 所聋哑学校，1 所育童学校），有团体会员单位 29 个，会员 17685 人（其中，红十字青少年会员 551 人）；各级红十字会有专职干部 12 人。

本年，武汉市红会召开全市年终学校红十字工作会议，邀请各区、校红十字工作负责人总结工作经验，探讨红十字青少年工作在协助贯彻执行党对学校德、智、体全面发展的教育方针方面起到的作用，并商定 1982 年学校红十字工作的初步方案。

本年，武汉市红会加强干部队伍建设，积极与所在地政府、编制委员会、卫生局等联系，争取增加干部编制，并获批市、区两级红十字会干部编制 12 个。

本年，武汉市红十字会二届三次理事会后，武汉市红会印发《学校红十字青少年组织形式及活动方法暂行规定》，要求各市、区属学校的红十字组织形式统一为“×××校红十字青少年委员会”，委员会由 5 ~ 7 人组成，学生委员要占多数，以突出红十字青少年组织的性质。在委员会中，由分管卫生方面的校长或教导主任担任主任委员，由校医或保健老师担任副主任委员，学生委员 3 ~ 4 名。同时，要求各校尽快制定相关制度，尤其是已开展红十字青少年工作的满春路小学、大兴路小学等学校要进一步健全各项制度，达到巩固提高。

本年，武汉市红会制定了《武汉市红十字会1981年青少年夏令营活动计划》，并发布了《红十字夏令营营规》，规定营员要遵守纪律，服从管理，注意安全和卫生，展现良好面貌。

1982年

2月6日，武汉市江汉区红会首次组织花楼街、满春路及民意街小学的30名红十字青少年组成春节慰问团，到区社会福利院慰问孤寡老人。

3月4日，据不完全统计，武汉市江岸区参加以“五讲四美”为主要内容的文明礼貌活动的会员有3900人，红十字青少年有2341人。他们打扫街道78条，疏通沟道110条，抢救、护送病人26人，劝阻不文明行为2317次。

3月，武汉市红十字会召开二届三次理事扩大会，肯定了江岸区街道基层红会组织的试点经验，并确定在已恢复江岸、江汉区红会的基础上，在全市6个城区尽快恢复和发展红会组织。

3月，武汉市红会发动近万名红十字会员、红十字青少年投入到全国首个“全民文明礼貌月”活动中去，并在街道、码头、车站打扫卫生、疏通沟渠、抢救病人、劝阻不文明行为。据统计，武汉市出动红十字会员约10万人次，打扫街道900余条次，疏通淤塞沟渠、粪管1000余处，清运积存垃圾745吨，刷洗陈旧标语广告500条，粉刷墙壁5200平方米，种花2000余盆。同时，组织以红十字青少年为主体的“五讲四美”文艺宣传队，上街宣传235队次，编排节目97个，演出258场次。由广大会员和红十字青少年组成的“劝阻队”共出动391队次，劝阻和纠正不遵守社会公德、不遵守公共秩序、不讲究公共卫生者6504人次。

6月初，硚口、汉阳、武昌、青山四个城区红十字会相继成立，宣告武汉市内六个城区的红十字会全部成立。

6月，武汉市红会组织市内6个城区红会的分管红会工作的领导和专职干部，以及武汉钢铁公司、中国第一冶金建设公司共18名红会干部赴南京、上海等地红十字会参观学习。共访问了9所大、中、小学校的红十字会，3个街道居委会红十字卫生站，4个工矿企业红十字会，4个服务行业红十字组织。

7 月 2 日至 15 日，武汉市红会联合市卫生局武装部举办了两期水上救护师资训练班，共培训师资 74 名。全体学员经过努力学习和刻苦训练，较熟练地掌握了水上救护的一些技能，为各区开办类似训练班培养了师资力量，为抗洪抢险、战备建设造就了一支水上救护骨干。

夏季，武汉市红十字会采取分区举办夏令营的办法，组织 635 名青少年和红十字自愿工作者参加了夏令营活动，使他们开阔了眼界、增长了知识、丰富了暑期生活，提高了对红十字会的认识和兴趣，激发他们参加红十字工作的积极性。在此同时，还选送了 1 名保健老师和 2 名红十字青少年，光荣地参加了中国红十字会总会在北京举办的全国红十字青少年夏令营。

8 月 30 日至 9 月 1 日，武汉市红会在江汉区红会的协助下，举办了一期四大技术（止血、包扎、固定、搬运）师资训练班，为基层红十字组织培训了 90 名师资骨干，他们在各区四大技术普及训练中，发挥了显著作用。

10 月 16 日，江岸区红十字会组织 36 个医疗卫生团体会员单位的 2420 名医护人员上街服务，向广大群众进行卫生宣传，提高了人民群众的卫生科学知识，为培养出好的卫生习惯做出了贡献。

11 月底，武汉市 6 个城区共建立街道红十字会 19 个，居委会红十字卫生站 154 个，发展团体会员 43 个，学校红十字青少年委员会 188 个。与此同时，江岸、江汉、汉阳还发展了工厂、旅社、商店红十字组织 6 个，全市共拥有会员 31600 余人，其中青少年会员 7079 名。

12 月 29 日，据统计，武汉市红十字会有工作人员 7 人（其中行政人员 6 人），月工资总额 554. 34 元（其中行政人员工资总额 501. 40 元），每人每月平均额 79. 19 元（其中行政人员平均每月 83. 41 元）。除 6 名行政人员外，有 1 名汽车司机、技工等人员，其工资总额为 52. 94 元。

本年，武汉市各街道所辖红十字卫生站对群众进行外伤急救、送医送药、家庭护理、防病治病数千人次；学校红十字青少年和服务行业、工厂红十字卫生站都进行了大量的小伤小病急救处理、普及卫生知识等工作，深受广大群众的好评。

本年，在收到总会转来的日本横滨市和川越市两所小学寄来的红十字青少年画册后，武汉市红会将画册分别转赠给武昌实验小学和江汉区大兴路小学。两校红十字青少年也精心制作了两本画册回赠给日本红十字青少年。同时，应澳大利亚红十字会邀请，省红十字会派出 2 名青少年领导人赴澳学习访问 3 个月，受到澳方的热情友好接待。

本年，武汉市各区红会与有关部门联合举办红会会员、学校保健老师、卫生站的地段医务人员、红十字青少年卫生知识培训班共16期，有795人参加了培训。

本年，武汉市红十字会通过筹募孤残老人儿童福利基金、开办武汉红十字药材贸易公司等方法解决红十字卫生站的资金问题。

本年，武汉市红会要求各区红会配合教育局和学校，发动红十字青少年进行社会宣传和为老弱病残做好事，教育和引导广大红十字青少年认真贯彻执行中共武汉市委关于深入开展学雷锋、树新风，建设社会主义精神文明的通知精神，把学校红十字青少年工作作为培养新一代的大事来抓。

本年，武汉市江汉区红会与区教育局、区卫生局联合，先后举办了二期校医、保健教师学习班，学习内容包括红十字会会务知识、常见疾病的诊断与治疗、中小学生常见疾病的诊断与治疗、常见外伤的处理、常用药物的使用方法、常用检查项目正常值、保健教师的职责、"四大救护技术"等，共有74人次参加。

本年，武汉市红十字会建立了"首义一路一条街"以及学校等42个红十字会基层组织，发展会员1300多人，组织了夏令营活动，并对校医进行了卫生救护培训。

本年，武汉市红十字会邀请161陆军医院派出医护人员，上门为市第一聋哑学校的320名学生进行全面身体健康检查，受到全校师生和家长的一致赞扬。江岸、硚口区红会也组织医护人员和红十字青少年到区属社会福利院和敬老院给老人免费体检和慰问演出，帮助老人铺床晒被、打扫卫生。

本年，《中国红十字》月刊登载武汉市红十字活动情况稿件13篇，《长江日报》登载12篇，湖北电视台播映活动实况6次，武汉人民广播电台广播10次，这宣传了红十字知识，对于争取各级有关单位的支持，提高人们的认识起了一定的作用，收到了良好的效果。

本年，武汉市红十字会妥善接待总会以及山东省、杭州市、重庆市来武汉参观指导红十字工作的代表团，受到他们的好评，也有效地促进了武汉市红十字工作。

1983年

1月，武汉市江汉区红会举办了"江汉区第一届红十字青少年四大技术比赛"，来自辖区内中小学的80多名小会员参加了比赛。通过比赛，组建了“江汉区红十字青少年救护队”并参加了同年4月的“武汉市红十字青少年四大技术表演赛”，并荣获团体总分第二名。

3月，中央“五讲四美三热爱活动委员会”成立。作为该委员会的成员，中国红十字会热情参与此项活动。在湖北省，各地红会将此活动与社会服务活动结合起来，开展敬老助残、关爱儿童、扶助苏区等活动，争做精神文明建设的先锋。

夏季，武汉市红会举办了6期红十字青少年夏令营，有686名优秀红十字青少年和保健老师参加了庐山、青岛、葛洲坝及市内活动。营员们还去庐山采集中草药标本。

9月，澳大利亚红十字会红十字青少年领导人代表团对湖北省进行了访问，并参观了武昌实验小学、武汉市19中学的红十字青少年活动。

12月，武汉市江汉区红会在全市首次举办了红十字青少年智力竞赛，内容包括会务知识、卫生常识、救护常识、自然及生物常识等四项，来自全区30多所中小学的200名红十字青少年参加了比赛。

本年，武汉市红会在6个城区成立了红会组织，全市建会单位444个，建立红十字卫生站1002个，医疗团体会员单位106个，会员53231人，其中红十字青少年10909人，城市小学基本普及，部分中学街道、工厂及服务行业都开始建立了红会组织。

本年，武汉市红会共组织义务献血46880人次，献血113.5吨，基本保证了武汉地区百余所医院的医疗急救用血。同时，举办救护训练班516期，培训31208人次，其中青少年11566人次，尤其是四项救护技术训练及水上救护训练成效显著。

本年，武汉市红会尝试推动评比表彰工作，评选先进集体、先进个人。

本年，武汉市红会举办3期离休老干部卫生保健知识讲座，邀请有关专家讲授卫生、园艺、书法、营养知识，深受老同志和各界人士赞扬。该会还协助创办了一所残疾人福利工厂，开展为孤寡老人送温暖活动。

本年，武汉市红十字会开始发行《武汉红十字》报。该报至1985本年停刊，共出版15期，印数达11000份。

本年，武汉市红十字会接待美籍华人韩素音女士来访。

1984 年

1 月 14 日，武汉市红十字会召开了二届五次理事会议。时任市红会副会长刘建国主持会议，副市长、市红会会长高顺龄发表讲话，副会长谈太阶传达了红十字总会三届三次理事会的文件，副秘书长王慧珍向理事会汇报了 1983 年工作情况及 1984 年工作意见。

2 月 27 日和 3 月 3 日，武汉市江岸区红会组织区 86 个团体会员单位的 4300 名医护人员，手举红十字旗，身着整洁的白大衣，上街宣传“五讲四美三热爱”、除害灭病、卫生科普知识 1436 篇幅，标本实物模型 175 件。还摆设 28 台显微镜，配上病菌玻片，让群众观看达十四万二千余人次，并给 183 户 274 人上门送过医药。

2 月，武汉市红会办了一次为期 4 天的“心肺复苏”师资训练班，参加学习的是 6 个城区红会和武钢等单位选来的 45 名医师。经过学习和实践，大家都掌握了对心源性猝死的病人实施及时、合理的现场抢救技术，为在会员和广大群众中普及该项技术培养了一支师资力量。紧接着，武昌、硚口、汉阳、江岸、青山、江汉等区红会都组织了红十字志愿工作者参加训练，受到了卫生医疗单位和会员群众的欢迎。

3 月 1 日，为纪念中国红十字会成立 80 周年，武汉市红十字会举办筹募“孤残老人 · 儿童福利基金”活动。该会印制了 10000 份倡议书，通过各级红会组织向单位和各界人士散发。对捐赠金额 1 元以上者，赠送中国红十字会成立 80 周年纪念章一枚，对捐款的集体单位发给捐献纪念奖状；凡捐献符合荣誉会员条例者（个人累计捐款、捐物 500 元以上者），授予荣誉会员奖章、证书。

3 月 6 日，武汉市红十字会举办以“帮助伤残人恢复正常社会生活”为内容的红十字青少年美术绘画评奖竞赛。来自全市已成立红十字会组织的学校中的 132 幅作品参加竞赛，他们的作者都是在 15 周岁以下的儿童。经过评选，“我坐轮椅观灯会”等 30 幅作品分别获一、二、三等奖。前十名的得奖作品还被送往总会，参加国际红十字会青少年美术展览。

3 月 10 日，武汉市红会开展筹募孤残老人、儿童福利基金活动。至当年 6 月底，共收到捐款 320392 元。全市有 295 个单位、20 余万人参加活动，其中捐款 1 元以上者约有 14 万人。

3月，武汉市红十字会筹募“孤残老人·儿童福利基金”倡议书发出后，武汉军区后勤部就到市红会办公室捐款1000元，以后又多次带着干部战士的心意，捐献700余元。空军雷达学院师生2000余人积极捐款3800余元，海军工程学院503室一个署名“普通共产党员”同志，连同慰问信一起捐献30元，表达他对孤残老人、儿童赤诚之心。武汉军区总医院进行全院动员，号召干部、职工捐款2000余元，连同打印的登记册送交市会办公室，以后又为市第二聋哑学校近120名学生测验了听力，建立了听力功能登记，对学校准备应用“语言训练助听器”起了摸底作用。军区政治部、省军区司令部、第二炮兵学院、空军医院、161陆军医院等25个驻汉部队单位，共捐18393元，充分显示了人民子弟兵对孤残老人、儿童的关怀和对地方工作的大力支持，密切了军民关系。此外，青山地区的471厂接到倡议书后，专门召开了全厂基层工会主席会议，动员工会会员以“敬老助残”的实际行动搞好精神文明建设，几天之内全厂有3545人踊跃捐献，共捐款2000元。武汉医学院党委在全校师生员工中进行了一次继承和发扬中华民族的“敬老助残”传统美德教育，全校师生共捐献2300多元。武汉市约有5万余名少年儿童参加了募捐。市内6个城区的220所小学，都建立了红十字会，普遍开展过募捐活动。

3月，在武汉市“精神文明礼貌月”宣传活动中，该市红十字青少年们在两天的时间里扫马路、洗护栏3400人次；硚口区大通巷小学组织了16个宣传小队，开展“讲卫生，共建文明街”的活动；江岸区红会组织该区86个团体会员单位的4300名医护人员，上街宣传“五讲四美三热爱”、除害灭病、卫生科普知识1436篇幅，标本实物模型175件；摆设28台显微镜，配上病菌玻片，让群众观看达142000余人次，并给183户274人上门送医送药。

5月24日，武汉市红十字会以汉阳区红会为主组织了6000人的游园庆祝活动。活动内容有音乐会、跳集体舞、猜谜语、心肺复苏讲座、医疗咨询、电子游戏、电动飞船等15项之多，深受广大会员的欢迎。

5月26日，武汉市红十字会在市江汉工人文化宫礼堂举行庆祝中国红十字会成立80周年的文艺汇演。

5月29日，为纪念中国红十字会成立80周年，武汉市红会举行了有市会全体理事、各界知名人士，红十字志愿工作者代表及新闻界人士共120余人参加的盛大茶话会。六个城区红十字会也相应的（地）召开了茶话会，共约600余人参加了座谈。同日，该会组织全体团体会员单位、学校红十字青少年和各个基层红会组织开展了“为您服务”活动，走上街头宣传卫生知识，深入老同志、孤老病人家中送医送药打扫卫生，到福利院和老人儿童举行联欢。武汉市江岸区红会还号召全区红十字青少年每人为“敬老助残”做一件好事，一周内共做好事2873件。

5月，武汉市老干局、市红十字会共同举办7期“老年卫生保健知识系列讲座”，共有2310人前来听课。

6月，在武汉市红十字会举办的筹募“孤残老人·儿童福利基金”活动中，累计有295个单位、20余万人参加捐款，收到捐款320392.62元，仅1元以上者即有14万人。

7月中旬开始，武汉市红会共举办了10期夏令营活动，270所中、小学中的1400多名红十字青少年和各行各业500多名志愿工作者分别参加了各种形式的夏令营活动。江岸区红会组织了近700名中、小学红十字青少年漫游长江，领略祖国大好河山。此外，市红会还委托武昌区红会举办了首届武汉地区红十字大学生夏令营。参加夏令营的有湖北医学院、武汉地质学院等12所高等院校的199名优秀红十字会员和志愿工作者，开营会上，武汉市顾问委员会委员、市红会副会长谈太阶同志给夏令营授了营旗，全体营员乘火车离开武汉去西安。在营地，他们开展了四项技术表演、识别中草药、宣传会务知识等，还到西安交大、第四军医大学等地参观学习，并参观了“革命圣地”延安，受到了一次深刻的革命传统教育。各地夏令营活动到8月底才告结束。

8月25日，青山区红会组织120名红十字青少年参加夏令营，营员们参观了武汉市南湖机场，并登机鸟瞰武汉市全貌。

10月，武汉市全市有红十字会的单位共677个，红十字卫生站1174个；有会员80505人，其中青少年会员25623名。而且，学校中的红十字青少年委员会、红十字卫生站和红十字小会员，成为学校开展卫生保健工作的骨干力量和培育青少年德、智、体全面发展的一个组织，深受教育部门和学校领导的重视和支持。

11月，中国红十字会总会宣传部熊士琦部长一行到武汉市检查指导工作，并到基层红会单位采访录像。

12月13日，武汉市红十字会医院抢救产妇赵云春，当时血液紧张，市红十字会医院24名职工捐献了6670毫升鲜血注入患者体内，使患者得以获救。当日出版的《长江日报》报道了此项消息。

本年，武汉市红会建立红十字卫生站1174个；有红十字会的单位达到677个；有会员80505人，其中青少年会员25600余人。而且，城市小学基本普及，部分中学也建立了红会组织。

本年，为了推广心肺复苏抢救技术，挽救群众生命，武汉市红会举办了8个培训班，共计训练979人，并用17000余元购买了7套心肺按摩训练模型，作为训练的教具。各区红会还举办有“保健老师”“战地救护”等训练班，共训练13913人。特别是对小学保健老师的专业训练，给小学的卫生保健工作发挥了一定的作用，受到区教育局和各学校的好评。

本年，武汉市红会积极协助市血源领导小组、市中心血站宣传和发动红会组织和会员带头参加献血工作，并使武汉市采血工作创历史最好水平。其中，硚口区在献血工作中，动员参加单位451个，报名人数18157名，体检数12887人，实际献血数4543人，超过要求人数的13.5%，荣获武汉市政府授予的“公民义务献血先进区”的锦旗一面。

本年，武汉市江岸区93所中、小学校和企业子弟学校中有67所建立了红会组织，而且全区小学都建立了有专门房间的红十字卫生站。尤其是，各卫生站不但医疗器械、用品全部配备齐全，而且保健老师也全部配齐，这使红十字卫生站成为学校预防保健、小伤小病治疗、卫生知识宣传的活动中心。

本年，武汉市青山区四十八中学红十字会和该校共青团，组织4个慰问小分队，分别到孤残老人家里慰问、做好事，其中一个小分队到“钢城张海迪”刘建勋的家里，送了慰问信，并表示要向刘建勋学习。武昌区棋盘街、阅马场等10所小学的约40名红十字青少年到汉口铁路中心医院慰问了正在养病的“二七”老工人，表示一定要继承和发扬前辈的优良革命传统，做革命的接班人。

本年，武汉市市、区两级红十字会共举办各种形式的夏令营10期，有270所中、小学校的1400多名红十字青少年和500多名各行各业的志愿工作者参加。

本年，为纪念中国红十字会成立80周年，武汉市红会印发7000份《武汉红十字》报，与市防疫站、市爱卫会合印5000份《卫生资料》，开展红十字知识和卫生知识宣传教育；与市防疫站、市爱卫会合作，通过学校红十字会向广大师生宣传卫生知识，帮助他们养成良好的卫生习惯。

本年，武汉市红会积极向《中国红十字》杂志供稿，争取报社、电台、电视台的支持。据统计，《健康报》《湖北日报》《长江日报》等报刊报道武汉市红会活动消息29次，武汉广播电台报道7次，电视录像报道2次，《中国红十字》发表文字和图片报道共13篇。

本年，武汉市江汉区民意街小学红十字会从1984年开始，坚持数十年如一日，每周四下午定期派红十字青少年去区社会福利院为孤寡老人服务（参加服务的小会员实行值日制，而且每人都有自己固定的服务对象）。这期间，学生们毕业了一批又一批，但这项活动却从未间断，就连寒暑假也未中断过。武汉电视台对他们的工作做了专题采访及报道；市红会还将他们的事迹报送中国红十字会总会，参加全国红十字青少年工作交流。

本年，武汉市红十字会进行机构改革，对市、区、街三级理事会都进行了充实和调整。同时，街道红十字卫生组织和学校红十字会组织都得到进一步巩固。

本年，武汉市红十字会与市老干局联合举办了7期老年卫生保健知识讲座，参加人数2310人次，听课人数由1983年的200人增加到七八百人。

本年，武汉市红十字会先后接待了重庆市沙坪坝区红会、重庆市兴平机械厂红十字志愿工作者代表团、西安市莲湖区红会、西安市红会、沈阳市红会、成都市红会、广西壮族自治区红十字会以及南宁市、桂林市红十字会等考察团共70余人，他们在武汉参观了区、街红会，居民红十字卫生站，大、中、小学校，工厂、商店、文化旅游点等基层红会组织。

本年，武汉市红十字会应邀与武汉市体委共同举办"伤残人运动会"，与市聋哑人盲人协会联合举办"聋哑人画展"，与市教育局联合兴办"低能儿童教育班"等，受到社会各界的充分肯定。

1985年

年初，武汉市红十字会着手设计、印制了武汉市红十字会会员证，并对全市会员重新登记发证，此工作于当年10月基本进行完毕。这使该会基本掌握了各基层的组织规模，从而更有效地将有限的人力、物力使用到红十字的各项活动中，使之发挥最大的作用。

1月23日，武汉市红会创办的全国第一家中药材福利经济实体——武汉市红十字药材贸易公司正式开业。武汉市政府副市长、市红十字会会长高顺龄出席剪彩仪式。该公司除将所得纯收入的50%留作公司用于扩大再生产外，其他全部用于社会福利和基金的积累。该公司的出现是红会工作在新的历史时期发展的客观需要和我国红十字国内工作发展进程中的必然趋势。

3月28日，总会发出《关于为非洲灾民开展社会募捐的通知》，建议于当年4至5月份开展为非洲灾民募捐的活动。募捐的主题是“为了非洲的旱灾灾民”。募捐活动到湖北红会的大力支持。

4月至5月，武汉市人民政府转发武汉市红十字会《关于为非洲灾民开展募捐活动的报告》后，得到社会各阶层和广大群众的积极响应，武汉钢铁公司办公室向所属机关、公司发了文件，全系统约98%的单位和约90%的职工共捐款82000余元。武汉铁路分局向所属系统发了募捐电报，近30000名职工参加募捐，共捐款23000元。武汉市文艺系统有80余个单位举行了义演，并将一万余元的收入捐给了红会。据统计，有100万武汉市民参与捐款。武汉市红十字会在短短一个多月的时间中，募集了45万元，并上交到总会。

4月，湖北省卫生厅向省政府提交报告，希望恢复成立省红十字会。时任湖北省省长黄知真批示：“同意成立，人员问题请提出方案来。”

5月6日，市卫生局号召全市医疗卫生单位举行“援非”义诊活动，参加义诊的单位有70家、专家教授200余名，并把当天门诊挂号收入的1万余元支援非洲灾民。

5月31日至6月1日，中国红十字会第四次全国会员代表大会在北京召开。

5月，省卫生厅向省政府提交了恢复成立省红十字会的方案。

6月，武汉市红十字会接待日本红十字会会长林敬三等一行3人到武汉市访问交流。

7月9日至20日，武汉市红会为全市建立了红十字会的257所小学的近600名红十字青少年和志愿工作者，举办了4期夏令营活动。在夏令营期间，同学们学习了会务知识，参观了武汉大学生物标本馆、省历史博物馆，游览了黄鹤楼。

7月24日至30日，武汉红十字大学生夏令营在江西庐山举行，有9所大专院校的120名学生会员和职工会员参加了这次活动。夏令营期间，全体营员交流了如何开展高等学校红十字活动的经验，并游览了庐山的风光。刚从新加坡参加亚太地区红十字青少年夏令营归来的武汉地质学院学生方丽萍，在交流会上向大家汇报了亚太地区红十字青少年夏令营的活动情况和感受。

7 月，省红十字会正式恢复，由何界生任会长，下设办公室、组织部、宣传部。

夏季，武汉市红十字会举办四期夏令营，有 257 所学校的 600 多名红十字青少年和志愿工作者参加。同时，武汉地质学院红十字会会员方丽萍，赴新加坡参加亚太地区红十字青少年夏令营。

8 月 4 日，武钢医院妇产科主任卢保华在市卫生局和市红十字会的支持下，个人集资 4 万元，筹办武汉市红十字助产学校。

8 月，湖北省红十字会第三次会员代表大会在武汉召开。经过 60 名出席会议的代表选举，大会产生了湖北省红十字会第三届理事会，其中理事 13 人，常务理事 8 人。第三届理事会推举何界生任会长，金振涛任常务副会长。为加强对全省红十字工作的领导和协调，决定设立省红十字会办公室，设在湖北省卫生厅内，办公室由时任该会兼职秘书长陶再华主持工作。此次会议是湖北省红十字事业发展史上的一件大事，是时隔 21 年后湖北红会召开的一次具有承前启后和重要转折意义的会议，为开创湖北红十字事业新局面奠定了基础。

8 月，武汉市红十字药材贸易公司将价值 5000 元的药品赠送给武昌县保福乡苏区人民，支援苏区卫生事业发展。

8 月，为了改善贫困苏区办学医疗条件，丰富群众文化生活，武汉市红十字会为新洲县徐古区柳河乡捐赠 X 光机 1 部、二十吋彩色电视机 1 台，以及一批教学仪器、文化图书、体育器材，价值 7000 余元。

9 月起，武汉市红十字会在市卫生局的支持下，花费 18000 元从挪威购进了 7 具人体模型，举办心肺复苏培训班。至当年 12 月，共办了 7 个“心肺复苏”培训班，为武汉市医疗卫生单位和企业医院培训了 274 名救护人员。

9 月 25 日，中国红十字会总会在北京举行新闻发布会，宣布援助非洲募捐圆满结束。

9 月，为庆祝我国第一个教师节，武汉市红会要求全市已建立了红会组织的大、中、小学校红会的红十字青少年会员，每人给老师做一件好事，作为迎接教师节的实际行动。

10 月 25 日至 31 日，中国红十字会总会在江苏省连云港市召开了中国红十字会全国宣传工作会议。来自全国 26 个省、市的红十字代表 70 人，以及特邀代表 1 人和特邀作者 3 人，出席了会议。

10 月，省红十字会举办红十字工作研讨会，就组织发展、卫生救护、红十字青少年等方面的工作交流了各地的经验，讨论了一些具体做法。

10月，武汉市红十字会会员登记工作基本完成，并发放了会员证。

11月10日，武汉市红十字会召开市、区专职干部会议，传达中国红十字会全国宣传工作会议的精神，学习总会领导讲话精神和总会五年宣传工作规划设想。

11月21日至24日，中国红十字会总会党组书记、副会长谭云鹤一行来武汉视察工作，听取市红十字会、江岸区红十字会汇报工作，并深入到大智街福中居委会红十字卫生站、第三米厂、长春街小学、地质学院、二七纪念馆等红十字会检查工作，还参加了武汉市红十字助产学校开学典礼，并发表讲话。湖北省委常委、科技部部长、省卫生厅厅长何界生，武汉市政府副市长、市红十字会会长高顺龄等陪同检查。

11月，武汉市红会赞助该市几名离退休的妇产科医师及教学人员卢葆华、廖明等人创办了武汉红十字助产学校。该校是湖北省乃至全国第一所备案的集资兴办的中等专业学校。该校经湖北省教育厅、省计划委员会批准，国家承认学历，是中专性质，首期招收了160名学生。当月22日，该校正式开课，得到学生及其家长的欢迎。

11月，武汉市共有基层红会组织700余个，会员10万余人，并在6个城区和街道、工厂、学校、服务行业及旅游部门都建立了红十字组织。

12月18日至24日，总会在济南市召开全国工作会议，会议讨论通过了中国红十字会五年规划和1986年工作计划要点。

12月28日，总会和国家教委联合下发《关于在学校中积极开展红十字青少年活动的通知》，要求各地红会做好红十字青少年工作。

12月，武汉市红十字会王惠珍秘书长在中国红十字会第四次全国代表大会及中国红十字会座谈会上交流工作经验，交流的题目是“坚持红十字工作的正确方向，发挥红十字组织的特有作用”和“积极创办符合红十字会宗旨的专项事业”。

12月，武汉市红十字会王惠珍秘书长在市红十字会第四次全国代表大会及中国红十字会座谈会上交流工作经验，她交流的题目是“坚持红十字工作的正确方向，发挥红十字组织的特有作用”和“积极创办符合红十字会宗旨的专项事业”。

12月，武汉市红会印发了《武汉市红十字会颁发荣誉会员奖章奖状暂行办法》，对以各种实际行动支持红十字事业，成绩显著者；热心赞助红十字事业，累计捐款500元以上者；国外人士、港澳同胞向红十字会累计捐款100元或捐助物资折价1000元以上者颁发荣誉奖章奖状。

本年，武汉市红十字会有中共党员总计18人，正式党员18人，其中男8人，女10人，均为汉族。

本年，武汉市红十字药材贸易公司补助苏区新洲四中5000元修建水塔，解决学生饮水问题。

本年，武汉市红十字福利基金会成立。

本年，武汉市各区红十字会为保健老师主办的四项救护技术、心肺复苏术等培训班44期，有近3000多名老师、会员接受了培训。

本年，《健康报》和省、市、地方的报刊、电台、电视台及《中国红十字》杂志，报导武汉市红十字会有关活动90余次。

本年，武汉市红十字药材贸易公司经营额达230余万元，盈利20余万元，扣除第一年的必要设置，房屋修建及人员费用外，纯利约6万元，并将此款用于扶持老苏区，优抚慰问孤残老人儿童花去近三万元。这项事业的兴办，不仅扩大了福利基金的积累，而且增强了红十字会的活力，促进了工作的开展。此外，武昌区和汉阳区红会也办起了较小型的福利工厂，为各区的社会福利事业也作出了贡献。

本年，武汉市红十字会接待了北京、西安、南京、重庆等市红十字会代表共7批近百人的参观访问，他们在武汉参观了学校、工厂、街道和专项福利事业，还与市、区红会同志座谈，交流工作经验，对武汉市红十字工作起到了促进作用。

1986年

春节前夕，武汉市江汉区红会组织60名红十字青少年与区内的7名孤儿联欢，向孤儿们赠送了台灯、文具、衣物、食品等礼物。此后每年的春节，区红会都组织红十字青少年开展为孤残人服务的活动。

2月底，武汉市红十字药材贸易公司为老、苏区困难群众、麻风病人和孤残老人、儿童等送衣送药、开展慰问等支出2万余元。

3月7日，为迎接“三八”妇女节，武汉市红十字会有数十家团体会员单位上街开展了“妇儿卫生保健咨询”活动。市二医院院长和妇产科主任亲自上街宣讲妇女卫生知识。江岸区妇幼所还向群众免费发放避孕药物。

3月，武汉市监狱红十字会成立了犯人红十字卫生急救队，组建了

14 个红十字卫生站，并组织 2 名女犯队员、13 名男犯队员学习红十字知识、医疗卫生业务，参加武汉市红会举办的心肺复苏和四项救护技术培训班。

4 月 17 日，在湖北省卫生工作会议期间召开的地、市、州局长会议上，时任省卫生厅副厅长、省红十字会副会长金振涛就红十字会的工作做了专题布置，要求地、市、州一级红十字会要争取在 1986 年全部恢复，已经做好恢复重建准备工作的市和地区要进一步抓落实，做到有活动、有经费、有专职人员，不要成为虚设机构。

4 月 29 日，襄樊市红十字会正式恢复重建，由时任该市副市长焦泽浩担任会长。重建后的襄樊市红十字会有名誉会长 5 人（均由退居二线的地、市级干部担任），会长 1 人（由副市长担任），副会长 7 人（分别由市政府办公室、市委宣传部、市教委、市外事办、市民政局、市财政局、市卫生局的领导担任），常务理事 28 名，理事 49 名（由各有关单位领导、县卫生局长、卫生部门知名人士组成）。该会还配专职秘书长 1 人，兼职副秘书长 4 人（分别由教委、卫生、民政、财政等单位的有关科室领导担任）。

5 月 20 日，省红十字会举办的首期老年保健知识学习班在湖北省政协会议室开学。学习班聘请部分医学专家、教授担任老师，采用专题讲座形式授课，受到来自省直系统各机关的 40 余名学员的好评。

5 月 31 日，省红十字会组织水果湖二小的红十字少年与武汉市第二聋哑学校的小朋友们举行联欢会，共同庆祝“六一”国际儿童节。两校少年儿童各自表演了精彩的节目，并互赠了纪念品。聋哑儿童还展出了他们的绘画，制作的工艺品及各种款式的服装。湖北省顾委、省政协、团省委、省军区的领导同志及各部门、群众团体的负责同志应邀参加了庆祝活动。此外，省红十字会还慰问了武汉市儿童福利院的孤儿。

5 月，武汉市江汉区红十字会分别举办了智力竞赛和救护技术比赛，并受邀派出 100 名红十字青少年参加当年的江汉区“六一”儿童节游园联欢活动，向数万名游客表演了四大救护技术。

6 月 2 日至 3 日，根据总会安排，省红十字会接待了时任日本赤十字社副会长小池欣一率领的代表团。在鄂期间，代表团参观了武汉市六渡桥小学，受到该校师生的热烈欢迎，并对该校红十字少年儿童表演的卫生救护技术给予了高度评价。总会副会长蔡壬癸，省红十字会金振涛副会长、陶在华秘书长，武汉市红十字会徐宏副会长、王慧珍秘书长到码头、机场迎送代表团并陪同外宾参观。

8月21日，鄂西土家族、苗族自治州红十字会在恩施市成立，并由时任该州副州长陈永葆担任会长。这是湖北省少数民族地区首次成立红十字会。

8月，武汉市红会举办庆祝武汉市红十字会成立70周年游园活动，邀请各区红会表演四项救护技术等节目，向社会各界展示市红十字会发展的成果。

暑假期间，省红十字会组织全省各地、市的40名红十字青少年代表在江西庐山开展夏令营活动，为各地培养了一批红十字青少年骨干。营员们发挥所学的救护专长，为群众做好事，展现出良好的形象。

9月22日至23日，武汉市红十字会第三次代表大会召开。会上，市红会副会长谈太阶代表第二届理事会作了工作报告，副会长徐洪宣读了武汉市红十字会组织规程，王慧珍秘书长报告了第三届理事会候选名单产生经过。大会选举产生了第三届理事会，并推选时任武汉市副市长高顺龄担任会长。

9月，经过崇阳县政府同意，崇阳县红十字会成立。

10月29日，总会会同卫生部召开第一届全国输血工作会议，推动我国血液事业由公民义务献血向无偿献血方向的转变。

10月31日，经黄冈地区行政公署批准，黄冈地区红十字会正式成立。该会由时任地区行政公署副专员胡荃蓉担任会长，时任行署办公室副主任吕超、地委宣传部副部长丁永准、地区卫生局局长张庆岚、地区外办主任童怀章、地区民政局局长石海清、地区教育局局长钟美鸣、地区财政局副局长漆福民、地区一医院副院长孙国权等8位同志担任副会长。

10月，襄樊市红十字会大力宣传、贯彻中国红十字会“四大”精神，普及会务知识，不断扩大红会影响，积极稳妥地建立红会基层组织，在市卫校、市中心医院、市一医院、市中医院相继恢复了红会组织，并发展会员2700余人。

10月中旬，武汉钢铁公司、武汉石油化工厂获得总会颁发的援助非洲捐款活动先进单位荣誉称号。

11月2日，武汉市红十字青少年智力竞赛在市卫生局礼堂内举行。武汉市6个城区各派20名红十字青少年会员参加了竞赛。通过这次竞赛，达到了在中、小学校中宣传、普及红十字会务及青少年卫生知识的目的。

11月8日，宜昌地区红十字会成立。该会理事会由54名理事组成，其中名誉会长 3 人（由退居二线的地区领导担任），会长 1 人（由行署副专员担任），副会长 10 人（由地委、行署及有关局、委领导同志担任），红会办公室配备 1 名专职干部。经过该会理事会选举，由时任地区行署副专员张万英担任会长。

11 月 10 日，宜昌市红十字会正式恢复重建。重建后的宜昌市红十字会有理事 44 名，其中会长 1 名（由副市长担任），副会长 5 名（由葛洲坝工程局、市府、市委、财办、卫生局等单位领导担任），常务理事 14 名。经过选举，该会会长由时任该市副市长崔传礼担任。

11 月 15 日，荆门市人民政府办公室向市卫生局发出《关于同意成立"荆门市红十字会"的批复》：经荆门市政府同意，成立荆门市红十字会。

11 月 17 日，十堰市红十字会正式成立，并推举时任该市副市长杨振敏担任会长。副市长、红会会长杨振敏要求市红会成立后，密切同卫生、民政、教育等部门的配合与协作，积极开展活动，坚持改革，开创前进，为十堰市的"两个文明"建设作出贡献。

11 月 18 日，郧阳地区红十字会召开了理事座谈会，学习赵紫阳总理关于红会工作的指示及中国红十字会四届二次理事会有关文件精神，并就郧阳地区红十字会五年规划等进行了讨论。

11 月 25 日，湖北省已有襄樊、沙市、宜昌、十堰、荆门五个省辖市和郧阳、鄂西、黄冈、宜昌、咸宁等地区先后恢复或成立了红十字会。

11 月 28 日，荆门市红十字会正式成立，由时任该市副市长焦知云担任会长。经协商同意，荆门市红十字会理事会由 53 名理事组成。省红十字会金振涛副会长到会祝贺，并就市红会的工作提出了要求和希望。

12 月 16 日，面对谷城县盛康镇遭遇的严重暴风雪和火灾灾害，该县红会立即组织医疗救护组，赶赴现场，抢救受伤群众。同时，召开紧急理事会，发出募捐倡议，支援受灾单位。5 天时间内，即募得 15000 元的现金及价值 5000 余元的建筑材料，帮助灾区重建了小学、卫生院，恢复了正常的业务工作。

12 月 18 日，总会和国家教委联合发出通知，要求各地红十字会在学校中积极开展红十字青少年活动，得到湖北红会的重视和支持。

12 月，谷城县红十字会成立。

12 月，郧阳地区丹江口市红十字会正式成立，这是湖北省第一个重建和恢复的县级红十字会。副市长段贤荣任市红会会长，理事会由卫生局、教委、体委、商业局、交通局、粮食局、市卫校、市一院、市二院等单位领导同志组成。

12 月底，谷城县、崇阳县、大悟县相继成立了红十字会。至此，湖北省在全国率先完成了 15 个地、市、州红十字会的恢复重建工作。

本年，省红十字会重点开展了水果湖中学与水果湖二小两所学校的红十字青少年试点工作，帮助它们建立健全红十字会组织，使两校的每个班都有红十字青少年。两校的红十字青少年们平时担任学校卫生检查、卫生监督任务，运用所学到的救护知识为同学们服务，还在学校开运动会时担任卫生员，为同学们治疗小伤小病。

本年，在中国红十字会牵线搭桥下，武昌水果湖中学参加了一次国际优秀作文互换活动。该校红会张雪琼同学的《忘不了帮助孤寡老人邓奶奶》一文被总会选中，并寄往新西兰西部高中。新西兰西部高中红十字会用《爱好和平的红十字会》的作文与武昌水果湖中学进行了交换，并促成两校建立了姊妹学校关系。

本年，省红十字会将总会签发的时任国务院总理赵紫阳关于红会工作的重要指示向省委、省政府和各地、市有关领导送阅，并给每位理事赠订《中国红十字》杂志。时任省红十字会秘书长陶在华多次到省委书记、省长家登门拜访，向他们宣传红十字会的性质、宗旨和任务，向他们赠送宣传画册等。

从本年开始，武昌市水果湖中学红十字青少年热情帮助邓奶奶等孤寡老人，不管是炎热的酷暑，还是风雪交加的寒冬，每逢节假日送去慰问品，并送医送药上门，帮助她买米、买菜、送衣、送被、送捐款，每年 4 次以上，从未间断过。

本年，日本红十字会代表团访问湖北。武汉市江汉区六渡桥小学红十字会接待了日本红十字会代表团的来访，该区大兴路小学红十字会还和日本大分市红十字少年建立了友好关系。

1987 年

1 月 10 日至 15 日，中国红十字会全国工作会议在武昌洪山宾馆召开，来自全国 26 个省、自治区、直辖市红十字会的 101 名代表出席的会议。大会认真学习了中国红十字会四届二次理事会的工作报告，总结交流了济南工作会议后一年来各地开展红十字工作的新经验；湖北省红十字会、武汉市红十字会均在大会上作了专题发言；讨论制定了中国红十字会 1987 年工作要点；组织参观了武汉市红十字药材贸易公司、武汉监狱红十字会等单位。时任中国红十字会副会长谭云鹤在会上指出，在监狱成立红十字会在中国还是第一个。

春节前夕，沙市市实验小学红十字青少年 20 余人在学校老师带领下，组织宣传队，走出校门，开展为军属服务、为孤寡老人送温暖活动。此外，襄樊市红会组织市直十四家医院和卫生局为贫困山区捐送寒衣 8000 多件。

1 月 20 日，武汉市红会组织武汉市孤残老人、儿童等 100 多名代表和省市领导、市红会代表欢聚一堂，共吃团圆饭。时任武汉市副市长高顺龄、市红会秘书长王慧珍等领导向前来欢聚的孤残老人、儿童拜年。该会还使用 12000 元资金，向全市 11 所社会福利院的老人儿童赠送了慰问品和压岁钱，并组织了 8 场电影和 1 场文艺晚会。

1 月 23 日，襄樊市红十字会和市人大、市政法委员会、民政局等部门的领导，带慰问品赴郊区走访五保户和福利院。老人们由衷感谢党的政策，感谢各级领导的关心。

1 月 24 日，在省红十字会秘书长陶在华的带领下，省红十字会干部前往省荣军休养院看望全体荣誉军人，对他们表示节日的慰问，并赠送了慰问品。

1 月 26 日，孝感地区红十字会副会长韩秀英、李建国和秘书长彭肃仪专程到地区福利院慰问和看望孤寡老人、荣誉残废军人，并给他们赠送了小型生活用品、副食品等慰问品。

1 月，经过湖北省沙市红十字会推荐，该会邵勇的《谁的本领高》（中国画）、张小妮的《妹妹和小鸡》（中国画）被总会选送至保加利亚，参加国际残疾儿童艺术比赛。

2 月 13 日，沙市市红会召开了各基层红十字会秘书长工作会议，进一步学习红会章程，明确红会的任务，加强红会干部的自身建设。

2 月 18 日，针对沙市市流行性脑膜炎的流行趋势，为提高对流脑的诊断与治疗水平，加强预防工作，确保全市人民健康，该市红会特邀请市一医院医教处庄剑虹主任做流脑防治通俗讲座，来自全市各医疗单位的一百余名医务人员参加了学习。此外，市红会还免费提供了讲义。

2 月 20 日，中国红十字会、卫生部、公安部、铁道部、交通部、商业部、中国民航总局、国家旅游局联合印发《关于开展群众性卫生救护训练的通知》，要求各地红十字会广泛开展卫生救护训练。

2 月 24 日，为交流经验，表彰先进，进一步推动红十字工作的开展，武汉市红十字会召开 1986 年度红十字工作表彰大会。

2 月 26 日，黄石市红十字会为方便群众就医，更好地服务社会，成立了黄石市红十字会咨询门诊部，利用业余时间为群众服务。

2 月，针对沙市市流行性脑膜炎的流行趋势，为提高对流脑的诊断与治疗水平，加强预防工作，确保全市人民健康，该市红会特邀请市第一医院医教处庄剑虹主任，为全市各医疗单位的 100 余名医务人员做流脑防治通俗讲座，受到医护工作者的欢迎。

2 月，经襄樊市编委批准，襄樊市红十字会定编五人。市卫生局很快为红会配齐了干部，调配了办公室，从人力、物力上为红会工作的顺利开展提供了保证。

3 月 11 日，在沙市红会支持下，由该市第一医院骨科侯鲁铭主任主持，邀请桂林铁路医院钱作尧主任讲课，举办颈、肩、腰腿痛专题讲座，来自市、县的 30 余名医师、主治医师参加了学习。

3 月 14 日，武汉市红十字青少年工作委员会第一次全委扩大会在市红十字会召开。会议传达了《关于在学校中积极开展红十字青少年活动的通知》和市红会会长高顺龄对红十字青少年工作的指示，讨论并通过了 1987 年武汉市红十字青少年工作计划。

3 月，“三八”妇女节期间，沙市红会组织全市各大医院及血防所、保健所等 7 个单位基层红十字会的 45 名会员分成 7 个小分队，分别到工厂、幼儿园和街道居委会，为妇女、儿童及孤寡老人进行卫生医疗咨询和免费就医服务。

4 月 8 日至 5 月 8 日，武汉市红会举办“为了儿童健康”活动月。

4 月 23 日至 28 日，时任省红十字会副会长金振涛随中国红十字会代表团访问了前捷克斯洛伐克红十字会和波兰红十字会。这是相隔 30 余年后中国红十字会第一次访问这两个国家，从而揭开了中捷、中波两国红会关系史上新的一页。此行加强了湖北红会与友好国家红会的交流，学习了对方的先进办会经验，增进了彼此之间的友谊。

4 月底，省红十字会致函省外事办公室，申请通过其与美国俄亥俄州、法国洛林地区红十字会结成友好红十字会，并从民间渠道争取外援，以促进湖北省卫生事业的发展。

5 月 1 日起，湖北省各地红十字会开展以保障儿童健康为中心的“为了儿童健康”活动月活动。“六一”前夕，省红十字会派专人慰问武汉市第二聋哑学校、市儿童福利院全体孤残儿童，并赠送价值1200余元的体育器材、床上用品及节日礼物。湖北省直各医院组织医疗小组分别到附近幼儿园、托儿所、育幼院等儿童集中的地方，开展儿童健康咨询。湖医二院为省直第三保育院600余名儿童查治龋齿，深受家长欢迎。武汉市红会组织了一次小型募捐活动，共筹集捐款18000余元，全部用于改善贫困地区儿童健康、扶持苏区幼儿教育事业和改善儿童饮水卫生状况。此外，该会还组织医疗队深入到新洲县的刘溪、黄林、马河等地区，对1岁到6岁的400余名儿童进行了抽样调查，并对马河1700名儿童进行了全面体检，建立了健康卡片。武汉市青山区红会为新洲县4所幼儿园、10所小学、2所中学购买茶桶12个、茶杯120个，桌椅50套，并和区妇幼组织一起赠送学生服2500套、学习用具2500套，图书2200册。襄樊市红十字会组织16家医疗单位分片包干，上街设点，开展儿童保健咨询活动，市中心医院还组织力量到市聋哑学校为残疾儿童体检。襄樊市卫校职教中心、大庆路小学等单位的红十字青少年委员会自发地向灾区儿童捐赠716元善款和276件衣服。时任荆州地区红十字会副会长樊群芳、朱欣等人还亲自为儿童送服小儿麻痹丸。该活动持续到当年6月1日。

5月8日，省红十字会通过湖北省电视台《当年今日》节目介绍“世界红十字日”有关知识时，时任省卫生厅厅长、省红十字会会长刘学伦发表专题电视讲话，号召全省红十字会员及志愿工作者继承亨利·杜南精神，继续发扬社会主义人道主义精神，努力为儿童和广大群众多办好事、多办实事。

5月20日，武汉市江汉区红会在区教委体育保健站举办“红十字青少年写作及摄影培训班”，来自辖区内20所中小学的200名红十字青少年参加了培训。

5月，黑龙江省大兴安岭地区特大火灾发生后，湖北省红十字会发起在全省范围内开展救灾募捐活动。武汉市红会安排武昌区红十字羊毛衫厂赶制600余套（件）羊毛衫，捐给灾区儿童。

5月，湖北省发动34000余名红十字会员、志愿工作者和专职人员打着“纪念世界红十字日”等大型横幅，走上街头，到幼儿园、学校等儿童集中的场所，为儿童健康咨询服务。宜昌市五中红十字会开展了各种教育活动，涌现出了一大批青少年志愿工作者，志愿服务的项目也极为广泛，多次受到上级红十字会和社会各界的高度赞扬。

5月，襄樊市红十字会充分利用宣传栏、黑板报、墙报、报纸、电台、电视等形式，宣传“世界红十字日”及儿童免疫、卫生保健科普知识。此外，“五·八”期间，襄樊市卫校职教中心、大庆路小学等单位红十字青少年委员会自发地捐赠716元和衣服276件给灾区儿童。

5月，“五·八”活动期间，各地电视报道18次，电台报道12次，报纸报道30次。湖北各地红会还充分利用电影、录像、幻灯、广播、宣传栏、黑板报、墙报等形式，大张旗鼓地宣传世界红十字日及儿童免疫、卫生保健等科普知识。全省共自创宣传牌2150余块，印制《儿童免疫》《给家长一封信》等资料95000余份。34000余名红十字会员、志愿工作者和专职人员参与活动。

5月，随州市红十字会组建完成。

5月，全国红十字青少年工作座谈会后，为加强对红十字青少年工作的领导和顶层设计，武汉市红会举办了武汉市红十字青少年工作委员会第一次全委扩大会议，传达总会下发的《关于在学校中积极开展红十字青少年活动的通知》精神和时任市红会会长高顺龄对红十字青少年工作的指示，并通过了1987年武汉市红十字青少年工作计划。

6月11日至15日，由江苏、江西、浙江、福建、安徽、湖南、湖北七省联合召开，湖北省红十字会主办的七省红十字工作经验交流会在襄樊市召开。参加会议的代表共79人，其中，省红会副会长，正、副秘书长6人，地、市红会正、副会长，正、副秘书长27人。总会组织部副部长孙纯良、湖北省红会副会长金振涛、襄樊市委副书记纪灵芝、副市长兼市红会会长焦泽浩参加会议并讲话。

6月12日，黄石市红十字会、市中心血站在全市开展了首次“无偿献血日”活动。据统计，135人踊跃报名，经体检合格，50人无私地献出了自己宝贵的鲜血。在献血者中，有时任黄石市副市长余旦溪等领导，有亲自送儿子参加献血的老工人刘明亮，有坚持义务献血20年并带动全家9人参加献血的女工乐伯文，还有部队指战员。

6月，谷城县红十字会及时发出倡议，号召全县红十字会员发扬社会主义人道主义精神，积极开展募捐救灾活动，帮助当地受洪灾群众解决衣食住宿等生活困难。倡议发出后，在短短二十几天时间内，共收到捐款5611.60元、衣服13866件、粮票18223斤。灾区人民激动地说：“你们不仅给予了物资上的援助，更重要的是给予了精神上的支持，有全县人民作后盾，我们一定能战胜灾害，重建家园。”

7月，十堰市红会与市政协、市农工民主党联合举办的离退休高级医务人员医疗咨询门诊部开业。门诊部制定了章程，明确了各项制度，旨在为人民健康服务、为“四化”建设服务。

8月，湖北省红十字会请求省外事办公室同意其与前联邦德国巴登·符腾堡州红十字分会结成姐妹红十字会。

9月3日，黄冈地区红十字会召开了第二次理事会。会议由行署副专员、红十字会会长胡荃蓉同志主持。会议通过了理事会成员的增补工作，研究了红会的组织发展工作，听取了七省红十字工作经验交流会的汇报。

9月14日，襄樊市红会举办的第二期卫生救护训练班开学，学期十天。学员为市区各宾馆、饭店的卫生急救人员。

9月24日，总会在天津召开社会福利工作座谈会，号召全国红十字会开展群众性社会服务活动，并主要为散居在社会上的孤、老、病、残疾人服务。

9月，为加强救护培训师资队伍建设，省红十字会举办了首期卫生救护培训师资班。

10月6日至9日，为了帮助红会干部尽快熟悉本职工作，提高业务素质，省红十字会召开工作研讨会，传达学习总会社会福利工作座谈会精神，并学习总会编印下发的《红十字会专职干部学习参考资料》。

10月6日至12日，来自湖北省各地、市、州的三十名主治医师参加了省红十字会举办的心肺复苏师资培训班。副厅级调研员、省红十字会秘书长陶在华要求各地立即行动起来，切实发挥师资作用，争取在3至5年内，使湖北省从上到下形成一个急救网络。

10月16日，省红十字会同意同济医院挂牌“湖北省红十字会第一医院”。

10月，武汉市红会兴办了四种类型的具有红十字特色的9个医疗卫生和社会福利事业单位：武汉市红十字药材贸易公司、武昌区红十字羊毛衫厂、汉阳区红十字卫生材料厂、硚口区幸福林红十字书包厂、江岸区球场街红十字建乐综合商店等经营性的经济实体；一元街红十字福利工厂等纯社会福利性的事业；青山区红十字牙科门诊部、硚口区汉正街医疗咨询站等医疗卫生事业；武汉市红十字助产学校。它们分属于市、区、街三个层次，大部分取得了良好的经济效益和社会效益。

11月16日至20日，总会和国家教委联合在成都召开红十字青少年工作座谈会，并印发《关于在学校中开展红十字青少年活动的通知》，这标志着我国红十字青少年工作进入一个新的发展时期。会议期间，来自全国28所大、中、小学红十字青少年工作基层单位的代表在会上进行了经验交流。大会对红十字青少年组织发展工作、如何配合学校全面贯彻教育方针开展红十字青少年工作进行了认真的讨论。

11月17日，湖北省委对台工作小组办公室、省红十字会联合下发《关于做好台胞台属查人转信工作的几点意见》，要求已成立红十字会的县（市）指派专人负责，及时认真做好查人转信等台胞接待工作。

11月18日，仙桃市红十字会正式宣告成立，并由时任该市副市长杨先枝出任会长。仙桃市红十字会是湖北省成立的第10个县级红十字会。

11月19日，沙市市红十字会召开了红十字会基层工作会议。来自全市19个基层红会的秘书长参加了会议。

12月18日，宜昌市第五中学红十字会成立，下设25个红十字小组。它是宜昌市教育系统第一个红十字会。宜昌市人民政府副市长崔传礼以及市教育局、市卫生局领导参加了成立大会。第一届宜昌市五中红十字会常务理事会由陈志成担任会长，孙文泉、刘国英、彭正新担任副会长，许全儒、朱利萍、高一群、徐浩担任委员。

本年，黄冈地区卫生局、教委、外贸局等18个红十字会理事单位，共资助地区红会发展经费9620元。这为当地红十字事业的开展奠定了一定的经济基础。

本年，谷城县粟谷区遭受洪灾后，该县红会号召全体会员发扬社会主义人道主义精神，积极开展募捐救灾活动，帮助受灾群众解决衣食住宿等生活困难。在短短二十几天时间内，共收到捐款5611.60元，衣服13866件，粮票18223斤。

本年，武汉市红会拨出4万余元，为马河乡卫生所装备了必要的医疗设备；为武汉苏区的22个贫困乡的300余名孤寡老人捐赠军用棉大衣。襄樊市红十字会组织市直14家医院和卫生局为贫困山区捐送寒衣8000多件，并会同市人大、市政法委员会、民政局等部门，赴郊区走访五保户和福利院。孝感地区红十字会也专程到地区福利院慰问和看望孤寡老人、荣誉残废军人，并给他们赠送了小型生活用品、副食品等慰问品。此外，省红十字会还前往省荣军休养院看望、慰问全体荣誉军人，并赠送了慰问品。

本年，湖北各地红会在红十字事业由城市向农村扩展和延伸的大好形势下，以公路干线城镇、乡村三级卫生保健网为依托，通过重点培训机动车驾驶员、骨干民兵、工人、学生等初级急救人员，强化急救点建设，以解决公路沿线交通事故多发导致的致死、致残问题。

本年，在为大兴安岭火灾救灾募捐活动中，省红十字会明确规定：募捐不搞摊派，不提指标，自愿捐助，多少不限；省直各单位募捐款直接交省红十字会办公室，各地、市、州红十字会负责辖区内募捐款的收集工作；各地红十字会对募捐款一律开具正式收款收据，并要分别填写团体单位和个人捐助登记表，做好募捐款的财务管理，做到账目清楚。

本年，在党中央连续就坚持四项基本原则、反对资产阶级自由化提出明确的方针、政策和部署后，省红十字会转发了总会《关于在暑期活动中积极组织红十字青少年进行社会调查深入进行四项基本原则教育的通知》，要求各地红十字会在暑期活动中紧紧围绕这个主题，安排一些社会结构、现象、历史的调查和分析内容，使广大红十字青少年受到一次较深刻的爱国主义、人道主义和共产主义教育。

本年，襄樊市红会遵照总会下发的《积极开展群众性卫生救护训练的通知》的精神，采取高层次急救训练、中层次卫生救护训练、低层次群众性卫生救护训练，并运用行政性组织办法、自愿性组织办法、季节性组织办法相结合的方式，对该市4000余人开展了卫生救护训练。

从本年起，每年春节前夕，宜昌市第五中学红十字会慰问团都与宜昌市红十字会到社会福利院，到那些需要帮助的人中去，向孤寡老人开展慰问活动，每次都为他们做面对面的文艺演出，帮助他们料理生活，使孤寡老人们享受人世间的温馨和欢乐，安度晚年。

1988年

3月14日，中国红十字会与外交部、国家教委、国家体委、广电部等五部委向国务院上报《关于参加1988年国际体育援助计划活动的请示》，并于4月5日得到国务院批准。

3月至4月，湖北省红十字卫生福利服务公司、生物制品所、医药器械服务部、红十字中药材公司相继获批成立。

4月22日，湖北省红十字会、省外办、省教委、省体委和省广播电视厅等部门的负责人组成了“一九八八国际体育援助计划”湖北省组委会，并拟定了参加体育援助活动的计划。计划要求：除做好9月11日在武汉举行的有省领导出席的成人万米长跑活动和为儿童健康的募捐活动外，各市、区、县在4月下旬到8月陆续开展14岁以下中小学生千米跑活动，要注意与春、夏季运动会、夏令营以及庆祝“五·八”、纪念国际红十字运动125周年结合起来。在“五·八”前后各地开展的不同形式的体育援助活动，则是纪念“五·八”的内容之一。

4月29日，宜昌地区红会召开了地直单位红十字会负责人会议，学习了总会的通知及有关“世界红十字日”的知识，各地红十字会结合本单位的实际情况，制定了纪念活动计划。

5月1日至8日，大悟县红十字会组织妇幼保健所基层红十字会6名医务人员，深入到县直机关、商业化肥厂、电扇厂等幼儿园为500多名儿童进行了健康检查。

5月6日，咸宁地区行署副秘书长樊唐荣在地区电视台发表电视讲话，宣传红十字会的性质、任务和宗旨，介绍世界红十字日的来历，并对全区如何开展纪念活动做了进一步的安排。

5月7日，宜昌地区医院、地区卫校、宜昌医专附属医院组织主治医师以上的医疗技术骨干30余人走上街头，为群众防病治病，进行儿童健康体检达500多人次；宜昌地区医院还组织公民进行了义务献血活动，宜昌医专附属医院全天免收挂号费。地区医疗器械修配管理站利用星期天免费为老干部修理家用电器，这些活动，深受广大群众的欢迎，宜昌地区电视台于5月9日对纪念活动进行了及时报道。

5月7日，大悟县政协副主席宋增辉、县红十字会副会长吴建华带领红十字会干部和6名内外科医生冒雨赶到该县宣化店镇朝阳福利院，看望慰问孤寡老人，召开座谈会，进行体检，对患有肺气肿、风湿性关节炎的部分老人给予免费治疗，并给他们每人赠送了1.4米长的衣料和副食等慰问品，受到老人们的欢迎和赞扬。

5月8日，在咸宁地区红十字会开展的纪念世界红十字日活动中，该会组织地直7个团体会员单位126名会员和红字青少年，由各单位红十字会会长带队，到市中心温泉花坛、福利院等地，开展服务活动。据统计，接受义诊、体检、医疗保健等咨询388人，参观红会知识和卫生科普知识达1000多人，台胞台属查人转信2人。

5月24日，咸宁市红十字会正式成立，由时任该市副市长李汉先担任会长，由市委顾问杨国华、市老龄委主任苏海泉等人担任名誉会长。首批30名团体会员和26名个人会员出席了成立大会。咸宁地区红十字会名誉会长赵克艰、秘书长鲁济卿，以及市人大、市政协、市委宣传部有关领导亲临祝贺。

5月，武汉市红会在“五·八”红十字活动周里，发展基层组织21个，发展会员4500人，收缴会费3000余元。

5月，宜昌地区红十字会开展了丰富多彩的纪念世界红十字日的活动，并得到了地委、行署领导及有关单位的重视和支持。时任行署副专员、地区红十字会会长张万英在听取活动安排后，亲自与有关单位联系，推动活动落实。5月5日至12日，宜昌地区医院等十八个红十字会开展了为期一月的纪念活动，共办宣传栏18期，宣传横幅3幅，学校红十字会利用有线广播，开辟专题节目4个。同时，各单位结合五四青年节、五一二护士节开展了丰富多彩的纪念活动。参加这次活动的会员达5000多人次，受教育人数近万人。

6月8日，麻城市红十字会正式恢复，并组建了理事会。该会由时任该市副市长王水姣兼任会长，周新、宋启禄、郑新民担任副会长，肖绍秋、胡金勇担任正、副秘书长，并在市卫生局设立了办事机构。

6月28日，湖北省“一九八八国际体育援助计划”组委会召开第一次会议，审议通过了“湖北省‘一九八八国际体育援助计划’组委会体育活动方案”和“湖北省‘一九八八国际体育援助计划’组委会募捐方案”；确定由省体委牵头负责执行体育活动方案，省红十字会牵头负责执行募捐活动方案，省教委、省文化厅、省外办等单位配合省十字红会在中小学校、宾馆饭店、博物馆、娱乐场所进行劝募，省广播电视厅协助做好宣传报道工作，并准备召开一次新闻发布会。

7月，宜昌县红十字会成立，并落实总会和省红十字会部署，重点开展红十字知识宣传、组织建设和会员发展等工作，争取在各乡镇和各行业建立基层红十字会。

8月，为落实“一九八八国际体育援助计划”，省红十字会在黄冈地区举行全省体育夏令营，时长10天，参加者有300余人。

9月11日，郧阳地区丹江口市举办了全省边远山区马拉松长跑和万人千米跑活动，十堰市、荆门市、荆州地区等地、市均开展了长跑活动。各地、市、县也组织了中小学生长跑或夏令营活动。据统计，湖北省参加此次活动的人数达100万人次。

9月11日，武汉市“88国际体育援助计划·万米长跑”在武汉市防洪纪念塔前开幕。

9月至10月，“一九八八年国际体育援助计划”活动期间，湖北各级红会开展了义诊、义卖、义赛活动。省红十字会购纪念章3万个，印制手帕15万条，全部义卖完，还不够需求。十堰市红会自印手帕3万余条，荆门市红会印制背心2000余件。省红十字会还开展小规模的“555”乒乓球国际比赛的募捐活动，十堰市、荆门市等地也开展了不同形式的募捐活动。

10月11日，武汉市红会在武汉市红十字药材贸易公司召开福利工作座谈会，研讨加强社会福利工作。市红会负责人以及7个城区、新洲县等分管红会工作的副局长、专职干部参加了会议。

10月，湖北各地红会积极参与“一九八八年国际体育援助计划”活动，据不完全统计，共捐出15万余元善款。

11月7日，为弘扬人道主义精神，更好地为社会提供优质医疗服务，经省红十字会研究，同意用省红十字名称开办湖北省红十字专家门诊部。

本年，湖北省、县（市、区）红会取得较快发展，会员人数发展到25多万人。

本年起，武汉九中初二（3）班的红十字青少年开始风雨无阻地坚持义务接送该班身患脆骨病的同班同学余静上、下学，受到各方赞誉。

本年，为了更好地开展社会服务活动，并使之制度化、规范化，武汉市江汉区红会对各中小学红会开展社会服务活动的情况进行了摸底调查。在此基础上，组织各中小学与辖区内孤寡老人、残疾人、烈军属签订了“三定一包”承包服务合同，使服务时间、服务人员、服务内容以制度的形式加以保证（全区各中小学先后承包了180户）。区红会的这项活动多次被湖北电视台、武汉电视台、湖北人民广播电台、武汉人民广播电台及《长江日报》《武汉晚报》《武汉红十字报》等媒体报道，取得了良好的社会效益。

1989年

3月起，浠水县红十字会通过指导当地院、所、室医务人员开展体检、查治“两病”、儿童保健等活动，为儿童服务。该会组织医务人员赴华柱乡、绿阳乡两个贫困老区，指导当地医务人员普查0～3周岁婴幼儿健康1677人次。该会还拿出800元，资助县人民医院小儿科建新生儿室，为县党政幼儿园、实验小学医务室添置了小型医疗器械及药品。此次活动一直持续到当年6月才结束。

3月22日至23日，为贯彻总会四届四次理事（扩大）会精神，总结省红十字会恢复以来的工作，改选和增补部分理事，湖北省红十字会在武昌召开三届二次理事（扩大）会。省红十字会理事和各地、市、州红十字会领导及专职干部共60多人出席了会议。魏永信副会长主持会议。会议期间，武汉市、襄樊市、十堰市的代表交流了如何做好红十字会工作的经验。武汉市红十字会会长、副市长高顺龄介绍的《政府如何支持红会工作，红会如何当好政府助手》的经验获得与会代表的一致好评。

4月15日，咸宁地区红会召开了二届一次理事（扩大）会议。这次会议充实调整了理事会，落实了办事机构，配备了两名专职干部（其中1人为秘书长）。地区红会会长、副专员余少轩作了重要讲话，他强调今年要着重抓好四件事，即要宣传红会的地位和作用，要做好基层红会的发展工作，要开展具有红十字特色的活动，要多渠道筹措红十字会经费。

4月29日，黄冈地区红十字会召开理事会，并配备专职秘书长。

4月，宜昌地区行署领导亲自带领卫生局副局长、红会副会长、秘书长和卫生局计财科长等人到外地参观红会工作，学习兄弟红会的先进办会经验。

4月，黄冈地区红十字会副会长石中森多次深入基层进行调查研究，帮助筹建县（市）红会机构。

5月3日至8日，总会社会福利部部长阳照、办公室副主任刘静湖视察湖北省襄樊市、武汉市的红十字会工作。他们深入到街道、学校，和基层红会干部座谈，认真听取大家的意见。在参观谷城县红十字安全旅游线、枣阳市药械经销部、武汉市红十字药材公司、武汉监狱红十字会时，对所取得的成绩均给予了充分的肯定，并对如何继续办出红十字特色也提出了许多指导性意见。省红十字会秘书长叶丽珠、襄樊市红十字会名誉会长秦志维、武汉市红会秘书长王慧珍分别作了汇报。

5月4日，咸宁地区红十字会组织地、直12个团体会员单位168名会员（其中正、副主任医师1人，中级24人）在温泉中心花坛开展社会服务活动，布置宣传版面78块，2954人接受义诊、义检，3000多人接受咨询服务，8000多人参观展览，群众反映很好。

5月5日，省红十字会名誉会长、省人大常委会副主任梁淑芬在省电视台作了关于纪念世界红十字日的电视讲话，号召全省红十字会员向红十字运动创始人亨利·杜南先生学习，关心群众，助人为乐，为社会主义精神文明建设和物质文明建设贡献力量。

5月6日，黄冈地区红十字会组织地区实验学校、卫校、防疫站等10个基层组织400余人走上街头宣传会务知识、卫生知识。设宣传台5

个，办墙报、宣传栏4个，宣传横幅7条，散发宣传材料400多份。地区一院、防疫站，妇保所、黄冈县医院、黄冈县民主同盟、县红十字会新风医院等基层红十字会组织技术骨干开展义诊、咨询，享受义务服务的群众近千人。

5月7日，武昌区红十字会举办了“红会会员爱红会”演讲比赛。21名选手从300多名红十字青少年中脱颖而出，参加决赛。经过激烈角逐，武汉大学、中南财经大学、华中师大一附中、湖北医学院、武昌实验小学选派的选手分获一、二、三等奖。

5月7日，黄石市红十字会组织了105名医务人员（正、副主任医师36人）走上街头，为1500多人提供了免费医疗咨询服务。

5月8日，沙市卫生界13家基层红会共90名会员在工艺大楼门前排设了医疗咨询服务的长阵，展出33块大型宣传牌，各科共施诊1396名，散发宣传资料850份。市中心血站播放义务献血电视录像，当场有70名观众要求献血，经体检合格的有41名，共献血10000多毫升。鄂州市红十字会组织32名卫生技术人员上街开展咨询、义诊活动，散发各种宣传资料300份，放映《性病的防治》录像4场，并组织体检组到老年公寓为29位孤寡老人做了健康检查。襄樊市市区医疗、医药界的红十字会员在街头组织了25个卫生咨询和义务体检点；市卫生学校、昭明小学、二十二中等许多学校的红十字青少年会员上街打扫卫生，维护交通秩序，到伙房帮助工人做工，到福利院为孤寡老人服务；工商个体协会组织红十字会会员义务修理各类车辆；接受红十字会会员咨询和服务的有35000多人次。

5月19日至24日，应湖北省卫生厅邀请，以时任前联邦德国巴登·符腾堡州社会部副部长基里昂博士为团长、州红十字会会长普哈特博士为副团长的州代表团对湖北省进行了友好访问。湖北省副省长、省红十字会会长韩南鹏会见并宴请了代表团。省卫生厅厅长李清泉、副厅长王斌、副厅长、省红十字会副会长魏永信参加了会见。代表团访问期间，参观了潜江市急救中心、宜昌市第一医院，同济医大、省中医附院等有关单位，增加了省、州之间的了解。双方在5月23日签署了“联邦德国红十字会巴登·符腾堡州分会与中国湖北省红十字会合作协议”，约定在救护领域进行合作，定期交流救护事业方面的经验和信息，适时进行互访和考察，加强两国人民之间的友谊。

5月，为纪念红十字运动125周年，按照总会的统一部署，省红十字会把5月4日至12日定为省红十字活动周，要求各级红十字会以

"认识红会、了解红会、支持红会"为主题，大张旗鼓地开展各种宣传活动，开展大规模社会服务活动，使红十字精神日益深入人心。

5月，"五·八"纪念活动期间，恩施州各基层红会共召开会议23次，办宣传栏4期，办黑板报7期，办宣传专刊6期，出动宣传车7台，有571人次走上街头为群众服务；设立便民服务点17个，散发宣传品400份，动用仪器27台；为群众修理收录机17台，电冰箱3台，享受各种免费服务的群众达6130人次。同济医院暨湖北省红十字会第一医院、省红十字会协和医院等均开展了义诊、咨询、卫生宣传等服务活动。荆门市红十字会、市防疫站红十字救护队等单位深入遭遇暴雨袭击的灾区，抢救伤员，救助灾民，并将2256.39元捐款及时送到了灾民手中。

6月6日至9日，浠水县红十字会拨款千元，组织医护人员为503名幼儿进行健康体检，对缺铁性贫血、营养不良等小儿常见病提出治疗方案，并给予药品资助。

6月中旬，时任浠水县副县长、县红会会长柴敦善一行，冒雨将红会选购的4000多元治疗儿童"两病"捐助药品送到乡，送到重点病儿家中。此外，该会还登门治疗7人次，培训乡村卫生员35人次，并通过系统治疗观察、卫生指导，使许多患儿恢复健康。

6月20日和7月5日，省红十字会在黄冈地区、荆州地区分别举办了为期三天的工作研讨会。参加会议的代表为县（区）以上红会专（兼）职干部，共计83人。省红十字会秘书长叶丽珠，黄冈地区卫生局副局长、红会副会长石中森，荆州地区卫生局顾问、红会副会长朱欣分别出席会议并作讲话。

上半年，宜昌地区又有5个县成立了红十字会，加上1988年成立的宜昌县红十字会，宜昌地区县级红十字会已达全区县级数的66.7%。同时，6个县级红十字会有4个配备了专职干部，8个落实了活动经费，另外2个也有兼职干部分管。

夏季，湖北省各级红会积极组织力量开展抗洪救灾。宜昌地区红会将社会各界捐赠的18014.12元善款、9881斤粮票、5050件衣物，全部送往枝城市灾区。鄂西自治州红会从各医疗单位抽调100多人组织红十字救灾医疗队，深入灾区，调查疫情，防病治病。随州市红会成立了救灾办公室，组派两个医疗队奔赴灾区为灾民防病治病，送医送药；抽调技术骨干深入灾区，检修医疗器械设备，使之早日投入使用；开展社会募捐活动，并将170731元捐款、35646斤粮票、22033件衣物等全都送往了灾区。

7月8日至13日，鄂西自治州遭到百年未遇的特大暴雨和洪水的袭击，特别是恩施市、利川市、巴东县、建始县损失惨重后，湖北各级红会积极组织力量，在人力、物力和财力上都给灾区人民一定的支援。恩施州红十字会从各医疗单位抽调100多人组织红十字救灾医疗队，深入灾区，调查疫情，防病治病。该州各级红十字会还协助当地政府紧急转移灾民4000多户，减少了人员伤亡和财产损失。

7月14日至20日，省红十字会在宜昌市举办了第四届红十字青少年夏令营，来自全省各地的68名营员参加了活动。本届夏令营目的是为对青少年进行一次爱国主义、人道主义和革命传统的教育。夏令营期间，营员们参观了宜昌市烈士陵园，瞻仰了革命烈士纪念碑、烈士公墓，参观了革命历史纪念馆和革命烈士纪念馆，缅怀了革命先烈的英雄事迹；参观了葛洲坝水利枢纽工程，游览长江三峡，开展红十字知识有奖问答比赛等。

7月26日，沙市市红十字会与市公安局、卫生局配合，举办了首批驾驶员急救培训班。至8月，已完成3800余名汽车司机的急救培训。

9月20日，武汉市红会完成所辖4个县、2个郊区全部建会任务，并逐步将红会工作引向农村；襄樊市所辖5县3市红会全部配齐专职干部，并开办了部分经济实体。

10月4日至9日，咸宁地区行署顾问、红会名誉会长郭刚一行3人，赴通山、崇阳、通城三县调查红会工作，充分肯定了三县红会在政府关怀和支持下，在组织建设、宣传红会宗旨、开展卫生救护培训和社会福利等方面取得的成绩。

10月11日至15日，在由安徽省红会主办的南方七省红十字工作研讨会上，湖北省沙市、黄冈地区、武汉市红会作大会发言，介绍开展工作经验。

10月13日，大冶县保安镇成立了红十字会，建立了由54人组成的理事会，并设立了专门办事机构。同时，当月中旬，大冶县保安镇红十字会规定，对各村组的五保户、特困户的疾病实行免费诊治；凡是返回保安镇探亲访友的台胞，实行送医送药上门，限额免费诊、治病。

10月17日，大冶县保安镇卫生院红十字会捐献衣物共308件，发放到26户最贫困的村民中去。与此同时，该镇红十字救护队到镇社会福利院对孤寡老人做了健康体检，并建立了档案，制订了防治措施。

10月23日，大冶县保安镇红十字会召开各办事处、镇政府各办负责人会议，学习红十字知识，明确红十字会的指导思想，大家一致表示积极支持这项慈善事业，并尽力捐款相助。会后，该镇红十字会秘书长李名山带头捐人民币300元，副秘书长刘道汉捐200元，宫山煤矿捐款1500元等等，总计捐款8721元，使该会的生存和发展有了一定的经济基础。

10月24日至10月25日，省红十字会在谷城县召开农村红会工作座谈会，传达总会农村（牧区）工作晋城座谈会精神，听取大悟县、新洲县、浠水县等地的红十字会介绍开展农村红会工作的做法与体会，探讨农村红会工作的任务和组织形式。省卫生厅副厅长、省红十字会副会长魏永信，省红会专职副会长范维盛，襄樊市红会名誉会长秦志维，襄樊市卫生局局长、市红会副会长韩光元，谷城县委副书记胡舜国，副县长、县红会会长卢荣轩出席会议并讲话。据统计，谷城县红十字会共发展基层红会组织80个，19个乡、镇、场全部建会，村红十字会31个，红十字青少年委员会19个，发展会员5797人，其中村民会员2080人，占会员总数的36%。

10月26日，红安县七里坪镇红十字会正式成立，并收到当地政府、企业和群众捐款6220元。当日，该会组织医务人员，对全镇残疾病人进行检查治疗，积极筹办基层卫生救护训练。

10月26日至29日，省卫生厅副厅长、省红十字会副会长魏永信，省红十字会副会长范维盛一行，赴十堰市、郧阳地区、襄樊市、孝感地区检查红会工作。

10月，大冶县红会积极探索建设农村红十字会，并采取“分步走、逐步到位”的方法发展红会组织。全县19个乡、镇、场全部建会，共发展基层红会组织80个、村红十字会31个、红十字青少年委员会19个；发展会员5797人，其中村民会员2080人，占会员总数的36%。

11月3日，罗田县人民政府正式下文，明确该县红十字会办事机构——县红十字会办公室为副局（科）级单位。这是政府首次对湖北省县（市）级红十字会办事机构级别专门下发批文。

11月8日，宜昌县红十字会、县教委、县卫生局联合召开县直教育、卫生系统基层红会组织秘书会议，培训会务知识骨干27人，为全面开展红会工作做了干部准备。

11月15日，宜昌县已成立基层红会组织38个，会员发展到6100余人，其中青少年会员4583人，县直23个基层红十字会都成立了理事会，红会工作已逐渐转向农村。此外，该县龙兴镇、土城乡、樟树坪镇、分乡镇、小峰乡政府都下发了文件，成立了红十字会理事会。

11 月 22 日至 12 月 1 日，为推进基层红十字会建设，襄樊市红会名誉会长秦志维一行，到随州、枣阳和襄阳等地调查了解基层红十字会工作，解决它们在工作中遇到的困难和问题。

12 月 5 日，经罗田县政府同意，罗田县红十字会召开成立大会，由秦建国任专职副会长兼秘书长。

12 月 20 日，南漳县红十字会为解决孤寡老人洗衣困难问题，用兴办红十字会卫生服务站药械经销部的盈利，买了 5 台双缸洗衣机，并在县委顾问、县红会名誉会长向志帮、周青扬，副县长、县红会会长柏圣良同志带领下，将洗衣机赠送给该县城关镇四条街的孤寡老人和城关镇福利院的孤寡老人，受到群众的赞扬和好评。

12 月 26 日，为落实总会下发的关于开展机动车驾驶人员卫生救护训练的文件精神，规范相关培训工作，省红十字会会同省公安厅、省卫生厅下发《关于开展全省机动车驾驶人员卫生救护训练的通知》，对机构设置、任务分工、培训内容、经费安排等做出明确规定。

本年，湖北省全省县（市、区）红会由 1988 年的 43 个增加到 79 个，占全省 98 个县（市、区）的 80%；会员人数由 25 万余人发展到 40 多万人；专职干部 83 人，其中县（市）红会已有 1/3 解决了编制。

本年，随州市有 16 个乡、镇及 33 个行政村先后建立了红会。这些红会组织当时完全挂靠在乡、镇卫生院和村卫生室。

本年，恩施州红会近千名会员积极捐款共筹集资金 1.5 万元，同时动员全社会力量，在不到一周的时间里，全州共捐资 40 多万元，不仅为重灾户解决了饮水困难，而且把党的温暖带给了灾区人民。

本年，十堰市红十字会重点抓好宣传、卫生救护和兴办服务型和经营型经济实体等方面的工作，基本上做到了电视有影、电台有声、报纸有字。据统计，电视 6 次、电台 5 次、报纸 4 次报导了红会活动。同时，该会还办了 4 期简报，200 多版黑板报。此外，该会培训卫生救护人员 5100 人次，兴办了一所老年门诊部，收到了较好的社会效益和经济效益。

本年，时任湖北省副省长、省红十字会会长韩南鹏要求各地领导干部担负起责任，从政策、财力、物力、人力上帮助红十字会发展，抓紧解决好红十字会的机构设置、人员配备以及经费、交通、用房等基本工作条件。

本年，省红十字会在建立、健全红十字会各项规章制度的同时，引入竞争机制，出台了《湖北省红会工作检查评比标准》。该“标准”以组织发展为重点，逐项分解到位，并根据地、市自然条件差异及起步早晚等因素，分别提出不同要求，促进了红会工作开展。

本年，襄樊市红会在该市12个县（市、区）全部建会，配有18名专职干部。全市成立基层组织570个，发展会员25812名。

本年，襄阳县峪山镇28所中、小学全部建立了红十字组织。而且，它们持之以恒地组织广大红十字青少年会员开展敬老助残、扶危济困等活动。对此，时任襄樊市红会名誉会长秦志维称赞道：“你们将红十字青少年工作与社会主义精神文明建设结合起来，并得到了社会及学生家长的认可和支持，希望你们进一步做好这方面的工作。”

本年，经各地红会推荐、评议，省红十字会三届二次常务理事会审议通过，授予武汉市红十字会等14个单位“1989年度湖北省红十字会先进集体”称号，授予秦志维等73人“1989年度湖北省红十字会先进会员（模范志愿工作者）”称号。其中，武汉市红十字会、襄樊市红十字会和十堰市红十字会是评比总分前三名，宜昌地区红十字会是组织发展工作单项第一名，黄冈地区红十字会是宣传工作单项第一名，沙市市红十字会是卫生救护训练工作单项第一名，武汉市红十字会还是社会福利工作单项第一名和青少年工作单项第一名。

本年，武汉市红十字会、武汉市江岸区红十字会、浠水县红十字会、谷城县红十字会、十堰市二汽二医院红十字会、宜昌地区卫校红十字会、沙市市红十字中心血站被总会评选为“1989年中国红十字会工作先进集体”。

本年，谷城县红十字会狠抓卫生救护培训，建立健全急救网络。以襄樊至武当山安全旅游线为重点，培训会员1500名，在安全旅游线上建立了33个红十字急救站，配备了33名急救联络员和51名村民义务救护员。各红十字急救站建立后，已成功地进行了29起较大型车祸事故的抢救和处理，抢救伤员600余名。

本年，襄樊市卫校共发展会员808人，成立红十字组织20个，并采取公开招标的形式招聘了7名红十字青少年干部；表彰了6个先进集体和59名先进会员，授予2名干部“最佳红十字青少年干部”的光荣称号；大力普及卫生急救知识，并把掌握卫生救护知识作为每个会员的必修课之一；将红会工作纳入学校教学计划，学校《教学简讯》不定期出红十字工作专辑，促进了校红会工作正规化、经常化、制度化方向发展。

本年，谷城县红十字会1986年至1989年累计向社会发出四次较大的募捐倡议，共募捐人民币68812元、粮票18323斤、衣物13866件，为受灾的267户、1335名群众排忧解难，帮助他们渡过了难关。开展不同形式的服务活动2410人次，受服务者4050人次。

1990年

1月，随州市红会将工作重点由城市转向农村，并以宣传工作为先导、以组织建设为重点、以开展活动为根本，确立了“工作有班子、实施有计划、发展有规划、督促有检查、效果有评价”的农村红会发展战略。

1月3日，武汉市江汉区红十字青少年工作委员会正式成立，其职责是协调全区红十字青少年工作的开展。

2月9日，随州市委办公室、市政府办公室以文件转发了市红十字会1990年红十字工作实施方案，并要求各地及各部门通力协作，保证红会工作的顺利开展。

2月15日至17日，中国红十字会第五次全国会员代表大会在京召开。会议通过了四届理事会工作报告和修改后的《中国红十字会章程》及《1990—1994年中国红十字会五年工作规划提要》。

2月18日，随州市召开全市红十字工作会议，市委、市人大、市政府、市政协的领导出席了会议，并作重要讲话。会议要求各乡镇红会尽快地调整和充实理事会成员，积极建立和发展管理区及村级红会组织；未成立红会的乡镇，要充分做好乡镇红会的筹建工作，争取尽快建会。

3月12日，湖北省红十字会召开三届三次理事扩大会，学习中国红十字会第五次全国会员代表大会精神。参加会议的有省红十字会理事，各地、市、州红十字会会长，卫生局分管红会工作的负责同志和红会专、兼职干部共65人。省政协副主席、省红十字会名誉会长林少南，副省长、省红十字会会长韩南鹏出席了会议。

3月16日，随州市红十字会在该市唐镇召开了农村红会组建工作现场会。该市“四大家”领导率领代表们参观了唐镇、尚市、厉山3个镇的村级红会，唐镇等乡镇红会还向代表们介绍了工作经验。

3月，武汉市红十字会成立备灾扶贫物资捐赠站后，武汉各界群众踊跃捐献，支持红十字会开展扶贫备灾工作。

4月4日，天门市红十字会正式成立，这宣告荆州地区11个县、市已全部成立了红十字会。

4月11日，省红十字会发出通知，要求在全省范围内开展学雷锋，讲奉献，纪念“五·八”世界红十字日活动。

4月16日，时任台湾地区红十字组织副秘书长常松茂，首次从台北市直接打电话给时任中国红十字会副秘书长曲折，请求该会关照其在大陆探亲途中因突发急性肠梗阻而入住湖北省宜昌市第一人民医院的夫人刘凤子。

4月25日，随州市万店镇红十字会召开常务理事会议，决定对该镇遭遇歹徒袭击而昏迷住院的龙兴湾村村民孙登勇发起社会募捐。当年5月10日，镇红会将募捐的3200元钱交到孙登勇妻子的手中。

4月29日，武汉市武昌县遭受龙卷风袭击后，武汉市红会通知青山区红会将准备上交的7000件募捐衣物火速送往灾区，支援当地灾民。

4月，应日本赤十字社邀请和总会安排，省红十字会派出武汉市红十字中心血站的余俊平，参加当年9月在日本举办的亚太地区输血研修班。通过这些研修活动，交流了学术经验，提高了输血技术水平，并增进了中外红十字组织间的友谊。

5月5日，时任台湾地区红十字组织副秘书长常松茂的夫人刘凤子病愈，乘飞机离武汉经香港返回台湾。临行前，刘凤子对大陆红十字会及湖北省各有关单位的多方关照深表谢意。返回台湾后，常松茂夫妇还向中国红十字会赠送纪念品以示感谢。总会和湖北省红十字会抓住刘凤子偶然病阻宜昌的时机，积极主动、顺乎自然地开展工作，取得了较好的效果，促进了海峡两岸红十字会的进一步了解、交流及合作。

5月6日，湖北省红十字会专家门诊部在武昌水果湖街头开展义诊，省红十字会名誉会长梁淑芬，省政府副省长、省红十字会会长韩南鹏等人亲切看望参加义诊的专家、教授，为红十字活动周拉开了序幕。

5月7日至12日，“五·八”活动周期间，黄石市红十字会、市献血领导小组联合在全市开展“无偿献血周”活动，对无偿献血者不仅授予无偿志愿献血铜质奖章一枚和一定的纪念品，而且发给《公民无偿献血证》，并把他们载入到黄石市公民无偿献血史册。据统计，此次活动共有240人报名，有150人经体检合格后无偿献血3万毫升。

5月8日，武汉市江岸区15条街的164名孤寡老人得到了由该区红十字会颁发的“幸福老人优待证”，持证老人可以在街红会统一安排的服务点，享受免费理发、洗澡、看电影（每月2次），免费进公园和其他娱乐场所，免费送米、送煤等服务。此外，省电视台在当日以头条新闻报道了省十字会、咸宁地区红十字会和崇阳县红十字会纪念“五·八”世界红十字日的活动。

5月8日和5月12日，湖北省红十字会第一医院（同济医院）与湖北省红十字会协和医院分别在航空路、协和医院门口设立咨询点，开展义诊活动，受到群众称赞。

5月18日，武汉市红十字会为郧阳地区竹溪县灾民送去第二批募捐衣物24164件。

5月21日至23日，省红十字会在荆门市召开了学习贯彻中国红十字会“五大”文件精神研讨会，全省部分县（市、区）以上红会专、兼职干部68人参加了研讨。研讨会的内容以学习、贯彻中国红十字会第五次全国代表大会的精神为主，并系统学习、讨论了李鹏总理的贺词、李铁映同志的重要讲话，以及《工作报告》《中国红十字会章程》等文件内容。

5月21日至6月2日，湖北省电力疗养院举办了两期心肺复苏训练师资班，来自全省电力系统各基层单位的主治医师、工程师共69人参加了学习，取得了良好的社会效益。

5月25日，经广水市人民政府批准，广水市红十字会正式成立。至此，孝感地区7个县（市）全部成立了红十字会。

5月26日，武汉市红会为新洲县贫困地区人民群众送去衣物5000余件。

5月，“五·八”活动周期间，湖北省电视报道红十字会活动25次，电台30次，报刊11篇，发放宣传材料47770份，办专栏519期；挂横幅715条，标语逾万条，放幻灯（片）30场，举办讲演、讲座10场。5千多名成年会员和2万多名红十字青少年参加了社会服务活动，10万余人受益；派出医疗队员582人，为3813人进行了检查、治疗；募捐29730.2元。

5月，“五·八”期间，钟祥县红十字会组织各医疗卫生单位义诊3天，免收挂号费，并提前将义诊通告通过电台、电视台、印刷品等向群众宣传，各医院的名医也亲自参加门诊；沙市市红十字会组织医院、学校、工厂、商店、演出团体等单位开展“奉献一条街”活动，除医疗咨询、义诊外，还有理发，修表、修车、家电维修、商品优惠展销等活动；襄樊市2万余名红十字青少年组成“奉献大队”和“服务小组”，深入街道、乡村开展各种有意义的纪念活动；宜昌县各乡镇普遍开展纪念活动，分乡镇红十字会召开演讲会，13 名会员联系学雷锋，结合红十字会的性质、宗旨和任务进行演讲，并倡议全体会员为孤寡老人募捐，共募得393. 20元；黄石市组织无偿献血活动，共有240人报名，经体检有150人无偿献血，献血量达3万毫升。

6月7日，五峰县红十字会正式宣告成立。宜昌地区行署副专员、地区红会会长张万英到会祝贺。至此，宜昌地区9个县（市）全部成立了红十字会。

6月8日至9日，宜昌县红十字会、县公安局、县卫生局联合举办机动车驾驶员卫生救护训练班，并率先在全县农村地区开展机动车驾驶员卫生救护训练。经过两天的紧张学习和操作，138 名司机全部领取了合格证。此外，该会全年共培训机动车驾驶员 7793 人、矿工及地质勘探人员292人、中小学高年级学生1101人、安全交通线村民78人，复训驾驶员1021人，师资培训23人，在全县产生较大影响。

6月16日，为庆祝江汉区红十字会恢复活动10周年，武汉市江汉区红会举办了大型文艺调演，来自辖区内28所中小学的500多名红十字青少年演出了45个精彩的节目，从不同角度反映了该区红十字青少年对党、对祖国、对红十字会的热爱之情，反映了广大红十字青少年丰富多彩的活动。市、区各级领导参加了文艺调演，市内各主要新闻媒体也给予了及时报道。

7月2日，鄂州市红会举办了机动车驾驶员卫生救护培训班。市人大、市政协、市政府、市委宣传部、市卫生局等单位领导出席了开学典礼。市红会名誉会长、市政协副主席阮宝洲在会上讲话，他对司机培训工作做了广泛宣传并提出了具体要求。培训期间，450 名学员被分成3个班，通过上理论课、看录像、模拟操作，初步掌握了卫生急救技能。

7月9日至10日，黄冈地区红十字会在英山县召开全区机动车驾驶员培训现场工作会议，学习推广英山县红十字会、县卫生局、县交警队联合开展机动车驾驶员培训的做法和经验。省红十字会副会长范维盛，黄冈地区红会副会长、地区卫生局副局长石中森，英山县红会会长、副县长冯木香出席会议并作讲话。地区各县（市）会代表参加了这次会议。

7月18日，随州市柳林镇金家桥村农民毛胜奎一家四口人因山洪暴发导致住房被冲毁后，该村红会及时向全村会员发起募捐，捐得现款760余元，木材料1.5立方米，当地民政部门也拨来了200元，红十字会会员又出义务工给他及时地盖了四间新房，在短短半月内一家人幸福地搬进了新房。

8月24日，为推动农村红十字会建设，通山县红会在县卫生局召开农村基层红会工作会议，着重研讨了从界水岭至九宫山安全旅游线建立红十字急救站问题，并对发展农村基层红会组织及开展卫生救护培训工作进行认真研究。

夏季，为了对红十字青少年进行一次人道主义、集体主义、爱国主义和国际主义教育，湖北省部分地（市）、县红会因地制宜，通过不同途径，采取不同形式，举办红十字青少年夏令营活动。黄石市红会在黄冈、鄂城举办了首届夏令营；咸宁地区红会在江西庐山举办了夏令营和会务知识竞赛活动；宜昌县在当阳、荆州等地举办了夏令营。

9月5日，《中国红十字报》以"从不间断的六百六十一天"为题，报道了武汉九中初二（3）班的红十字青少年风雨无阻地坚持义务接送身患脆骨病的同班同学余静上、下学的感人事迹。

9月10日至17日，省红十字会调研组对汉宜线（318国道）红十字安全交通线建设进行了一次全面的检查，基本摸清了公路沿线三地市（武汉市、荆州地区、宜昌地区）所辖的六县市（汉阳县、仙桃市、潜江市、江陵县、枝江县、宜昌县）红十字三级急救网络建设以及红会组织建设、机动车驾驶员培训等情况与目前存在的主要问题。该交通线建成红十字急救中心、急救站、急救点98个，培训了一批业务骨干和农民急救员，初步形成了红十字三级卫生救护网络。

9月17日，经过研究讨论，省红十字会制定了《湖北省红十字安全交通线建设标准》（试行），这为湖北省红十字安全交通线建设提供了规范和指导。

9月17日、18日，来凤县、武穴市红十字会分别宣告成立。至此，湖北省15个地、州的98个县、市、区全部恢复建立了红十字会，基层红十字会由1998本年的2907个发展到6208个，会员由476054人发展到785670人，占全省人口总数的1.46%。

9月24日，为了帮助遭受洪灾的群众尽快恢复生产，重建家园，荆门市东宝区红十字会将在辖区内各机关、团体、企事业单位募捐到的善款18671.63元、粮票2654斤、化肥10吨和捐衣物折款5000余元送到了灾区。荆门市红十字会也相继召开市一医、二医、中医院、防疫站、药检所红十字会负责人会议，并组织捐赠衣物784件送到了灾区。

9月，湖北省红十字会、省教委联合下发《关于加强学校红十字青少年工作的意见》，规定各地要按照积极、稳步、求实的方针，由城市到农村，在各级各类学校中逐步推开，有计划地发展学校红十字组织，争取到1994本年计划单列市市区有条件的学校建会数达80%以上；其他省辖市市区有条件的学校建会数达到60%以上；县实验小学全部建会，乡中心小学以上的学校基本建会。

10月16日，为了提高居委会红十字会干部的理论素质，促进红会活动的开展，襄樊市樊西区红会举办了有49人参加的居委会（包括樊西区辖区内企业）红会干部培训班。

11月初，《湖北省红十字安全交通线建设标准（试行）》正式印发实施。该“建设标准”明确了红十字安全交通线建设的目标、原则、训练对象、训练内容，并规定急救网络建设要做到组织落实、技术落实、设备落实、通讯及交通落实等，有利于相关工作的深入全面推进。

11月9日，宜昌市红十字会、卫生局、医学会、企事业医管会联合举办的“院前急救技术竞赛”正式举行。最终，市四医院获一等奖，市传染病医院、市一医院、葛洲坝电厂医院、宜昌医专附属医院等医院分获二、三等奖。宜昌市副市长、市红十字会会长符利民，市政府副秘书长、市红十字会副会长王浚山当场为获奖代表队颁发了奖状和奖金。市电视台、市电台、市报社做了现场采访报道。

11月14日，湖北省血吸虫病人抢救基金会成立，并开展基金筹募和帮助“晚血”患者等活动。该基金会是全国第一个抢救晚期血吸虫病人的基金会。

11月中旬，丹江口市红十字会副会长、卫生局局长余曙中带领市红会专、兼职干部对该市武当山旅游安全交通线上的急救站点进行了检查。丹江口市红会在当地土关垭乡、浪河镇、六里坪镇、丁营镇、武当山镇建起了1个急救中心、5个急救站、8个急救点，并落实了人员，配备了基本的急救器材和药物，挂起了牌子。安全交通线三级急救网络建设已初具规模。

11月，宜昌市红会举办由当地24个代表队参加的院前急救技术竞赛。经过紧张角逐，宜昌市第四医院、市传染病医院、市一医院、葛洲坝电厂医院、宜昌医专附属医院等分获一、二、三等奖。

11月，针对荆州地区血站一直没有建立、输血工作“三统一”难于执行和公民义务（无偿）献血无法开展等问题，省红十字会请总会贷款20万元给荆州地区红十字会，以便其开展业务。

12月12日至14日，省红十字会在宜昌县召开1990年年终工作总结会。省红十字会专职副会长范维盛，宜昌地区行政公署副秘书长、红会副会长樊堂荣，地区卫生局局长、红会副会长石慰平，宜昌县副县长、红会会长张克让出席会议并讲话；省红会副秘书长夏大鹏主持会议。全省15个地、市、州红会的负责同志参加了会议。会上，宜昌县红会作了题为“弘扬红十字精神，努力做好红会各项工作”的报告，县卫生局、公安局分别介绍了他们如何紧密配合红十字会，积极开展红会工作的经验和体会。

本年，随州市红十字会对各地红会工作进行了一次检查评比，经过全面检查，评出了11个先进集体和11名先进工作者，他们都是红会的专、兼职干部。

本年，随州市8个乡、22个镇、4个城区办事处、1个国营农场，所有医、药、卫生单位，驻随州市五大厂矿等全部建立了红会组织；142个管理区建会率达100%，47个居民委员会，建会42个，占89.36%；983个行政村，建会956个，占97.25%；在638所应建红会的高、中、小学、中专、技校中，现已建会632所，占99.5%（有500余所学校属村红十字会领导，未单独建会，没有做统计）。全市在1439787的总人口中，发展会员（含红十字青少年）124399人，占8.64%。建立1个经济实体（市红十字会医疗卫生服务站）、1个红十字会医院、1个红十字会血站（血站设在红十字会医院内）。

本年，在总会举办的“全国红十字青少年《我与红十字》有奖征文竞赛”活动中获奖的武汉市中国地质大学附中徐风琴（获一等奖）和武昌解放路小学罗静、宜昌市第五中学邹辉、襄樊市护士学校焦小冬（获二等奖）等4位同学，和他们所在学校分管红十字工作的校长一同赴北京领奖。

本年，恩施州所辖6县2市全部建会，宣恩、巴东、来凤等县政府在财政困难、编制紧张的情况下，仍努力为红会解决编制和经费问题，并选择配备红会专干，为其工作的开展奠定了基础。

本年，经过评选，秦志维等73人荣获“一九八九年度湖北省红十字会先进会员（模范志愿工作者）”称号。

本年，湖北红会有5千多名成年会员和2万多名红十字青少年参加了社会服务活动，10万余人受益；派出医疗队员582人，为3813人进行了检查、治疗；建成红十字急救中心、急救站、急救点98个。但是，“少数县市区红会仍是空架子，没有专干，没有经费”。

本年，湖北省有709633人接受了红十字会组织的卫生救护培训。荆门、鄂州、黄石、宜昌等市完成机动车驾驶员卫生救护培训数占驾驶员总数的33%以上，武汉市完成培训总数的55%，孝感、郧阳、咸宁、荆州四地均在部分县市开展了机动车驾驶员卫生救护训练的试点工作；沙市市完成了6430名驾驶员的复训工作，并为4837辆机动车装配了急救包，装配率达75.22%。

本年，黄冈地区红十字会组织擅长内、外、妇、检验科等专业的副主任医师、主治医师共6人，到红安县七里坪镇开展巡回医疗，免费为苏区人民防病治病，深受群众欢迎。

本年，湖北省有47592名红十字青少年接受了初级卫生救护训练，不少小会员已成为学校卫生保健工作的骨干，并为湖北省红十字会赢得了全国性的荣誉。

本年，襄樊市2万余名红十字青少年组成“奉献大队”和“服务小组”，深入街道、乡村开展为孤寡老人送温暖等各种有意义的纪念活动。

本年，在全国红十字青少年会务及卫生救护知识竞赛中，宜昌市第五中学获得较好成绩，该校48名青少年会员榜上有名，其中获二等奖3项，获三等奖7项。在总会举办的“全国红十字青少年《我与红十字》有奖征文竞赛”活动中，武汉市中国地质大学附中、武昌解放路小学、宜昌市第五中学、襄樊市护士学校的红十字青少年获一等奖1项、二等奖3项。

本年，武汉市红十字会选送的该会红十字青少年创作的1幅作品获“国际儿童画展”二等奖，另有4幅作品获三等奖。

本年，湖北省各级红会累计印制各种宣传材料119790份，举办黑板报、宣传栏7618期，报纸、杂志刊登红会稿件464份（其中，中央级报刊38份，省级33份，县市级393份），电视报道256次，广播412次。尤其是，武汉市红十字会拍摄的反映红十字活动的新闻片《人道之光》在湖北省电视台播放后，社会反映很好，并在总会举办的“首届中国红十字影视节”上获三等奖。

本年，随州市35个乡镇、1030个村（居）委会建立了红十字会组织；宜昌县、远安县乡镇红十字会建会率均达到100%；远安县有5个乡镇红会配备了兼职红会干部，2个乡镇红会落实了专项活动经费；浠水县26个乡镇已有25个成立了红十字会，发展会员9986人，占总人口的1%；大冶县21个乡镇全部建会，其中保安镇发展基层红会组织41个，会员2934人，占总人口的5.2%。

本年，郧阳地区红十字会派出扶贫医疗队，赴鄂西北山区的房山县中坝乡开展巡回医防。在半年多时间里，队员们跑遍全乡24个村组，行程1000多公里，巡回诊治病人3321人次，检查治疗疥疮及地方病995人次，减免142名特困病人医药费1500多元。随州市红会根据农村的特点，组织红十字会员为2159个无劳力农户助耕、助种、助收农田9614亩，为5800名孤寡老人和伤残人开展“三定一包”服务，并为1000多名孤寡老人建立了健康档案，深受广大农民群众的欢迎。

本年，黄石市对全市9个煤矿进行了三级急救网络的建设，建立了基层红会组织，并培训井下班组长、安全员、放炮员等不脱产红十字急救员1039名，初步实现了井下工人小伤小病能及时诊治，碰到意外事故能及时开展现场处理。

本年，十堰市举办了电工卫生救护培训班，荆门市培训了300名船舶驾驶员，其他地市也对饮食、商业、旅游等行业的人员进行了培训，均受到群众们的欢迎。

本年，武汉市红十字会制定了《武汉市红十字青少年组织规程》，仙桃市红会与市教委联合制定了《仙桃市学校红十字工作管理细则》。这些措施促进了学校红会工作朝正规化、经常化、制度化方向发展。

本年，宜昌县县委同意将宜昌县红十字会列为副局级发文单位，经费列入财政预算，并逐年有所增加。同时，县政府发文任命了专职副会长。

本年，随州市红十字会加强组织建设，发展会员（含红十字青少年）124399人；武汉市红会在学校的红十字青少年会员达12万多人。

本年，安陆市机动车驾驶员卫生救护训练共举办了9个班次，训练驾驶员584名，均领取了急救证。

本年，在“五·八”期间收缴会费已在湖北省形成制度。黄石市80.4%的基层组织、71.7%的会员按时缴纳了会费；武汉市单位和个人缴纳会费的比例分别达到70%和68.2%；沙市市团体会员单位收缴率达到85.7%；黄冈地区缴纳会费人数达会员总数的53.2%，其中黄梅县3486名会员全部缴纳了会费，阳新县会费收缴率也达到80%以上。

本年，郧阳地区红会派出两个医疗队深入当地山区开展为期半年的医疗扶贫工作，并从红十字活动经费中为442名特困病人减免医药费2500元，深受农民群众欢迎。此外，鄂西州组建救灾医疗队16个，黄冈地区红十字会也多次派出医疗队赴灾区、老苏区防病治病，群众反映很好。

本年，为了更主动积极地参与救灾扶贫工作，武汉市红十字会在市收容站内建立了武汉市红十字会备灾扶贫物资募捐站，向全市各界发出了《关于筹募备灾扶贫物资的倡议书》。不到两个月时间，募捐站收到群众捐献的各种旧衣服60多万件。经过整理分类，大多数已发放给黄陂、武昌、新洲、竹溪等县和湖南省湘西自治州贫困乡村的灾民。此外，武昌县河脑乡遭受龙卷风袭击后，武汉市红会及时发出《关于为武昌县河脑乡筹募救灾款的倡议书》，很快收到会员捐款5万多元，市红会将募捐款和2万件群众捐献尚未进库的衣服及时送到灾民的手中。

本年，随州市红十字会根据《中国红十字会章程》中的有关规定，结合当地实际情况，对乡镇管理区及村红会实施了“三级管理”：各级红会在接受同级党委和政府领导的同时，市红会负责管理和指导乡镇红会工作；乡镇红会负责管理和指导管理区红会工作；管理区红会负责管理和指导村红会工作。同时，该会还采取了定性与定量相结合的现代管理办法，制定了基层红会任务指标和考核标准，各乡镇红会根据市红会提出的工作任务指标及考核标准，每半年进行一次自查，年终由市红会组织考核小组进行核查。

本年，罗田县红会及时向社会各界发出募捐倡议，在20天内收到捐款31521.26元、粮票859.7斤、衣物1400余件。县红会及时将这批物资送到灾民手中，帮助灾民迅速恢复生产，重建家园。远安县红会积极参与当地“8.14洪水”灾害救灾工作，倡议募捐。在一周内有5000人捐款9万多元、粮票5千多斤，帮助灾民渡过了难关，受到了党和政府的赞赏，社会的好评。郧阳地区遭受风暴冰雹袭击后，竹溪、竹山、房县和丹江口市红会纷纷向社会发起募捐活动，为灾民送去现金11540元、粮票2504斤、衣物1200件。

本年，随州市对17731名村电工、建筑工人、卫生员、中小学生和机动车辆驾驶员进行了初级卫生救护培训，使学员基本上掌握了止血、包扎、固定、搬运四大卫生救护技术及农药中毒、中暑、溺水、触电等农村常见急性事故现场救护的基本方法。

本年，湖北省共举办各种类型的红十字青少年夏令营309期，参加夏令营活动的红十字青少年7622人。特别是，鄂州市红十字会举办的以“敬老助残，助人为乐”为主题口号的红十字青少年夏令营，使红十字青少年从小养成了良好的道德风尚。

本年，随州市各地红十字会在抗旱、抗洪中组织红十字医疗队，深入到田间、地头、抢险工地，送医、送药、送温暖，防病治病。共组织医疗队22个，队员2301人；义诊7165人次，健康咨询服务2396人，义务体检4659人次。针对洪涝旱灾，部分乡镇红十字会还在当地政府同意和领导下，组织了不同形式、不同范围的募捐活动，共募捐人民币2558元、实物价值11676元、粮食2534公斤，不仅解决了重灾户的困难，而且鼓励和扶持了再生产。全市农村红会共帮助2159个无劳力户助耕、助种、助收农田9614亩，帮助上千户家庭和个人解决了生活及经济上的特殊困难。

1991年

1月，为增强红十字会实力和发展社会福利事业，武汉市红十字会先后办起了“红十字药材公司”“红十字采血站”“门诊部”“针织厂”等9个经济实体。

1月，湖北省徐凤琴荣获总会主办的全国红十字青少年《我与红十字》征文一等奖，邹辉、罗静、焦小东、阎红果荣获二等奖。

春节前夕，咸宁地区红十字会组织慰问组前往阳新县慰问晚期血吸虫病人，将20床棉被和1000元食品亲自送到病人家中，深受当地政府和“晚血”病人的欢迎。

年初，德国巴登·符腾堡州红十字会捐赠80万德国马克，为潜江市急救中心配备24部小型接收电台和1部中心控制台、3部奔驰救护车，以及X光拍片机、快速生化检测仪和多功能急救箱。

年初，湖北省消防器材厂在其管理的1800名犯人中发展红十字会员。

3月6日，省红十字会下发了《关于管好用好救灾款物的通知》，要求各地红十字会加强救灾款物管理工作。

3月底，在咸宁地区直属单位开展的晚期血吸虫病人抢救基金募捐活动中，有152个地直单位向地区募捐办公室交来个人和单位款项4万多元，其中个人募捐100元以上的有10人，单位募捐1000元的有12个。

春季，宜昌县红十字会在春耕时节为全县11户台属贫困户送去急需的化肥和春耕物资，受到台属们的交口称赞。

4月至5月，湖北省红十字会邀请德国巴登·符腾堡州红十字会的3位急救专家来鄂，对德方资助的潜江急救中心的设备使用情况进行评估，并举办了两期红会急救人员培训班。

5月7日，为检验驾驶员急救训练成果，促进驾驶员卫生几乎培训向更深层次发展，宜昌地区红十字会与卫生局、公安处、交通局于联合举办了全区机动车驾驶员卫生急救知识技能竞赛，经过角逐，宜昌县、枝江县、长阳县代表队分别获得一、二、三名。

5月7日，鄂州市副市长、市红会会长朱曙霞在"世界红十字日"前夕发表广播电视讲话，要求红十字会工作要以党的十三届七中全会精神为指南，大力宣传我国政府热爱和平、反对战争的正义形象，尽职尽责做好自身工作；各级政府要加强对红十字会工作的领导，切实帮助解决红会工作中的实际困难和问题；卫生、民政、教育、财政等部门都要大力关心和支持红十字会工作，为加速我国社会主义精神文明和物质文明建设和创建有中国特色的红十字事业作出更大贡献。

6月21日，《中国红十字会参与自然灾害救济工作的暂行规定》出台，为各地红十字会程序化、规范化和制度化地开展自然灾害救济工作提供了根本遵循。

6月，湖北省消防器材厂在其管理的囚犯中共发展会员975人，申请入会人数1200人，分别占全厂服刑人员总数的58%和70%。

7月22日，十堰市红十字会发出《关于开展"我为灾区奉献一份爱"活动的紧急通知》，要求红十字会员积极行动起来，以慷慨解囊的实际行动进一步弘扬红十字人道主义精神，支援灾区人民抗洪救灾。

7月31日，总会将海内外组织和个人捐赠的抗洪救灾善款140万元拨给湖北省红十字会，用于支援湖北省灾区民众抗洪救灾和重建家园。

8月7日，省红十字会召集部分地市红会秘书长、专职干部根据总会有关救灾工作的规定，讨论管好用好抗洪救灾救灾款物的具体措施。要求各级红十字会要注重调查研究，严格发放手续，作到公正、公平、合理、高质量、高速度地完成救灾物资发放任务。

夏季，湖北省遭受了历史罕见的特大洪涝灾害，受灾粮田3100多万亩，受灾人口2600多万，直接经济损失70多亿元。总会获悉湖北灾情后，迅速下拨救灾款325万元，调拨海内外捐赠的救灾物资价值1669.724万元。广东省江门市红十字会、青海省红十字会、广州、上海、北京、广东省中山市等先后汇出捐款达12.2万元；香港"送暖行动"及国内部分厂家捐资价值约285万元。据初步统计，这些物资下发到湖北省14个地市州1个林区，67个县市1125个乡镇，受益群众达到3000万人。

夏季，麻城市红十字会组织150余名红十字会员参加市区河堤的抢险，连续7天7夜守护在大堤上；罗田县红十字会组织48支红十字抢险突击队，协助民政部门转移灾民 147 人，为抗洪大军提供医疗服务 41200 余人次；武汉市红十字会还及时为护堤解放军官兵送去解暑降温得冰棒和饮料。

夏季，在抗洪救灾中，省红十字会及时下拨 98.8 万元救灾款用于派遣医疗队，并将海内外捐赠的价值 404.49 万元的药品全部用于灾民治疗。全省各级红十字会协助政府卫生部门共派遣了有 17284 人参加的 2148 个医疗队奔赴灾区，救治伤病员达 185 万人。医疗队还在灾区开展卫生宣传教育工作，仅公安县红十字会就在灾区举办了 300 多次卫生知识讲座，发放卫生宣传资料 1.5 万册，受教育的灾民达 20 多万人次。

夏季，京山县红十字会举办的“风雨同舟，情暖人间”救灾捐赠义演轰动全县，仅 3 小时就收到捐款 13 余万元。南漳县红十字会开展“向灾区人民伸出援助之手”募捐活动，获得捐款 5260 元。武汉市 1 万名红十字青少年上街宣传抗灾自救并开展募捐活动，在两天中共募得善款 123 余万元、粮食 560 多斤。武汉市新洲县红十字会医药服务部还向灾民提供了价值 1060 元的药品，并向灾民捐款 2000 元。

夏季，在抗洪救灾中，台湾地区红十字组织通过总会和省红十字会捐赠给湖北省灾区药品 7 种 16 箱。

9 月 27 日，为了督促各级红十字会切实按照总会及捐赠者意图，将救灾物资迅速准确下发到灾民手中，省红十字会下发了《关于对救灾款物发放情况进行检查的通知》。省红十字会在各地自查的基础上，于当年 11 月底对部分县市的发放情况进行了抽查。抽查结果表明，红十字会系统下发的物资绝大部分做到了及时发放，及时向捐赠单位反馈，并做到严格纪律、严格发放手续。

11 月底，湖北省全省基层红十字会达到 7701 个，会员总数达到 1069885 人，占全省人口总数的 2.05%；在省境内的 318 国道、107 国道、106 国道、襄樊至武当山、通山至九宫山等主要交通干线上初步建立了红十字急救网络。

11 月底，湖北省累计培训机动车驾驶员 113431 人，占驾驶员总数的 24.41%；经考试合格，发给急救员证的有 109413 人，占培训人数的 96.46%；配备急救包的有 65053 人，占培训人数的 55.59%。宜昌市红十字会对 16916 名机动车驾驶员进行卫生救护培训，占驾驶员总数的 97.78%。黄石市红十字会对 6889 名驾驶员进行了救护培训，占全市机动车驾驶员的 63.29%。鄂西、郧阳山区驾驶员卫生救护培训工作在先行试点的基础上已普遍开始起步。

11 月底，襄樊市所辖的 8 个县市，有 6 个县市的乡镇建会率达到 100%。

12 月 5 日，省红十字会共接受、发放台湾、香港等红十字会捐赠的大米 6000 吨、饼干等食品 15 集装箱、面粉 4 集装箱及总重量达 7000 余吨零散物资，加上总会下拨的救灾款，总价值近 2000 万元，使 71 个县、市、林区的 2600 万人口从中受益。

12 月 19 日，湖北省委、省政府向中国红十字会致感谢信，感谢该会在抗洪救灾中给予湖北省的帮助。截至当年 9 月底，总会向湖北省下拨外国援助的救助款 370 万元，以及粮食、衣物、药品、汽车等大批救灾物资，这些款物为湖北灾区人民重建家园发挥了重要作用。

12 月 28 日，宜昌市第五中学建成湖北省第一所红十字青少年卫生保健站。宜昌市红十字会的有关领导出席了成立仪式。

12 月，从省、地市红会和有关审计、监察部门的检查来看，湖北红会抗洪救灾物资经费发放符合国际红十字组织和总会的要求，未发现一起违法现象，受到湖北省政府有关领导的多次肯定和好评。

本年，湖北省 15 个地、市、州，98 个县、市、区红会办公室共配备专职干部编制 165 人，基层红会组织达到 7701 个；会员总数达到 1069885 人，其中在校红十字青少年数达 399187 人，占全省会员总数的 37.31%；湖北省成为全国红会会员数量超过百万的 6 个省、市之一；从而为红十字事业的进一步发展奠定了良好的基础。

本年，湖北红十字会在进行抗洪救灾工作的同时，还会同有关地、市、县红会，在省境内的 318 国道、107 国道、106 国道等三条国道上开展了红十字安全交通线建设活动，全省共建急救网点 289 个，培训机动车驾驶员 10 万人，培训业务骨干及农民急救员 2500 余人。学员们在抢救车祸事故、农药中毒、外伤以及自救互救活动中，发挥了积极作用，多次受到有关部门和广大群众的好评，并得到德国巴登·符腾堡州红十字会急救专家的赞扬及总会领导的肯定。

本年，武汉市全市有 5000 多名会员和红十字青少年采取小组承包或“一条龙”服务方式，为分散在社会上的 1000 多名孤残人士提供家庭护理、代买米买煤、洗衣缝被、送医送药等服务，并形成了一个全市性的服务网络。

本年，武汉市举办了第二届红十字青少年亨利·杜南杯作文、绘画竞赛，并表彰了学校红会工作“十佳”集体和“十佳”个人。

本年，在全国青少年《居安思危》绘画作品和竞赛中，武汉市第十六中学唐怡同学获二等奖；宜昌市和武汉市分别有2名学生获优秀奖。

本年，湖北红会共受理两岸“寻人表格”和申请245起，查到结果97起，协助处理台胞其他事件104起。

本年，湖北省遭遇严重水灾后，省红十字会通过向总会和红十字会与红新月会国际联合会紧急呼吁，先后争取到境外捐款、捐物约2500万元，有力支援了灾区人民的生活和生产自救，受到社会各界的广泛赞誉。

本年，在各级政府领导的重视和支持下，以抗洪救灾为契机，鄂西、咸宁、兴山、长阳等地的红会明确了办事机构，增加了人员编制，配备了专职干部。

本年，随州市红十字会拥有村级红十字救护队923个，救护队员4615人，在途经随州境内的汉十公路、洪保公路、随信公路建立了三条交通安全线，设立了20个红十字急救站；在市红十字会医院，建立了一个急救中心；各乡镇红会以当地卫生院为依托，积极组织和开展了群众性的卫生救护训练活动。

本年，湖北省县以上组会组织加强自身建设，通过向地方政府争取，增加了人员编制，配备了专职干部，全省专职干部人数从1990年的95人增加到148人。但全省尚有32个县市，14个城区未列编，红会干部的职务、职称、聘任问题一直未解决，直接影响了红会干部队伍的稳定。

本年，省红十字会直接争取到海内外捐赠的价值300多万元的救灾物资。通过各种途径举办义诊、义演、上街劝募等形式募集捐款397518.04元、衣物折价2373160.5元、粮票112147.8斤。

本年，在抗洪救灾期间，武汉市组织万名红十字青少年顶烈日、冒酷暑上街劝募捐款。两天中共收到捐款12291.61元。

本年，十堰市红十字会根据以服务为主、以福利为辅的指导思想，对“三定一包”的具体内容和要求做出了明确的规定，各基层红会组织按照分片包干责任要求，定期组织服务小组到服务店开展活动，全市参加服务活动的会员达31713人次。

本年，湖北省晚期血吸虫病人抢救基金会募集基金64万多元。其中，荆州地区募集26.8万元，咸宁地区募集10.035万元。通山县红十字会利用义诊、义检等多种形式开展“为抢救晚血病人，请你献一份爱”的募捐活动，当地通羊三小百余名学生把平时积攒起来的37.79元零用钱捐给了基金会。咸宁地区也拿出部分基金对咸宁市、阳新县的部分“晚血”病人进行了慰问活动。

本年，荆门市红十字会会同煤化、劳动、卫生部门联合下发了关于开展矿工救护训练的文件，成立了救护训练办事机构。全市共训练矿工605人，占矿工总人数的59.5%，凡参加受训的矿工学员均领取了急救员证，同时被吸收为中国红十字会会员。

本年，湖北省举办各种类型的红十字青少年夏令营共292期，21834名红十字青少年参加了夏令营活动；举办各种智力竞赛558次，丰富了学校第二课堂的教学内容。尤其是，宜昌市红十字青少年夏令营举办的会务、卫生救护知识百题竞赛和《我参加了红十字青少年夏令营》征文竞赛，融知识性和趣味性于一体，使青少年在活泼愉快的气氛中受到了红会知识的教育。

本年，罗田县红十字会在百年未遇的洪涝灾害面前，充分利用红会的特殊地位，主动与142位罗田籍“三胞”（港、澳、台）联系，通报灾情和家乡人民奋力抗灾所取得的成绩，同时注意做好回乡探亲“三胞”的接待工作，经过努力，共收到“三胞”捐款67460美元、人民币2800元。此外，枝城市红十字会收到台胞袁联杰先生捐赠的一辆丰田12座旅游车。

本年，湖北省各地红十字会的工作受到当地新闻媒体的关注，全省电视报道红会活动458次，电台广播743次，报纸杂志报道740次。同时，各级红会组织加强对外宣传工作，共出简报1053期，举办宣传栏8981期。

1992年

1月9日，武汉市红十字青少年委员会到武汉市六中检查工作，听取该校工作汇报，并帮助解决该校卫生站在开展工作中遇到的困难和问题。

1月16日，宜昌市红十字会接收到省红十字会转交的国内外捐赠的大米、棉被、药品等物资，折合人民币168万余元，并在政府部门的帮助下及时发放给了当地遭受水、旱、暴风灾害的灾民。

2月，武汉市武昌区红会在组织发展中注意发展热心公益事业、承认红十字会章程的个体户入会。春节期间，该会的个体户会员为孤寡老人服务，用去费用1万余元。

3 月 23 日，麻城县红十字会和该县三河镇红十字会救治当地三河水库特大沉船事故的伤员，当场捞起 12 人，救活 9 人。

3 月，根据总会下发的《关于表彰 1991 年抗洪救灾先进集体、先进个人的决定》，湖北省红十字会、武汉市红十字会、荆州地区红十字会、黄冈地区红十字会、孝感地区红十字会、咸宁地区红十字会、鄂西自治州红十字会、宜昌地区红十字会、公安县红十字会等 9 个红十字会被授予“1991 年抗洪救灾先进集体”称号，邓红、尤德新、袁竞等 41 人被授予“1991 年抗洪救灾先进个人”称号。

4 月，省红十字会利用总会拨付的台湾地区红十字组织捐赠的 28 万余元善款，在受灾较严重的荆州、黄冈、孝感、咸宁等地为灾民修建饮水设施。

4 月，《中国红十字报》对武汉市汉阳区翠微街西桥居委会红十字卫生站救助台属张文燕老人的先进事迹做了报道。20 世纪 80 年代以来，翠微街西桥居委会红十字卫生站为了不使台属张文燕老人在生活上感到困难，坚持把张文燕老人同其他烈军属、散居孤老一样照顾好，做到“三定一包”。每逢节日，他们就上门慰问，帮助打扫卫生，平时帮助买煤买米。当张文燕老人生病后，他们又派专人护理，亲自上门送医送药。他们把台属当亲人，使老人感到在社会主义大家庭中有温暖，感受到社会主义制度的优越性。张文燕老人常说：“红十字会好，都是做好事的。”当张文燕老人患病三个月医治无效逝世后，该居委会红十字卫生站又帮助接待亲友，负责料理后事，对一切事务都做了妥善处理。

5 月上旬，武汉市红十字会召开第四次会员代表大会，并发出倡议，筹集资金建设备灾救灾仓库。仅半个月时间，就收到募捐款 4.6 万多元，武汉市副市长、市红会会长高顺龄带头捐献 200 元。

5 月 15 日，十堰市红十字会召开一届五次扩大会议，表彰在 1991 年救死扶伤、敬老助残等活动中的 14 个先进集体和 128 名先进个人。

5 月 26 日至 27 日，罗田县红十字会、县政协卫生组、县卫生局组织 20 多名县直系统政协委员、红十字会员，专程到全国重点扶持的“希望工程”之一——罗田县落梅河乡希望小学开展义务服务，免费为该校 300 多名师生免费进行体检和常见病查治，并为每位学生送上一份儿童节礼物。

5 月 28 日，广水市场寨村旱井冲村小学红十字青少年委员会成立，这是孝感地区首所农村小学红十字青少年组织。该校根据农村红十字会的特点，组建了扶贫助残组、讲卫生组、宣传报道组，先后组织捐款，购买食品和生活用品慰问孤寡老人，并组织 110 名会员走村串户，宣传红十字，讲解红十字，把红十字精神传遍万家。

5 月，省红十字会授予荆州地区红十字会等 20 家单位“1991 年抗洪救灾先进集体”称号，授予时任荆州地区红十字会副会长、卫生局局长樊哲林等人“1991 年抗洪救灾先进个人”称号。

6 月上旬，谷城县遭遇严重旱情后，当地红会组织抗旱救灾募捐保丰收活动，仅当地卫生系统红十字会会员就募集 21000 多元善款，并及时送到各个受灾的乡镇。同时，该会发出通知，要求当地医疗系统红十字会做好肠道传染病防治工作。

6 月 17 日至 24 日，十堰市红会根据年初下达的工作任务，组织人力开展半年工作检查。检查采取听取汇报、看原始资料、交换发现的问题和改进措施的形式，按照时间过半、任务过半的标准，对全年工作进行打分，并与年终奖惩挂钩。

6 月 23 日至 27 日，湖北省红十字会在荆州市举办红会专职干部会务知识培训班，来自全省各地红会的 80 多人红会专职干部参加培训。培训班以组织发展、卫生救护培训、救灾和社会福利、红十字青少年、宣传工作为主要议题，采取集体讨论、中心发言和主持人专题小结的形式，收到良好效果。

6 月，广水市场寨村旱井冲村小学红十字青少年利用农忙时机，佩戴红十字徽章，到村镇宣传红十字知识，并为广大农民群众服务。

6 月，湖北省有红十字会基层组织 7701 个，各地红十字会配备红会干部编制 174 人。

夏季，湖北省各地红会先后购买 31.1 万元的药品发到遭受洪灾的地、县，并组织 102 支红十字医疗队，开展预防接种和医治病人 146864 人次。

9 月 15 日，湖北省机构编制委员会批复：同意成立中国红十字会湖北备灾救灾中心，明确该“中心”为湖北省红十字会直属事业单位，暂定事业编制 7 人。

9 月 28 日，湖北省红十字会卫生保健公司在武昌成立。湖北省政协副主席、省红十字会名誉会长林少南，省红十字会副会长涂用宏及有关方面负责同志参加开业典礼。该公司属于全民所有制经营性企业单位，组织上实行省红会领导下的经理负责制，所有人员采用聘用制，经济上实行独立核算，自负盈亏，所获利润按比例上交省红十字会。

10 月，省红十字会投入 10 万元，并利用总会、德国红十字会等捐赠的240万元经费，建设中国红十字会湖北备灾救灾中心。该“中心”是按照总会的统一要求建设的备灾、救灾区域性网络的骨干工程。

10月，在1992年中国红十字会报刊工作会议上，湖北省十堰市红十字会被评为1992年红十字报刊发行工作先进基层单位。

11月，为响应红十字与红新月联合会发出的1992至1996年发展和备灾呼吁，在国际联合会的协助和见证下，中国红十字会和德国红十字会签署协议，联合建设“湖北省孝感市救灾备灾中心”，两国红十字会分别将湖北省分会和巴登·符腾堡分会纳入这个工程。

12月，谷城县红会响应当地党委政府号召，动员18000余名会员为当地白水峪电站工程捐款9.3万余元，支援当地工农业建设，为该工程早日上马奠定了基础。

本年，为表彰罗田县红十字会的工作，罗田县地方志办公室将当地红会工作录入县志，载入罗田县史册。

本年，长阳土家族自治县红会向当地遭受旱灾的灾区拨款3万元，并接受宜昌市红十字会转来的台湾红会捐赠的大米120吨，衣物1600余件，及数百床棉被、毛毯。

本年，武汉市武昌区红会发挥“两长一员”（会长、秘书长和宣传员）的作用，各负其责，并与其他工作较好地结合，推动工作取得明显成效。

本年，由于在1991年湖北省抗洪救灾工作中的英勇表现，鄂西州红十字会分别被总会和湖北省红十字会授予“抗洪救灾先进集体”称号，时任鄂西州红十字会秘书长陈太英被总会和湖北省红十字会授予“抗洪救灾先进个人”称号；时任鄂西州药品检验所红十字会秘书长袁华美和时任鄂西州人民医院红十字会会长、院长李济被湖北省红十字会授予“湖北省抗洪救灾先进个人”称号。

1993年

1月，经湖北省编制委员会批准，中国红十字会湖北备灾救灾中心正式成立，为湖北省红十字会直属事业单位。

2月2日，根据总会下发的《关于表彰中国红十字会全国先进集体和先进会员的决定》，湖北省武汉市红十字会、武汉市青山区红十字会、大冶县保安镇红十字会等14家单位被评为“1992年中国红十字会全国先进集体”，来自湖北省红十字会的孙志敏、陈永翠、徐丽等73人当选“1992年中国红十字会全国先进会员”。

2月14日，宜昌市红会派出救护车免费救助回乡探亲却突发脑出血的荷兰籍华人张敦和，并派副会长杨嗣润到医院看望慰问张敦和，向其赠送鲜花和纪念品。

3月，时任鄂西州红十字会秘书长陈太英，鄂西州人民医院红十字会会长、院长李济，以及来凤县红十字会副秘书长王世茂分别被总会和省红十字会评为“1992年先进会员”；时任鄂西州红十字会医院办公室主任莫益增、利川市红十字会秘书长杨旬娅等人被省红十字会评为“湖北省红十字会1992年先进会员”。

3月，省红十字会发出通知，要求各地红会在“五·八”纪念活动期间，会同有关部门联合开展无偿献血的宣传活动，争取在无偿献血人数有一个新的突破。

6月，省红十字会批复，同意命名英山县红十字医院。

8月28日，四川省重庆地区和万县地区遭受洪涝灾害后，武汉市红十字会接受总会委托，用总会转交的香港红十字组织捐赠的50万元善款购买药品等救灾物资，及时发往灾区，支援灾区抗洪救灾和重建家园。

8月，湖北各地红会积极参与总会组织的《中华人民共和国红十字会法》征求意见活动，并在认真研究讨论后提出了11条意见建议。

9月，中国红十字会湖北救灾备灾中心主楼及其必备的配套设施建设顺利完成。该工程成为中、德红十字会合作的典范，也使湖北省一跃成为全国备灾救灾中心之一，提升了湖北省乃至中南地区的备灾救灾能力。

10月5日，总会下发《中国红十字会备灾救灾中心建设与管理暂行规定》，为各地红十字会备灾救灾中心建设与管理提供了规范和依据。

10月31日，第八届全国人民代表大会常务委员会第四次会议通过《中华人民共和国红十字会法》。该法确立了依法建会的基本思路和依法兴会的发展方略，为各地红十字事业发展提供了行动指南和法律保障。

11月6日，省红十字会根据湖北省的实际情况，下发了《关于学习、宣传〈中华人民共和国红十字会法〉的通知》，要求各级红会和广大会员要认真学习，广泛宣传《红十字会法》，并结合本地实际，制定切实可行的计划，集中力量向社会广泛宣传《红十字会法》，打牢实施《红十字会法》的群众基础，并要求各地将之作为中心工作来抓。湖北红会还努力争取地方人大和政府的支持，加快出台与《红十字会法》相配套的地方性法规。此外，武汉市青山区红十字会立即召开区红会理事会议，并向基层红会下发通知，号召各位会员认真学习领会各项条款，掀起了学习《红十字会法》的高潮。

11 月中旬，为贯彻落实中国红十字会救灾备灾工作研讨会精神，交流各地近年来救灾备灾工作经验，探讨新形势下救灾备灾工作的有关问题，全面提高湖北省红会干部和各级红十字会救灾备灾管理工作水平，湖北省红十字会举办救灾备灾工作培训班。各地、市、州及林区红会秘书长以及部分县（市）红会分管救灾备灾工作的专职干部参加了培训。

11 月下旬，省红十字会在孝感市举办了由各地、市、州及部分县、市红会秘书长参加的学习《红十字会法》骨干培训班，传达总会有关精神，收看新闻发布会的录像，收听全国人大常委会法工委和国务院法制局有关《红十字会法》的辅导报告，并逐条逐句地学习法律条文。在培训班上，省红十字会还将翻印的 10000 册《红十字会法》发给学员，供他们学习。荆州等地、市还选送部分骨干参加全国人大常委会法工委在京举办的《红十字会法》培训班。

本年，时任仙桃市妇幼保健院副院长郭秋生、时任武汉市公交管理局车管所副所长彭良友、时任襄樊市红十字会名誉会长秦志维和十堰市一中王传海获得“一九九二年度湖北省模范志愿工作者”称号。

本年，英山县红会大力兴办实体，开办了英山县兴卫服务公司，当年完成产值 10 万元，获利 2.5 万元，这增强了该县红会的实力。同时，英山县红会大力加强组织建设和业务推展，拥有基层组织 97 个、会员 9600 人，其中红十字青少年会员 1900 人。

1994 年

1 月 4 日，湖北省人大教科文卫委员会、省委宣传部、省红十字会联合召开宣传贯彻《中华人民共和国红十字会法》座谈会。会议由省人大常委会副主任、省红十字会名誉会长梁淑芬主持，省政府副省长、省红十字会会长韩南鹏在会上作了重要讲话，来自省人大法工委、省政府法制办、省政府办公厅、省编委、省财政厅、省卫生厅、省工商局及《湖北日报》社、湖北电视台、湖北人民广播电台等单位的 30 余名代表参加了座谈。宜昌、黄冈等地市也召开了由政府各部门、社会各界和新闻单位参加的座谈会，向社会各界广泛宣传了《红十字会法》的主要内容和重要意义。

1 月 9 日，春节前夕，武汉市红会开展向散住在武汉市的孤寡老人、市麻风病院麻风病人、社会福利院孤残儿童等节前送温暖活动，并送去了价值 12 万元的慰问品。

1 月 25 日，针对湖北省红十字会提交的《关于工资改革中红十字会是否应该列入机关改革范围的请示》，总会向湖北省红十字会复函，明确：中国红十字会总会是中央直属 18 个社团之一；编制机构改革由中央编委直接负责；总会参照公务员条例实行公务员制度；经国务院批准，由人事部负责组织实施；按机关行政人员（公务员）进行工资改革。

1 月，宜昌市组织经过培训的红十字青少年保健医生，佩带红十字袖章参加元旦万人长跑和沿途现场救护工作，还将 6000 余份宣传《红十字会法》的资料散发给了群众。

1 月，省红十字会向湖北省人民政府建议尽快制定《湖北省实施〈中华人民共和国红十字会法〉办法》，并纳入湖北省 1994 年立法计划。

1 月，武汉市蔡甸区红十字会在消泗乡卫生院成立红十字急救站，与消泗乡卫生院积极配合，完成上级红十字会下达的各项工作任务。

3 月 4 日，湖北省红十字会转发了民政部《关于对中国文联等社会团体实行免检的通知》，并要求各地红十字会按照该文件精神在当地民政机关办理免检事宜。此前，民政部在 2 月 1 日印发通知，决定对中国文联、中国红十字会总会等社会团体实行免检。

3 月 18 日至 20 日，应总会邀请，红十字会与红新月会国家联合会亚太部主管中国项目官员雅沙·奥兰德和亚太部项目官员曹嵩先生，在总会社会赈济部副部长黄向东陪同下，赴湖北省考察备灾救灾中心的建设、运转、管理情况及存在的问题。

4 月 23 日至 25 日，中国红十字会第六次全国会员代表大会暨中国红十字会成立 90 周年纪念大会在京隆重举行。会议讨论通过了工作报告、五年规划等，选出了新一届领导班子。

5 月 7 日，湖北省副省长、省红十字会会长韩南鹏带领各地、市、州和有关厅局的负责人视察了中国红十字会湖北备灾救灾中心，并听取该中心所作的工作汇报。

5 月 8 日，为纪念世界红十字日，湖北省政府副省长、省红十字会会长韩南鹏在当地电视台和电台发表纪念讲话，号召全社会都来支持红十字会工作，积极参与红会的活动。

6月，黄冈地区5个县（市）、83个乡镇、225.58万人受灾后，省红十字会和当地红十字会及时向上级红会报告灾情，积极救助遭受龙卷风、暴雨、冰雹等自然灾害的灾民。省红会立即下拨救灾款1万元、夹克衫313件，支援当地救灾工作。当地红会及时将救灾款物发放到灾民手中。此外，黄梅县红会派出18支医疗队奔赴灾区察看灾情，抢救伤病员；蕲春县红会组织13支巡回医疗队，进驻重灾区，医治伤病员，帮助群众抗灾救灾，共发放各类药品342次，价值8.3万元；黄梅县红会捐款1万余元，浠水县红会募集救灾款1.8万余元，支援灾区人民恢复生产和重建家园。

7月20日，湖北省红十字会常务副会长、省卫生厅副厅长涂用宏带队赶赴受灾较重的大冶、阳新等县，转赠总会赠送的救灾药品、器械，看望战斗在一线的红会工作人员，慰问受灾群众，指导救灾工作。

7月，湖北省咸宁、黄石、荆州、恩施等地的13个县（市）遭受特大暴雨、龙卷风袭击后，省红十字会与各地市红会积极行动起来，协助政府搞好救灾工作。省红十字会收到灾情报告后，第一时间向总会汇报，并得到总会拨付的10万元救灾款。同时，省红十字会迅速筹集20多万元的救灾款物陆续发往灾区。各灾区红会组织在当地政府和卫生部门的支持下，向灾区派遣了50多支医疗队为群众防病治病，向灾民发放帐篷等价值10多万元的救灾物品，并通过开展专项募捐活动，为灾民募捐到18万元的善款。

8月19日，总会将国际联合会捐赠的部分救灾款73.5万元，分别购买价值22.5万元的消杀灭药品、35万元的治疗药品和16万元的大米，转交给湖北省红十字会，用以支援当地抗洪救灾。

9月，为发展社会福利事业，郧西县红十字会建设药品批发站4个，与村组联营建药材基地2个。

10月上旬，在宜昌县委、县政府的重视和支持下，宜昌县红十字会召开第一次会员代表大会，选举产生新一届理事会和领导班子，配备了中层干部，这标志着宜昌县红会“三列”工作全部完成。

11月，武汉市人民政府办公厅转发了《武汉市红十字会关于在民航和外宾宾馆等涉外公共场所试设红十字募捐箱的报告》。根据该文精神，武汉市红十字会在部分公共场所试设了40多个红十字募捐箱，此举深得设置单位和广大市民的支持，共募集捐款2万余元。

12月19日，为进一步支持和援助湖北省红十字会的抗洪救灾工作，总会又从国际联合会的部分捐款中，拨给湖北红会大米和面粉款20万元、棉衣款24万元、棉被款24.6万元，以及运输和行政费1.2万元，共计69.8万元。

12月，武汉市红会通过集中汇报和重点抽查交替进行的方式，开展年终工作考评，并总结推广各地红十字会先进的工作经验。

本年，省红十字会专职干部根据总会《关于参照实行国家公务员制的通知》精神，按行政机关工资级别进行了套改。

本年，湖北省晚期血吸虫病人抢救基金会募集基金201.5万元，并向荆州、咸宁、孝感3个重疫区拨款91万元，用于补助当地晚期血吸虫病人的生活和医药费用。

本年，宜昌县编制委员会下发文件，明确宜昌县红十字会性质为“全民事业”正局级单位，内设办公室、三救部和组织宣传部，人员编制增加到5人，经费由县财政列支。

本年，十堰市红十字会宣传员走向街头，向社会群众宣讲《红十字会法》，散发宣传资料15000份，接受宣传的群众达50000人次。

本年，武汉市红会开展红十字青少年“情系苏区”活动，倡导红十字青少年伸出友爱的双手，携手苏区小朋友，开展“三个一”（写一封信、交一个朋友、送一件文具用品）活动。据统计，全市红十字青少年共写信万余封，有不少红十字青少年收到苏区青少年的回信，他们在信中相互勉励，结下了深厚友谊。

1995年

1月9日，湖北省政府副省长、红十字会会长韩南鹏一行前往中华绿荫儿童村，开展慰问活动，为每一位孩子发放棉被、饼干等慰问品。韩南鹏表示，创办“儿童村”是一件功德无量的事业，希望全社会都来关心支持“儿童村”的发展，把更多的爱献给儿童，献给祖国的未来。

1月18日，武汉市红会常务副会长李恢樵、秘书长赵迎庆一行在硚口区红会、硚口区六角街红会负责人陪同下，慰问当地孤寡老人向润安、刘云卿、张文淑等人，拉开了武汉市春节期间“博爱活动”的序幕。同日，硚口区各街道红会对辖区内散住的165位孤寡老人开展了慰问活动。

1月27日，武汉市红会在武汉市长江国际大酒店举行公共场所设置固定募捐箱仪式，并按照国际惯例，自当日起在当地火车站、码头、饭店、宾馆、商场等23个场所设置募捐箱，接受国内外人士的自愿捐款。

1月，武汉市红会在开展春节“博爱活动”期间，向全市散住的950位老人、市麻风病院的麻风病人和各郊区县贫困老区的村民拨付5万元资助款。各区县红十字会也利用此次活动，动员更多社会力量奉献爱心。

1月，十堰市红十字会会同市民政局、市老龄委联合市委、市政府、市政协领导组成慰问团，带着价值1万元的大衣、棉鞋、袜子、衣物、奶粉等慰问品，到市福利院、市孤儿院、郧县福利院、茅箭区大萍乡福利院等单位，向186名孤寡老人和92名孤儿开展春节慰问活动。同时，动员全市各基层单位按照“三定一包”的原则分片包干，组织会员深入各常年挂钩点，广泛开展查体治病、打扫卫生等义务服务。

2月，为贯彻落实《红十字会法》，开展好赈灾救援等工作，湖北省各级红十字组织在春节前夕向恩施、十堰、阳新、大冶等地群众发放价值70万元的棉衣、棉被、大米等越冬物品，并在春节前发放到灾民手中。

3月28日，武汉市红十字会药材公司举办成立10周年庆典活动。市人大常委会副主任、副市长高顺龄到会祝贺。10年间，在当地党委政府和总会、省红十字会等的关心支持下，该公司以开辟财源发展红十字事业为宗旨，发展为年营业额达1000万元以上的公司，累计为社会公益事业提供200万元资金。

3月30日，湖北省红十字会召开三届七次理事会，审议通过了《关于召开湖北省红十字会第四次会员代表大会的决议案》和《湖北省红十字会一九九五年工作要点》。理事会由湖北省红十字会常务副会长孙樵声主持。湖北省政府副省长、省红十字会会长韩南鹏在讲话中充分肯定了湖北省红十字会自恢复工作以来开展的各项工作，认为具有湖北特色的红十字事业正呈现出良好的发展势头，要求各级党委政府继续支持红十字会工作，推动湖北省红十字事业再上新台阶。此外，会议做出了加快《湖北省实施〈中华人民共和国红十字会法〉办法》起草工作的决定。

4月1日起，为准确掌握湖北省红十字会基层组织现有状况，并为制定湖北省红十字会“九五”工作纲要和召开湖北省红十字会第四次会员代表大会提供可靠材料，湖北省红十字会在全省范围内开展湖北省第一次基层红十字会普查工作。

4月4日至5日，时任德国红十字会秘书长罗梅尔和中东、亚洲部部长玛瑞斯坦到中国红十字会湖北备灾救灾中心考察工作，并对该中心的各项工作给予充分肯定。

4月7日，《中国红十字报》在其头版头条以《湖北红会依法抓“三列”，扎实搞好各基层组织建设》为题，介绍了湖北红会贯彻落实《中华人民共和国红十字会法》，做好机构、编制、经费“三列”工作和加强内涵建设的做法，并认为湖北红会各级组织内涵建设的进一步加强，红会机构“三列”的逐步到位，为各级红会依法履行职责，开展人道主义工作提供了组织保障，也为《中华人民共和国红十字会法》深入贯彻落实和红十字事业发展奠定了良好基础。

4月11日至15日，时任荷兰红十字会国际部威尔玛·德海杰女士到湖北黄冈、黄石、咸宁等地灾区考察1994年救灾工作和荷兰政府捐款的落实情况。

4月，蕲春县政府明确县红十字会为副局级单位，红十字会的地位得到进一步提高。

5月中旬，湖北省红十字会开始在全省范围内开展起草《湖北省实施〈中华人民共和国红十字会法〉办法》调研工作。

5月，湖北省政府副省长、省红十字会会长韩南鹏访问德国红十字会，就下一步湖北红会与德国红会，特别是德国巴登—符腾堡红会的交流与合作达成共识。

5月，崇阳县红十字会有基层红会组织26个，会员6500名，其中团体会员2000人。

5月，“五·八”期间，省红十字会、省妇联、省卫生厅联合在全省各地开展了向“老、少、边、穷”地区妇女“送温暖，献爱心”活动。时任省人大常委会副主任、省红十字会名誉会长梁淑芬和省政府副省长、省红十字会会长韩南鹏分别带领省直“送温暖，献爱心”小组，到大悟、红安等革命老区为妇女免费义诊、送医送药。省红十字会还为省人大和省卫生厅“小康点”的建设和荆沙市红会解决蔡涛同学药费提供了援助。

6月，来自全省17个地市红会的专职干部在中国红十字会湖北备灾救灾中心，认真听取了省红十字会秘书长传达的中国红十字会六届二次理事会精神，明确了中国红十字会今后一个时期的主要工作，用新时期有中国特色的红十字理论武装头脑。

6月至7月，湖北省遭受洪涝灾害后，荆沙市红十字会及时将灾情报告给省红十字会，积极申请和争取救灾物资。

夏季，湖北省遭遇洪涝和干旱等多种自然灾害侵袭，受灾人口达1179.9万人，其中重灾民128万人，受伤10069人，死亡317人，因灾造成640多万人缺量，120多万人无家可归，直接经济损失达23亿。对此，湖北省各地红会先后组织了395个医疗赈济工作组奔赴抗灾第一线，开展紧急救助工作，医治灾民37万余人，组织社会捐款55万元，募集衣物价值200万元。湖北红会系统还在各级卫生、粮食、交通部门的配合下，以最快速度将救灾物资分发到灾区，使19万灾民受益。

8月8日，受总会委托，省红十字会在宜昌市举办的“1995海峡两岸红十字青少年夏令营”在宜昌市拉开序幕。夏令营期间，省红十字会与宜昌市红十字会通过举办丰富多彩的互动，帮助台湾地区红十字青少年学习红十字运动知识，了解三峡历史、地理、文化概貌和葛洲坝、长江三峡大坝水电工程概况，参观葛洲坝工程、三峡大坝模型、中华鲟养殖研究所，欣赏西陵峡、巫峡、瞿塘峡、白帝城、黄鹤楼等美景。8月25日，《中国红十字报》以《“母亲江”上同胞情——’95海峡两岸红十字青少年夏令营侧记》为题，对此次活动进行了深入报道。

8月，荆门市红十字会第二届会员代表大会举行。会议传达了总会和省红十字会有关会议精神，选举产生了新一届理事会成员，确定了今后五年的工作计划。市红会名誉会长、市委书记朱同炳到会并讲话，并号召各级党委政府和社会各界学习贯彻“红会法”，加强对红会工作的指导，加大对红十字事业的支持力度。会议决定向社会募集80万元，筹建市红十字会中心血站，按照“三统一”的原则管理全市采、供血，积极开展无偿献血工作。

8月，武汉市红会在大量调查研究的基础上，结合事业发展的实际，率先在全国出台了《武汉市实施〈中华人民共和国红十字会法〉办法》。此举开创了地市级红会立法的先河，也为武汉市红会的发展争取了许多优惠政策和较好的外部环境。

8月，湖北省各地红会先后组织98个医疗队或赈灾工作组奔赴重灾区。累计下拨消杀、治疗药品、衣服等救灾款物价值约40万元，组织社会捐款约50万元。

9月29日，省红十字会发出通知，将国际红十字组织及省红十字会援助给湖北省的11.6664万公斤救灾大米，分配给灾情比较严重的郧县1.667万公斤，郧西县1.3万公斤，丹江口市0.7万公斤，房县0.533万公斤，竹溪县0.8万公斤，竹山县1.1667万公斤，宣恩县1万公斤，咸丰县1万公斤，宜昌县1万公斤，宜昌市点军区1万公斤，保康县2万公斤。同时，由被援助县（市）粮食局从定购粮开支提供给红十字会。价格按每50公斤95元，由省粮食局向上述县（市）粮食局结算。

9月，总会发文，明确中国红十字会湖北救灾备灾中心是隶属于总会的事业单位，实行自主经营、独立核算、自负盈亏的方针；中心的产权属总会和湖北省红十字会；总会委托湖北省红十字会负责该中心的日常管理工作。

秋季，湖北省派出代表参加东南九省红十字工作研讨会，交流开展红十字会工作的经验，加深彼此之间的友谊和合作。

11月中旬，为帮助中国红十字会开展救灾工作，了解中国红十字会在救灾过程中遇到的困难和问题，红十字会与红新月会国际联合会代表艾尔克·布鲁沃到湖北考察救灾工作。在鄂期间，艾尔克·布鲁沃听取了省卫生厅厅长王宗贤所作的情况介绍，到中国红十字会湖北备灾救灾中心了解该中心运行情况，并深入黄冈重灾区罗田县核查救灾物资分发情况，还为灾民现场分发国际联合会援助的第三批大米。艾尔克·布鲁沃对湖北省1995年救灾工作给予充分肯定，对湖北省各地红会按照国际联合会和中国红十字会要求分发救灾物资工作给予高度评价，并表示将继续支持湖北省的抗灾救灾工作。

11月23日至28日，荆沙市红十字会专职副会长王树型、市卫生局副局长任红一行14人，分别对该市长江片（松滋、公安、石首、监利、洪湖）、汉江片（钟祥、京山）的4县、3市、2区（荆州、江陵区）和五三农场进行了年终工作检查。

11月，港澳台地区红十字组织与海内外慈善组织一道，多次派遣赈灾代表深入湖北省重灾区考察灾情，指导救灾工作，并对湖北红会的救灾工作给予支持，捐赠了救灾大米、棉被和衣服。

11月，在蕲春县县委、县政府的支持下，蕲春县红十字会积极筹建红十字会医院，并要求财政、城建、税务等部门为建设医院提供优惠政策。

11月，红十字会与红新月会国际联合会、德国政府、美国驻华使馆与总会、港澳台地区红会等先后向湖北省捐赠了价值600多万元的救灾大米、棉被、衣服，使19万遭受洪灾的灾民受益。

11月，荆沙市红十字会将总会转交的国际联合会、台湾红十字组织和德国政府捐助的价值70.68万元的赈灾物资，分发到当地7个县市、1个区和1个农场的灾民手中，使20多万人受益。

12月，省红十字会向湖北省人大教科文卫体委员会提交报告，希望将制定《湖北省实施〈中华人民共和国红十字会法〉办法》列入省人大教科文卫体委员会1996年立法规划。

本年，在各方的共同努力下，湖北省已建立5座红十字血站，全省无偿献血活动呈现出良好的发展势头，并有多人获得全国无偿献血金杯奖。全省101个县（市）、区已全部成立了红十字组织，建立基层红十字组织9700个，发展会员150余万人，其中青少年会员79万余人，占会员总数的近53%；先后有67个县、市建立了红会办事机构，全省已有6个县（市）实现了红会机构的单独设置。

本年，湖北红会从1985年至1995年共接收境外捐款5亿余元，组织无偿献血1万人次，为海峡两岸同胞寻亲2000多人次。

本年，省红十字会组织175万红十字青少年参加了由红十字国际委员会驻东亚办事处、香港红十字会、中国红十字会举办的“我心中的红十字绘画征文比赛”，并且孝感市实验小学获得了主办单位颁发的组织奖。

本年，湖北省红十字会与泰国红十字会实现了双边红会专职干部的互访学习，巩固了与香港红十字会、香港“血浓于水”组织的友谊，密切了与国际联合会、荷兰红会的交往，同时在对外交往过程中锻炼了队伍，增长了才干。

本年，中国红十字会湖北备灾救灾中心形成了加工、储存、转运紧急救灾物资的能力，并作为红十字会系统区域性备灾救灾网络，正式在国际联合会备案。同时，该中心继续按照“社会效益第一，服务灾区优先”的指导思想和《中国红十字会备灾救灾中心建设与管理暂行规定》，加强了“中心”各项工作的科学化、制度化建设，较好完成了总会、省会交办的备灾救灾、接待培训任务，累计加工生产棉被17000床，转运分发救灾物资600多万元。

本年，蕲春县全县26个乡、镇、场全部完成建设红十字会工作，并实现了“五有”：有办公地点、有牌子、有工作规划、有兼职干部、有分管领导。全县红会工作实现了新发展。

本年，老河口市红十字会选派该市医疗系统内科、外科、妇科等科室的主任医师、副主任医师，赴当地遭受冰雹、暴风雨灾害的乡镇开展义诊活动，并在当地重灾区袁冲乡诊疗病人218人，为病人提供免费药品、医疗技术服务价值3000余元。

本年，荆沙市红十字会共发展会员2.5万人，发展团体会员单位69

个；团体会员单位交纳会费率达到90%以上；卫生救护工作开始由交警系统向城建系统扩展；红十字青少年工作进展较快，又有9所大、中、小学建立了红会组织。有800多名红十字青少年参加了总会组织的“我心中的红十字”征文活动，杨玲同学获得湖北省赛区一等奖。此外，各地为抢救危难和助孤助残还开展了专项社会募捐，所得近8万元。

1996年

春节期间，武汉市红会开展“博爱在江城”活动，发动社会各方面力量，有计划地为辖区散住的孤寡老人和社会中需要关心、帮助的人排忧解难，并倡导、发动社会各方面力量，参与、资助本地区的“博爱在江城”活动。

1月31日，十堰市第五人民医院红十字会组织医务人员为该市大路乡福利院孤寡老人开展送医、送药、送温暖活动，并针对老年人的常见病开展体检、咨询、对症用药等，受到该院领导和老人们的欢迎。

3月中旬，湖北省红十字会召开1996年各地、市、州红十字会秘书长工作会议，交流工作经验，探讨落实1996年工作要点的思路和方法，并审议修改了《湖北省实施〈红十字会法〉办法》（送审稿）。

4月17日，为进一步调动红十字会工作者的积极性和创造性，弘扬人道、奉献、博爱精神，推动全省红会事业的健康发展，湖北省红十字会与省人事厅联合下发《关于表彰全省红十字会系统先进集体、先进工作者的决定》，对武汉市红十字会等17个先进集体和孙志敏等65名先进工作者给予表彰。

4月，卫生部和总会向全国各省、自治区、直辖市卫生厅（局）、红十字会发出通知，决定从1996年起，每年5月份的第二个星期日至第三个星期日为全国无偿献血周。

5月24日，湖北省红十字会第四次会员代表大会在武汉市举行。湖北省委书记贾志杰，省人大常委会副主任梁淑芬，副省长、省政协副主席韩南鹏，省直各部门负责人，各地、市、州分管红十字会的副专员、市（州）长出席了大会。全省各地的199名会员、红十字青少年代表共300余人也参加了大会。总会副会长孙柏秋、血液部部长洪俊岭到会祝贺。会议听取并审议了时任湖北省政府副省长、省红十字会会长韩南鹏代表第三届理事会所作的工作报告和省红十字会财务总结报告；表彰了全省红十字会系统17个先进集体和65个先进个人；选举产生了第四届理事56名。时任湖北省委书记贾志杰受聘担任省红十字会名誉会长；省人大常委会副主任梁淑芬受聘担任名誉副会长；副省长、省政协副主席韩南鹏当选为湖北省红十字会会长。大会确立了湖北省红十字会今后五年总的指导思想和目标：坚持用建设有中国特色的社会主义理论作指导，围绕建设有中国特色红十字事业大目标，充分发挥红会组织在建设社会主义精神文明和促进社会保障体制完善中的作用；启动红十字敬老爱幼自愿服务组织、无偿捐血先进城市、红十字青少年示范学校、全省备灾赈济体系和群众性现场救护网络为主要内容的五大“博爱工程”建设，扎扎实实地开创我省红十字事业的新局面。会议期间，总会血液部副部长洪俊岭还为全体会议代表做了无偿献血的专题报告。武汉市武昌水果湖第二小学的红十字青少年为大会献辞祝贺。大会还向全省红会会员、志愿工作者发出了《弘扬人道主义精神，为湖北精神文明建设做出新贡献》的倡议书。会后，印发实施了《湖北省红十字会1996—2000年五年工作规划提要》等文件。

5月24日，为进一步推动红十字青少年工作健康发展，增强广大红十字青少年会员的自豪感、荣誉感，激励他们继续为湖北红会发展建言献策、贡献力量，省红十字会安排红十字青少年会员代表参加湖北省红十字会“四大”，并请武汉市武昌水果湖第二小学的红十字青少年为大会献辞祝贺。

6月14日，湖北省红十字会印发实施经湖北省红十字会第四次会员代表大会讨论并通过的《湖北省实施〈中国红十字会章程〉细则》。

夏季，湖北发生洪灾后，省红十字会开通24小时值班电话和传真，从中国红十字会湖北备灾救灾中心调拨价值80万元的救灾衣物和消杀药品。同时，全省各级红会组织先后派遣了红十字医疗队236支，免费诊治灾民14万人次，安置转移灾民5万余人，消毒水井、水塘2500余处，直接受益人口达53万。武汉市红会还从各种渠道募集救灾帐篷、药品等救灾物资，并从市红十字药材公司调拨治疗感冒、肠炎、皮肤病等药品送到灾民手中。全省一批红会专职干部立功受奖，省红十字会也被授予抗洪救灾集体三等功。

7月9日，湖北省枝城市聂家河镇遭受特大暴雨袭击后，枝城市红十字会会长周环元一行为该镇福利院的老人们送去12床棉被、12套服装和300斤大米。

7月18日，蕲春县遭遇特大暴雨袭击后，蕲春县县长、县红会名誉会长黄俊安排当地红十字会组织 20 支医疗救护队赶赴灾区送医送药，防疫治病，实现了大灾之后无大疫。

7 月下旬，天门市红十字会派出 3 支医疗救护队奔赴灾区，为受灾群众开展医疗救护和卫生防疫知识宣传，受到群众欢迎。

7 月底，湖北省各地红会协助政府募集到救灾资金 100 万元，募集衣物、药品等救灾物资价值 70 余万元，派遣红十字医疗队 236 支，免费为群众治疗疾病 5 万人次，投放消杀药品价值 42 万元。

7 月 30 日至 8 月 1 日，中国红十字会总会秘书长李长明一行在湖北灾区考察救灾工作，并在湖北省红十字会秘书长冯芊、武汉市政府副秘书长罗友松、市红十字会副会长李恢樵等陪同下在武汉市、荆沙市察看灾情，慰问受灾群众。

7 月，武汉市红十字会三届二次理事会议在汉口举行。武汉市政府副市长、市红会会长高顺龄，市红十字会常务副会长李恢樵和副会长王成宇、叶盛雷等参加会议，市委宣传部副部长郭济洲、市记协主席杨振兴应邀出席了会议。

8 月 17 日至 19 日，为进一步了解湖北省救灾情况以及当地灾民的需求，国际联合会代表让·库班一行在总会副会长孙柏秋、湖北省红十字会常务副会长涂用宏、秘书长冯芊等陪同下，赴湖北省咸宁、荆沙等地灾区考察救灾情况，并现场向灾民分发 2 万公斤大米。湖北省政府副省长、省红十字会会长韩南鹏在武汉市会见了让·库班一行，对国际联合会和总会给予湖北省的救灾援助表示感谢。

9 月 21 日，湖北省第八届人民代表大会常务委员会第 22 次会议审议通过了《湖北省实施〈中华人民共和国红十字会法〉办法》，并确定该“实施办法”自通过之日起公布施行。该“实施办法”明确了湖北省红十字会的性质、机构设置、经费来源和基本职责，对政府及其部门为支持红十字事业的发展提供保障条件做了具体的规定。

9 月，在总会牵头协调下，省红十字会、黄陂县红十字会、县教育委员会同意根据台胞刘黄秀鹤女士及其丈夫刘启云先生心愿，将他们的捐款用于兴建黄陂县横店镇“启云小学”校舍。

9 月，新洲县红会、县卫生局组织由 180 人组成的 32 支医疗队，为当地 2 万余名灾民义诊、送医送药，并免费发放价值 3 万余元的药品。

10 月，时任省卫生厅副厅长、省红十字会副会长魏永信一行赴十堰市、郧阳地区、襄樊市、孝感地区检查红会工作，认真听取各地红会的工作汇报，实地考察各地红十字会业务情况。

10月，武汉市红十字会、黄石市冶钢集团公司红十字会、黄冈市红十字会等7家单位获得“中国红十字会1993—1995先进集体”称号，来自湖北省红十字会的吴厚冬、周永新、李启俊等82人被评为“中国红十字会1993—1995先进个人”。

11月7日，中共中央组织部和国家人事部下发通知，规定“各级红十字会机关参照《国家公务员暂行条例》进行管理”。

12月，省红十字会对全省16个地、市红会进行了工作目标管理考评工作。检查采取一听、二看、三查、四评的方法，并实行量化评分。

本年，全省101个县（市）、区全部成立了红十字组织，共配备专职红会干部181人，建立基层红使之组织9700个，发展会员150余万人，其中青少年会员79余万人。累计向遭受洪灾的灾区发放救灾款物5100余万元，受益人数达3000余万人。

本年，按照壮大自身实力，发展红会实业的总要求，湖北省各地红十字会对所属的经济实体进行了年终总结、政策兑现和完成经营目标情况的检查等项工作。

本年，湖北红会开展目标管理成效考核，交叉检查组经过10余天的检查，评选出武汉、仙桃、荆州、宜昌、荆门等市的红会为“最佳红会”；十堰、随州、天门、咸宁、黄冈、恩施等地、市的红会为“示范红会”；襄樊、孝感、潜江、黄石、鄂州等地、市的红会为“达标红会”。

本年，宜昌市第五中学被评为全国红十字会先进集体，时任该校副校长、红会会长陈志成被评为先进个人。该校自1989年成立校红十字会以来，18个教学班连续8年班班订阅一份《中国红十字报》，各班每学期还自办《红十字园地》，在全校进行评比。全校师生定期举行卫生救护知识竞赛，每班有1～3名经过初级卫生救护培训的小医生。小会员们在校内外广泛开展了体现无私奉献的宣传、救助和服务活动，积极参加总会举办的卫生救护知识竞赛和绘画、征文比赛，有52人分获二、三、四等奖。

本年，为落实依法建会、依法兴会要求，省红十字会出台《湖北省红十字会工作目标管理考评标准（试行）》，加强对各地红会会务和业务工作的指导和考核，并将考核结果作为评比表彰的主要依据。

本年，省红十字会围绕“工作创一流，全国争进位”的奋斗目标，倡导“团结、实干、学习、高效”的工作作风，层层建立责任制，落实岗位责任；先后组织全体工作人员学习现代化科学知识、计算机知识、社会主义市场经济理论和外语四门功课；推荐4人在职攻读硕士学位以提高工作能力。

本年，为便于香港红十字组织了解该会捐赠救灾款物的落实情况，经总会同意，省红十字会接待了该组织国际服务及赈灾主任邹秉熊一行，并陪同他们赴受灾较重的荆沙市、黄冈市考察灾情，分发救灾物资。

本年，黄石市大冶钢厂红十字会开展的炉前工“四大技术”培训，开创了产业工人卫生救护培训之先河；潜江市红十字会急救中心利用德国红十字会捐赠的先进设备，既广泛开展了群众性的卫生救护培训，又积极开展卫生医疗急救服务，受到社会各界赞扬。

本年，湖北省机动车驾驶员卫生救护训练累计培训驾驶员137万人次，配备急救器材170多万件（套）。

本年，荆门市红会组织开展无偿献血2100人次，献血42万毫升；全省有15965人次参加无偿献血，这比过去十年的总和还要多5965人次。

1997年

1月7日，为加强对各地贯彻执行《红十字会法》《中华人民共和国红十字标志使用办法》和《湖北省实施〈中华人民共和国红十字会法〉办法》的情况进行监督和管理，经省红十字会申请，湖北省人民政府法制办公室为红十字会专职干部颁发了行政执法证件，并要求红十字会做到持证执法。

1月20日，由武汉市红会利用政府拨款80万元购买的首辆无偿献血采血车在武汉市硚口区武胜路街头接受市民无偿献血，当日就接受17人志愿无偿献血。据统计，17名献血者中，绝大多数是个体户，其次是干部、工人和学生。

2月20日，《武汉晚报》发表了题名“对邓小平生前的嘱托引发的采访，一个热烈而沉重的话题”的文章后，在武汉市引起巨大反响。志愿者们提出：“连邓小平都捐献了角膜，我们这些平头百姓还有什么不能捐献的。”这萌发了他们崇尚科学、奉献终身的宏愿，也对武汉市开展遗体捐献做了思想启蒙。

3月初，武汉市红十字青少年工作取得快速发展，有657所大中小学建立了红十字组织，发展红十字青少年会员227296人。学校红十字组织占全市基层组织的1/4，红十字青少年会员占全市会员总数的1/2。同时，全市657所学校共有“三定一包”户1069户，平均每校少则一户，多则四五户。武汉市自1994年开展的红十字青少年“情系苏区”活动，至1997年3月，共为苏区小朋友赠送文具用品4万余件，捐款5万余元。此外，红十字青少年们还积极参与武汉市红会组织的“博爱在江城”活动。

4月，在中国红十字会第六届理事会第四次会议上，中国红十字会在工作报告中正式提出创建由“生命工程”“救援工程”和“爱心工程”组成的“红十字博爱系列工程”。

4月，中国红十字会湖北备灾救灾中心共采办、加工、转运各类救灾物资40万余件（套），价值达5000余万元，为湖北省乃至中南地区救灾工作的开展，发挥了积极作用。

4月，武汉市红十字会和黄陂县卫生局专门召开张年福先进事迹座谈会，市红十字会常务副会长李恢樵宣读了市红会的决定，号召全市40万红十字会会员开展向张年福学习的活动。此前，黄陂县委宣传部、县卫生局、县红十字会已联合发出通知，号召全县党员、干部和群众，尤其是窗口行业中，开展向张年福学习活动。

5月1日至15日，武汉市红会开展“拯救危难中儿童”活动；荆州市红会与《荆州日报》等单位联合举办“我心目中的红十字”有奖征文活动，并在全市范围内动员广大青年和群众参加无偿献血活动；黄冈、咸宁等地会开展法制宣传和咨询活动；十堰市红会结合当地自然灾害频发、已受损害群体众多的实际，开展“红十字博爱系列工程”筹备工作；恩施州红十字会与州教育委员会在三株公司支持下，在全州开展“献爱心、做善事、扶助特困生”活动，让品学兼优、家庭困难的学生受到社会资助；仙桃市、天门市等地的红十字会开展上街义诊、社区服务、会费收缴和组织发展等活动。

5月，湖北各地红会积极参与纪念“五·八”世界红十字日活动。省红十字会通过播放“红会法”讲座录像、散发湖北省实施“红会法”办法等宣传资料、接待解答群众咨询等形式，向社会宣传红十字知识、红十字会的职责和有关“红会法”条款的内涵，让人们更加了解红十字会、支持红十字会。

6月，在香港即将回归之际，省红十字会发文，要求各级红十字会要认真组织学习、领会、掌握总会关于香港回归的特别决议，贯彻执行总会关于处理地方分会与香港红会相互关系的具体规定，积极开展与香港红会的友好往来与合作；并继续做好寻人工作，加强与台湾红十字组织的沟通和联系，力争在救灾、血液和青少年事务中增加交往与合作。

7月，武汉市红会授予该会黄陂花石急救站站长、罗汉镇花石村卫生所所长张年福"武汉市红十字会荣誉会员"称号，并授予其荣誉会员奖章一枚。张年福1986年转业后在武汉机床厂工作。当看到家乡群众缺医少药、看不起病后，他毅然辞职回乡创办卫生所，并用转业费购置药物和器械，为村民治病，并为孤寡老人、孤残儿童建立健康档案，坚持主动为他们免费治病10年。10年来，共治病10万余人次，不少危重病人经过他治疗后化险为夷，经过他免费治疗的病人有百余人。仅1996年，他为孤寡老人和孤残儿童免去治疗费达1.7万元。

夏季，省红十字会推荐优秀营员参加总会与香港红会联合举办的"迎回归"红十字青少年夏令营活动。

8月，为贯彻落实总会提出的开展以"集善款，做善事，博爱助人"为主题的救助活动的号召，武汉市红会与深圳太太药业联合开展义诊活动。义诊活动在武汉市青山区和江汉区闹市中心进行。深圳太太药业还在义诊结束后，向武汉市红会开展的拯救危难中儿童活动捐助人民币2万元，以表示该公司救助危难中儿童的博爱情怀。

10月10日，武汉市卫生局局长、市红十字会常务副会长召集卫生局和红十字会的领导召开了武汉市遗体捐献和器官捐献论证会，以回复市人大代表"关于在武汉地区开展人体器官移植的提案"。论证会决定，遗体捐献和骨髓捐献工作可以启动，待遗体和骨髓捐献工作成熟后，再开展器官捐献工作；遗体和骨髓捐献工作首先要争取立法，使这项工作有章可循，有法可依。组织专班子到外省市实地考察，吸收先进经验和好的做法，避免走弯路。

11月23日，武汉南威医学研究中心红十字会成立，它是武汉市第一家民营企业红会组织。该研究中心100多名职工宣誓加入红十字会，并在成立大会上向白血病患者李景高捐款1120元。

11月，武汉市人大、市卫生局、市红十字会组织专门班子，到南京、上海等地进行了考察，并于12月向市人大、市政府上报了调查报告《身后的选择》。

12月26日，为加强红十字会基层组织建设，湖北省红十字会请求总会解决巴东县官渡口镇红十字会急救站建设资金100万元。

12月29日，第八届全国人大常委会第29次会议通过的《中华人民共和国献血法》规定："各级红十字会依法参与、推动献血工作。"

本年，德国巴登·符腾堡州红十字会代表团访问了湖北省红十字会。

本年起，湖北各地红会把社会服务工作融入"爱心工程"，对散居社会的孤、老、病、残人开展了社会服务活动，并结合传统节日和受灾群众的急需，开展送温暖活动。

1998年

1月，武汉市红会下发《关于元旦春节期间开展"百老百小"为重点的爱心工程活动的通知》，正式启动"'百老百小'爱心工程"，关爱孤寡老人和特困儿童。活动期间，武汉市红会要求各地红会采取逐一上门的方法，向"百老百小"每人赠送一床棉被和50元援助金，并要求基层红会积极配合此次行动，为"百老百小"免费送药上门，并开展"五个一"活动（清洗一次衣被、购买一次年货、打扫一次卫生、布置一次房间、贴一副对联、开展一次慰问座谈会），让"百老百小"欢度元旦春节。该通知还要求各地会要倡导人道精神，发动社会各界为辖区散住的孤寡老人、孤残儿童、下岗特困职工户及因严重疾病致贫者开展各种服务、援助和慰问活动，让他们和常人一样过节。

6月，中国红十字会副会长王立忠在仙桃市考察基层红会工作时，对该市红十字会开展的红十字青少年工作给予高度肯定。仙桃市红会将红十字青少年工作纳入红十字事业的基础工程，与当地教育部门联合下发《学校红十字工作暂行规程》《红十字活动示范学校达标标准》等规范性、操作性较强的文件，把红十字青少年工作纳入学校政教计划，并在活动中注重"四结合"（红十字工作与班队工作相结合；人道主义教育与"五心"教育相结合；卫生救护训练与卫生保健、健康教育相结合；救死扶伤、助人为乐活动与学雷锋、学赖宁活动相结合），促进当地红十字青少年工作扎实开展。王立忠指出，仙桃市红会的经验表明，红十字青少年活动是提高学生社会活动能力、培养良好道德情操、增强素质的有效载体，红十字事业大有可为。

6月，省红十字会再次在全省范围内开展纠正滥用红十字标志活动。

6月，受厄尔尼诺现象影响，湖北省遭遇百年一遇的大洪水袭击，工农业生产和人民生活损失惨重。据统计，洪水造成全省66个县、市的3652万人受灾。对此，省红十字会发出紧急通知，要求全省各级红会组织立即行动起来，进入临战状态，落实、省政府提出的“抗灾保平安，防灾保发展”的防汛救灾方针，高度重视湖北省委防汛救灾工作，克服麻痹厌战思想，依法履行备灾救灾职责。省卫生厅厅长、省红十字会副会长王宗贤，省卫生厅副厅长、省红十字会常务副会长涂用宏及省红十字会全体工作人员，深入黄石、咸宁、黄桃等灾区察看灾情、救灾治病、分发物资、慰问群众，并多方筹集资金，支持各地红会救灾工作。黄石、咸宁、荆州、黄冈等地红会在灾情发生后，及时报灾，准确核灾，积极协助政府做好灾民的安置转移和防病治病工作，有力支援了灾区群众生产自救、重建家园。

7月8日，省卫生厅厅长、红会副会长王宗贤带领省红会副秘书长袁竞及厅有关处室负责人在咸宁地区行署副专员、红会会长佘贻珍陪同下，深入当地蒲圻、嘉鱼等县市的5个重点灾区视察灾情，慰问受灾群众和战斗在抗洪抢险第一线的干部群众，看望医疗队和疫病防治队的广大医务人员，访问灾民的健康状况，检查受灾的村民饮水消毒措施落实情况，察看灾民临时帐篷环境卫生状况。

7月10日，湖北各级红会共向遭遇灾区派遣746支红十字医疗队，4000多名医务人员和红十字工作者工作在抗洪救灾一线，累计接诊防汛军民30万人，免费发放药品156.6万元，投放消杀药品96029公斤。

7月14日，咸宁地区红会会长佘贻珍副专员带领常务副会长王汉卿、红会理事付万炎和医务人员冒着酷暑，携带价值8000元的预防和治疗药品，赴嘉鱼、蒲圻两地慰问抗洪救灾将士。

7月，咸宁地区红会成立了以地区红十字会常务副会长、卫生局局长王汉卿为组长的抗洪救灾及疫病防治领导小组，组织巡回医疗队赴灾区开展救助工作。至14日，累计组织红十字疫病防治队74支、534人，开展巡回诊疗87530人次，抢救危重病人112例，投入漂白粉等消杀虫药品3万余公斤，井水消毒1563口，消杀面积260余万平方米，有效地控制了疫病的发生。

8月1日，湖北省红十字会接到救灾电话和湖北省防汛总指挥部的命令后，立即组织10支100人的医疗队，火速投入抢救伤员、治疗病人行动，并在次日凌晨为灾民分发河南省临颍县南街村捐赠的价值15万元的方便面。

8月12日，面对日益严峻的防洪抢险形势和灾区日益恶化的生活环境，湖北省各级红会对防护救灾工作进行再动员、再部署，竭尽全力解决灾区群众生活困难。湖北省红会的救灾工作得到总会、兄弟省市红会和社会各界的大力支持。共接收来自各方的捐赠款物价值1423.91万元人民币，与卫生部门共同向灾区派遣医疗队7172支，免费诊治病人121万余人次，投放消杀药品21万多公斤。

8月20日，湖北省先后派出卫生防疫队11687支，52106名医疗防疫人员战斗在灾区防病一线，共接诊病人227.6万人次，其中危重病人7410人；现场施放消毒杀虫药品286吨，为518万人进行了饮水消毒。省卫生厅还投放了价值1107万元的消毒杀虫药物和灭螺治病药物。医疗队为200万抗洪军民和灾区群众提供免费医疗服务。

8月22日，中国红十字会常务副会长顾英奇率领救灾考察组赴湖北灾区考察，部署救灾和防病治病等工作，并向受灾群众现场发放救灾物资。

8月24日，美国驻华大使尚慕杰在湖北省考察访问，并代表美国政府捐给中国红十字会25万美元，指定用于建设灾区饮用水和医疗卫生设施。

8月，湖北省针对受灾地区多是血吸虫疫区的实际，特别重视血吸虫病防治，全省共组织200多支1100余人的血防队伍，专门从事血吸虫病防治。到8月中旬，已发放灭螺药物7300吨，治疗药物7080瓶和1200瓶防护涂搽剂。

8月，在抗洪抢险期间，湖北各地红会自当年6月起配合政府有关部门，累计向灾区派遣医疗队7172支，免费诊治病人1211426人次；共接受红十字会系统及社会各界捐赠的款物1.4亿元（其中各类药品总价值1亿元），使66个县（市）的3000多万灾民受益。

8月，荆门市各级红十字会组织共组派医疗防疫队358支参与防病治病工作，免费发放治疗药品达167.7万元，诊治病人24万人，募集救灾款6.04万元，接受境内外捐赠大米、商品等折合人民币62万元。此外，由市红十字会倡议，江汉石油学院、湖北农学院、荆州师范专科学校、湖北大田化工股份有限公司及市直团体会员单位的红十字会会员共捐款6.04万元，并及时送至公安、石首、监利等地重灾区。

9月1日，武汉市政府转发总会下发的《关于依法开展救灾募捐工作的紧急通知》，肯定该市各级红十字会在抗洪救灾中的作用，鼓励和支持红十字会依法独立开展活动，并要求各区县政府和市政府各部门、各直属机构积极支持武汉市红十字会开展工作，尤其是市民政、卫生部门要积极配合红会发放募集到的救灾款物，市审计部门要对红十字会救灾款物收支情况进行认真监督，各宣传机构要宣传红十字会积极募集款物、独立开展工作等情况。

9月11日，湖北省红十字会在《中国红十字报》发布接受兄弟省市红十字会捐赠款物登记表（截至当年9月3日，共收到广东、上海、山西、江苏等省市红十字会以及香港特别行政区红十字会捐赠的款物折合人民币近2504万元），并向它们致以诚挚谢意。

9月底，据中国红十字会统计，湖北省各地红十字会赈灾募捐数额达4500万元。

9月，湖北省红会收到中国红十字基金会转赠的由珠海威尔企业捐赠的一批WE－9306型号电脑妇科治疗仪，并将治疗仪转送给各医院，用以解决当地妇女的病痛。

11月，省红十字会发出通知，对1998年抗洪抗震救灾工作（包括支援灾区的赈济工作）专门进行项表彰，重点表彰抗洪抗震救灾第一线的集体和个人，尤其是在抗洪救灾第一线做出显著成绩者。同时，开展了第37次南丁格尔奖章候选人推荐工作。

12月2日，在中国红十字会举办的“’98抗洪抗震救灾总结表彰大会”上，湖北省红十字会、荆州市红十字会、随州市红十字会、武汉市红十字会、黄冈市红十字会、仙桃市红十字会、咸宁市红十字会、宜昌市红十字会等102个来自全国各地的先进集体和全国323名先进个人受到表彰。全国政协副主席、中国红十字会会长钱正英在表彰大会上指出，中国红十字会全力参与抗洪斗争，为夺取抗洪救灾胜利作出了应有贡献。会后，中国红十字会举行座谈会，总结抗洪救灾的工作经验，以进一步提高救灾赈济工作水平。

本年，据统计，从1987至1998年，进入湖北开展探亲、观光、旅游等活动的台胞有80万人次；在台湾的湖北籍人士约20多万人，旅台人员在湖北三亲等以内的亲属有50多万人；全省历年累计赴台297批、1049人，来鄂1122批、5516人。

本年，省红十字会批准设立武汉红十字备灾救灾中心，并作为全省红会系统备灾救灾网络的重要组成部分。该“中心”领导关系隶属于武汉市红十字会，业务工作接受省红十字会的指导。

本年，湖北省红十字会与加拿大多伦多市红十字会草签了合作意向书，并表达了增强联系、加强合作的愿望。

本年，在抗洪抢险期间，澳门地区红十字会向大陆转交了澳门地区捐助的100万元澳门币，并呼吁澳门各界积极捐款，救助灾民。

本年，德国巴登·符腾堡州红十字会与湖北省红十字会续签了合作协议，同意进一步在开展备灾、救灾、青少年人道主义活动、社会福利工作、两国红会内部行政和经营管理等方面加强交流和合作。

本年，长江发生百年不遇的特大洪水后，武汉市红十字会在报灾核灾、发起募捐、转移灾民、接受发放捐赠物资、对口救济扶持重灾区、移民建镇等方面加强工作，累计分发了国内外捐赠的救灾物资2000余万元；协助各级政府安全转移、妥善安置了以孤寡老人、孤残儿童为主体的灾民17451人；为灾区募集重建家园经费近300万元；在武汉郊区新建饮水设施6座、修复10座；援建希望小学、医院各1座、卫生院2所；市红十字会分别被中国红十字会总会、湖北省红十字会、武汉市卫生局等部门评为抗洪救灾先进集体。

本年，湖北省遭受历史上特大洪涝灾害后，全省各级红十字会投入了大量的人力、物力，开展了多方面的募捐和救助活动，累计争取外援资金和物资折合人民币1.4亿元，灾后重建了13所乡镇卫生院、9所学校和14个水改项目等，为解决灾区群众的生活困难，抗灾防病和重建家园作出了贡献。

1999年

2月3日，总会派出5个慰问组，由总会领导带队分赴1998年遭受重灾的省、自治区进行10天的春节送温暖救灾特别行动。在湖北省，总会派出的慰问团在湖北省红十字会、咸宁地区红十字会负责人陪同下，向嘉鱼县500户遭受洪灾的灾民每户发放价值200元的慰问品。

3月19日，省红十字会制订实施了《湖北省红会系统依法治理工作规划》，明确了湖北省红会系统依法治理工作的指导思想、目标、任务、步骤和要求。其中规定，全省相关工作分为三个阶段：1999年以前为准备阶段（主要任务是制定规划，成立依法治理工作领导小组，建立和落实机构），1999年至2000年上半年为实施阶段（主要任务是建章立制，推行规范化管理；实行目标责任管理，解决会务中的重点问题；加强队伍建设，提高执法人员的素质和依法治理的能力；及时进行检查指导和经验交流，完善依法治理的各项措施），2000年下半年为验收阶段，对各单位依法治理工作进行阶段性验收。

10月2日，武汉市江汉区红十字会根据市红会的部署，号召全区各级红十字会基层组织及全体会员立即行动起来，为遭受地震灾害的台湾同胞伸出援助之手。区教委在接到通知以后，组织该区滑坡路小学、华中里小学、民意街小学及清芬路小学的 80 名红十字青少年在六渡桥、江汉路、武汉广场、佳丽广场等闹市区进行街头募捐。

10 月 11 日至 13 日，中国红十字会第七届全国会员代表大会在北京举行。大会讨论通过了《中国红十字会 2000—2004 年工作规划纲要》，修改了中国红十字会章程，并选举产生了第七届理事会和常务理事会。

本年，省红十字会募集捐款 2745.55 万元，为灾区重建 13 所卫生院、9 所学校，新建 4 个地区备灾仓库、14 个改水项目；援助灾民购买建材和民房用门、窗资金 601.5 万元，并为基层医疗卫生机构配备价值 209.79 万元的医疗器械、设备 63 台（套）。

本年，恩施土家族苗族自治州红十字会有基层红十字会 165 个，会员 18628 人。在历次救灾工作中，该州红十字会共派出医疗队 389 个，医疗队员 2588 人，向灾区捐赠价值 315.94 万元的款物，为灾民开展免费医疗 19.56 万人次。

本年，中国红十字会启动“博爱送万家”活动后，湖北红会以“博爱送万家”活动为龙头，累计募集衣物 20 余万件，重点扶持贫困家庭、下岗职工。同时，农村红十字会配合进行“三下乡”，累计组织近万支医疗队深入基层为群众送医、送药；针对艾滋病人、麻风病人、癌症患者以及器官移植病人等一批特殊人群，分别组织了专门的社团，定期开展咨询服务活动。

本年，湖北省完成灾后重建项目卫生院 13 个，投入 2012.32 万元；学校 9 个，投入 253.23 万元；水改项目 14 个，投入 150 万元；地区备灾仓库 4 个，投入 330 万元；援助灾区 2000 户民房建材 591.5 万元，援助灾区民房门窗 10 万元；为基层医疗机构配备医疗器械、设备 63 台（套），价值 209.79 万元。

本年，湖北省红十字会被总会评选为 1998 年抗洪抢险先进集体，获得湖北省省直机关“’98抗洪集体二等功”。

2000 年

1 月 13 日，中国红十字会由“卫生部代管”改由国务院领导联系后，各地红十字会理顺管理体制的进程明显加快。

1 月 31 日，恩施州红十字会在“世界防治麻风病日”期间，充分利用广播、电视、报刊等宣传媒体、宣传实现消灭麻风病的历史意义和麻风病防治科普知识，各县（市）红十字会不仅积极参与其中，并积极开展慰问麻风病人及麻风病防治工作者活动。

春节前夕，宜昌市红十字会将 5000 多元的节日食品和价值 5000 多元的柜式空调送到市社会福利院，对 170 多名孤寡老人和 130 多名孤残儿童进行了慰问。

年初，根据中央政府和总会部署，湖北省红会向省编办报送了有关体制改革的方案。

年初，国际普华审计公司、国家审计署先后对湖北省 1999 年国际联合会救灾援助项目进行了审计，都确认救灾款物使用正当，符合要求和规定。

3 月 7 日，武汉市红会组织近千名志愿者试点开展遗体捐献工作，并正式接受志愿捐献遗体登记者 171 名。

5 月，“五·八”世界红十字日期间，仅仙桃市参加纪念活动的人员达 2000 多人，服务对象 15000 余人次，免费用药价值人民币 23000 元，办刊 200 多期，发放宣传资料 20000 余份。

5 月 15 日，宜昌市红十字会召开全市学校红十字会工作会议，对进一步加强学校红十字会工作的领导，促进红十字青少年工作的发展提出具体要求。

5 月 23 日，咸宁市红十字会组织 36 名专家教授为 1500 人免费进行健康普查，并赠送了价值 9 万余元的药品，把“爱心工程”与社区服务工作有机地结合起来。

6 月 4 日至 14 日，应澳大利亚红十字会邀请，以省政协副主席、省红十字会会长韩南鹏为团长的湖北省红十字会代表团对澳大利亚红十字会总会、南澳州红十字会、南澳州红十字血站、昆士兰州红十字会、昆士兰州红十字血站、新南威尔士州红十字会进行了为期 10 天的参观访问。通过参观、座谈等交流活动，加深了相互了解，增进了友谊，开阔了眼界，为今后双方的合作打下了良好的基础。

6 月，省红十字会在省人大颁布《湖北省实施〈中华人民共和国献血法〉办法》之际，与省卫生厅医政处联合举办了宣传活动。省人大常委会副主任吴华品，省政协副主席、省红十字会会长韩南鹏等领导纷纷走上街头，看望无偿献血的群众。

7 月中旬，省红十字会在神农架举办了为期四天的红十字会专职干部培训班，为全省各地培训了60多名国际人道主义法及红十字基本知识传播骨干和师资。

7月27日，在武汉市红会推动下，湖北省首例遗体捐献在武汉市公证处办理了志愿捐献遗体的公证手续。另外，有400多市民也向武汉市红十字会表达了捐献遗体的愿望。

7月28日，湖北省和武汉市首例遗体捐献顺利完成。

8月底，宜昌市红十字会累计在全市建筑行业举办卫生救护培训班13期，参加学习和考试的人员达800人，颁发初级急救员合格证765张，还在市境内的公路沿线上建立了22个急救站和40多个急救点。

9月10日，省红十字会与武汉市红十字会在江汉区西北湖广场举办了"共度良宵、同享幸福——武汉市贫困孤寡老人中秋赏月晚会"，对100对老人进行了慰问，同贫困孤寡老人过了一个愉快的中秋节。

9月下旬，省红十字会下发《关于进一步做好国际人道主义法及红十字基本知识的传播工作的通知》，对做好国际人道主义法及红十字基本知识的传播工作提出明确要求。

10月8日，省卫生厅召开专门的厅长办公会议，听取了省红十字会近5年来的工作情况汇报，厅党组所有成员和厅有关处室负责人参加了会议。省卫生厅党组书记、厅长朱忠华要求全省各级卫生行政部门和厅机关各处室要支持红十字会的工作；红十字会应充分发挥其特殊的职能、政策以及各种资源，依法依章兴办产业，大胆工作，开拓进取，为湖北的红十字事业和卫生事业发展作出新的贡献。

10月21日，武汉大学红十字会举办校园内红十字周末培训班，各系240多学生主动报名参加培训。该校党委副书记郝翔，学工部、后勤保障部等部门负责人前来祝贺，郝翔还专门给首期培训班的学员讲述了国际人道主义法与医学生成才的辩证关系等。

10月，省红十字会向省卫生厅党组汇报了机构改革的总体思路和推进步骤，并积极支持全省各级红十字会落实参照《国家公务员暂行管理条例》管理的各项工作。

11月7日，湖北省红十字会开展经常性募集衣物工作，共募集衣物、棉被4880件（床）。

11月，省红十字会共向总会发出旱灾灾情报告11份，募集衣物、棉被4880件（床）；向灾区分发救灾物资7批，总价值145.8万元，受益群众达244492人次。

11月，全省有100多名红十字会专职干部接受了以红十字运动发展史、基本原则、国际人道主义法、《红十字会法》和建设有中国特色红十字事业的基本方略为主要内容的培训，培训率达98%以上。

11月，在湖北省国际人道主义法及红十字基本知识传播活动中，全省累计培训总人数达4000人次，培训对象有地方领导、部门领导、专兼职红十字会干部、团体会员单位负责人、志愿工作者、大专院校的学生和红十字青少年；培训采取授课、讲解、观看录像或图片、案例分析、试卷测试及讨论等方式进行；全省共印发各种宣传手册、资料5000多份。

11月，湖北省全省拥有8700多个基层组织和150多万会员。

本年，湖北省17个地级市完成了国际人道主义法和红十字基本知识的传播培训任务，共印发各种宣传手册、资料5000多份，培训总人数达4000人次。通过培训进一步提高了省、地和部分县（市）专兼职干部以及各层级人员对国际人道主义法和红十字基本知识的理解和认识，增强了红十字工作的社会影响力。

本年，武汉市红十字会出资10余万元，为全市300多户散居孤寡老人、孤残儿童购置了棉被、大米、食用油等生活必需品，并为每户送去慰问金100元。此外，各区政府领导率领红十字会工作人员为辖区特困户送去一片片爱心、一份份温暖。

本年，湖北各地红会启动了以“城市减肥”为主要内容的经常性募集衣物工作，共募集衣物、棉被27.88万件（床），募集善款130余万元。

本年，湖北红会受理红十字通信11件，接受香港查询大陆寻人1人，台湾查询大陆寻人1人；大陆查找台湾20人，并找到其中的3人。

本年，根据《红十字会法》和《中国红十字会章程》的规定，湖北红会对志愿工作者的招募、管理方式、活动内容和方法等进行改进，并在武汉市武昌区开始了试点工作。

本年，松滋市红十字会给贫困山区的特困户和市福利院的孤寡老人送去捐款2000元和价值2万元的物品。

本年，经省红十字会多方呼吁，募集资金330万元并争取到当地政府配套资金和相关优惠政策，筹建了宜昌、荆州、咸宁和黄冈4个小型区域性备灾救援中心。

本年，省红十字会机关第二次荣立救灾工作集体二等功，专职干部中先后有6人次被省政府、总会、省直机关工委等单位和部门评为先进个人。

本年，恩施州红十字会创办了《恩施红十字》报，在湖北电视台《新闻空间》和《健康报》《中国红十字报》播放和刊登了“恩施州红十字会献爱心”等新闻；该会撰写的报告文学《创业撑起一片天》在《人民日报》（海外版）荣获《世纪英才》报告文学大赛一等奖。

本年，监利县红十字会为该县一中的贫困学生发放了1万元救济金。

本年，孝感市红十字会先后3次到安陆洗衣机厂慰问贫困病重职工，送去款物折合人民币5000多元，并帮助困难群众安排生活。

本年，咸宁市红十字会与市老龄委联合下文，在全市范围内开展关爱老年人的健康和心血管健康普查和送医送药活动，组织36名专家教授为1500人免费进行健康普查，并赠送了价值9万余元的药品。

本年，省红十字会为支持三峡工程建设，围绕移民的生产、生活安置，重点建设了宜昌救援中心，组织了多项对口帮扶活动。

本年，武汉市江岸区新村小学等26所中小学被武汉市红十字会确定为武汉市首批红十字青少年工作示范学校。

本年，湖北省红十字会会员无偿献血取得进步，十堰市和黄石市获无偿献血先进城市奖，陶志雄等5人获无偿献血杯个人奖。

2001年

1月5日，湖北省红十字会在《中国红十字报》用整版版面，向全国红十字同仁致敬，感谢他们对1998年、1999年湖北省灾情的救助支援；介绍三年来湖北省灾后重建工作取得的显著成效。湖北省政协副主席、省红十字会会长韩南鹏亲笔题词：“博爱留青史，善德存典范”，感谢红十字会与红新月会国际联合会、香港特别行政区红十字会以及上海市、广东省、江苏省等兄弟省市红十字会给予湖北省的慷慨援助。

1月11日，中国红十字会正式启动“红十字博爱送万家”活动后，湖北省红十字会在元旦、春节期间配合总会在全省开展以“红十字博爱送万家”为主题的送温暖活动，仅武汉市红会就募集衣物40余万件，不仅分到武汉市灾民手中，而且分发到十堰市、随州市等地5万余件，受到灾区农民的欢迎。

年初，武汉市红十字青少年工作委员会召开会议，确立了面向21世纪的红十字青少年工作方针，从规范红十字青少年活动的角度制定了

《武汉市学校红十字青少年工作合格标准》和《武汉市学校红十字青少年工作示范标准》。这次会议后，各区红十字青少年委员会结合本地区实际情况，结合素质教育特点，开展了形式多样、丰富多彩的活动，学校红十字会工作更加制度化、规范化。

年初，武汉市人大常委会对遗体捐献立法工作进行专题调研，组织法律、伦理、社会、医学专家就遗体捐献立法工作进行了座谈，推进遗体捐献工作立法。

年初，在武汉市原市委副书记韩忠学倡导下，武汉市红十字会与市血防办联合开展了“博爱救助晚期血吸虫病病人”活动，救助“晚血”病人100名。在市红十字会工作人员不辞辛苦的劝募下，武商集团、中商集团、中百集团、武汉广电局、武昌造船厂、武汉航空公司等单位纷纷慷慨解囊，为贫困的“晚血”病人送上“救命钱”55万元。这批病人经过治疗，全部痊愈出院，受到疫区人民的称赞。

2月13日，荆州市人民政府印发实施《荆门市红十字会机构改革方案》，明确该市红十字会是中国红十字会的地方组织，是从事人道主义工作的社会救助团体，办公地点设在市卫生局。

2月，武汉市红十字会召开工作会议，召集13个区红十字会秘书长、市红十字会机关全体工作人员交流工作经验，提出改进工作的意见建议，并提出“找准位置，夯实基础，抓住特色，推进工作”的工作方针，以迈好新世纪红十字会工作第一步。

3月中旬，省红十字在宜昌召开了全省的工作会议，会上对纪念活动方案进行了专题讨论和修改，并进行了动员和布置。

3月21日，省红十字会向全省转发了总会关于开展纪念“五·八”活动的通知，并提出了具体要求。

3月28日，武汉市红会召开五届二次理事会，传达学习中国红十字会七届二次理事会精神，总结2000年工作，布置2001年工作，并明确各地红会要以深化改革为动力，加强内部建设，理顺关系，提高红十字会工作质量；以改善易受损人群境况为目标，广泛开展救援活动，扩大红十字会影响，梳理人道博爱形象；以提高红十字会队伍建设为重点，加强基层组织建设，扩大会员队伍，推进红十字会事业发展；以强化红十字会凝聚力为手段，争取政府支持，广交各界朋友，探索红十字会工作新机制。会议期间，时任会长段轮一还要求每位理事做一件能登报的好事。

3月，武汉市青山区、汉阳区、硚口区红十字会在街头组织了以

“让生命在奉献中延续”为主题的宣传活动，通过文艺演出、书画表演等宣传遗体捐献。

4月1日，时任全国人大常委会副委员长、中国红十字会会长彭珮云来湖北省武汉市调研。调研期间，她与湖北省委、省政府的领导一起听取了湖北省政协副主席、省红十字会会长韩南鹏所作的湖北省红十字会工作情况汇报，指出当前首要任务是管理体制理顺，并指示要尽快理顺省会机关和省会城市红十字会的管理体制。她指出湖北红十字运动历史悠久，今年来湖北省红十字会在备灾救灾方面做了很多工作。她还为该省红十字会工作题词：“创业绩、树形象、求发展”，并与省红十字会全体工作人员合影留念。

4月，为进一步促进湖北省红十字会与世界各地红十字会的交往，开展更加灵活、务实、互利、互惠的友好合作，湖北省红十字会代表团对印度尼西亚、马来西亚、菲律宾等国进行了友好访问。

5月6日，湖北省各地红会举办活动，喜庆新世纪的第一个世界红十字日。湖北省人大常委会副主任吴华品，省政协副主席、省红十字会会长韩南鹏等领导参加了多种纪念活动。武汉大学人民医院、武汉亚洲心脏病医院等13所医院近100名专家、教授组成的大型义诊团队，为市民提供健康咨询活动。武汉血液中心派出两台献血车到现场采血，为捐献骨髓的志愿者登记，为中华骨髓库的重新启动开展签名活动。解放军某部身患白血病骑单车行走中国25个城市，宣传捐献骨髓的少校隋继国，专程从郑州赶到武汉，号召人们加入到捐献者行列。省红十字会、香满楼乳品有限公司、绿世界环保有限公司等单位也开展了“博爱千万家”义卖活动。

5月15日，经湖北省委、省政府领导批示，湖北省编委正式下文，正式明确了湖北省红十字会新的领导管理体制，率先重新明确了省红十字会的人员编制、内设机构及相应的领导职数，并结合群团组织改革的总体要求，将原由“省卫生厅代管”改为由“省政府分管领导联系”，党的工作归口省直机关工委；并规定省红十字会内设一室二部，行政编制10名，设会长（兼职），专职副会长1名（副厅级）、副会长3名（兼职），正处级领导职数4人。这使省红十字会机关理顺管理体制及配套改革一步到位。

5月25日，由武汉市红会发起主办、市委宣传部等10余个单位联合举办的“博爱世纪行”步行募捐活动在武汉市江汉路步行街正式启动。此次活动旨在提高武汉市红会应对灾害袭击的组织动员能力、救助能力和减轻灾害造成的损失，并得到了政府、企事业单位、热心群众的大力支持广泛参与。武汉市市委书记、市红十字会名誉会长罗清泉为活动发来贺信，武汉市副市长捐款1万元，武汉市副市长、市红十字会会长段一轮在启动仪式上充分肯定了活动的意义和价值并号召社会各界积极捐款、奉献爱心，中法合资的神龙汽车公司等30家单位捐款均在1万元以上，江汉区卫生系统捐款达4万余元。启动仪式当天，由市领导、市红会机关工作人员和400多家捐款单位的代表组成的队伍在武汉街头宣传、劝捐。据统计，活动共收到捐款65万元。

5月，“五·八”期间，武汉市红十字系统开展了旨在增强红十字会救灾能力的募捐活动，得到了全市近500家企事业单位和10万市民的积极支持和参与。武昌区领导带头，干部响应，学校、医院踊跃参与，共捐款10万余元。此次活动共收到捐款60万元，为在无重大灾害、无政府指令的情况下，开展社会募捐，发挥群团组织作用，增强救助能力作了有益探索。

5月，“五·八”期间，湖北省参加活动的各类工作人员2万多人，接受义诊和卫生咨询20多万人次，自愿捐献骨髓报名者100多人，发放各类宣传资料80多万份，各种宣传展牌和横幅5千多块（条），义卖和募捐70多万元。荆州市红十字会以该市举办国际龙舟节为良机，组织近千名红十字医务工作者参加义诊和巡回医疗服务，诊治咨询人数达万余人次。仙桃市红会组织无偿献血100余人，咸宁市红会组织群众无偿献血19200毫升。阳新县红十字会举办了知识竞赛活动，并组织县医院、药检所等8个团体会员单位的40多位专家联合开展街头义诊、咨询、体检、健康教育、预防接种、食品安全宣传、假劣药品展览、疫病防治等活动。

5月，“五·八”期间，宜昌县开展“宜昌县人道救助基金万人行”活动，募集8万元善款；十堰市积极向社会募集2.8万元活动资金；咸宁市共组织140个基层团体会员单位、1000多名红十字会员、志愿工作者和200多名医疗专家，为近万名群众义诊，无偿献血19200毫升。据不完全统计，全省“五·八”期间参加活动的各类工作人员等有2万多人，义卖和募捐所得有70多万元。

5月，武汉市红十字药材公司完成改制，交由湖北城明集团经营。这彻底打破了该公司长期以来依靠红十字会的旧体制，逐步完善了公司内部的管理，增强了药材公司的市场运作能力和市场竞争力。

5月，十堰市红十字会积极为当地麻风病人服务，通过邀请市政府领导慰问麻风病人、了解麻风病人生活状况和国家防治麻风病政策等活动，争取政府依据财政体制和麻风病防治政策，制定当地麻风病人每年医疗费标准和来源渠道（每人每年医疗费1200元、生活费1680元），并以市政府文件的形式下发了各区县，要求各地认真落实，尽快拨付之前拖欠的麻风病防治经费，彻底解决该市麻风病人的医疗和生活费用。

6月6日，湖北省红十字会黄冈市备灾救援中心正式启用。该中心由福建省厦门市红十字会和江苏省如皋市红十字会响应中央东部地区支援中西部地区的号召而捐资兴建。该中心共有5层，总面积1532平方米，总造价138万元，提高了黄冈地区备灾救灾能力，造福730万黄冈人民，受到黄冈市领导和社会各界的盛赞和欢迎。

6月23日，受“飞燕”台风影响，伯利兹籍“广源轮”砂石船在台湾地区台南市安平港外海沉没，船上23名大陆船员全部落海。其中，湖北籍船员22名，安徽籍船员1名。事件发生后，省红十字会通过总会积极与台湾红十字组织取得联系，组织遇难者家属赴台，配合和协助中国长江航运集团公司处理善后事宜，受到国台办、总会、湖北省台办的高度肯定。

6月底，中国湖北省红十字会支部一行7人赴老苏区红安县开展党日活动。他们参观了黄麻起义和鄂豫皖苏区革命烈士纪念馆等地，瞻仰革命先烈，缅怀一代伟人，回顾革命岁月，接受爱国主义教育。在红安县人大、县教育局、县红十字会的安排下，他们为该县杏花乡曙光村小学的300多名学生捐献了318本科普图书和350个米尺，走访了耿翠兰、吴汉荣两户贫困家庭，并分别为他们捐赠现金和棉被。

7月11日，武汉市红十字会向广西省南宁市遭受台风灾区群众捐赠的价值4万元的药品等救灾物资启运，支援当地救灾。该批药品主要是治疗皮肤病、防疫消毒、防暑降温类的药品，共12个品种、100箱，均是灾区急缺的药品。7月12日，该批药品顺利抵达南宁市灾区，这也是武汉市红十字会捐赠给南宁市的第一批药品。

7月31日，武汉市红十字会举行“博爱世纪行”表彰会。同时，武汉市红十字会通过新闻界向社会郑重表示，将广泛开展群众性自救互救培训，并承诺凡是自愿参加培训的人员均可以免费参加，市红会免费提供教材、案例、师资、模型等。消息发布后，报名者络绎不绝，仅两天时间就有200多人报名，报名者中有警察、干部、工人、学生等，年龄从10岁到40岁，群众热情高涨。

7月，省人大常委会副主任吴华品率湖北省红十字会代表团赴德国巴登·符腾堡州红十字会考察访问，商洽进一步加强交流与合作事宜。

夏季，七省（区、市）红十字青少年夏令营在湖北宜昌举行。来自上海、广西、云南、湖南、湖北以及香港、澳门特别行政区的103名营员参加夏令营。

夏季，针对夏季溺水死亡惨剧频发的现象，武汉市红十字会通过新闻媒体向社会承诺，免费开展水上救护技术培训，共有400多市民接受了免费培训。

8月3日，武汉市红会主办的第一期水上救护培训班开班，80多名武汉市民参加了培训。培训班免费提供教材、师资等，传授水上救护知识和技巧，培训水上救护员。8月6日至9日，该会又在东湖和江海区体委举办了游泳场救生员培训班。

8月31日，武汉市红十字青少年工作委员会发出通知，要求各区红十字青少年委员会按照《武汉市学校红十字会工作合格标准》，对本辖区学校红十字青少年工作进行自查自评。在此基础上，市红十字青少年工作委员会进行抽查。

8月，浠水县红会募集4.8万元善款，救助该县实验中学学生王豆豆抗争病魔。浠水县副县长、县红十字会会长梅香雪代表全县卫生系统红十字会会员和社会各界爱心人士，将捐款交到在中南医院治病的王豆豆一家人手中，并对其表示慰问和鼓励。

9月15日，省红十字会圆满完成了"广源轮"事件处置工作，使湖北籍遇难船员家属得到了安抚和经济补偿，受到国台办、总会、湖北省台办等有关部门的高度评价。

9月21日，武汉市红会与武汉市循礼门酒店联合举办中秋节慰问孤寡老人联欢会，向来自该市7个城区的100多位孤寡老人赠送月饼，并邀请市说唱团、市京剧院、市杂技团的演员们为孤寡老人们表演精彩的节目。活动期间，武汉市政府领导和市红会领导对老人们致以节日的问候和良好祝愿，市红十字会会员为老人们洗衣扫地、送医送药，使老人们不孤独，受到社会广泛赞誉。

11月，时任湖北省人大常委会副主任吴华品带领省教科文卫委员会部分领导对武汉市、荆州市贯彻实施《中华人民共和国红十字会法》情况进行了执法检查，推动各地政府和红十字会落实《中华人民共和国红十字会法》，依法办会、依法兴会。

11月，省红十字会在荆州市第一医院建立999红十字急救中心，充分发挥急救中心在医疗救护中的作用，造福于荆州市人民群众。

12月18日，荆州市政府印发实施《荆州市红十字会机构改革方案》，促进荆州市红十字会理顺了管理体制。

12月20日，武汉市政府副市长、市红十字会会长段轮一到沌口开发区慰问当地中心小学和张湾村、潮海村特困户。

12月28日，武汉市红十字会与市饮食服务管理处联合在该市餐饮行业设置红十字募捐箱，鼓励社会各界捐助善款。

12月，十堰市红十字医院正式在东方轮胎集团公司总医院正式挂牌。十堰市市长、市红会名誉会长赵斌前往揭牌，副市长、市红会会长在揭牌仪式上讲话，这标志着该市红十字事业实力得到进一步加强，为红十字会履职尽责提高了保障。

12月，根据总会《关于重申中国红十字会湖北备灾救灾中心管理体制的复函》和省卫生厅《关于中国红十字会湖北备灾救灾中心管理体制的通知》文件精神，明确中国红十字会湖北备灾救灾中心的管理体制由孝感市卫生局向省红十字会进行移交。省红十字会主要负责人就该“中心”管理体制移交问题多次与孝感市卫生局进行协商，由于双方意见相差甚远，交接工作停滞，导致省红十字会由于没有档案资料及行政关系无法向省里有关部门申报工资及事业经费，该“中心”人员生活十分困难，影响了当地和省红十字会的正常工作。

本年，湖北各地红十字会通过实施一系列国际人道主义服务项目，引进外资折合人民币9100万元，开展建设项目22个。

本年，湖北省全省市、州、县（市）均成立了红十字会，有省级区域性备灾救灾中心1座、市级备灾救援中心4座；拥有9700个基层组织和150多万会员，有红十字会专职干部151人，红十字会组织分布于全省城镇、农村、学校和企业，成为开展红十字工作的基本力量。另据统计，从1996年至2001本年，省红十字会及各市红十字会从国内外募集救灾款物折合人民币达1.9亿多元。

本年，湖北红会累计与20多个国家的地区红十字会建立了长期稳定的友好关系。

本年，据统计，从1987至2001年，湖北各地红会为两岸同胞累计办理查寻个案9135宗，处理来访信函12831件，查寻结果2566宗，处理探亲衍生问题824宗。

本年，据统计，1996年到2001本年，省红十字会及各市红十字会从国内外募集救灾款物折合人民币1.9亿多元。这些救灾经费、物资为开展灾害救助工作奠定了物质基础。

本年，省红十字会出台《湖北省红十字会关于开展卫生救护工作的意见》，将卫生救护工作引向深入。另据统计，1991—2001 年，湖北红会“十年中累计共培训红十字救护员 100 余万人次”。

本年，湖北省红十字会“生命之歌”艺术团在武汉市成立。省政协副主席、省红十字会会长韩南鹏，省社科院党组书记刘宗发，省卫生厅厅长朱忠华出席成立仪式。该艺术团是全国首家由癌症患者组成的艺术团体。艺术团定期深入孤儿院、养老院和社区开展慰问演出和志愿服务，用自身经历和行动传递“人道博爱”精神。

本年，武汉市江汉区红十字会积极开展红十字青少年工作，全区 36 所小学和 26 所中学全部恢复或重建了红十字会组织，新发展青少年会员 3 万多名。

本年，武汉市青山区红十字会为解决当地特困学生的燃眉之急，自筹 5000 元人民币，开展了“博爱助学”活动。每学期分别为辖区内特困大学生捐赠 500 元，中学生捐赠 300 元，小学生捐赠 200 元，定点资助 10 名特困学生完成学业。此举在社会上赢得了一致好评。

本年，荆门市红十字会下发《关于加强红十字会会费管理工作的通知》，要求各红十字会团体会员单位和个人会员提高认识，扎实做好会费管理工作，并规定每年的 12 月定为缴纳会费日，会费的收缴、使用与管理坚持取之有度，用之得当的原则。

本年，武汉市红十字会将卫生救护培训工作延伸到外资企业，深入到百威啤酒公司、香格里拉饭店等中外合资企业。市红十字会还派人上门授课，深受管理者和学员的欢迎。同时，针对夏季溺水死亡惨剧频发的现象，市红十字会通过新闻媒体向社会承诺，免费开展水上救护技术培训。共有 400 多名市民接受了免费培训。

本年，武汉市东西湖区红十字会继续抓好驾驶员卫生救护培训工作，与该区公安交管部门密切配合培训机动车驾驶员。同时，对学校保健教师进行了卫生救护培训，全年共培训 3000 余人。武汉市黄陂区红十字会举办了急救技术和乡村医生继续教育培训，共培训区直医疗卫生单位及乡镇医护人员 1100 名。据统计，市、区红十字会全年共举办各类培训班 18 期，培训红十字急救员 5600 余名。

本年，武汉市红十字会先后向遭受洪水袭击的广西省南宁市、百色地区捐赠了价值 6.2 万元的药品，有力地支援了当地的抗洪救灾斗争；捐资 2000 元救助出生仅 7 个月的患胆道闭锁而生命垂危的婴儿。据不完全统计，全年武汉市市、区两级红十字会用于救灾、救助弱势人群的经费达30余万元。

本年，武汉市武昌区红十字会积极帮助因患尿毒症生活陷入困境的原亚洲贸易商场职工张勇。区红十字会捐款5万多元，两次助其换肾，使张勇重新燃起了生命的火花。武汉市江夏区红十字会先后5次组织110多名医务人员深入山坡等贫困乡村，为当地群众义诊，接诊1000余人次，免费提供药品价值5000余元。武汉市新洲区红十字会在该区凤凰镇周寨村、余寨村遭受龙卷风袭击后，迅速派出医疗队赶赴灾区救治伤员，赢得灾区群众的好评。

本年，武汉市江汉区红十字会积极开展红十字青少年工作，全区36所小学和26所中学全部恢复或重建了红十字会组织，新发展青少年会员3万多名。武汉市江岸区新村小学等26所中小学被确定为武汉市首批红十字青少年工作示范学校。

2002年

1月29日，武汉市红十字会到洪山区麻风病医院进行慰问，送去大米、卢柑、食用油等慰问物资。

2月16日，武汉市财政局核定武汉市红十字会2002年预算收入103.42万元。其中，财政预算拨款收入30.85万元，财政补助收入72.57万元。核定武汉市红十字会2002年预算支出103.42万元。其中，行政支出30.85万元，事业支出72.57万元。

3月4日，武汉市红十字会被武汉市卫生局评选为“2001年全市卫生工作目标管理完成单位”。

3月7日，武汉市红十字会与中国平安保险股份有限公司联合举办了每年例行的遗体捐献者证书和捐赠卡发放仪式以及捐献遗体志愿者联谊活动。中国平安公司承诺，凡参加遗体捐献的志愿者，每年可到该公司免费检查身体一次。

3月12日，湖北省红十字会向省委组织部、省直机关工委报送“建立中共湖北省红十字会党组的请示”，请求在会内建立党组，并设立机关党支部、备灾救灾中心党支部和综合党支部3个党支部。

3月13日，武汉市红十字会在武汉市马鞍山森林公园的支持下，在该公园设立了遗体捐献纪念林和纪念碑，为遗体捐献志愿者亲属提供了他们寄托哀思的场所，进一步扩大了红十字会的社会影响。同月，武汉市红十字会与市电视台、马鞍山森林公园联合举办为遗体捐献者植树活动。

3月14日，省红十字会同意在黄石市中心医院设立黄石市999红十字急救中心。

3月22日，湖北省红十字会、省教育厅联合转发总会和教育部下发的《学校红十字会工作规则》，要求各地加强红十字青少年工作。

3月27日，省红十字会同意设立在随州市中心医院设立随州市999红十字急救中心，并开通“999”专用医疗急救电话。

3月27日，武汉市红十字会在武昌实验中学举行红十字青少年工作总结会，进一步推动各级红十字会加强红十字青少年工作。

3月27日，经过多年发展，武汉地区有549所学校成立了红十字会组织，其中大学21所、中学186所、小学340所、特殊学校2所，共发展红十字青少年会员22.8万人。

3月27日，经过初查、复查和严格评选，武汉市红会召开红十字青少年工作表彰会，授予武昌实验中学等26所学校“红十字示范学校”称号，授予武汉市外语学校等156所学校“红十字示范学校”称号。

3月27日，武汉市红十字青少年委员会委员完成调整，由时任市教育局副局长郑朝忠担任主任委员，由市红十字会秘书长孙昌林、市教育局体卫艺处处长丁萍担任副主任委员。

3月，武汉市有549所学校成立了红十字会组织，其中大学21所、中学186所、小学340所、特殊学校2所，共发展红十字青少年会员22.8万人。

4月8日，武汉市红十字会与麦当劳公司联合在佳丽广场前举行“让生命欢笑”主题募捐活动，为患心脏病的建始县业州镇苗坪中心小学五年级学生曹亮亮捐款2万元。同日，市红十字会还与麦当劳公司联合，在武汉的20家连锁店设立了红十字募捐箱。

4月9日，武汉市红十字会在武汉市洪山区马鞍山森林公园设立的遗体捐献志愿者纪念林和纪念碑正式建成。同日，武汉市红十字会在马鞍山森林公园举行遗体捐献纪念碑揭幕仪式，了却去志愿者及其家属的心愿。

4月28日和5月21日，武汉市红十字会两赴黄陂区，为该区石门乡群众送去160余件皮夹克，为麻风病院患者送去50床蚊帐。

5月18日，武汉市红十字会与市血液中心联合在武汉展览馆广场举办了声势较大的纪念“世界红十字日”无偿献血宣传暨武汉市红十字会无偿献血志愿工作者服务队成立仪式。武汉市人大常委会副主任陈华芳、市委宣传部副部长周启新、市卫生局党委书记张建华等领导同志参加了活动。

5月27日至6月1日，湖北省红十字会选派张希林赴澳门特别行政区、香港特别行政区访问交流，并参加总会举办的中国红十字会传播工作座谈会。

5月31日，武汉市红十字会举行了五届三次理事会，通过了对张培增等28位同志为市红十字会理事的决定，并决定增补张培增、林国生、杨战兵、郑朝忠等同志为市红十字会副会长，林国生同志为常务副会长，聘请彭国强同志为顾问。

5月，受德国巴登·符腾堡州红十字会委托，该州曼汉姆区红十字会菲茨·格勒特致函湖北省红十字会，倡议湖北省红十字会以“艺术家看红十字会”为主题宣传人道博爱思想，举办一次巡回艺术展，并寄来该会的作品目录。

5月，武汉市红十字会召开职代会，对工会组织进行了调整，充实了新的力量，以更好地服务干部职工。

6月24日，中共武汉市卫生局党委发文，授予武汉市红十字会王萍等人“市卫生系统优秀党员”称号。

6月26日，陕西省西安市红十字会向武汉市红十字会请求援助遭受洪水袭击的灾民后，武汉市红十字会捐款5万元人民币予以支持，赢得了当地群众的交口称赞。西安市红十字会向武汉市红十字会赠送了一块写有“救助之恩、世代传颂”的铜匾。

6月，武汉市红十字会向黄陂区麻风病院捐赠皮夹克150余件，受到该院患者的好评。

7月9日，省委组织部批复，同意成立中共湖北省红十字会党组，由湖北省委领导，党组成员3人，1人为党组书记。

7月20日至8月20日，武汉市红十字会再次与麦当劳公司联手举办了“心心相印、书送爱心”活动，为贫困地区小学募集图书。短短一个月时间内，广大市民尤其是城区少年儿童踊跃参与，热心捐出自己珍藏的图书4000多册。

7月24日，省红十字会将总会拨付的85100元救灾款拨付给随州市、荆门市、宜昌市红十字会，帮助三地红十字会用以购买粮食等救灾物资。

7月，武汉市新洲、蔡甸、汉南三郊区遭受龙卷风袭击后，市红十字会立即向三个灾区捐赠3万元救灾款，为缓解灾情、帮助特困灾民度过难关奉献爱心。

7月，时任湖北省红十字会会长韩南鹏一行赴西班牙、奥地利开展工作交流，探讨红十字会运行管理模式、政府对红十字会发展的支持等事宜。

夏季，湖北省红十字会在宜昌市举办八省和港澳地区红十字青少年夏令营。

8月，武汉市洪山区天兴洲长江堤坝溃口，市红十字会向当地居民捐赠价值8000余元的药品，并向咸宁灾区捐赠价值8000余元的药品，协助灾民抗洪救灾和生产自救。

9月12日，武汉市红会发文，同意该市蔡甸区红会成立红十字会医院，并以“红十字会”冠名。

10月13日至21日，受总会委托，省红十字会接待台湾红十字组织负责人陈长文一行赴湖北参观访问。

10月17日，湖北省红十字会印发通知，根据省委组织部7月9日的批复，中共湖北省红十字会党组正式成立。省红十字会党组由湖北省委领导，其机关党的工作由省直机关工委领导，党组成员由3人组成，设书记1名。

10月17日，武汉市红十字会将社会各界捐赠的图书捐赠到黄陂区办学条件比较艰苦的六指镇群乐小学，并为该校配置了书架和桌椅，建立了武汉市第一所“博爱图书室”。

10月，武汉市红十字会积极参与市卫生局女医师协会开展的扶贫活动，为该市蔡甸区新邦村的孤寡老人捐赠了价值近5000元的棉衣、棉被。

11月14日，武汉市红十字会与深圳市红十字会和深圳市狮子会联手，成功组织武汉市首例异地眼角膜捐献和移植，并联系在武汉的美国友人为其捐献了1万元人民币的手术费，使因患圆锥角膜而右眼失明的武汉市广播电视大学21岁的大学生田俊重见光明。

12月12日，武汉市政府印发实施《武汉市红十字会机关机构编制方案》，明确了该会的性质、任务、工作职责等，并规定武汉市红十字会机关编制为13人。其中，秘书长（正处级）1人，副秘书长（副处长级）2人，正科级领导职数2人，副科级领导职数3人，机关后勤服务人员事业编制1人，其他工作人员编制4人。

12月16日，总会与民政部联合下发《关于开展社区红十字服务工作的通知》后，湖北各地红会认真组织学习，并结合当地实际，开展符合红十字会宗旨的社区红十字服务工作。

12 月 18 日，为加强对备灾救援中心的管理，湖北省红十字会印发实施《湖北省地区性备灾救援中心管理办法（试行）》。地区性备灾救援中心属于省红十字会与地级市红十字会共同建设，实行省、市红十字会双重领导，以当地红十字会为主，中心主任由地级市红十字会主要负责人兼任。

12 月 25 日，湖北省等 9 省、市的造血干细胞捐献者资料库的 HLA 分子生物学分型检测数据输入总库，这标志着中国造血干细胞捐献者资料库管理中心覆盖全国的电脑网络正式开始运行。

12 月，省红十字会与德国巴登·符腾堡州在武汉联合举办以“人道的力量——艺术家看红十字”为主题的中德红十字美术展，并邀请湖北省美术家协会、湖北美术学院等单位联合举办相关活动，宣传红十字精神。

本年，武汉市 13 个区都建立了红十字组织，有专（兼）职干部 17 名，会员 37 万多人，基层组织近 2000 个。

本年，按照中国红十字会总会和省红十字会的安排，武汉市红十字会积极争取进入社区发展，在青山区钢花新村建立了红十字会社区服务站。同时依托海军工程学院社区，建立了以遗体捐献为主体服务项目的红十字会社区服务中心。同时，以此为契机，在社区广泛开展群众性卫生救护培训、门栋医护人员培训、老年人健身、楼房水箱消毒清洗和遗体捐献宣传教育等一系列服务工作，使人道主义和社会主义精神文明建设在广大社区深入开展。

本年，借总会与国家 15 部委联合下发深入开展救护工作的意见的大好时机，武汉市红会与该市相关部门联合会签出台了《关于广泛深入开展全市相关行业卫生救护培训实施方案》。该“方案”明确提出了今后若干年内，武汉市各行业应完成的培训目标，并就如何规范培训内容、确保受训率和培训质量的考核验收等问题明确了具体措施。文件出台后，有力地促进了武汉市卫生救护培训工作的开展，当年培训 3.7 万人，其中红十字急救员 2800 余名。

2003 年

春节前夕，武汉市市、区两级红十字会积极响应市委、市政府发出的踊跃捐助，使城乡家庭生活困难的群众与全市人民一道共同度过欢乐、祥和的元旦、春节的号召，筹集包括棉被、棉衣、大米、食用油等价值 26.4 万元的慰问物资和 9.7 万元的慰问款，并组织开展了“博爱送万家”慰问活动，共向武汉市 3000 多户孤寡老人、孤残儿童家庭送去党、政府和红十字会组织的关爱。同时，重点救助了该市武昌区粮道街残疾少年李梓豪、因患多发性肌炎无力治疗的内蒙古卓资县红十字会副会长李江平、父母双亡生活无着的武钢三中学生周禹、患多发血管母细胞瘤的 16 岁新洲少女谢娟等一批易受损害的人群，赢得了社会广泛赞誉。

1 月，武汉市红十字会针对机构改革后人员变动大、新进人员多的特点，举办了一期红十字运动基本知识理论培训班，使新来的人员从上岗就了解红十字的有关知识，为今后的工作打下了一定的基础。该年 8 月，武汉市红会又举办了第二期培训班，并收到了较好效果。

年初，面对“非典”疫情，省红十字会召开会议布置相关工作，并根据省防控办公室的要求，开展形式多样的防疫活动。

年初，在湖北省新闻出版局、《初中生天地》杂志社以及广大教育工作者的热情支持下，省红十字会举办了首届湖北省青少年“我心中的红十字”征文活动。该活动用征文形式促进青少年了解红十字运动，传播人道理念，优秀获奖文章经点评后刊登在《初中生天地》杂志，收到了较好的效果。

年初，湖北省武昌实验中学成为中国计划生育协会适宜卫生技术组织的青春健康项目试点单位后，该校红十字会试点开设了“少女课堂”，向学生传授青春期健康、生殖与避孕、预防性传播疾病、预防艾滋病感染、异性交往、价值观与决定、远离毒品、树立人生目标等知识和开展伦理道德教育，帮助青少年正确面对成长过程中面临的挑战和问题。

2 月 27 日，武汉市红十字会开展向新疆巴楚—伽师地震灾区捐款活动，支援灾区群众抗震救灾。

2 月 28 日，武汉市红十字会与市民政局联合下发了《关于开展社区红十字服务工作的通知》的文件，并转发了总会与国家民政部联合下发的《关于开展社区红十字服务工作的通知》的文件，大力开展社区红十字服务工作。

2 月，时任湖北省红十字会副秘书长高民主一行来到咸宁市咸安区马桥镇濯港村开展送温暖活动，为当地农户送去大米、棉被、牙膏、衣物等万余元的物资，还自发捐款为贫困户、特困户准备了慰问金。

3 月 10 日，湖北省社会各界纷纷捐款捐物，支援新疆地区灾民。武汉市春天生物工程公司捐赠了价值12万元的衣物，武汉市第23初级中学师生捐款3000余元。另外，湖北省红十字会募集到15万元捐款，并及时组织发往新疆灾区。

3月，中国平安保险公司武汉分公司和湖北省红十字会经过友好协商后联合发文，决定在全省开展向无偿献血人员赠送保险活动。平安保险公司武汉分公司和武汉市等13个市、州红十字会、部分血站的有关负责人，举行向无偿献血人员赠送保险的启动仪式。文件规定，献血者一次献血200毫升，投保人民币5元，献血400毫升按两份计算。献血者1年内发生意外事故，由保险公司给付最高4000元的保险金。

4月5日，中共武汉市卫生局委员会批复：同意成立中共武汉市红十字会总支部委员会，由桂顺利、王萍、姚华三同志为总支部委员会委员，桂顺利同志任书记。同时，撤销中共武汉市红十字会支部委员会。

4月10日，武汉市红十字会五届四次理事会在武汉市民航大酒店召开。

4月21日，武汉市红十字会在武昌实验中学举办保健教师救护培训班，加强保健教师培养工作。

4月25日，根据卫生部办公厅、中国红十字总会办公室、总后卫生部医疗管理局《关于推荐2001—2002年度全国无偿献血先进单位和个人的通知》要求，湖北省红会推荐该省荆门市、襄樊市参评无偿献血先进市；中国地质大学（武汉）、武汉红桃K集团股份有限公司（武汉）、宜昌三峡大学（宜昌）、孝感市职业技术学院（孝感）参评无偿献血促进奖（单位）；推荐江修权（荆门）参评无偿献血促进奖（个人）；推荐毛迎（襄樊44次）参评无偿献血奉献奖金奖，钟立绪（荆门33次）、舒春明（荆门30次）、李育松（襄樊30次）参评无偿献血奉献奖银奖，方玉华（荆州29次）、刘福清（襄樊28次）、蒋崇祥（武汉27次）、孔维龙（武汉25次）、赵国平（武汉23次）、魏征（武汉24次）、康根林（襄樊22次）、江传诗（荆州22次）、金丽琴（荆门22次）、周明星（荆门22次）、陈国华（咸宁21次）、喻昌荣（荆州21次）、刘小红（襄樊21次）、李光明（武汉20次）、刘明清（襄樊21次）、闫富斌（襄樊20次）、肖德元（荆州20次）、刘泽平（武汉20次）、姚常君（孝感20次）、程北冰（荆门20次）、田家胜（宜昌20次）、柯剑（咸宁20次）参评无偿献血奉献奖铜奖。

4月25至26日，荆门市红十字会出动3台专车，在政府机关、企事业单位、学校、车站开展消杀工作，消毒面积达5万平方米，并免费投放价值5万元的消杀药品和喷雾剂。

4月29日，中国红十字会向全国从事抗击“非典”工作的医护人员发出慰问信，对他们致以崇高敬意。

4月，针对湖北省“非典”发病人数在全国不算多但“抗非”任务与责任也不轻的情况，湖北省各地红十字专职工作人员积极采取多种形式开展工作。武汉市红十字会在此期间向一线交通警察和公共汽车司乘人员送“抗非”中药汤8000人份；向战斗在一线的武汉市传染病医院送去40部由中国移动通信赠送的手机电话和每部手机一张价值150元的充磁卡；向车站、学校、涉外企业等送去50台测温仪；向下岗职工送去价值200万元的保健食品等。

5月8日，湖北省八峰药业股份有限公司针对“非典”疫情，向湖北省红十字会捐赠价值50万元的具有增强免疫力功能的药品，并通过省红会捐赠给抗疫一线的医务人员。湖北省红十字会会长韩南鹏代表省红十字会接受了捐赠。同日，武汉“巨能金匙”药业通过武汉市红十字会向市公安交警和公交系统司售人员捐赠8000人份的防治“非典”的中药。

5月19日，省红十字会会同省检察院、省财政厅、省审计厅等6家单位联合发出《关于加强防治“非典型肺炎”专项款物管理、使用中职务犯罪预防工作的通知》，要求各地强化对“抗非典”社会捐赠款物的监管，防止贪污、挪用、侵占抗“非典”物资以及管理、使用过程中的渎职、失职等职务犯罪行为。

5月19日至20日，省红十字会举办红十字会国际人道法培训班，邀请红十字国际委员会东亚地区办事处主任章马克先生、办事处代表任浩先生和总会相关人员等为省委、省政府及与省红会有工作联系的领导和工作人员开展培训。

5月，省红十字会机关和部分地市红十字会收到价值708万元的救灾物资，并按照捐赠者的意愿，对所接受的捐款和物资全部及时地用于抗击“非典”工作一线。

5月，湖北省红十字会举办国际人道法培训班，对省委、省政府以及与红十字会工作相关的领导和工作人员开展培训。

5月至6月，广药集团盈群公司、深圳三九医药贸易有限公司等企业向武汉市第五医院、市红十字会捐赠药品、“耳温仪”等防疫物资，支持武汉市开展防疫工作。

6月4日，经中共武汉市红十字会总支部委员会研究决定，成立中共武汉市红十字会机关支部委员会。经党员选举党总支研究决定，王萍、李旭光、赵敏同志为机关支部委员会委员，王萍同志兼任党支部书记。

6月20日，由于在抗击“非典”中的优异表现，武汉市红十字会党员赵敏、姚华分别被武汉市卫生局评为优秀共产党员和优秀党务工作者。

7月2日，武汉市红十字会累计接收各企事业单位、团体和个人捐赠防治“非典”款物60多批（人）次，折合人民币400多万元。

7月10日至11日，湖北省红十字会机关举办学习“三个代表”思想培训班，全面加强机关党的建设工作。省红十字会机关全体人员、退休党员参加了学习。

7月15日，武汉市红十字会印发实施《武汉市红十字会关于开展社区红十字服务工作的实施意见》。该“实施意见”提出，到2006年，市、区、街各级红十字会都要开展社区红十字服务工作。市红十字会主要抓总体规划、推广进度和示范指导，并且建立信息服务网络；区、街红十字会重点抓组织管理与具体实施，逐步实现区级社区红十字服务工作规范化和网络化，进而实现全市社区红十字服务工作规范化和工作网络化。

7月24日，《武汉市遗体捐献条例》由武汉市人大十一届四次常务委员会议审议通过，并于当年10月1日正式实施。该“条例”明确了遗体捐献工作组织管理和具体实施主体，规范了相关部门职责，并详细阐述了遗体捐献登记、接受、利用和处理的要求和法律责任。此举标志着武汉市遗体捐献纳入法治化、规范化轨道，有利于保障此项工作顺利开展。此前几年，已有3200人向武汉市红会表达了捐献遗体的意愿，近600人办理了遗体捐献登记手续，并有16人完成了捐献意愿。

7月25日，武汉市红会向云南楚雄彝族自治州地震灾区捐款5万元，用于购买灾民亟需的药品和食品，帮助灾民抗震救灾、生产自救。

8月1日至11日，根据《中华人民共和国审计法》，武汉市审计局对武汉市红十字会防治“非典”社会捐赠款物进行了就地审计。

8月6日，省红十字会向武汉市、黄冈市、宜昌市、咸宁市红十字会发出通知，要求四座城市的红十字会用好总会下拨的2.2万元“关怀‘非典’受难者基金”（该基金由香港红十字会捐赠，用于已证实感染SARS的病人和因SARS死亡者家庭的生活补贴），向当地感染SARS康复出院者每人提供2000元人民币补贴；向因感染SARS死亡者的家庭提供10000元人民币补贴。

9月1日，武汉市红十字会被武汉市卫生局授予“武汉市卫生系统防治非典先进集体”称号，该会刘彤被授予“武汉市卫生系统防治非典先进个人”称号。

9月1日，武汉市审计局向武汉市红十字会反馈审计意见，认为该会在抗击“非典”中做到了专账核算、专人管理、专户存储，救灾资金的账目清楚，资金使用手续完备。

9月18日，民政部公布抗击“非典”社会捐赠款项，中国红十字会总会和地方各级红十字会共收到6.36亿元。

9月，湖北省卫生厅、省红十字会下发通知，要求各地认真开展以“无偿献血，情系万家”为主题的纪念《中华人民共和国献血法》实施5周年的宣传纪念活动，扩大无偿献血队伍，确保无偿献血可持续发展，保证临床用血安全可靠。

10月1日，《武汉市遗体捐献条例》正式颁布实施后，武汉市红十字会相继建立了3个遗体接待站、5个登记接待站和红十字眼库，有300多名在校医学生参与角膜劝捐员与遗体捐献宣传员的培训。

10月开始，武汉市红会在该市8所高等院校设置急救箱60多个，箱内放置有担架、甲板等救护器材和急救药品，有效减少了大学生意外事故造成的损失。

10月26日至30日，省红十字会接待加拿大红十字会国际部副部长侯塞（Jose Alberto Garcia-Lozano）和亚太地区项目负责人张云红女士（Yunhong Zhang）来湖北省考察宜昌市红十字会城区艾滋病预防宣传项目情况。

10月31日，武汉市副市长、市红十字会会长刘顺妮等在武昌洪山广场电信局大楼参加纪念《中华人民共和国红十字会法》颁布10周年活动，积极向社会宣传《红十字会法》，扩大红十字会的社会影响力。

10月31日，孝感市红十字会为更好地纪念《红十字会法》颁布十周年，专门在全市设立6个分会场，邀请34个相关部门的领导及会员约340人集中收看了中国红十字会总会召开的纪念红十字会法颁布实施十周年电视电话会议。会后，该市领导强调要进一步加强《红十字会法》的宣传工作，进一步壮大红十字会的组织，积极争取社会各界的支持，拓宽救助渠道。

11月19日，省红十字会参加了省检察院、省财政厅、省审计厅等6家单位联合召开的防治“非典”专项款物管理、使用中职务犯罪预防工作联席会议。省政府有关部门领导对省红十字会的工作给予了充分肯定。

11月20日至22日，以日本高知县红十字血液中心所长和田一成为团长的日本红十字会血液代表团一行五人来宜昌市进行学术交流访问。此次访问交流活动加强了双方在血液事业方面的了解，增进了友谊，双方表示今后要加强联系。

11月23日至29日，按照总会的统一部署和要求，湖北省红十字会在省卫生厅外语培训基地举办了湖北省首期彩票公益金项目救护师资培训班。参加培训班的有武汉、襄樊、鄂州、孝感、黄冈、黄石、咸宁、仙桃、宜昌、恩施等市、州红十字会的专职干部和急诊科的医生。授课教师由武汉大学中南医院急诊科的专家担任，授课方式采取多媒体教学和实际操作相结合。培训内容主要是院前急救、CPR（心肺复苏术）、意外伤害及创伤救护。通过培训，提高了学员们从事普及卫生救护知识的授课能力，也为湖北省救护培训工作的全面启动打下了基础。

11月，省红十字会把宣传工作与传播工作有机结合，充分利用各种媒介和时机积极主动地开展工作，并主动邀请湖北省和武汉市主要新闻媒体的记者们进行了一次红十字运动基本知识免费培训。

12月22日，中国造血干细胞捐献者资料库湖北分库工作全面启动，湖北分库在总会的总体部署下有序的运行，HLA（人类白细胞抗原）实验室已按程序进行工作，并将分库造血干细胞捐献者资料740份传输到总库，这标志湖北省分库系统运行良好，服务于广大患者的资料分库建设上了一个新的台阶。此前，在12月中旬，湖北分库正式成立了分库专家委员会，对涉及工作中的重大问题和明年的工作进行了及时研究和布置，使工作有计划、有目标，分库工作已进入规范化的程序。

12月，省红十字会累计募集抗洪救灾款物价值635.96万元，并向全省16个地市的灾区分配款物价值570.78万元，约29.5万人次受益。此前，湖北省在7月遭遇洪涝灾害后，湖北省各地红十字会及时深入灾区，调查核实灾情，安排救灾工作，并及时争取总会和社会各界的援助。

本年，武汉市红十字会有1000多个基层组织、16个社区红十字服务站，发展会员2万余人。

本年，湖北省各地红十字会有会员约150万人，有基层红十字组织9700个，各地市州均成立红十字会，配备专职人员105人。

本年，在总会和社会各界的帮助和支持下，湖北省红十字系统为防治“非典”募集款物价值708万元；募集价值16万元的款物。

本年，省红十字会按照总会与红十字国际委员会2002—2004年传播工作的合作计划，继续积极开展传播工作。全省部分地级市和县（市）已完成了第二轮传播培训任务，全年已通过培训的总人数达1000人次。

本年，为纪念《中华人民共和国红十字会法》颁布施行10周年，进一步贯彻落实红十字会法，推动湖北省红十字事业的发展，省红十字会认真组织全省各地红会收听、收看了中国红十字会总会纪念《中华人民共和国红十字会法》颁布施行10周年电视电话会议。在电视电话会议结束后，省红十字会机关又组织了全省范围内的电视电话会议，省红十字会会长、省人大的有关领导、武汉市的有关领导也作了重要讲话和发言。与此同时，省红十字会与有关新闻媒体联手，根据“红十字标志使用办法”，对武汉市部分医疗单位误用红十字标志的情况进行了纠正。

本年，据统计，从1996年到2003本年，省红十字会及部分市红十字会从国内外共募集救灾款物折合人民币共1.9亿多元，受益群众500多万人次。

本年，武汉市硚口区汉中街长寿社区红十字服务工作站，组建了20多人社区红十字志愿服务队，每月定期到社区居民家中走访，与辖区老年公寓50名孤寡老人签订了服务合同，把预防艾滋病、无偿献血及卫生保健知识送到家门，将愿意学习的居民请进服务工作站进行卫生救护培训，提高居民的卫生意识。

本年，武汉市东西湖区吴家山街文家湾社区把为社区居民服务、排忧解难放在首位，并成立了社区红十字会，发展会员，组建红十字志愿服务队。在短短的半年时间内，该社区印制宣传红十字会人道、博爱、奉献精神的宣传单1万多份，走访了社区的每户居民和辖区内的企事业单位，并发展会员7000多名，收取会费6000多元，为1000多名居民群众捐赠了近10万元的药品，赢得了居民和辖区内企事业单位的信任。

本年，武汉市红十字会努力克服“非典”造成的不利影响，经过认真细致的筹备，在商业、教育、旅游等行业启动了卫生救护培训，共培训红十字急救员8600余名。同时，完成了对全市1040多名中小学保健教师、校医开展的师资培训，并组织他们在全市100多万中小学生中传授意外事故的防范措施。

2004 年

1月4日，总会党组书记江亦曼出席“中国红十字会‘红十字博爱送万家’（湖北·武汉）”启动仪式，并深入英山县等地开展慰问活动。活动以“关爱五个五百”为主题，对500个灾区重灾户、500个贫困地区特困户、500个城市低保家庭、500个贫困下岗职工、500个残疾人家庭进行送温暖活动。江亦曼还率慰问组在黄冈将600个慰问包、20吨大米、70壶食油，分别送到英山县200个灾民和黄州区400个低保特困户手中。

1月14日，湖北省政府副省长蒋超良在孝感市主持召开会议，专题研究中国红十字会湖北备灾救灾中心管理体制的问题，并由省政府办公厅于1月30日形成了专题会议纪要，正式将该“中心”管理体制重新划归为省红十字会直接管理。

1月26日，武汉市红十字会参与“三下乡”活动，到黄陂区长岭福利院送温暖，市领导殷增涛、吴玉梅、刘顺妮、陈振中等参加。

1月，在“红十字博爱送万家”活动中，武汉市红会向市孤寡老人代表发放了中国红十字会制作的“爱心包”2500份，联合省红十字会共筹集大米45吨、食用油3.5吨、棉衣、棉被3000套，价值人民币38万元，发放给武汉市的3000个特困家庭。荆州市红十字会发放救灾大米51.72吨，消杀药15.61万元，受益人数10万余人。仙桃市红十字会到通海口镇为贫困农民送去棉衣棉被50余件，捐款1000余元，受到当地政府及社会各界的好评。鄂州市红会组织了建市以来规模最大的红十字募捐晚会，市委、市人大、市政府、市政协的领导出席了晚会，并且现场对12名贫困儿童进行了捐助。

年初，为推动中国造血干细胞捐献者资料库湖北分库建设，省红十字会召开了专题工作会，研究部署相关工作，并在全省成立了10个工作站，将动员采集捐献者血样数分解到各市红十字会，做到任务清楚、职责明确。

年初，省红十字会组织有关人员分别深入部分地市，对红十字进社区工作开展调研和指导。

3月1日，为加强遗体捐献工作，提高服务质量，武汉市红会同意设立蔡甸区遗体捐献登记接受站。

3 月，根据湖北省政府副省长蒋超良主持召开的中国红十字会湖北备灾救灾中心管理体制专题会议精神，在省财政厅社保处及孝感市财政局的支持下，省红十字会正式办理了该中心人员工资账户的移交工作，并于该年 3 月起由省红十字会将中心人员工资直接拨付至个人工资账户，确保了职工工资按月发放。至该年 4 月下旬，该“中心”体制移交的手续基本办理完毕。

4 月 1 日，省红十字会和省卫生厅联合举办省直机关“关爱他人，奉献社会”为主题的无偿献血活动。省委、省政府主要领导和省直机关 200 多名干部职工参与献血，时任中央政治局委员、湖北省委书记俞正声率先献血。

4 月 27 日，武汉市红十字会在武汉电视台举办纪念“世界红十字日”救护培训知识竞赛活动。

4 月 28 日，武汉市红十字会召开 2004 年常务理事会。会议听取审议并通过了林国生常务副会长所作的题为《立足本职、围绕中心、服务大局、当好助手》的 2003 年工作总结和 2004 年工作计划的报告。同时调整充实了市红十字会领导机构。经会长提名，并征求了全体理事的意见，常务理事会同意增补市人民政府副秘书长罗国轩、石大鸿和市公安交管局局长刘家祥同志为市红十字会副会长。武汉市副市长、市红十字会会长刘顺妮出席会议，并就相关重点工作做了重要指示。

4 月，鄂州市红十字会举办了卫生救护师资培训班，共有 100 多人参加了培训，有力提升了该市卫生救护工作水平。

5 月 8 日，武汉市红十字会与武汉电视台合作，举办了庆祝“中国红十字会建会 100 周年红十字知识竞赛活动”。经过紧张激烈的较量，武钢五中代表队获得冠军，该校龚怡恬同学获得个人一等奖。同时，制作了纪念世界红十字日和中国红十字会建会百年电视访谈节目，与电视知识竞赛节目一起于 5 月 8 日在武汉电视台播出，有力地促进了红十字会务知识的传播和普及。

5 月，省红十字会与中国造血干细胞捐献者资料库湖北分库充分利用“五·八”世界红十字日，大力宣传造血干细胞库。各地在新闻媒体加大宣传势头，共发宣传稿件 100 余篇，在电视台，广播电台举办了专题节目，很多地方开通了咨询热线电话，印刷了宣传资料，广大市民在网络上以发帖的方式发表大量文章，赞颂捐献活动。省红十字会也积极参加网民的热门话题讨论，调动市民参加捐献骨髓的热情。

5 月，仙桃市红十字会在“五·八”期间组织 5 个医疗队、35 名医务人员上街义诊，发放宣传资料3000余份，诊治病人824人。十堰市红会采取“献血送保险”的措施，共为献血人员购买了16000份保险单，使90多位献血人员受益。

5月，省红十字会在宜昌市协助总会举办了全国红十字运动基本知识培训班暨评估表彰会，来自全国12个省市和港、澳地区的100多人参加了会议。会上，湖北省红十字会获得2003年度全国传播工作一等奖。

6月中旬，武汉市红十字会举办法规培训班，邀请省红十字会、市人大常委会的法律专家及有关院校的教授，对各区红十字会常务副会长、秘书长、专职干部以及武汉大学医学院、华中科技大学同济医学院、江汉大学医学部等相关单位人员进行了《国际人道法和红十字会务知识》《武汉市遗体捐献条例》和《行政执法责任制》的培训。

6月30日，据统计，湖北省红十字会组织建设在中国红十字会“七大”后取得显著成绩，有成人会员904807人，青少年会员530822人，志愿者22209人；有基层组织5219个，红十字学校1618个；有编制154个，专职人员107人。

6月，德国巴登·符腾堡州红十字会来湖北省访问交流，双方红会约定继续加强交流合作。

6月，省红十字会接受了总会对灾区物资发放情况的抽查，通过对两个县市的走访抽查、实地询问，抽查小组对湖北省红十字会的救灾工作给予了肯定，对蕲春县救灾物资的发放给予了高度赞扬。

7月9日至10日，应德国巴登·符腾堡州红十字会邀请，湖北省红十字会在前会长韩南鹏率领下，组织代表团对德国巴登·符腾堡州红十字会开展回访，与巴登·符腾堡州红十字会在斯图加特市签署了为期三年的新一轮合作协议，并重点在社区老年人服务、干细胞骨髓资料库建设、贫困地区厕所建设、孝感地区红十字备灾救灾中心建设等方面进一步扩大交往，开展合作。

7月，省红十字会组团参加了在上海举行的九省市（区）红十字青少年夏令营活动，使红十字精神在红十字青少年中得到不断传递。

7月，武汉市红十字会组团赴法国、德国，对两国的红十字组织进行了考察交流活动。

8月14日，湖北省红十字会向总会报送了中国红十字会“八大”主要文件的修改建议，并希望中国红十字会在理顺管理体制和加强自身能力建设方面着力。

8月，省红十字会组团参加了在台湾地区举办的海峡两岸红十字青少年夏令营活动。

暑期，武汉市 17 名大学生志愿工作者，在市红十字会资助下，利用暑假辗转东南沿海 5 省（市），宣传造血干细胞（骨髓移植）捐献工作，赢得了这些省（市）红十字会和广大群众的交口称赞。

9 月 6 日，湖北省红十字会第五次会员代表大会在武汉市举行。会议总结回顾了“四大”以来的工作成绩和经验；审议通过了第四届理事会的工作报告、《湖北省红十字会实施〈中国红十字会章程〉细则修改意见》《湖北省红十字会 2005—2009 年发展规划》；选举产生了新一届理事会和新一届会领导，并聘请中共中央政治局委员、省委书记俞正声为省红十字会名誉会长。时任全国人大常委会原副委员长、全国妇联名誉主席、中国红十字会会长彭珮云出席会议。

9 月 6 日，时任全国人大常委会原副委员长、全国妇联名誉主席、中国红十字会会长彭珮云在湖北省调研考察时，对武汉市红会全方位、多视角、多渠道开展红十字青少年工作给予充分肯定，并赞扬武昌实验中学将青春卫生知识、健康保健知识和心理卫生知识纳入红十字青少年工作的范畴，与学生思想政治教育相结合，是一个很好的创新，值得推荐。她欣然为该校题词：“实施素质教育，创一流名校”。随后，总会也在全国推广了该校以及武汉市红十字青少年工作的经验。

9 月 7 日，在武汉市政协副主席龚非力、陈振中的带领下，武汉市政协委员一行 15 人视察了武汉市血液安全工作，并对武汉市血液中心进行了现场考察。

9 月，中国造血干细胞捐献者资料库湖北分库利用召开省红十字会第五次会员代表大会的机会，集中在《湖北日报》《楚天都市报》宣传造血干细胞工作，取得了显著成效。

9 月至 10 月，省红十字会组织市红十字会专职副会长、秘书长和省红十字会机关全体干部举行了为期 9 天的读书班，学习贯彻党的十六届四中全会和中国红十字会“八大”精神。读书班以提高红十字工作能力为主题，认真学习胡锦涛总书记在党的十六届四中全会和中国红十字会“八大”会议上的讲话，讨论中国红十字会“八大”精神，借鉴先进省市红十字工作经验，研究湖北省红十字事业发展措施。通过各种系统的学习，进一步增强了红十字会工作人员的光荣感和责任感，提高了红十字会工作人员的社会工作能力。

10 月 8 日，省红十字会向襄樊市、黄石市红十字会发出通知，同意命名襄樊市枣阳市第三人民医院为“枣阳市红十字医院”，命名黄石市阳新县人民医院为“阳新县红十字医院”。并要求两地红十字会按照卫生部、总会制定的《红十字（会）医疗机构规章》和《湖北省实施〈中华人民共和国红十字会法〉办法》，明确红十字医院的权利和义务，加强对医院的监督管理。

10月10日，来自湖北省的万玉华、李育松、钟新华、刘小宏、明彩堂、蔡崇祥、王亮、周敏获得卫生部、总会、总后勤部卫生部联合颁发的2001—2003年无偿献血奉献奖；中国地质大学（湖北）、武汉统一企业食品有限公司（湖北）、湖北电视台、湖北民族学院获得无偿献血促进奖（单位），张茂祥获得无偿献血促进奖（个人）；湖北襄樊市、荆门市获得无偿献血先进城市奖。

10月11日到16日，省红十字会2004年彩票公益金项目救护师资培训班分别在十堰和襄樊开班，共举办了4期。

10月22日，武汉市红十字会在“重阳节”之际，邀请武汉市80位参加遗体捐献的老人代表欢聚汉口江滩，共话武汉市人道主义事业的新发展。当天，遗体捐献志愿者还向全体武汉市市民发出了踊跃参与遗体捐献公益活动的倡议书。

10月27日至29日，中国红十字会第八次全国会员代表大会在京举行，时任国家主席胡锦涛会见参会代表并发表讲话。会议审议通过了《中国红十字会第七届理事会工作报告》《中国红十字事业2005—2009年发展规划》及《中国红十字会章程修正案》，选举产生了新一届领导班子。

11月3日，省红十字会召开造血干细胞捐献者资料库2004年度工作会议，对全年工作进行总结，通报了各地完成任务的情况，对襄樊、宜昌市等5个先进单位进行了表彰，并颁发荣誉证书及奖金。同时，根据总库要求，下达了下一年的工作任务。

11月3日，湖北省红十字会与省教育厅联合转发总会、教育部联合印发的《关于进一步推进学校红十字工作的意见》，要求各地红会结合当地实际，落实上级文件精神，采取有效措施，积极开展艾滋病、性病和血吸虫病的预防和同伴教育活动；加大对无偿献血、捐献造血干细胞、心理健康、青春期教育的宣传力度，增强青少年的自我救护能力。有条件的市、县应积极协调建立“红十字会学校工作委员会”，要根据大、中、小学的不同情况制定“学校红十字工作目标管理考核办法及评分标准”，将红十字精神及红十字会特有的资源和优势有效地融入到校园活动中去，真正成为学校进行素质教育、德育教育和健康教育的得力助手，有效地推进全省学校红十字会工作。

11 月 8 日，湖北省红十字会代表团到南京市红十字会学习调研，并就湖北省贫困地区援建项目与南京市红十字会友好协商，得到对方提供的经费支持。

11 月 15 日，武汉市红十字会正式启动了“人道救助基金”发行公益明信片活动。

11 月 19 日，省红十字会累计为湖北省灾区抗洪抢险募集救灾款物价值 344.5 万元，共下发了 14 个地市，受益人口达 85592 人次。

11 月，武汉市、宜昌市、襄樊市、荆州市、黄冈市 5 地红十字会获得省红十字会颁发的“2004 年造血干细胞采集先进单位”称号。

12 月 1 日，省红十字会在随州市均川镇举行了“抗击艾滋”慰问活动，将募集的 50 余万元款物捐献给了艾滋病人及家属。

12 月 6 日，省红十字会致函南京市红十字会，请求南京市红十字会支持资金 160 万元，帮助鄂州市燕矶镇的燕矶中学、龙山小学、镇卫生院等单位解决教学、医疗设施建设经费和人员培训经费。

12 月 20 日，省红十字会致函湖北省军区，请求其协助解决开展“送温暖”活动所需要的棉衣、棉被等物资，并得到对方的大力支持。

12 月 26 日，印度洋地区地震及海啸灾害发生后，全省红十字会积极响应总会号召，共募集善款 670 万元。在这次募捐活动中，各级领导、社会各界和新闻媒体的大力支持，加之全省红十字会员和志愿者的辛勤劳动，使红十字意识深入人心、红十字社会知晓度极大提高。

12 月 31 日，湖北省红十字会响应总会在 12 月 30 日发出的为印度洋地区地震及海啸灾区捐款的呼吁，在全省深入开展捐款赈灾工作，省委、省政府主要领导连夜带头向中国红十字会捐款。宜昌市红十字会通过互联网（三峡宜昌网，三峡热线）和新闻媒体向全市社会各界发出了“发扬中华民族传统美德，援助印度洋地区海啸灾民”的紧急呼吁，工作人员主动放弃休息日，24 小时值班，不仅热情接待还主动上门服务。此外，武汉市红会收到该市香格里拉大酒店员工捐赠的 43800 元，这是武汉市首笔向印度洋海啸灾区的捐款。

12 月，荆州市红十字会围绕“关爱妇女，抗击艾滋”主题，配合市政府在沙隆达广场举行了大型公益活动，举行文艺活动和有奖竞答，使更多市民了解艾滋病，关爱艾滋病人。襄樊市红十字会从募集的资金中拨付 1.5 万元给市防疫站的“温馨家园”，专门用于艾滋病防控工作等。

本年，湖北省红十字会有基层组织 4579 个，会员 104.8 万人（其中，青少年会员 88.7 万人），占全省人口的 1.74%；全省 17 个地、市、州全部建立红十字会。省红十字会共接待查人转信 126 例。

本年，省红十字会累计下拨至全省各灾区抗洪救灾款物价值 289 万元，共计下发到 17 个市、51 个县，受益人口达 14.5 万人次。

本年，省红十字会组织各地市红十字会秘书长和专职人员赴湖南省和江苏省学习考察红十字进社区工作，使湖北省红十字进社区工作全面启动。

本年，湖北省政府副省长、省红十字会会长蒋大国率团访问美国、加拿大期间，顺道访问了两国的红十字组织，促进了双方红十字会的交流合作。

本年，省红十字会实地考察了宜昌市改厕项目点，完成了宜昌市改厕项目报告书，并积极争取德国巴登·符腾堡红十字会对该项目进行援助。

本年，中国造血干细胞捐献者资料库湖北分库在组织动员工作中，注重发挥社会力量，组织志愿者率先在武汉动员，并招募捐献者 400 多人。任务完成后，大学生志愿者又自费到荆州开展劝募活动，并在荆州红十字会的支持下，动员 300 多人采集了血样。在这批志愿者带动下，武汉地区 10 所高校相继行动，在校园内组织了造血干细胞捐献活动，不仅推动了校园文化建设，而且得到了社会赞誉。

本年，湖北省各地红会积极开展社会募捐活动，为开展抗洪救灾、社会救助等筹集资金。武汉市红十字会与武汉麦当劳公司联合，开展了“关爱重症患儿”暨募捐箱设置活动，到本年为止麦当劳属下 23 个连锁店全部设置了红十字募捐箱，共为重症患者筹资 11 万元，受益人数达 213 人。武汉市红十字会还争取市政府支持，广泛动员社会各界，发行了近 600 万套公益明信片。黄冈市红十字会在省红十字会的支持下，争取澳门红十字会捐赠了 15 万元人民币。接受并发放救援物资价值 60 余万元，受益群众达 20 余万人次。咸宁市红十字会投入救灾款物 21.87 万元。十堰市红十字会会同民政等部门募集了 150 万元和大量棉被等。宜昌市红十字会自筹救灾款 45.94 万元、救灾物资价值 29.82 万元先后发放到了灾区人民手中。

本年，省红十字会承办了总会救护师资培训班 2 期。武汉市红十字会在市安全生产委员会、交通行业启动了卫生救护培训，参训人员累计达 2.31 万名，其中急救员 7000 多名。襄樊市参加国家、省和市级救护师资培训的人员已达130余人，各县（市）区都有5人以上自己的师资力量。咸宁市红十字会在抓好106、107国道的红十字急救站建设的同时，逐步将急救点建设扩展到省级公路线和旅游区，不断完善急救网络，至本年已有急救站23个、急救点36个。

本年，湖北省红十字进社区工作全面启动。武汉市社区服务工作已探索出三种模式（依托卫生服务中心、依托区红十字会实体、依托街道社区服务中心），共建设有红十字社区服务试点单位22个、示范社区6个。十堰市红十字会先后在茅箭区、张湾区和夏家店社区挂牌建立了3个“红十字服务站”，并积极开展各种帮扶活动，深受群众欢迎，并受到了省市领导的支持和肯定。

本年，省红十字会加强调研工作，在机关与基层之间形成了良好的工作互动关系。在省红十字会领导的带领下，省会工作人员先后到武汉、襄樊、宜昌、十堰等14个地市进行了调研，了解基层红十字会工作的现状，加强了同基层的联系，着力从体制、机制上帮助各地市红十字会解决发展中的突出问题。省红十字会还与基层红十字会工作人员召开各种座谈会30余场，既了解了基层工作和存在问题，又掌握了他们的思想状况，为开展工作奠定了良好基础。

本年，省红十字会改进机关工作作风，强化为基层服务的理念，努力为全省红十字系统创造良好的工作环境和条件。省红十字会多方协调，争取省政府发文进一步加强红十字会工作，争取省财政、物价部门许可卫生救护培训收费，争取省交通厅发文，减免红十字会车辆过桥、过路费，争取省财政增补红十字事业专项经费，争取省教育厅重视和支持学校青少年工作等。

本年，武汉市红十字会通过劝募、向社会发出呼吁、组织爱心企业对口帮扶、设置募捐箱、发行明信片等方式筹款以及接受上级红十字会和境外组织捐赠的款物折合人民币470余万元（不含印度洋海啸捐款130万元）。其中，接收上级红十字会或境外组织捐赠款物4批次，计38万元。同时，累计向弱势群体（包括孤、寡、病、残、困）及帮助失学儿童就学，救助重症患者等款物117万元（不含旧衣物），受益人2.1万名，为印度洋海啸捐款已分3笔汇往灾区，共80万元。

本年，武汉市各级红十字会组织了10余次社会募捐，定点资助100名特困学生，助学资金3万余元。市红十字会协同武汉通城广告公司，共为50名贫困大学生资助学费30000元，并积极补充急救箱内的药品，价值人民币近10万元。青山区红十字会坚持开展“博爱助学”活动，经过严格筛选，为该区10名特困家庭的孩子送去学费3000元。

本年，武汉市汉阳区红十字会对全区百户贫困户和双下岗职工开展的“送米、送油、送衣被”的“三送”活动，得到了辖区弱势群体的普遍称赞。区红十字会为社区困难户捐赠棉被5000多套，还为琴断口街因病去世的特困户送去丧葬费，帮助他们解除后顾之忧。东西湖区红十字会组织由70多名医护人员组成的医疗队，到东山、慈惠等地为特困职工体检，免费发放药品，被新闻媒体传为佳话。

本年，为资助大病尤其是肿瘤和白血病人就诊，武汉市红十字会采取各种劝募措施，积极为患者筹集善款，全市各级红会共为重症大病患者筹资11万元，受益人数213人。各区红十字会也采取向社会呼吁和上门向企业求助等不同的筹款方式，努力协助他们战胜病魔。武昌区红十字会为水果湖中学的白血病患者捐款5500元；硚口区红十字会为救助市17中学患骨癌的18岁患者马齐明同学，在家乐福超市开展募捐活动，半天时间捐款就达5000多元；汉南区红十字会以活动带动创建红十字青少年“示范”学校，他们开展的为该区沙帽中学身患白血病的钱浩同学募集治疗费1万多元的善举，得到了社会各界的积极响应。

2005年

1月1日，武汉市委、市政府领导召集市红十字会负责同志召开会议，紧急部署在全市广泛开展为印度洋地震海啸灾民捐款事宜。当晚，市委、市人大、市政府、市政协领导带头捐款。陈训秋、李宪生、殷增涛、车延高、刘顺妮等领导同志第二天就嘱咐市委办公厅和市政府办公厅把市委、市政府全体领导的捐款转交市红十字会。当日，中央电视台《新闻30分》栏目报道了武汉市红十字会接收第一例捐款的消息。

1月1日，黄石市接到省红十字会关于向印度洋地震海啸灾区募捐的呼吁后，当即草拟倡议书，并通过新闻媒体向全市发出捐赠倡议。襄樊市红十字会在接到省红十字会的呼吁后主要领导亲自到市电视台与台领导协商宣传事宜，即时将捐赠活动中的好人好事进行报道。

1月2日，十堰市在接到省红十字会的呼吁后，即时起草了《市红十字会关于在全市开展援助印度洋地区地震及海啸灾民募捐的紧急通知》，并在《十堰日报》和电视台等媒体发布了呼吁书。黄石市电视台将市红十字会海啸捐赠账号和联系电话字幕滚动播出。

1月4日，武汉市各区红十字会在该市人流密集的繁华闹市区设立了15个宣传和募捐点。中央电视台在当晚的《新闻联播》中及时转播了湖北电视台报道的武汉市红十字会接受社会各界捐款的场面。

1月5日，省红十字会与省审计厅、省检察院联合发文，进一步完善捐款工作中的程序和监督机制。做到接收、管理和上缴等各项工作有法可依，手续完备，账目清楚。省红十字会要求所有财务人员对接收每一笔捐款都要当面清点造册，并向捐赠人提供合法的收据。对于捐赠者明确捐赠用途的定向捐赠款项，要做到严格遵照捐赠者的意愿执行，对全省红十字会系统所有的捐款要求定期上缴至省红十字会指定账户，做到专户管理，及时划转。与此同时主动接受审计部门的审计和监督。

1月7日，由武汉市红十字会和市血液中心联合发起的主题为“捐血一袋，奉献双重爱心，救助海啸灾民”的募捐活动在武汉广场采血点隆重举行。当天，市红十字会收到捐款4万多元。武汉市副市长、市红十字会会长刘顺妮、市政协副主席陈振中、市政府副秘书长石大鸿、市卫生局党委书记张建华、市卫生局局长、市红十字会常务副会长林国生等到现场看望并慰问了参加无偿献血和捐款的群众，并带头捐款。武汉钢铁集团股份有限公司所属中小学开展的“海啸无情人有情”募捐活动，在募集捐款9万多元的同时，使广大青少年受到了一次深刻的国际主义、人道主义教育。该活动持续到2月1日，体现出武汉市各界对海啸灾区的深情。

1月15日，为向东南亚海啸灾民奉献爱心，宜昌市红十字会与市商业银行、共青团宜昌市委在该市夷陵广场联合举办了“爱心无国界”的文艺义演募捐活动。

1月8日，武汉市红十字会发文，同意武汉东湖新技术开发区成立红十字会。

1月，全省红十字会系统积极为东南亚海啸灾民募捐，累计上缴总会565万元。

元旦、春节期间，全省红十字会普遍开展“红十字博爱送万家”活动，共投入297.5万元救助款物，94801人受益。

2月20日，武汉市红会累计收到社会各界向印度洋海啸灾区的捐款超过190万元。此次为印度洋海啸灾区捐款，是武汉市红十字会历史上规模最大、捐款数量最多、参与范围最广的一次社会赈灾行动。

3月1日，为弘扬人道主义精神，方便社会各界踊跃捐款，湖北省红十字会首次开通“爱心捐助热线”，用户只需拨打电话，即可完成捐款善举。

3月29日，武汉市红十字会在石门峰陵园修建的遗体捐献纪念碑落成，并举行了揭幕仪式。

3月，澳门特别行政区红十字会援助湖北省红十字会经费14.406万元，用于立项建设两所小学。

4月初，省红十字会向全省各地发出了《关于开展五·八世界红十字日宣传月活动的通知》，提出了开展宣传月的宗旨、主题、口号、时间安排和具体要求，并与团省委联合发文，在全省团员青年中开展了无偿献血活动。

4月12日，省红十字会党组书记、专职副会长毛三元一行在宜昌市红会调研理顺管理体制等工作，并举行座谈会。

4月13日，省红十字会党组印发《湖北省红十字会党组工作职责及其成员分工》，进一步加强省红十字会党的建设，强化责任分工，推动中国特色红十字事业发展走向深入。

4月18日，武汉市编委发文，明确武汉市红会由市卫生局代管改为市政府分管领导联系，党的关系归口市直机关工委管理。武汉市红十字会理顺管理体制，在全省树立了典型，掀开了改革发展的新篇章。

4月29日，武汉众环会计师事务所有限责任公司受市审计局委托完成了对武汉市红十字会印度洋地震海啸捐款项目的审计，认为武汉市红十字会在海啸捐款项目中做到了专户存储、专账核算、专人管理，捐款账目清楚、提缴和支出款项依据充分、手续齐备。

4月，省红十字会党组书记、专职副会长毛三元一行对武汉市红十字会4个红十字学校和4个红十字试点社区开展调研，听取各单位关于学校红十字青少年工作和社区红十字工作的汇报，并着重研究理顺红十字会管理体制等工作。

4月至5月，为迎接"五一"劳动节和"五·八"世界红十字日，省红十字会、省总工会联合成立"湖北省劳动模范健康体检领导小组"，组织热心公益事业的医疗单位，开展为湖北省6000多名劳动模范义务健康体检活动，受到劳模们的欢迎。此次活动宗旨在于在全社会营造尊重劳模、学习劳模、为劳模办实事的新风尚。

5月，德国巴登·符腾堡州红十字会会长劳伦斯·博茨博士一行在湖北省开展访问交流。

6月，省红十字会请湖北省政府办公厅转发了《关于进一步加强红十字会工作的意见》，强调要在两年内理顺市州红十字会管理体制。

6月，省红十字会会同武汉、黄石、鄂州、仙桃红十字会支援新疆博州灾区10万元救助款。

6月，省政府办公厅发文要求各级政府大力支持各级红十字会开展红十字青少年活动。

7月18日和24日，湖北省红十字会成功地开展了两例骨髓捐献工作，一名是武汉运丰船务有限公司职工周伟，另一名是驻澳部队士兵钟碧波。

7月19日，武汉市红十字会印发《市红十字会灾害救助工作预案(试行)》，并要求各区红十字会尽快制定备灾救灾工作预案，并在人员、车辆、物资等方面做好应急准备。

7月，省红十字会党组书记、专职副会长毛三元率队赴美国、加拿大考察，以拓宽交流渠道，引进合作项目，争取境外资源。

7月，省红十字会救灾工作组前往咸宁市通城县五里镇太平坳慰问因暴雨受灾的群众，发放了价值16.5万元救灾物资，协助当地灾民抗震救灾。

8月2日，澳门特别行政区红十字会援助湖北省红十字会建设两所小学正式命名，分别将咸宁赤壁市中伙希望小学更名为湖北省咸宁赤壁市中伙铺镇澳门红十字会至诚博爱小学，将黄冈市罗田县安仁山小学更名为湖北省黄冈市罗田县澳门红十字会黄如楷博爱小学。

8月11日，中国红十字会通知各地红会开展“世界急救日”活动后，湖北各地红会积极响应，开展了以“救护与弱势群体”为主题的活动。

8月，省红十字会大力推动理顺地、市、州红十字会管理体制，专门召开了理顺市州红十字会管理体制座谈会。

8月，为救助十堰市受灾群众，省红十字会启动了二级应急预案，实地核查了丹江口市官山镇、房县等地历史上罕见的灾情，向总会和北京、上海等四个省市红十字会发出呼吁，请求援助，累计向十堰灾区发放了45万元救灾款物。

9月7日，武汉市红十字会在蔡甸区桐湖农场学校慰问遭受汉江秋汛的灾民。

9月，省红十字会向襄樊市灾区送去了90多吨大米和300床棉被。

10月，总会商调湖北省红十字会工作人员陈凡赴印度尼西亚亚齐，从事中国红十字会组织的对遭受印度洋海啸袭击灾区的重建工作。

10月，省红十字会请湖北省人大执法检查组就理顺市州红十字会的管理体制进行了专题调研。

10月，省红十字会会同武汉、仙桃市红十字会为武汉、仙桃等地汉江分洪区的灾民及时送去棉被、棉衣、毛毯、饼干等物资。

10月，武汉市新增遗体捐献申请登记353人，共有1634人申请登记；实施捐献22例，武汉市捐献遗体已达49人；新增捐献眼角膜登记44人，有4人捐献了眼角膜，全市捐献眼角膜人数达9人。

10月，为推进红十字青少年工作健康发展，省红十字会成立了学校工作委员会。

10月，鄂州市红十字会、市卫生局、市疾控中心邀请省红十字会理事桂希恩教授来鄂州讲授防治艾滋病知识，桂教授以他亲身经历生动讲述了防治艾滋病基本知识带头并带动全场听众为救助艾滋病捐款，产生了积极的社会影响推动了当地防治艾滋病工作的顺利开展。

11月22日，时任全国人大常委会原副委员长、全国妇联名誉主席、中国红十字会会长彭珮云在武汉考察红十字会工作，参观武汉市遗体捐献纪念碑和东亭社区红十字服务站。在武汉市考察东亭社区红十字服务站时，为该站题词："做好红十字会工作，争创全国文明社区，为构建社会主义和谐社会做出贡献！"同时，充分肯定了湖北省市、州红十字会理顺管理体制工作取得的成效。

11月24日，为贯彻落实全国红十字青少年工作会议精神，推进湖北省红十字青少年工作，省红十字会、省教育厅在武昌联合召开了全省红十字青少年工作会议，省政府副省长、省红十字会会长蒋大国同志出席开幕式并作重要讲话。

11月30日，为提高备灾救灾能力，增强社会参与意识，武汉市红十字会授予天安假日酒店、武汉麦当劳、武汉家乐福超市、武汉易初莲花超市、武汉沃尔玛超市、农行胜利街办事处"红十字募捐工作先进单位"称号；授予胡晓芳、吴勤、魏国辉、曾云英、孔贝、陈铁元、苏勒、吴志刚、刘碧芳、郭奎、詹文、张慧、方铭、田红、徐京洲、邬都瀚"红十字志愿服务先进工作者"称号。

11月，省红十字会会同黄冈市红十字会，将价值2万余元的物资及时送到受地震影响严重的武穴市的灾民手中。省红十字会还与武汉地区多家媒体联手，为白血病患儿马骁帆募集了近10万元的救助款。

11月，湖北省红十字会召开了全省红十字青少年工作会议，推出《湖北省红十字会青少年工作2005—2009年发展规划》《湖北省学校红十字工作委员会工作细则》《湖北省红十字青少年工作模范校评审表彰办法》和《湖北省红十字青少年工作模范校标准（大、中、小学）》等一系列文件，大力加强红十字青少年工作。

11 月，为救助马晓伟等 11 名白血病患儿，省红十字会在武汉鲁巷广场、武汉理工大学、武汉国际会展中心和嘉鱼县城四个点为救助马骁帆开展募捐，于 11 月 20 日当天共募集现金 9.6 万余元；组织红十字志愿者上街发动市民捐血捐髓，协助 155 名武汉市民捐献了造血干细胞血样，336 名市民无偿献血；联合武汉地区的主要新闻媒体宣传报道湖北省人民救助马骁帆的感人事迹，动员市民献爱心，并陆续收到一些捐款；组织两名志愿工作者赴京参加央视《开心词典》为救助马骁帆开设的专题节目。

12 月 1 日，省红十字会会同武汉市红十字会在浠水县举办了大型慰问活动，向 300 户艾滋病家庭发放大米 19 吨、食用油 1500 公斤、方便面 300 包、棉衣（被）各 300 件（床）、优良稻种 1500 公斤，价值 13.4 万元。随州市红十字会慰问了 186 户艾滋病家庭。同日，鄂州市红十字会组织全市市民在武商量贩店门前为救助艾滋病人发起了“12.1 红丝带爱心一元捐”活动，宣传防治艾滋病法律法规和防治艾滋病知识，号召全社会共同关注防治艾滋病工作。活动共募得捐款万余元，全部用于救助防治艾滋病患者。

12 月 20 日，湖北省红十字会、省教育厅联合印发《关于印发湖北省红十字青少年工作模范校标准及评审办法的通知》《湖北省红十字青少年工作 2005—2009 年发展规划》，要求各市、州红十字会和教育局落实总会和教育部有关文件精神，严格执行《湖北省红十字青少年工作模范校标准（试行）》《湖北省红十字青少年工作模范校评审表彰办法》等精神，严格执行发展规划，提高红十字青少年工作的水平和质量，培育一代新人。

12 月 31 日，全省红十字系统共募集救灾款物价值 1065.13 万元（不含海啸募捐款及项目款），省红十字会向灾区发放款物价值 477.7 万元，共计发放 17 个市、州，800 多个村，受益人口达 27.07 万人次。

12 月 31 日，武汉市共有 1634 人申请登记捐献遗体，新增申请登记 353 人，实施捐献 22 例，累计捐献已达 49 人；新增捐献眼角膜登记 44 人，累计捐献眼角膜人数已达 9 人。

12 月，省红十字会赴恩施州慰问少数民族中的困难群众，送去价值 18 万多元的救助物资和 2 万元现金，解决当地困难群众的生活困难。

本年，湖北省全省 17 个市（州、林区）中，有 9 个成立了学校红十字工作委员会，各级各类学校建会总数达1220所，共发展红十字青少年会员64.9万人。

本年，省红十字会接受捐赠资金收入1214052.26元。其中总会救灾款5万元，中国红十字基金会捐赠10万元，北京市红十字会捐赠10万元，澳门红十字会捐赠20万元，南京红十字会捐赠42万，其他募捐收入344052.26万（含单位、个人捐款及募捐箱收入）。接受捐赠资金支出954084.10元。其中，鄂州市燕矶镇龙山小学38万元，新疆博州红十字会10万元，罗田红十字会建校款6万元，咸宁红十字会建校款6万元，爱心捐款热线宣传品2.6万元，咸宁市红十字会救灾1万元，赤壁市红十字会建建校款10万元，十堰市救灾（购米、油）10万元，武汉市红十字会4万元（博爱超市），通山市红十字会1万元（博爱超市），潜江市红十字会新疆学生救助2万元，吕新军空难救助29140.00元，白血病人救助18944.10元，根据捐赠者意愿支付学生1000元。捐赠资金结余共计259968.16元。

本年，省红十字会发出通知，成立湖北省红十字会学校工作委员会。委员会由省红十字会专职副会长毛三元担任主任委员，由省教育厅助理巡视员胡以然担任副主任委员，由省教育厅、共青团湖北省委、省卫生厅、省红十字会和武汉市教育局、市红十字会相关部门负责人担任委员。

本年，武汉市（4月18日）、十堰市（9月2日）、宜昌市（9月18日）、咸宁市（11月11日）、鄂州市（11月15日）、黄冈市（11月16日）、荆州市（12月28日）完成管理体制理顺。另外，襄樊市红会、潜江市红会已向当地编制委员会报送申请，等待批准。

本年，省政府转发了《关于进一步加强红十字会工作的意见》，推动湖北省红十字事业发展迈上新台阶。

本年，湖北省编制办公室批准设立了“中国造血干细胞捐献者资料库湖北分库管理中心”。全年累计报名捐髓的志愿者达5000余人。完成了总会下达的3000份资料入库任务（总会下达任务2000份，省红十字会申请追加1000份）。省红十字会骨髓库初步配型成功45例，高分辨配型16例。

本年，省红十字会共接受印度洋海啸捐赠款人民币7682899.39元，美元10000元。

本年，武汉市红十字会积极开展救护培训工作，参训人员累计3.27万名。其中，师资380名，社区居民550余名，大中小学生3万余名，旅游系统职工1600名，商业系统职工200名，举办各类救护培训班11期。

本年，各级红十字会加强了募捐力度。武汉市红十字会通过发行“人道救助基金”公益明信片，为市、区两级红十字会筹集500多万元救助资金。浠水县红十字会筹集了100多万元建立了“艾滋病关爱基金”。省红十字会年初在全省开通了捐款热线。中国红十字会孝感备灾救灾中心现储备了总会和省会救灾物资价值1100多万元。孝感市红十字会为关爱艾滋病人开展了专项募捐。

本年，省红十字会完成了6期彩票公益金项目救护师资培训班，组织参加总会师资培训272人，全省举办各类救护知识培训班115期，共培训师资1772人，培训救护员113397人，培训涉及20多个行业。武汉、荆州、十堰、鄂州、天门、宜昌、神农架等市完成了全年救护员培训任务。

本年，湖北省有655个乡镇建立了红十字组织，占全省乡镇行政单位总数的53%，其中宜昌市夷陵区、荆州市监利县、黄冈市浠水县、蕲春县所有乡镇建立了红十字组织，大部分村建立了红十字会员小组。另外，总会在湖北省确立的赤壁、丹江口市两个参与新农合医疗救助的试点市方案已报总会批准，并得到省、市领导的重视和支持。

本年，据初步统计，湖北省共成立街道红十字会200个，建立社区红十字服务站86所，发展社区志愿者1670人。举办“红十字会法”和红十字知识、救护知识讲座共861场次，受教育群众10万人次；印发各种宣传材料3.5万份，出刊宣传板报宣传画150版。

本年，省、市红十字会出资，在武汉、咸宁两市建立了3个“博爱超市”，作为救助社区困难人群的固定场所和居民互帮互助的窗口，使社区内的特困户得到了及时的接济和帮助，“博爱超市”已成为“和谐社区”建设的重要平台。

本年，武汉市红十字会发起组织的各类救助活动5次，参与人数达4000余名。

2006年

元旦、春节期间，省红十字会针对人口较少的少数民族贫困地区开展了“红十字博爱送万家”活动。省红十字会将为这次活动募集到的价值 103. 64 万元的物资，全部分发到全省各市、州红十字会。全省红十字系统共发放 551. 9 万元救助款物，约 10 万人次受益。

2 月 15 日，武汉市财政局向武汉市红十字会发函，核定武汉市红十字会 2006 年预算收入 241. 54 万元。其中，财政预算拨款收入 234. 82 万元，行政单位预算外收入 3 万元，取消预算单位账户后专项资金 3. 72 万元。核定该会 2006 年预算支出 241. 54 万元。其中，人员经费 99. 58 万元，公用经费 30. 59 万元，行政事业性项目支出 107. 65 万元，取消预算单位账户后专项支出 3. 72 万元。

2 月 17 日，省红十字会授予武汉市、十堰市、宜昌市、荆州市、咸宁市红十字会“2005 年目标任务完成一等奖”，襄樊市、鄂州市、潜江市、黄石市、黄冈市、孝感市“2005 年目标任务完成二等奖”，仙桃市、天门市、恩施市、随州市、神农架林区、荆门市红十字会“2005 年目标任务完成三等奖”。

2 月 27 日至 3 月 3 日，根据省红十字会五届二次理事会议精神，省红十字会对黄石市、天门市、荆门市开展理顺管理体制等方面的专题调研。

3 月 13 日至 19 日，总会党组书记、常务副会长江亦曼在湖北省武汉市、宜昌市、十堰市等地专题调研卫生救护工作，并对湖北省红十字会进行卫生救护培训的经验给予了高度肯定。

3 月 14 日，总会对湖北省红十字会工作人员陈凡在援助印度尼西亚亚齐遭受印度洋海啸袭击灾区重建工作中的优异表现予以肯定，并继续协商借调陈凡在灾区从事重建工作。

3 月 26 日，在武汉市遗体捐献者纪念碑建成一周年之际，武汉市红十字会在石门峰名人文化公园举行了隆重的纪念活动。副市长、市红十字会会长刘顺妮，省红十字会党组书记、专职副会长毛三元等领导同志为镌刻在纪念碑旁的日历型辅碑上的遗体捐献工作简介牌揭幕，并为设在纪念碑旁的“常青林”植树。这次活动再次掀起了遗体捐献工作的高潮。

4 月中旬，仙桃市部分乡镇遭遇龙卷风灾害后，省红十字会及时派出灾情考察组，送去价值 2. 88 万元的消杀药、帐篷、棉被等，使 2460 人次受益。

4 月底，省红十字会开展了“关注农民、关心健康”活动，举行了“慰问农民工物资发放仪式暨救护培训和防治艾滋病知识讲座”，为 300 多名民工发放了工作装。

5月8日，湖北省直机关工委同意成立湖北省红十字会机关工会。

5月8日，武汉市红十字会在江汉大学举行成立60周年纪念日活动。江汉大学红十字救护队为大会作了“意外创伤自救与互救”的技能演习，市红十字会领导参加庆祝大会，并和江汉大学红十字救护队合影留念。

5月10日，湖北省直机关工委批复湖北省红十字会，同意鲍毅任湖北省红十字会机关工会主席，王朝晖任女工委主任，杨先明任组织福利部长。

5月16日至18日，省红十字会组织武汉、宜昌、荆州、咸宁、黄冈、十堰等地级市红十字会负责人，在省红十字会专职副会长毛三元带领下，赴北京市红十字会进行学习考察。此次考察旨在学习北京市红十字会的先进经验，加强双方在备灾救灾、红十字青少年等工作中的长期友好关系，促进红十字事业稳步发展。其间，十堰市和朝阳区，咸宁市和丰台区，宜昌市和西城区、黄冈市和东城区以及荆州市和通州区红十字会建立了友好交流与合作关系。

5月，为纪念“五·八”世界红十字日，武汉市硚口区红十字会编印发放宣传资料1000份，参加宣传100余人，拉横幅10条，宣传牌20块，接受咨询和义诊人数达1500人次。江岸区红十字会发放宣传资料2000余份，现场讲解献血及红十字会知识400余人次，组织了2500人参加无偿献血活动，完成1500人的献血任务。

5月，省红十字会组织三个调研组，对全省农村红十字工作作了深入调研，在17个市州（林区）红十字会农村工作总结的基础上，形成了全省农村红十字工作调研报告，基本摸清了全省县、乡镇、村红十字组织建设情况、工作情况。

6月5日，总会在澳门召开“红十字会援建学校经验分享会”。会上，湖北省红十字会介绍了援建学校的工作经验。

6月28至29日，武汉市红十字会分别在华中师范大学和华中科技大学举行第六届全国城市运动会志愿工作者培训的启动仪式。

7月10日至14日，湖北省红会派员参加东南九省（市）红十字工作研讨会，探讨红十字会在建设社会主义新农村中所应发挥的作用。

7月14日，为贯彻落实《中共湖北省委办公厅关于印发〈湖北省直部门党组（党委）决策重大事项议事规则（试行）的通知〉》精神，省红十字会党组印发实施《中共湖北省红十字会党组决策重大事项议事规则（试行）》，进一步加强省红十字会的组织建设和内部管理。

7月29日，武汉市红十字会、市教育局、《武汉晚报》社联合开展的以“培养青少年关爱他人、乐于奉献”为主题的首届武汉市百名红十字青少年“心手相牵农村行”活动圆满结束。武汉市东西湖区、新洲区、汉南区红十字会在这次活动中，派专人积极配合，受到了广大学生家长的积极支持．这次活动不仅陶冶了青少年学生的道德情操，也培养了孩子的爱心，极大地丰富了学生暑期素质教育活动。武汉市江岸区红十字会发展红十字青少年会员达到1万余人，共有4所红十字青少年示范学校、6所红十字青少年合格学校。洪山区红十字会也积极在当地高校发展新会员370名。

7月，武汉市红十字会集中时间和精力，对全国14个副省级城市及上海、重庆、珠海等地红十字会进行了全方位的考察学习和交流，重点考察了上述地区红十字会组织在理顺管理体制、组织机构、经费来源、业务拓展、对外交流等方面的情况。同时，该会还对武汉市13个区红十字会进行了系统的调查研究。此次调研活动持续到当年9月方告结束。这两项大规模的考察和调研在该会历史上还是第一次。市政府有关领导对考察学习和调查研究结束后完成的调研报告作出了重要批示。

7月，省红十字会在全国艾滋病中英合作项目工作会上作了题为《预防艾滋，共同参与》的大会交流，介绍了多年来全省红十字系统救助艾滋病人开展的工作及取得的成绩和经验。

7月，荆州市红十字会召开全市红十字青少年工作会议，并为荆州实验小学等33所大、中、小学的学校红十字会基层组织授牌。

7月，身患白血病仍热情关心艾滋病孤儿的“爱心战士”许志坚的事迹通过武汉市红十字会广泛传播，深深感动了江城广大市民，并吸引了包括中央电视台、《光明日报》《中国红十字报》等在内的新闻媒体的高度关注和跟踪，新闻报道多达80多篇（条）。这使许志坚的事迹成为教育广大青少年，构建和谐社会的良好教材。

夏季，我国南方部分省遭受台风袭击、受灾严重，直接经济损失150.9亿元。省红十字会和武汉、黄冈、荆州、宜昌等红十字会共向灾区捐赠款物30多万元。

8月1日，由于在首届武汉市百名红十字青少年“心手相牵农村行”活动中的优异表现，武汉市红会授予张晖“最佳创意奖”，奖励人民币1000元整；授予王萍、刘彤“最佳组织奖”，分别奖励人民币800元整；授予罗虹、李翔“优秀组织奖”，分别奖励人民币500元整。

8月17日至21日，澳门红十字会义工团一行27人到赤壁中伙铺镇至诚博爱小学开展义教活动。教学内容包括英语、绘画、救护、地理等知识，此外，义教团还到5名学生家里体验了农耕生活。

8月30日，省红十字会工作人员鲍毅被评为全国红十字系统十佳新闻宣传工作者，并受邀参加《中国红十字报》创刊20周年纪念表彰会暨中国首届“政府、媒体、企业与发展公益事业”论坛。

8月，超强台风“桑美”袭击我国沿海地区造成重大损失后，武汉市红十字会立即向珠海市红十字会捐款10万元人民币，帮助当地开展救灾工作。

9月5日，武汉市红十字会、荆州市红十字会获得总会颁发的“全国红十字卫生救护工作先进集体（地市级及以下单位）”称号，宜昌市第五中学红十字会、十堰市人民医院红十字会获得“全国红十字卫生救护工作先进集体（合作行业）”称号。

9月8日至11日，在总会与卫生部联合在京召开的卫生救护工作会议上，湖北省武汉、荆州市红十字会以及宜昌市第五中学和十堰市人民医院荣获“全国卫生救护工作先进集体”荣誉称号，并在大会上作经验介绍。尤其是，武汉市红十字会推出的菜单点菜式、量身定做式、学期学年式、售后服务式等多种形式的救护培训工作方法受到同行的称赞，认为武汉市红十字会救护培训开辟了适应市场、与时俱进的路子，提出了富于创新意识的新观点和新方法。

9月12日，武汉市红十字会决定授予骆钢强“卫生救护培训先进个人”荣誉称号。长期以来，武汉市红十字会救护培训中心主任骆钢强同志在市红十字会领导下，本着以人为本的原则，以挽救人的生命为最高要求，顽强拼搏，积极进取，开创性地在外资企业、学校、部队开展救护培训工作，做了大量艰苦细致的工作，赢得了受训单位和广大学员的一致好评，并促进武汉市红十字会荣获总会颁发的“全国红十字卫生救护培训工作先进集体”光荣称号。

9月24日至10月1日，德国巴登·符腾堡州红十字青少年代表团一行7人，在湖北省进行了为期8天的交流与访问。代表团分别与省实验中学和宜昌市第五中学开展了一系列的交流活动。此次交流访问活动是两会建立友好合作关系以来，在红十字青少年方面的第一次合作。

9月26日，在总会举行的《中国红十字报》创刊20周年纪念表彰会，省红十字会获“十佳报刊宣传单位”提名奖，省红十字会获总会报刊社2005—2006年度宣传组织工作二等奖；省红十字会鲍毅获中国红十字会总会“十佳新闻宣传工作者”；荆州、黄冈市红十字会分别获

2005—2006 年度总会报刊宣传组织工作三等奖；省红十字会鲍毅的《一个金省离去了，六个金省回来了》获得总会好新闻二等奖，中华骨髓库湖北分库的 5 篇新闻稿获中华骨髓库三等奖。

9 月 30 日，根据省红十字会《关于开展创建省级社区红十字服务示范区活动的通知》精神，武汉市江汉区通过了省级社区红十字服务示范区的检查验收，被命名为湖北省社区红十字服务示范区。

9 月，省红十字会随总会代表团赴斯里兰卡对灾后重建项目进行了检查验收。

10 月 17 日，武汉市人民政府副市长、市红十字会会长刘顺妮召集市发展改革委、市财政局、市卫生局、市红十字会、市儿童医院、武汉医学会等部门和单位相关负责人，就解决市红十字会办公用房问题进行了专题研究。会议确定，由市卫生局负责，将市儿童医院原门诊部转让给市红十字会使用；市红十字会迁址涉及的办公设备添置、房屋装修费用由市财政局安排解决，日常办公需增加费用由市财政局纳入年度预算。

10 月 27 日，随州三里岗镇发生了里氏 4.7 级地震，大量房屋受损，两万多群众被迫屋外露宿。省红十字会及时派出灾情考察组，并为灾民送去了价值 13.8 万元的帐篷、棉被、药品等救灾物资，及时地解决了当地老百姓面临的生活困难。

10 月 30 日，武汉市红十字会与哈尔滨市红十字会签署合作协议，成为友好红十字会。

10 月，湖北省全省有基层红十字会组织 4129 个，会员 1236513 人，志愿工作者 27622 人。

10 月，武汉市江汉区继被湖北省红十字会命名为省级社区红十字服务示范区称号之后，又接受了总会秘书长王海京率领的中国红十字会总会创建国家级社区红十字服务示范区考核评审小组的检查验收。

11 月 10 日，为进一步贯彻《中国红十字会 2006—2010 年法制宣传规划》，提高湖北省红十字会工作者的法律素质和依法办事水平，根据《中共中央、国务院关于转发〈中央宣传部、司法部关于在公民中开展法制宣传教育的第五个五年规划〉的通知》、全国人大常委会《关于加强法制宣传教育的决定》的要求，湖北省红十字会印发实施《湖北省红十字会 2006—2010 年法制宣传教育规划》。该规划包含规划启动阶段、组织实施阶段和检查验收阶段，旨在形成依法建会、依法办会、合法办事、程序正当、高效勤政、务实守信的湖北红十字系统的新格局。

11 月底，武汉市共有 3214 人申请登记遗体捐献，新增遗体捐献登记 1580 人，累计实施捐献遗体达 81 例。该市汉阳区红十字会积极做好遗体捐献工作，坚持每天 24 小时电话值班制度，已经实现遗体捐献者 4 人，办理登记手续为 43 人，接受电话咨询者达 340 人次。

11 月，武汉市副市长、市红十字会会长刘顺妮首次率团赴日本、韩国红十字会进行友好访问，实地参观学习，并相互交流了情况，进行了探讨，进一步密切了该会与国外红十字会组织的交流和友谊，明确了合作方向，取得了丰硕成果。

11 月，省红十字会派员随总会代表团赴香港、台湾红十字会进行了学习考察。此外，省红十字会一名专职干部全年在总会援外项目工地上工作。

12 月 1 日，省红十字会在“12. 1”世界艾滋病日，组织武汉大学生命科学院的 200 名志愿工作者在校园开展“抗击艾滋签名活动”，近千名学生参加了签名，发放宣传册 3000 份，宣传人次达 5000 人，并在社区发放了避孕用品。

12 月 4 日，为加强救护培训工作，武汉市红十字会成立救护培训中心。该救护培训中心实行企业化管理、独立法人、独立核算、自主经营、自负盈亏，它的成立是贯彻中国红十字会总会、公安部、交通部《关于深入开展救护培训工作的通知》精神的重要举措。

12 月 6 日，省红十字会在赤壁市组织召开武汉周边城市圈遗体捐献工作座谈会。

12 月上旬，在调查研究的基础上，省红十字会在赤壁市召开了贯彻十六届六中全会精神研讨班暨农村红十字工作座谈会，总结了全省农村红十字工作，研讨了在新农村建设中如何发挥红十字作用，请专家作了贯彻十六届六中全会精神的辅导报告，8 个单位在会上介绍了工作经验。会议提出农村红十字工作要在救灾救护、参与新型农村合作医疗、大病救助、普及防病知识传播健康生活理念、引进援建项目等方面努力作为，突出重点，每年扎扎实实为农民做一些实事。

12 月 18 日，首届武汉市百名红十字青少年“心手相牵农村行”活动征文、摄影比赛落幕。经过评选，共选出征文比赛一等奖 3 名，二等奖 6 名，三等奖 9 名，优秀奖 39 名；摄影竞赛一等奖 2 名，二等奖 2 名，三等奖 2 名，优秀奖 7 名。

12 月 31 日，据不完全统计，湖北省红十字系统共募集款物价值 1733. 13 万元（不含项目、设备款）。其中，总会、基金会下拨 318. 37

万元；省红十字会募集1072.08万元，发放495.13万元。

12月底，中华骨髓库湖北分库志愿捐献者资料1.2万人份。初步配型成功23人，成功实施骨髓捐献4例，比上年度增加一倍。黄冈、襄樊市红十字会分别于5月中旬成功地实施了1例骨髓捐献。

本年，在省红十字会常务理事桂希恩教授的大力支持下，省红十字会募资设立了艾滋病人救助金，为竹山县溢水乡14户艾滋病人家庭发展生产发放了小额无息贷款，并募集60万元免疫药品发放给艾滋病人。滞水县红十字会积极为艾滋病人募捐，为216名艾滋病患者发放4个月生活救助款7.2万元，发放其他艾滋病救助款61万元。

本年，省红十字会备灾救灾中心库存了总会1000多万元的物资，全年发往湖北、江西、湖南、山东等地的物资价值200余万元，圆满地完成了区域性备灾仓库的任务。

本年，省红十字会引进了8个援建项目和40台（套）医疗设备等，援建资金6072940元，造福了一方老百姓。这8个项目分别是：黄冈罗田北丰乡卫生院扩建项目、丹江口市狮子岩村博爱卫生站、赤壁市双丘村博爱卫生站、赤壁市中伙铺镇博爱卫生院十堰市张湾区鲍家村小学博爱桥、丹江口市碾子沟村改厕项目、竹山县溢水乡艾滋病家庭发展生产小额贷款项目、武当山救护站引进的援助设备为光电治疗仪2台、光波炉30台、空调7台、超声波肿瘤治疗仪1台。除了项目和设备外，还引进了价值296万元的各种处方药、保健药品。这些设备和药品已全部发放到市县红十字会，医疗设备全部捐赠给了农村卫生机构。此外，襄樊市筹集资金，实施“彩虹计划”，在20个村修建了卫生室。

本年，湖北省红十字系统共动员436575人参与了无偿献血，与省卫生厅、省军区后勤部联合发文，推荐一批2004—2005年度全国无偿献血先进单位和个人，上报总会、卫生部进行全国表彰，为推动湖北省无偿用血作出了积极贡献。十堰市红十字会联合保险公司为每一位无偿献血的人员购买一年保险，为每一位志愿捐献骨髓的同志赠送20元电话卡。黄石市志愿者涂志刚把无偿献血当成自己的一项事业，2006年累计捐献机采血小板13份，累计献血量达10400毫升，成为黄石市第一个因捐献成分血而达到国家金牌标准的无偿献血者，被评为2006年度黄石市首届公益之星，在他的影响下，其女儿和爱人都成为无偿献血和造血干细胞志愿者。咸宁市红十字会组织无偿献血代表到外地考察、交流。通山县红十字会近年来独立承担了县无偿献血的宣传发动工作，无偿献血的农民人数两年增加了6倍。

本年，中华骨髓库湖北分库充分发动大学生志愿者、武汉媒体作用，发放宣传手册3万余份，先后进行为期一周的电视、广播、报刊宣传活动3次，参加了中华骨髓库“捐献骨髓，拯救生命”优秀作品评选，湖北省有5件作品获奖。扩大了骨髓捐献知晓率，扩充了分库库容量。2006年新增捐献志愿者6000余人，圆满完成总库下达的入库任务数。

本年，经过反复协商和大量的论证工作，省红十字会与省民政厅、公安厅、交通厅、卫生厅共同制定了《武汉城市圈遗体捐献工作指南》，联合下发了《关于在武汉城市圈开展遗体捐献工作的通知》，满足了武汉周边城市广大群众捐献遗体的意愿。武汉市新增申请登记捐献遗体1906人，累计实施捐献遗体已达84人。

本年，湖北省累计培训卫生救护师资2784人次，培训各类急救员48812人，宣讲卫生救护知识2000余次，接受救护防病知识普及人数733217人。

本年，武汉市红十字会大力推广救护技术，为不同企业提供不同的培训方案，对西门子公司、朗讯公司、百威啤酒公司等80多家外资、合资企业进行了卫生救护培训，培训员工6900多人次，组建公司“危害应急救护队”，其中有20余家公司与该市红十字会建立了长期培训关系，实现了可持续发展。为普及救护知识，武汉市红十字会还在13所大学、近2000所中小学学生中进行了救护培训和讲座，形成了红十字会的特色。

本年，湖北省共建立了10个市级红十字青少年工作委员会，全省累计共有1763所学校成立了红十字组织。荆州、咸宁、宜昌、仙桃、天门等市红十字会对原有的市级红十字青少年工作委员会进行了调整。全省新增了543所学校建立了学校红十字会。荆州市城区学校红十字会建会率为100%。乡镇学校建会率为50%，共有青少年会员45120人。黄冈、襄樊、鄂州、黄石、仙桃市的部分学校相继成立了学校红十字会等。

本年，武汉市红十字会开展了“红十字青少年心手相牵农村行”活动，由100名城市学生与家长一起共同帮扶100名农村贫困学生。襄樊市组织青少年会员到社区、福利院慰问孤寡老人，送衣送粮、为患白血病的小朋友组织募捐、自办红十字简报、学习红十字运动知识积极组织无偿献血并由市血站为其联姻学校学生中无偿献血者每年提供数万元助学资金。仙桃市学校红十字工作委员会组织了一次全市乡镇教育办、市直中小学红十字会负责人及校医的初级救护和血防知识培训。此外，仙桃市直学校按照会费收缴标准收缴会费，上缴率为80%。

本年，在推进总会开展的红十字会参与新农合试点工作中，赤壁市红十字会募集资金26.5万元，丹江口市募集救助资金13万多元，创两试点市红十字会年度募集资金最高纪录。赤壁市红十字会捐资22万元救助了3个重症病人，为50名因病致贫的农民每人资助500元现金，为1000名特困农民购买了参合费，为5000名农民培训救护知识。丹江口市红十字会募集救助资金13万元，为85名特困农民发放了救助金9万元，为1352名特困农民新生儿购买新农合参合费，为1500名农民讲座了卫生健康知识。两个试点市募集药品、医疗器械价值244万元，为贫困农民发放医疗“就诊优惠卡”1076张（每张500元或300元）。两个试点市为乡村引进援建项目4个，其中新建博爱卫生站2个，扩建博爱卫生院2个，为60户农民修建厕所、沼气池。

本年，湖北省红十字会接受捐赠资金收入74.14万元。其中，中国红十字基金会捐赠22.5万元；民革湖北省委员会10万元；省全球基金艾滋项目办0.7万元；总会博爱小学9.4万元；广东红十字会博爱卫生院15万元；桂希恩教授4万元；上海中睦投资公司5万元；南方水灾捐助款4.16万元；其他募捐收入3.38万元（含企业、个人捐款及募捐箱收入）。接受捐赠资金支出91.972万元。其中，赤壁红十字会天狮博爱小学8万元；赤壁中伙铺博爱卫生院15万元；赤壁官塘双丘京华博爱卫生院2.5万元，咸宁红十字会援建小学8.406万元；咸宁红十字会天狮博爱小学2万元，罗田红十字会援建小学8.406万元；罗田红十字会京华博爱卫生院5万元；十堰市红十字会小学建博爱桥18万元；十堰市红十字会改厕10万元；十堰市红十字会新农合卫生站5万元；“八一”慰问武警官兵0.5万元；鄂州红十字会援建小学2万元；南方水灾厦门红十字会1.41万元，广州红十字会1万元，珠海红十字会1.75万元；其他支出3万元。另外，总会、中国红十字基金会援助湖北省光电治疗仪2台（赤壁市、丹江口市红十字会各1台）、超声波肿瘤治疗仪1台（罗田县红十字会），设备总价值502.4万元。

本年，为了更系统全面地宣传红十字会，展示武汉市红十字会所做的工作和取得的成绩，该会编印了大型画册《奋进在新世纪的武汉市红十字会》，图文并茂地介绍了该会在21世纪特别是理顺管理体制以来发生的巨大变化。这本我会历史上首次编印的中英文对照大型画册，被广泛赠送给各级领导、相关部门和红十字工作者，以及日本、韩国红十字会，获得了很好的社会评价，起到了很好的宣传效果，为红十字事业的发展营造了有利环境。此外，该会共在各类报纸、广播、电视新闻播（刊）发新闻报道227条（篇），其中在中央电视台《共同关注》《新闻社区》等中央新闻媒体播（刊）发报道29条（篇）。

本年，武汉市江夏区红十字会与市教育部门联合在学校开展卫生救护知识培训，参训人员400余人次，收到良好效果。

本年，武汉黄陂区红十字会积极开展人道救助工作，先后为癌症患者刘志林、白血病患者李徐虎、尿毒症患者王忠祥等贫困人群提供救助款5万余元。武汉市蔡甸区红十字会医院坚持开展为辖区弱势群体服务，并与市红十字会密切配合，热情救助15岁再生障碍性贫血患者姚乾。

2007年

1月8日，在中国红十字会八届三次理事会上，湖北省红十字会作大会典型发言，介绍了湖北省推动红十字会参与新农合试点工作的工作举措、成效和经验。

1月21日，为加强对外事工作的领导，确保市红十字会对外交流工作圆满、顺利进行，武汉市红十字会致函市外事办公室，请求对方派一位熟悉外事工作政策法规和程序，并热心和了解红十字工作的同志担任武汉市红十字会外事顾问，以便更好地指导该会外事工作。

1月25日，武汉市洪山区关山街红十字会成立，由何承喜任会长，罗干平任副会长，潘玉华任秘书长。

1月30日，武汉市江汉区红十字会分别在唐家墩街香江新村、新华街邮三社区和民族街和平社区，分三片举行了“红十字博爱送万家”和“红十字健康送万家”活动启动仪式，向200多名特困居民发放了“红十字会爱心包”，并走访看望了3户行动不便的残疾人家庭．同时，该会邀请20名来自亚洲心脏病医院、省新华医院、市红十字会医院和市商业职工医院的心脑血管专家和医生，在三个活动现场为心脑血管患者进行免费咨询和义诊。新华街红十字会自筹了价值7321.70元的日常生活用品，通过江北社区“红十字博爱超市”分发给107户特困居民，汉兴街常二社区红十字服务站也通过“红十字博爱超市”将价值3450元的日常生活用品，免费发放给40户特困家庭。

1月30日至2月10日，武汉市江汉区红十字会在辖区内开展了“百名红十字志愿者送温暖”活动。在各街道红十字会的配合下，组织了232名红十字会志愿者，为辖区内116户孤寡老人、残疾人开展了打扫卫生、送医送药等服务活动。

1月，总会在武汉市武昌区隆重举行了2007年“红十字博爱送万家”活动启动仪式。武汉市红十字会共筹集价值人民币170万元的药品及慰问物资，使全市各区1.8万人受益。

2月1日，武汉市江岸区红十字会按照《武汉市红十字会关于开展2007年“红十字博爱送万家”活动的通知》要求，将市红十字会下拨的100份爱心包及时送到各街孤老、孤儿手中，同时各街红十字会也募集款物折合人民币16120元，一起送到救助对象家中。本次活动受益162户，受益271人。

2月10日，武汉市江汉区红十字会组织民族街社区卫生服务中心的红十字志愿者，为该区红十字会敬老院的34名孤寡老人开展了免费体检陪老人过春节的服务活动。志愿者们耐心地为老人检查身体，帮助老人整理房间、洗晒被褥、陪老人聊天；和老人们一起吃团年饭，让留驻敬老院的老人们度过了一个难忘的节日。

3月26日，武汉市举行第一次遗体捐献者纪念日活动，武汉市红十字会在石门峰名人文化公园举行了武汉市遗体捐献者纪念馆开馆仪式暨遗体捐献者纪念碑落成2周年纪念活动，市人大常委副主任刘家栋和市政协副主席肖志刚参加了开馆仪式，受刘顺妮副市长的委托，市政府副秘书长周元出席并讲话。纪念馆占地面积178平方米，总投资20万元，是当时国内规模最大、展出内容最多的遗体捐献纪念馆。

3月，中国现代普通外科的主要开拓者、肝胆外科和器官移植外科的主要创始人和奠基人之一、晚期血吸虫病外科治疗的开创者、中国科学院资深院士、被誉为“中国外科之父”的裘法祖先生应邀为武汉市遗体捐献者纪念馆题词：“捐献者的爱心，受体人的幸福”。该题词给参观者极大感召。

4月9日，为进一步弘扬人道主义精神，表彰为红十字事业做出贡献的专（兼）职工作者，鼓励广大红十字工作者献身人道主义事业的积极性，武汉市红十字会发出通知，对该会从事红十字事业满20年的人员给予表彰。

4月12日，武汉市机构编制委员会下文，同意该市红十字会比照市属副局级单位管理，内设办公室、业务部，为正处级规格。重新核定市红十字会领导职数：副局级领导职数1名（用于专职副会长），内设部室正处级领导职数2名、副处级领导职数1名，市红十字会编制不变，同时核销原有领导职数。

4月23日，为进一步扩大红十字会社会影响，搭建新闻工作者奉献爱心、参与红十字人道事业平台，促进红十字会与新闻媒体更加广泛地开展交流合作，武汉市红十字会发出通知，批准成立武汉市红十字新闻志愿工作者服务队。

4月28日，武汉市红十字会致函裘法祖先生，感谢其为武汉市遗体捐献者纪念馆题词，和对红十字事业发展作出的贡献。

4月，武汉市东西湖区红十字会连续一周时间组织对辖区贫困人群的大型健康义诊体检活动，共为600多名群众提供了肝功能、心电图、B超等项目的体检。

5月8日，武汉市红十字会发文，对该会从事红十字事业20年以上人员宋朝友、赵敏、张黎明、冯京铭、吴明芳、林清秀、骆钢强、刘彤、罗虹、王德平、张晖、李翔等人予以表彰。

5月8日，武汉市江汉区红十字会在武汉市第一初级中学进行了一场救护演练，该校初二年级900名学生分成若干小组参加了演练。通过现场演练，既检验了同学们的学习成果，也提高了同学们现场救护的技能。

5月17至18日，武汉市江汉区红十字会举办了第一期街道红十字会干部“国际人道法培训班”，来自辖区13条街道的常务副会长、秘书长参加了培训。培训班介绍了国际红十字运动的起源、发展和历史沿革，介绍了中国红十字会的百年历程。

5月31日，武汉市红十字会批复，同意湖北中康博达医疗投资管理有限公司成立红十字会。

5月，“‘五·八’世界红十字日”期间，武汉市红十字会启动“博爱在江城——关爱贫困重病学生”募捐活动，筹款超260万元。

6月12日，武汉市江汉区红十字会承办了武汉市社区红十字服务示范区创建工作会议暨江汉区创建全国社区红十字服务示范区总结表彰会。省红十字会毛三元副会长、市红十字会谢江虹副会长向该区颁发了“全国社区红十字服务示范区”牌匾和证书，市民政局领导宣读了《武汉市红十字会、武汉市民政局关于在全市开展创建省级社区红十字服务示范区活动的通知》。江汉区区新华街红十字会会长刘惠平、汉兴街常二社区红十字服务站副站长张熠做了经验交流发言，唐家墩街红十字会、水塔街红十字会和满春街红十字会做了书面交流。会后，部分与会人员参观了江汉区新华街江北社区红十字服务站和“红十字博爱超市”。同时，江汉区也表彰了41个创建全国社区红十字服务示范区先进集体和226名先进个人。

6月，武汉市江汉区荣获湖北省首个红十字服务示范区称号。

6月，武汉市红十字会开始分批对8000多名中国第六届城市运动会志愿者开展救护培训。同时，市红十字会分2期对武汉铁路局系统的列车乘务员专门进行培训，共培训骨干急救员260名，再通过这些骨干力量，对武铁系统全体乘务员和二级以上车站的工作人员进行培训。此次培训持续到当年9月底。

夏季，湖北省遭受特大暴雨洪涝灾害后，武汉市红十字会向宜昌、十堰、恩施等灾区各捐款5万元；并向黄冈市红十字会捐款4万元，帮助当地红十字会组织购置棉被、大米等救灾物资送到灾区。市红十字会及机关全体职工（包括离退休老同志）还向黄陂区遭受龙卷风和雷暴袭击的灾区群众捐款22180元，并派员到医院进行看望。

7月16日，武汉市红十字会专职副会长谢江虹受武汉市副市长、市红十字会会长刘顺妮委托，专程到广州军区武汉总医院看望慰问患重病的小女孩项阳蕊，并为她送去5000元慰问金。

7月18日，中国红十字会湖北备灾救灾中心按照总会要求，与沈阳备灾救灾中心一道，共同调拨价值55万元的救灾物资，用于救助重庆、河南等省遭受自然灾害的灾民。

7月18日，为维护人民的健康和生命安全，促进和谐社会建设，武汉市红十字会、武汉铁路局联合发文，要求在武铁系统内开展列车乘务人员、车站工作人员的救护培训，有计划有步骤地组织学习现场急救常识和技能，提高列车乘务人员、车站工作人员面对突发公共事件的自救互救能力。

7月20日，武汉市江岸区红十字会与区教育局联手对黄陂区蔡店乡土家族小学进行了帮扶“心手相牵农村行”活动，江岸区共有5所学校10名同学捐款2000元，捐学习用品近400元。

7月31日，武汉市江岸区四唯街一处居民住房因电线老化引起大灾，造成10户居民住房遭火害，受灾居民29人。闻讯后，江岸区红十字会对其中受灾严重、家境困难的6户民给予每户800元救助。

7月，应武汉市红十字会邀请，澳门红十字青少年“爱我中华千里行”交流团来武汉考察交流，并到该市武昌区实验中学参观访问。期间，两地红十字青少年开展互动交流活动，增进相互的了解友谊，为进一步开展交流与合作奠定良好基础。

8 月 25 日，中国红十字会“玉米爱心基金”（2006 年 3 月 19 日，玉米爱心基金在众多玉米的建议和李宇春的支持下设立，这是我国首个由歌迷捐设和命名的专项基金。）武汉的玉米志愿者，在中南广场门前与湖北省红十字会共同开展爱心捐助和无偿献血活动。

8 月底，根据中国红字会、铁道部联合下发的《关于深入开展救护培训工作通知》要求，武汉市红十字会开展对武铁系统列车乘务员、车站工作人员首次救护培训，得到武汉市铁路局领导的充分肯定。

8 月，中国红十字会总会与教育部联合启动全国红十字模范校评选。湖北省按照要求，由省红十字会与省教育行政部门对符合条件的包括职业技术学校和民办学校在内的大中小学开展评审、申报工作。

10 月 10 日至 12 日，中国红十字会参与新型农村合作医疗及医疗救助试点工作经验交流会在湖北省赤壁市召开，中国红十字会常务副会长江亦曼等有关领导出席了交流会。

10 月 20 日，浠水县实验小学、武汉市江岸区新村小学、滑坡路小学和武汉市黄陂区前川小学等 32 所学校，被省红十字会、省教育厅授予“第一届湖北省红十字模范校”称号。2005 年以来，为丰富学校德育教育内涵，推动学校红十字会工作的开展，湖北省学校红十字工作委员会部署开展每两年一次的湖北省红十字模范校评审工作。全省大、中小学积极响应模范校创建活动，成效显著。

10 月，武汉市红十字会多次组织全体职工认真学习胡锦涛总书记作的《高举中国特色社会主义伟大旗帜，为夺取全面建设小康社会新胜利而奋斗》的报告。同时，制定了《武汉市红十字会学习十七大日程安排》，要求按照报告内容，逐段认真学习。此外，按上级党组织安排，市红十字会专职副会长谢江虹、秘书长桂顺利、副秘书长王萍、姚华等红十字会领导，分别参加了市委组织部、市直机关工委和市总工会组织的十七大精神学习班。此项学习活动一直持续到该年本年。

11 月中旬，省红十字会在武汉市举办全省红十字会专职干部培训班，学习党的十七大精神和红十字业务知识，有 60 多人参会。省红十字会专职副会长毛三元、总会报刊社副社长兼总会网络中心执行主任肖星等有关负责人进行了红十字基本知识和传播工作、红十字网络宣传工作、志愿者工作等内容的授课。荣获全国社区服务工作先进单位的武汉市江汉区和十堰市红十字会也在培训班上交流了工作经验。

12月1日，黄梅县红会开展以“遏制艾滋，履行承诺”为宣传主题的“世界艾滋病日”宣传活动，现场分发预防艾滋病资料，讲授防控知识和国家防治艾滋病政策。此次活动共接受群众咨询910余人次，提高了群众参与防治艾滋病的积极性和自我防护的意识。

12月1日，受武汉大学青年志愿者协会红十字救护队的邀请，武汉市红十字会副秘书长王萍及救护培训中心工作人员一行，参加武汉地区高校紧急救护系统交流论坛暨武大青协红十字救护队成立三周年庆典活动。

12月26日，为表彰“博爱在江城——关爱贫困重症学生”大型募捐救助活动中的先进集体，武汉市红十字会、市教育局联合授予青山区、江汉区、新洲区、黄陂区、江夏区等地的红十字青少年委员会等5家单位“优秀组织奖”称号，授予洪山区、汉阳区、武昌区、江岸区汉南区、蔡甸区、硚口区等地的红十字青少年工作委员会等7家单位“组织奖”称号。

12月26日，武汉市红十字会、市教育局联合发文，授予中国移动通信集团湖北有限公司武汉分公司、归元禅寺、武汉华星房地产有限公司、九州通集团有限公司、武汉钢铁（集团）公司、湖北武黄高速经营有限公司、武汉经济发展投资（集团）有限公司、武汉恒生光电产业有限公司、红金龙集团有限公司、武汉市公安局、湖北汇东置业有限责任公司等10家单位“十大明星博爱单位”称号；授予李平贵（湖北福珍建筑工程有限公司董事长兼总经理）、邓世威（香港爱心人士）、赵红（武汉华南置业有限公司总裁）、林华（武汉融侨房地产开发有限公司总经理）、谭树海（武汉海天实业集团有限公司董事长）、甘金华（武汉新八建筑集团有限公司副总经理）、戴新耀（武汉新大陆物业有限公司董事长）易少启（武汉祥和建筑集团有限公司总经理武汉天地源置业有限公司董事长）李松柏（武汉奥深科技集团有限公司董事长）、江涛（湖北荣乐投资有限公司董事长）“十大明星博爱人物”称号；授予赵卫国、林乐飞、马卫东、戴竹筠、戴俭勤、陆鸣、田克兢、梁伟、刘石泉、高木一嘉、张天任“博爱人士”称号；授予长江报业、武汉市妇幼保健院等单位“博爱单位”称号。

12月28日，中国红十字会总会与教育部联合发文，表彰全国红十字模范学校。湖北省襄樊市职业技术学院、武昌实验中学、浠水县实验小学被授予“全国红十字模范校”称号。

12月底，武汉市江汉区红十字会有基层组织89个，其中街道红十字会13个、团体单位红十字会22个，中学红十字会24个，小学红十字会30个；会员49044人，其中红十字青少年37340人。

12月，黄梅县红十字会在黄商集团广场举办了以“遏制艾滋、履行承诺”为宣传主题的“世界艾滋病日”宣传活动，共接受群众咨询910余人次。

本年，成都东洋百信制药有限公司再次向仙桃红十字会捐赠价值2万元的六味地黄丸药品，并成立了“百信爱心救助金”，用于甲级村卫生室建设、特困人员大病救助和发展全市红十字会事业等。

本年，枣阳市红十字会举办了红十字会参与新型农村合作医疗救灾物资发放仪式，共发放救灾大米58.635吨、救助金83200元、优惠就医卡10万元。省红十字会专职副会长毛三元、事业发展部副部长高民主和枣阳市有关领导出席了发放仪式。各镇、办事处、开发区、管理区红十字会领导、接受物资和资金救助的47名群众代表、红十字志愿者参加了活动。

本年，枣阳市被中国红十字会总会确定为全国第二批参与新型农村合作医疗及医疗救助试点县（市），其主要任务是通过红十字会筹集经费，建立红十字会医疗救助金，用于扶持困难群众参加合作医疗，对大病农民进行医疗救助。

本年，湖北省红会获得救灾、救助、引进项目及设备援助资金和物资共计6500万元人民币。

本年，中国红十字会参与新农合和大病医疗救助现场交流会在赤壁市召开。

本年，中国红十字会湖北备灾救灾中心获得“全国红十字系统救灾工作先进集体”称号。

本年，湖北省新增3个市理顺红十字会管理体制，赤壁市等8个县（市、区）编办发文理顺了红十字会管理体制；援建项目19个，为195户倒房户重建新房；12人成功捐献骨髓，54人捐献了遗体；发放社会救助资金902.91万元；培训初级救护员43388人。

本年，武汉市红十字会系统通过多方募集，累计募集款（物）达573.09万元。

本年，受总会和省红会委托，武汉市红十字会向与其建立了友好红十字会关系的新疆博尔塔拉蒙古自治州捐赠救灾款10万元。

本年，为协助武汉市委、市政府开展好“三下乡”活动，武汉市红十字会共提供现金3万元，向新洲区郑城街福利院老人赠送260件棉大衣、300件慰问品以及专门为老人购买的200斤羊肉。

本年，德高（中国）、云南玉溪维和制药、"姗尼尔"家居、内蒙古鑫泰生物制品、湖北中康博达、光谷华美达酒店、迪岸传媒等一批企业均通过武汉市红十字会向灾区和弱势群体捐款捐物，奉献爱心。一年来累计接收此类捐赠价值167万余元。爱心企业纷纷向市红十字会捐赠款物参与人道主义救助活动，成为该年市红十字会救助活动的一大特色。

本年，武汉市江岸区红十字会有团体会员单位53个，其中，社区卫生服务中心17家，学校（中小学）20家，街道办事处16家。全区共有会员（青少年会员）7120人，还设立了2个社区红十字会工作站。

本年，武汉市江岸区各社区卫生服务中心在落实创建群众满意社区卫生服务机构活动工作中，组织医护人员深入社区，围绕社区慢病管理工作，开展了高血压病、糖尿病、儿童意外伤害等防病知识讲课280次，共有社区居民14000余人参加听课，同时配合讲课发放健康宣传资料5万余份。

本年，武汉市江汉区红十字会根据市委、市政府"关于关爱资助农民工"的指示精神，积极支持各基层红十字会开展此项活动。指导汉兴街常二社区以社区红十字服务站和"红十字博爱超市"为基地，对外来人员给予资助，积极引导外来人员参与社区建设。社区红十字服务站成立了"外来人口俱乐部"，通过发挥俱乐部的影响力，积极吸引外来人员做到遵纪守法乐于助人。在社区红十字服务站的引导下，外来人员积极响应创建"先进品牌社区"的号召，在小区内进行绿地认养；外来人口不定期组织爱心捐款，为社区"红十字博爱超市"先后捐款2000余元，为社区困难家庭排忧解难。社区红十字服务站通过"红十字博爱超市"对社区内外来务工人员中的特困家庭资助各类物资8000余元，受助人群达80余人。

本年，武汉市江汉区红十字会指导社区红十字服务站积极开展"三定一包"服务活动，要求各社区红十字服务站和中小学红十字会至少有2户"三定一包"服务对象，根据服务合同开展定人员、定时间、定服务内容的服务。各基层红十字会共向288户"三定一包"服务对象提供了服务，服务人数达1602人次。

2008年

1月7日，经过总会与教育部相关部门审核，湖北省武昌实验中学经过多年积极开展红十字模范学校创建工作，荣获"全国红十字模范校”荣誉称号。同时，湖北省襄樊职业技术学院、浠水县实验小学、中南大学等学校也获得“全国红十字模范校”称号。

1月10日，“百信博爱卫生室”揭牌仪式在湖北省石首市东升镇余家棚村举行。百信集团捐赠正红花油10万瓶，石首市红十字会开展了义卖活动，义卖筹措资金36万元，援建了20家村卫生室（其中新建1家，改扩建29家），改善了当地村卫生室条件和老百姓的就医环境，受到广大群众的赞誉。

1月19日，“2008年红十字博爱送万家”（湖北·武汉）启动仪式在武汉市黄陂区举行。省红十字会专职副会长毛三元主持仪式，中国红十字会总会副会长郭长江、中国残联副理事长程凯和湖北省政府副省长、省红十字会会长蒋大国等领导出席启动仪式，并将价值人民币100万元的大米、棉被、衣物等慰问物资分发给3000户特困及麻风病人家庭。郭长江一行还深入汉川市麻风病防治医院，看望60多位麻风病患者和医院的医务人员和志愿者。同时，省红十字会筹集价值171.66万元的物资，其他地市级红十字会也按照与省红十字会1∶1配套的款物用于此次活动。

1月27日，黄冈遭受50年来未遇特大暴雪和严重低温冰冻灾害后，省红十字会工作人员冒着大雪，带着救灾棉衣到黄州区赤壁办建新社区举行救灾物资发放仪式，现场发放了300件棉衣。黄冈市红会和黄州区红会的领导参加了发放活动。

1月27日，在“世界防治麻风病日”之际，为庆祝第55个国际麻风病节的来临，荆州市红十字会、市卫生局、荆州区人大、政府领导到当地麻风康复中心慰问了麻风病康复患者。市红十字会为麻风病康复患者送去20床棉被、19件棉衣、9袋大米、9包糖果。荆州区红十字会还为每位康复患者发放了慰问金。

1月28日，武汉市红十字会发文，授予青山区、汉南区、新洲区红十学会“2007年度全市红十字募捐救助工作优秀奖”；授予汉阳区、青山区、蔡甸区红十字会“2007年度全市红十字宣传工作优秀奖”；授予江岸区、硚口区、东西湖区红十字会“2007年度全市红十字青少年工作优秀奖”。授予冯京铭、陶维娟、林清秀、李永香、刘丽莎“2007年度全市红十字系统优秀秘书长奖”。授予江汉区、武昌区、洪山区、黄陂区、江夏区红十字会“2007年度全市红十字工作先进单位”称号。

1月29日，湖北省红十字会收到北京市红十字会捐赠的冰雪灾害救助款10万元，并定向用于受灾地区群众的生活救助。

1月31日，荆州市红十字会会长赵毓清、专职副会长赵复雄、市中心医院红十字会会长张大平及中心医院专家一行，冒着大雪，慰问监利县上车湾镇重阳标贫困户，向村民发放1万元现金和价值3万元的棉衣、棉被、大米和糖果，并走访了10户特困户，为他们送去棉衣、棉被和慰问金。

年初，省红十字会专职副会长毛三元一行赴咸宁、黄冈等地慰问雪灾灾民，为他们送去价值30万元的棉被、大米等紧急救灾物资。

年初，武汉市红十字会及时组织开展募捐活动，共接收社会各界捐款捐物合计人民币52.9万元。其中，接收捐款12.9万元，接收物资价值人民币40万元。同时，该会及时开展了救助工作，合计救助资金12万元。其中，救助咸宁市红十字会3万元、江西上饶市红十字会2万元、衡阳市红十字会7万元。

年初，武汉市红会会积极参与全市“三下乡”活动，为江夏区郑店农民兄弟送去扶贫款1万元和100件爱心包。武汉市江岸区红十字会将200件棉衣送到百步亭花园社区的受灾户和贫困户，并向10名重症儿童家庭发放10.2万元的救助金。江汉区红十字会在水塔街组织33名社区红十字服务站工作人员清扫三个社区的背街小巷。青山区红十字会为家庭困难、学习成绩优良的学生实施救助，共对辖区内11条街大、中、小学的32名学生送去助学金11600元。洪山区红十字会将救助物资送到孤寡老人、残疾儿童、下岗职工、艾滋病患者以及贫困家庭，给他们送去了大米、油、棉被以及现金，共慰问困难户120户。硚口区红十字会认真做好2008年宏志生筛选录取工作，帮助10名学生作为2008年红十字宏志助学对象得到了救助。

2月1日，福建省红十字会向湖北省红十字会援助人民币6万元，用于开展对遭受冰雪灾害的群众的人道救助。

2月1日，荆州市红十字会慰问荆州区川店镇李场村雪灾村民，现场发放由澳门红十字会捐款购买的350件棉衣、350袋大米。省红十字会专职副会长毛三元，市人大副主任、市红十字会名誉副会长吴建国，市卫生局局长、市红十字会副会长李力，市红十字会副会长赵复雄等领导一同参加了慰问活动。

2月2日，中国红十字会呼吁社会各界发扬中华民族“一方有难，八方支援”的传统美德，积极参与到南方雨雪冰冻灾害的紧急救助中来。

2月3日，总会顾问孙爱民一行在省红十字会专职副会长毛三元等人陪同下，赴湖北省武汉市汉南区邓南街等地慰问500多户雪灾灾民，并受邀到灾民家中吃团年饭。

2月3日，武汉市江岸区副区长、区红十字会会长龙宁同志冒着大雪亲自登门慰问贫困重症居民熊忠义，并给予500元救助款。该区各街道红十字会的领导也十分重视博爱送万家活动，筹集生活物资和现金共计12000余元，一并送发到居民手中。

2月3日至6日，香港、澳门两地红十字会救灾代表黄文忠和戴钰徽先生在省红十字会人员陪同下，赴咸宁市咸安区、通山县查看冰雪灾害情况，并走访4个乡镇44个村。他们现场决定向灾区考察点捐赠5万元，由当地红会购买救灾大米和棉被。此外，他们还在咸安区桂花乡茅坪村举行救灾物资发放仪式，该乡共13个村受益。

2月4日，国务院侨务办公室通过中国红十字基金会向湖北省捐赠40万元，用于救助遭受冰雪灾害的灾民。

2月5日，湖北红十字会接收到河北以岭医药集团捐赠的价值40万元的防流感药品，并立即组织将药品分发到重灾区，支援当地灾民救灾。

2月5日，经过湖北省红十字会执行委员会研究审定，武汉市红十字会、襄樊市红十字会、孝感市红十字会、黄冈市红十字会、咸宁市红十字会、荆州市红十字会、宜昌市红十字会十堰市红十字会、神农架林区红十字会、仙桃市红十字会随州市红十字会、省红十字会办公室、省红十字会赈济救护部省红十字会事业发展部、中国红十字会湖北备灾救灾中心被省红十字会评选为“2007年目标任务重点工作完成奖”；黄石市红十字会、潜江市红十字会、恩施市红十字会获得“2007本年目标任务基本完成奖”；鄂州市红十字会、荆门市红十字会、天门市红十字会获得“2007年度目标任务完成鼓励奖”。

2月6日，武汉市江岸区红十字会将市红十字会下拨的慰问物资（价值71542元的棉衣、大米、食用油和牛奶），全部及时送发到贫困、受灾群众和孤寡老人家中。本次受益的居民共有187户、328人。

2月18日，为支援湖北省雪灾救援工作，江苏省红十字会向湖北省红十字会捐赠阿莫西林胶囊、风热感冒颗粒等价值209900元的药品。

2月19日，湖北省红十字会利用总会转交的香港红十字会、中国中钢集团捐赠的215万元救灾款，采购大米765.75吨，使全省51050人受益。

2月23日，湖北省红十字会第五届理事会第四次会议暨全省红十字模范校表彰大会在武汉召开。省人大常委会副主任、省红十字会会长蒋大国等领导和各地理事参加了会议。省红十字会专职副会长毛三元作工作报告，蒋大国做讲话。会上，省红十字会联合省教育厅对全省范围内的32所红十字模范校进行表彰。

2月26日，武汉市红十字会获得共青团武汉市委、中国第六届城市运动会执委会志愿者工作部联合授予的“中国第六届城市运动会志愿服务优秀组织奖”称号。

2月28日，南方雪灾灾情发生后，中国红十字会启动应急预案，向湖北省等受灾较严重的省份派出救灾工作考察组，考察灾情，慰问受灾群众和参加抗灾抢险的一线人员。

2月，武汉市红会联合当地医学及医学教学单位，筹建我国首家“皮肤库”。

3月7日，黄冈市红十字会在浠水县召开工作座谈会，对全市2007年度红会工作先进单位进行了表彰，传达了省红十字会五届四次理事会暨全省红十字会模范校表彰大会的精神，安排部署全市2008年红十字工作。各县、市、区红十字会汇报了2007年度工作和2008工作计划安排，并交流了工作经验。

3月8日，中华骨髓库湖北分库召开造血干细胞捐献者及志愿工作者表彰会，分别授予19位捐献者和18位支援工作者“拯救生命之‘爱心使者’”和“无私奉献之‘优秀志愿工作者’”称号。省红十字会专职副会长毛三元鼓励获奖者继续发扬红十字精神，又快又好做好造血干细胞捐赠工作，让更多的人士加入骨髓志愿捐献。

3月11日，北京市红会向湖北省红会捐赠60万元专项救助款，支援湖北省做好遭受冰雪灾害地区的灾后重建和改善群众生存环境等工作。

3月14日，省红十字会机关全体工作人员参加省直机关法律知识考试，提升全体工作人员依法办会、依法兴会的意识和能力。

3月中旬，华中科技大学武昌分校学生韩晗分两次在武汉同济医院完成造血干细胞捐献，并立即用于救助北京的一位白血病患者。韩晗成为湖北省第20位造血干细胞捐献者。

3月18日至20日，省红十字会与省交通厅联合举办道路安全事故急救师资培训班，为各市州负责道路安全事故急救培训的教员传授救护新理念、创伤救护技术、心肺复苏技能、意外伤害、灾害救助等知识和技能。

3月24日，为给革命老区人民办实事、办好事，湖北省红十字会拟在麻城市铁门岗乡消上烷村修建一条村级爱心公路。为解决资金问题，湖北省红十字会致函武汉市红十字会，函请武汉市红十字会援助35万元，共建爱心公路。

3月26日，湖北省红十字会召开全省新农合试点工作座谈会，部分市红十字会负责人参加会议。

3月26日，武汉市红会举行第二个遗体捐献者纪念日活动。武汉市红会副会长谢江虹向新闻界透露，武汉市遗体捐献工作自2000年启动以来，已经有4000多人加入了遗体捐献志愿者行列。

3月，武汉市政府办公厅下发了《关于在武汉市开展自救互救培训工作的通知》，市红十字会除继续做好外资企业的培训工作外，积极推进教育、安监、社区等行业和部门的培训工作。

4月2日，省红十字会下发通知，开展中国红十字会基金会主办的"温暖中国——贫困肿瘤患者救治行动"第三批定点医院申报工作。此前，中国红十字会基金会在全国开展的"温暖中国——贫困肿瘤患者救治行动"已发展了60家"温暖中国行动"定点医院，取得了良好的社会效益和经济效益。湖北省黄冈市罗田县人民医院、黄冈市蕲春县人民医院、咸宁市嘉鱼县人民医院、荆门市第一人民医院、襄樊老河口市第一医院、十堰市人民医院共6家医院获赠高强度聚焦超声肿瘤治疗系统，被确定为定点医院，已全部建成并授牌。

4月，根据总会、省红十字会《关于对冠名红十字（会）医疗机构清理整顿》的文件精神，武汉市红十字会完成清理工作，并保留了武昌区红十字会白沙洲医院老年护理院、武昌区红十字惠民医院、东西湖区红十字会门诊部、蔡甸区红十字会医院、新洲区红十字会医院。

5月6日，武汉市红十字会决定，对被列为国家红十字会第三批新农合试点单位，也是武汉市首个被中国红十字会正式确认的新农合试点区的武汉市汉南区红十字会一次性拨付资金4万元，作为汉南区红十字会新农合试点工作的启动资金。

5月8日，在"五·八"世界红十字日活动中，武汉市红十字会与市教育部门联合组织1万名红十字青少年参与"与奥运同行——自救互救知识竞赛"，提高了广大青少年学生宣传奥动、服务奥运的参与意识。

5月8日，武汉市硚口区红十字会与区教育局联合召开了纪念大会，帮助青少年从小树立博爱精神；组织部分红十字青少年为区福利院老人擦玻璃、洗衣服、打扫周围环境卫生；组织社区服务中心的医务人员为敬老院老人提供医疗卫生服务。

5 月 12 日，汶川地震灾情发生后，中国红十字会立即启动一级救灾应急预案，并发出通知，要求各地红会依法开展募捐，积极投入救灾工作。武汉市红十字会连夜向省红十字会汇报，并及时与新闻媒体联系刊发救灾捐赠账号，接收社会募捐，主动联系民航、铁路、车辆等运输部门，抓紧时间向灾区抢运救灾物资。全市红十字系统共募集救灾资金 10249 万元（含各区募捐 2397.47 万元），物资价值 1001 万元。

5 月 12 日，省红十字会用电话紧急部署全省 17 个市州红会开展募捐。

5 月 13 日，省红十字会向全省各级红十字会发出《关于开展募捐救援四川灾区的紧急通知》。同日，省红十字会向汶川地震灾区推荐和介绍了 60 多名志愿工作者参与救助工作。他们在灾区开展救灾、救护、防病知识的宣传、运送救灾物资和心理辅导等工作。此次共派出三批志愿者，活动持续到当月 30 日。

5 月 16 日，武汉市红十字会致函成都市红十字会，将武汉市多家单位和个人的第一批捐款转交给成都市红十字会。此前，当得知成都市遭受地震灾害后，武汉市红十字会迅速与市《长江日报》社和市教育局发启“情系灾民、共渡难关”活动。活动推出后，有多家单位和个人表达了向受灾的成都市都江堰市聚源中学捐款的意向，并指定将所捐款项捐给聚源中学，用于学校恢复重建。

5 月 17 日，省红十字会派出第一批专职人员赴灾区支援灾区红十字会工作。随后又分别派了 4 批共 15 名专职干部和专业技术人员赴灾区工作。工作时间最长的 105 天，最短的一个月。

5 月 17 日，武汉市、区红十字会累计接收社会各界人士捐款已超过 3000 万元。

5 月 19 日，省红十字会与省审计厅联合发出《关于对汶川地震募捐款物加强管理的紧急通知》，加强对汶川地震募捐款物使用的管理和监督。

5 月 19 日，武汉市新洲区红十字会收到全区医疗卫生单位干部职工抗震救灾捐款达 18.178 万元。

5 月 20 日，全省红十字会系统共募集抗震救灾善款 8598 万元，其中省红十字会募集 970 万元；已汇往灾区资金 835 万元（其中 600 万定向给雅安红十字会），物资 1178 万元。

5 月 23 日，武汉市红十字会累计收到社会各界捐赠的汶川地震赈灾款4826万元。

5月24日至25日，武汉市江岸区红十字会组织江岸区8家红十字会会员单位20名志愿者参与接送汶川地震伤员行动，并将伤员安全送达指定医院，圆满完成任务。

5月25日，武汉市红十字会累计接收汶川地震救灾捐款4826万余元，其中定向捐款2200万元；接收救灾物资价值人民币919.60万元；分4次向灾区和上级红十字会汇出救灾款1520万元，其中定向捐款310万元；累计向灾区运送救灾物资6批（4497件箱），价值人民币754.65万元。

5月28日，根据省政府指示和四川省汉源县人民医院提医疗设备需求清单，省红十字会、省卫生厅和省财政厅组成设备采购工作组。省红十字会赈济救护部副部长李荣随采购小组赴成都为汉源县人民医院采购价值246万元的97台（套）设备，另为该院购置一台价值27.68万元的救护车。

5月29日，省人大常委会副主任、省红十字会会长蒋大国带队慰问了被湖北省13所医疗单位收治的汶川地震灾区伤病员545人，并为每人发放500元慰问金，共计272500元。与此同时，全省红十字会系统慰问看望了在全省各地接收的四川灾区的技校生。

5月，麻城市红十字会组织150名志愿者到全市较大的15家托幼机构（幼儿园）进行手足口病知识的防控宣传；组织市直23家团体会员单位开展义诊、便民服务等活动；组织5支医疗服务队到农村开展对口医疗帮扶；在市中心血库开展无偿献血活动。

5月，武汉市硚口区红十字会制定《硚口区红十字会关于开展向四川省地震灾区捐款活动的紧急通知》，向社会公布救灾捐助热线电话和救灾捐款账号，号召单位个人联动，尽最大努力支援灾区人民，共收到捐款达8380423.70元，居武汉市城区红十字会之首。

6月10日，武汉市红十字会致函四川省雅安市红十字会，决定将武汉市汉正街市场管理委员会发起援建灾区一所希望小学所募集的善款750万元，用于汉源县建一所小学，并冠名为“汉正街希望小学”。同时表示，学校建成后，汉正街市场管理委员会总商会将定期组织市场十余个分商会对该校进行帮扶，武汉市硚口地区所在小学将与其结对帮教，使爱心得以延续和传承。

6月13日，武汉市红十字会致函四川省阿坝州红十字会，决定将华中师范大学物理学院等多个单位和个人定向援建汶川部分中学捐款

16531.90 元人民币（其中援建汶川中学 10000 元，援建汶川县映秀镇漩口中学 3669.90 元，援建汶川县映秀镇中学 100 元；援助汶川儿童 500 元、汶川地区 2262 元）转赠阿坝州红十字会，并通过该会实现捐赠者意愿。

6 月 21 日，根据总会要求，受省红十字会调派，武汉市红十字会刘彤、咸宁市红十字会柯剑、十堰市红十字会医院水电工陈光，作为湖北省第三批红十字会专职干部赴四川绵竹灾区工作。

6 月 24 日，湖北省红十字会向省政府呈送《关于鄂州市红十字会为四川赈灾募捐的工作报告》及鄂州市红十字会《关于进一步完善市红十字会管理体制的请示》文件。经过省红十字会党组书记、专职副会长毛三元与鄂州市领导进行商讨，并根据总会对省、市红十字会理顺体制的工作部署，以及省政府有关进一步加强红十字会工作文件精神的要求，省红十字会建议鄂州市委、市政府进一步加强领导，关心市红十字会工作，争取在本年以前，具体做好机构、编制、人员调整等工作，促进红会工作的全面开展。

6 月 29 日，湖北省红十字会抗震救灾志愿服务工作总结表彰大会在武汉市召开。

6 月 30 日，省红十字会派第四批红十字会专职干部赴四川地震灾区工作。

6 月，经过对遗体捐献意义的广泛宣传，以及对志愿者的关怀关爱，武汉市红会共接受遗体捐献咨询万余人，其中领取遗体捐献登记表的约 5000 余人，已办理登记手续的近 4000 余人，已实现遗体捐献愿望的有 169 例；捐献眼角膜登记 200 余人，有 37 人捐献了眼角膜。

7 月 25 日，根据中国红十字会评选结果，湖北省红十字会获得中国红十字会颁发的“抗震救灾最佳组织奖”；武汉市红十字会、湖北红十字志愿服务队赴灾区心理救援组获得“抗震救灾先进集体”称号；邓红、陈凡、刘全新、程燕莉、柯剑获得“抗震救灾先进个人”称号；张尧、章晟、王洪波、陈光、邹勇军获得“抗震救灾优秀志愿者”称号。

7 月 29 日，湖北省红十字系统受表彰的集体和个人代表参加了中国红十字会在京召开的中国红十字会汶川抗震救灾表彰会，并光荣受奖。

8 月 6 日，湖北省红十字会抗震救灾总结表彰大会召开。

8 月 20 日，武汉市副市长、市红十字会会长刘顺妮收到刘丽同学家长的求助信后，批转武汉市红十字会，要求看望救助。后来，刘丽顺利完成骨髓移植。三个多月后，其父亲和亲属为表达他们对市政府领导和市红十字会由衷的感激，亲自送来感谢信和锦旗。刘顺妮在武汉市红十字会关于成功救助刘丽同学的工作汇报材料上批示：“红十字会提供的物资和精神的关怀充分弘扬了人道、博爱、奉献的精神，提出表扬并继续作好红十字会各项工作。”

8月25至28日，省人大常委会副主任、省红十字会会长蒋大国，省红十字会专职副会长毛三元到四川汉源县、北川县考察灾后重建工作。

8月28日至30日，湖北省孝感市遭遇暴雨袭击致使该市7个县市区45.5万人受灾后，省红十字会立即于9月1日派出工作人员赴灾区考察灾情。9月2日，省红十字会专职副会长毛三元参加了在孝感市肖港镇举行的救灾物资发放仪式，并现场发放价值23万元的救灾物资。

8月，湖北省武汉一中唐叶笛和武汉市新安街小学徐依美分获“红十字青少年与奥运同行自救互救知识竞赛”二、三等奖。

9月4日至9月27日，根据总会要求，受省红十字会调派，黄冈市红十字会专职副会长周进等5人作为湖北省第五批专职干部，赴四川德阳市灾区参加灾后重建工作。

9月12日，武汉市江岸区红十字会配合市红十字会在江滩三峡广场举办纪念“世界急救日”大型公益活动，并组织该区一元街的腰鼓队和上海街居民群众150余人参加了活动。

9月16日，甘肃省红十字会致函湖北省红十字会，请求援助当地甘南州地震受灾村3—4所卫生室建设，并给予每个村卫生室7.5万元的灾后重建经费。此前，5月12日“汶川地震”发生后，湖北省红十字会已经向甘肃省灾区援助100万元。

9月21日，武汉市红十字会组织武汉大学、江汉大学的急救志愿者，在汉口江滩开展“全国急救日”急救知识和技能演示活动，收到良好的宣传效果。

9月23日，武汉市红十字会召开抗震救灾先进集体（个人）表彰大会，市人大刘家栋副主任、市政协肖志钢副主席、市政府刘顺妮副市长、市政府副秘书长周元、省红十字会专职副会长毛三元等领导出席了表彰大会。大会授予硚口区等三个区红十字会“抗震救灾最佳组织奖”、江岸区等11个区红十字会“抗震救灾优秀组织奖”、市八医院等42个单位“抗震救灾先进集体”、过徐北等68人“抗震救灾先进个人”张学练等65人“抗震救灾优秀志愿工作者”、福星惠誉房地产有限公司等8个单位和个人“抗震救灾特别贡献奖”、武汉市东西湖区房地产开发协会等18个单位和个人“抗震救灾贡献奖”荣誉称号。

10月，省红十字会组织各地各级红十字组织开展卫生救护知识宣传工作。武汉、宜昌、荆门、神农架林区、十堰、襄樊等地红十字会通过多种形式向社会各界宣传红十字知识，普及救护知识和技能，扩大红十字会的影响，参加活动总人次吸引了10多万人次。

11月6日，武昌区红十字会创建社区红十字服务示范区工作得到通过了总会和省红十字会考评组的考核验收。这是武汉市第二个城区荣获“全国社区红十字服务示范区”的荣誉称号。

11月17日，湖北省中华骨髓库湖北分库志愿服务队获得中国红十字会颁发的“最佳志愿者组织提名奖”；湖北马应龙药业集体股份有限公司红十字会获得“最佳企业红十字会”称号；武汉市江汉区新华街红十字会、荆州市沙市区解放街道红十字会、仙桃市通海口镇红十字会获得“优秀乡镇（街道）红十字会”称号；十堰市红十字医院、黄冈市红十字会医院、武汉市蔡甸区红十字医院获得“100所红十字冠名医疗机构”称号；桂希恩、袁竞、曹亦农、王方明、魏华、朱方平、张学仁、熊亚利、郭春珍、韩志茹、王勇民、阮光南、曹亚东、程宁、牟立荣、茅东升、汪卫华、何雄武、樊立、周厚高、姚天明、李峰、白云富、李元宏、刘彤、张晖、汤佳、冯京铭、龙春俊、张学忠、吴世清、王军、余良鹏、胡宏锋、何健、刘智毅获得“红十字会员之星”称号；章晟、张晓、肖康康、张钰、乔华中、宗晓斌、范官林、刘建华、鄢来贵、陈光、王卓、陈国华、张治根、刘汝华、姜素平、黄杰峰、周光明、邹式华、鲁锋、王洪波、张延延、郝翠莲、杨斌、王雪萍、吴大罗、林佺祥、王元山、王冰、吕召民、何友为、邵如意、涂智刚获得“志愿者之星”称号。

11月20日，湖北省红十字会卫生救护志愿服务队在武汉科技大学中南校区，对近百名师生开展现场救护知识培训。支援队员们通过理论讲课、实际操作、情景训练、比赛颁奖等形式，把心肺复苏、创伤救护、意外灾害事故逃生等知识和技能传授给在场的师生们，使他们学到了很多急救知识，锻炼了对手操作能力。

12月21日，湖北朋友爱心工作组、武汉艾家族在武汉举办“你我同心、亲近健康，预防艾滋”宣传募捐活动期间，武汉市江岸区红十字会和江岸区疾控中心工作人员到现场宣传“人道、博爱、奉献”精神和预防艾滋病知识，并为36名“艾家族”成员现场抽血检查艾滋病。活动中共捐款1195元，捐衣物500件。

12 月 30 日，武汉市档案局致函武汉市红十字会，告知该会档案室被认定为湖北省档案工作目标管理一级单位，并建议该会对作出贡献的单位和个人给予奖励。

12 月，武汉市红十字会与各区红十字会培训急救员和普及救护常识人数累计 134639 名，其中师资培训 1551 人、救护员培训 3030 人、救护防病知识普及 131609 人；举办各类救护培训班 389 期。

本年，武汉市红十字会向总会、省红十字会申报“新型农村合作医疗及大病救助试点区”工作，先期投入资金 4 万元作为试点启动经费，并要求该市汉南区加强新农合组织机构建设，制定规范的救助资金使用、管理、监督、审计制度，结合本地区特点，创造性开展工作。

本年，仙桃市红十字会工作得到了总会和省红十字会的充分肯定，该市通海口镇红十字会被总会授予“优秀乡镇红十字会”称号，市红会秘书长魏华等同志被总会授予“红十字会员之星”称号；仙桃市红十字会获湖北省红十字会 2008 年抗震救灾最佳组织奖，获 2007—2008 年度湖北省无偿献血先进城市奖。

本年，面对突如其来的新中国成立以来破坏性最强波及范围最广、救灾难度最大的“5·12”汶川大地震灾害，武汉市红十字会千方百计发动社会力量积极筹集救灾款，共募集救灾捐款 1.1 亿元，捐款数占全市到帐捐款数的三分之一，为武汉市红十字会赈灾捐款历史之最；募集救灾物资 1000 余万元，动员组织万余名红十字志愿工作者参与各种形式的抗震救灾服务工作，并派出干部深入灾区一线工作。

2009 年

元旦、春节期间，湖北省红十字会在全省范围内大力开展了“红十字博爱送万家”活动。共募集资金 23.7 万元，募集价值 916 万元的物资，款物合计 939.7 万元。发放到 17 个地市 9367 户，47000 人受益，给最困难的群体送去了党和政府及社会爱心人士的爱心与温暖，深受社会各界的肯定与好评。

1 月 20 日，总会向湖北省红十字会派往汶川地震灾区并参加中国红十字会应急队（EUR）的队员颁发荣誉证书。在丹麦大本营担任救援队员的湖北省咸宁市红十字会秘书长柯剑、武汉市红十字会刘彤、十堰市红十字会陈光等获得奖励。

2 月 13 日，武汉市财政局发文，核定武汉市红十字会 2009 年预算收入 482.32 万元。其中，财政拨款（补助）482.3 万元，上年结转 0.02 万元。2009 年预算支出 482.32 万元。其中，基本支出 159.66 万元，项目支出 322.66 万元。

2 月 16 日，省红十字会党组召开党组会，专题研究对 2008 年各市（林区）红十字会目标任务完成考核工作。会议由党组书记、专职副会长毛三元同志主持，党组成员、秘书长郑军，党组成员、办公室主任邓红同志参加了会议。会议从理顺管理体制、雪灾和地震募捐、订阅报刊、骨髓捐献、上缴会费等 5 个方面对 2008 年全省各市州（林区）红十字会工作完成情况进行了统计和分析。决定授予武汉、襄樊、宜昌、黄石、黄冈、十堰、咸宁、荆州等 8 个市红十字会"2008 年目标任务完成优秀奖"；授予潜江仙桃、孝感、神农架、鄂州、荆门、随州、恩施等 8 个市州（林区）红十字会"2008 年目标任务完成达标奖"。

2 月 25 日，省红十字会发文，对完成 2008 年红十字会目标任务的单位给予表彰。

2 月 25 日，在新中国成立 60 周年之际，为表彰长期以来为红十字事业发展倾注心血和汗水的广大红十字工作者，进一步激励红十字会工作者立足本职，爱岗敬业，甘于奉献、勇于创新的精神，中国红十字会总会印发《中国红十字会总会关于颁发中国红十字会工作者荣誉证章的决定》，分别向从事红十字会工作满 5 年、10 年和 20 年的中国红十字会工作者颁发铜、银、金质奖章。湖北省的邓红、袁竞、刘彤、王德平、张晖、骆钢强、罗虹、罗立民、赵敏、冯京铭、林清秀、刘丽莎、牟立荣、黄红光、蔡加滞、夏耘、柯剑、姚天明等人获得金质证章；李荣、陈凡、王雁、高民主、鲍毅、张德贵、吕军生、张四和、孔长军、段凤先、蔡宇琳、黄古田、李旭光、李翔、鲁子英、王东芬、苏启观、周永新、王凤姣、过徐北、彭荣华、李莉、章小才、彭大恒、成社、赵复雄、刘辉敏、秦宏邦、赖光平、张义龙、张继华、杨松、望作范、汪和平、韩永林、陈龙生、黄建斌、卢光先、龙一民、姚圣忠、刘景芳、李萍、杨大楚、张国建、蒲万玉、徐鸣傲、左勇、高义生、熊森、熊京桥、熊胜桥、魏克林、吴复新、张永忠、贺水华、陈金平、黄明华、蔡启学、李容梁、李方武、许中山、度成保、袁玉松、熊明迹、祝金云、方凤兰、王国晚、蔡慧莲、罗程木、谢永耀、熊亚利等人获得银质证章；毛三元、王朝晖、黄芸、杨先明、范维盛、夏大鹏、陈甫洪、李政权、桂顺利、王萍、姚华、阮媛、苏英骏、张华斌、李永香、陶文、余忠凤、程燕莉、韩国新、刘大胜、秘爱华、陈洪泽、高俊红、曾向阳、王兆敏、易万兵、唐必华、匡磊、王佑国、艾军、刘德毅、望开春、雷万义、林章胜、向东、王波、夏鸣、郭小玲、陈正环、张建忠、许鸣、曹艳华、吴德斌、王良华、刘楚旭、王必明、郑光梅、汪卫华、孙天德、胡荣中、陈建勋、廖洪峰、陈高明、周厚高、张立平、向建强、田正茂、张学仁、许存鸿、陈代勇、夏显存、周升平、魏华、郭云霞、燕见青、望西成等人获得铜质证章。

3 月 10 日，《湖北省市州（林区）红十字会业务工作评价考核暂行办法》印发实施。该“暂行办法”明确了评价考核的指导思想、范围、原则、指标、方法等，并规定每年结合考核结果对先进红十字会进行表彰。这有利于全面落实科学发展观，充分发挥评价考核指标体系的导向作用，客观准确反映市州（林区）红十字会业务工作发展情况，形成科学有效的激励机制，促进全省红十字事业全面健康发展。

3 月 13 日，省红十字会召开学习实践活动总结暨“五·八”活动研讨会。

3 月 29 日至 4 月 2 日，香港红十字会国际及赈灾服务部主任蔡德升到宜昌市、仙桃市、咸宁市考察雪灾重建项目进展情况。

3 月 31 日，省红十字会向总会报告：2008 年“5·12”地震发生后，湖北省红十字会系统累计募集资金 23013.55 万元，物资折价 6215.06 万元。其中，省红十字会共募集物资 2.45 万件折价 3766 万元（含地市转入 614 万元），地市红会募集物资折价 2449 万元（由各地市红会自行发送四川）。所募集物资品种主要是药品、棉被衣服、食品及日用品。在支出方面，省红十字会募集资金 2029.6 万元，捐赠四川省 1751.8 万元；捐赠陕西省 100 万元；捐赠甘肃省 100 万元。省红十字会将募集到的价值 3631 万元的 2.21 万件物资分 3 批次发往四川地震灾区。各市州募集资金 20983.95 万元，直接由红十字会捐赠四川省 267.4 万元，捐赠其他省市 65.4 万元，其余资金纳入政府统一规划；募集物资捐赠四川省 2352.88 万元，捐赠其他省市 4 万元。省红十字会返回各地市红十字会的救灾款 1022.73 万元纳入政府重建规划，对口支援四川汉源，用于灾后重建通过协商，红会募集的救灾款主要用于民生工程，统一交由政府规划使用。

4 月 21 日至 26 日，武汉市红会组织武汉市部分媒体和捐赠者代表，赴汶川地震灾区回访，现场采访和了解援建项目施工进展情况。

4 月，省红十字会开展“城乡互联，结对共建”活动，并制定工作方案，成立领导小组，由党组书记、专职副会长毛三元同志为组长，党组成员、秘书长郑军同志和党组成员、办公室主任邓红同志为成员。

5月7日，武汉市红十字青少年工作委员会发文，成立武汉市教育系统红十字救护队。救护队的主要任务是，积极推动各区红十字青少年工作委员会和各级各类学校开展紧急救护知识的宣传与普及，负责组织教育系统大型集会活动的现场紧急救护队伍，积极参与市红十字会开展的相关工作和活动。

5月8日，省红十字会围绕“五·八”世界红十字日，并结合首个“5·12”国家防灾减灾日，与广州军区武汉总医院举办了“红十字与防灾减灾”为主题的大型纪念活动。该活动以普及群众性自救互救知识和技能、提高专业救援能力为主要内容，安排了群众性救护演练和专业性紧急救援灾害现场模拟演练。同日，省红十字会与广州军区武汉陆军总医院联手成立了“湖北省红十字会广州军区武汉总医院紧急救援队”和“湖北省红十字会广州军区武汉总医院救护培训基地”，中央电视台1台和7台在新闻联播中进行了报道。救援队的成立弥补了湖北省红十字会专业救援的空白，提高了该会紧急救援应急能力。省政府副省长、省减灾委主任、省红十字会会长张岱梨省政府副秘书长、省红十字会副会长李元江，省军区副司令员占俊参加了此次活动。

5月，湖北省红十字系统在“五·八”期间加大宣传力度，社会各界踊跃捐款捐物。其中，咸宁市红十字会募集款物折合12698.20元；黄冈市红十字会募集款物折合218136.00元；仙桃市红十字会募集款物折合466588.86元；荆州市红十字会和荆州电视台共同发起“博爱荆州行”救助晚期血吸虫病人活动，活动中募集款物折合60多万元；神农架林区红十字会募集款物折合60000余元；襄樊市红十字会募集款物折合30余万元。黄石市红十字会成立了黄石市红十字会医院紧急救援队，并以救护培训为切入点，在黄石理工学院学生骨干中开展了两次救护培训，5月12日进行了救护演练，通过培训和演练使同学们对救护知识有了深刻的认识，掌握了急救技能，收到了非常好的效果；襄樊市红十字会于5月8日上午在市红十字医院举行了“襄樊市红十字会应急救援队”成立仪式，市红会还对普通市民、建筑工人、特种行业职工、学生等不同人群有针对性地举办了五场次的救援培训，取得了积极效果；仙桃市红十字会开展初级救护培训和健康知识讲座15期（次），共4500人受训，5月8日下午组织1210名市民观看了《关爱明天》电影。

5月，省红十字志愿者无偿献血服务队在武汉市各个献血点宣传血液知识，服务献血者，并在5月3日举行了“骑车走三镇，无偿捐热血”宣传活动，引起市民广泛关注。十堰市组织200名红十字志愿者进行街头宣传，先后有2528人加入无偿献血者的队伍中来。咸宁市组织无偿献血1224人，加入中华骨髓库59人，并对2006—2008年无偿献血先进个人进行了表彰。黄冈市动员无偿献血5750人，加入中华骨髓库98人；仙桃市组织198人参加了无偿献血，156人加入中华骨髓库，超额完成全年工作任务。

5月，襄樊市红十字会5月8日下午组织应急救援队赶往樊城区太平店镇为农村居民义诊咨询、并免费发放了价值3万余元的药品；神农架林区红十字会组织专家走村串户开展义诊，累计1千余人次；十堰市5月9日举行了“讲文明，树新风，志愿者服务活动”，全市共义诊近6千人次，减免医疗费用7.5万余元，赢得了人民群众的广泛好评；荆州市红十字会发起“博爱荆州行”活动，首批为10位晚期血吸虫病患者免费治疗，在社会上引起较大反响，并有三位手术治疗成功；咸宁市红十字会组织内外妇幼专家66人，深入到农村、街道为群众义诊，提供免费咨询，共接诊1036人，防病咨询3千余人；黄冈市红十字会开展大型义诊、咨询，共义诊咨询2.4万余人次，并免费发放了一批药品，防病治病、红十字宣传单累计发放2万余份张贴标语，横幅410条；仙桃市红十字会发放宣传资料5.6万余份，义诊咨询近6千人次，悬挂展牌100块、横幅57条，办专刊18期，起到了很好的宣传作用。

5月，襄樊市红十字会积极向社会各界发出公益项目招募，“五·八”期间募集4万元用于山区留守特困生完成学业；神农架林区红十字会组织志愿者小分队到林区福利院为孤寡老人做志愿服务，同时捐献衣物价值4千余元，得到了社会弱势人群认可和赞誉；十堰市“五·八”期间深入贫困农村，为当地困难家庭解决实际困难，送去大米、棉被等急需物资价值1.1万余元，县红会另捐赠建设资金1.3万元用于贫困地区发展；咸宁市红十字会慰问特困家庭60户，发放衣物、慰问金2万余元；黄冈市红十字会到福利院及特困家庭发放衣服和救助金，慰问378人。

6月5日，省红十字会向湖北省政府报送成立湖北省红十字基金会的请示。

6月，据统计，自1998年至2009年6月，武汉市红十字会共募集国（海）内、外人道主义救助款物价值人民币1.69亿元。向江西、云南、广西、陕西、新疆和湖北省内等10余个省、市灾区提供人道主义援助价值人民币760余万元。

8月17日，受湖北省委省政府委托，湖北省红十字会向台湾“8·8风灾”灾民捐赠了100万元赈灾款。

8月18日，《湖北省红十字志愿服务管理实施细则》印发实施。该“实施细则”旨在促进和规范红十字志愿服务工作，弘扬“人道、博爱、奉献”的红十字精神，保障红十字志愿者的合法权益；内容包括红十字志愿服务得组织、管理、培训与奖励、保障等。同时，明确了湖北省红十字志愿服务委员会的职责。这位加强湖北省红十字志愿服务工作提供了制度遵循和行动指南。

8月，武汉市累计领取遗体捐献登记表的有5000余人，已办理登记手续的有4200余人，已实现捐献遗体愿望的283例；其中，捐献眼角膜50例（有20人既捐献了眼角膜又捐献了遗体）。

9月8日，根据《关于同意成立中共湖北省红十字会机关委员会的批复》，省红十字会成立省红十字会机关第一届机关委员会。同日，会党组召开全体党员大会，会议根据会党组提名，全体党员进行表决一致通过：郑军兼任党委书记，邓红兼任副书记，陈凡兼任党委委员。

9月24日，台湾“8·8风灾”发生后，湖北省各地红会积极响应号召，迅速组织开展向台湾遭受台风袭击的灾区捐款活动，累计有107家单位将捐赠款项缴至省红十字会，捐款总额达1689421.50元。

9月，甘肃省红十字会致函湖北省红十字会，请求湖北省红十字会援助甘南州地震受灾区卫生室建设经费22.5万元。

9月，中国红十字会会长彭珮云在湖北省考察红十字会工作，并推动湖北省委省政府加快理顺湖北省红十字会管理体制。

10月27日至29日，湖北红会派出代表参加在北京举行的中国红十字会第九次全国会员代表大会。会议期间，湖北省红十字会获得国家人力资源和社会保障部与中国红十字会总会联合颁发的“全国红十字系统先进集体”的荣誉称号，并在10月27日领取了温家宝总理亲自颁发的奖牌。

10月31日，湖北省红十字会系统共募集了7441.87万元的人道救助款物，其中募集救助物资3808.69万元，资金3632.94万元。其中，省红十字会机关募集款物3895.10万元。

11月17日，经过湖北省省直机关工委批准，中共湖北省红十字会机关委员会正式成立，并配齐了机关党委书记和副书记。

11月25日，湖北省第十一届人民代表大会常务委员会第十三次会议批准修订后的《武汉市实施（中华人民共和国红十字会法）办法》。此前，武汉市人民代表大会常务委员会关于修改《武汉市实施（中华人民共和国红十字会法）办法》的决定，于8月28日武汉市第十二届人民代表大会常务委员会第十九次会议审议通过。

11月30日，湖北省红十字会共争取中国红十字扶贫开发中心援助湖北省心电诊断设备35台套，价值700万元；北京华巨安邦科技有限公司捐赠医疗设备20台套，价值980万元。

12月2日，省人大教科文卫委员会副主任委员袁军晶会同省红十字会有关负责同志，赴鄂州市开展《红十字会法》和《实施办法》执法调研。调研组听取了当地政府贯彻实施红十字会法律法规的情况汇报，并与鄂州市人大、政府和相关部门的负责同志以及红十字会有关人员进行了座谈。

12月，湖北省红十字会推荐武汉市红十字会参评“全国红十字系统先进集体”。

本年，湖北省红十字会获得总会抗震救灾最佳组织奖；获得中华全国总工会抗震救灾、重建家园“工人先锋号”奖；获得省委、省政府抗雪救灾先进集体；获得武昌区文明办“文明单位”称号。

本年，湖北省新增加8个县级红十字会理顺了管理体制，累计有34个县级红十字会理顺了管理体制，占全省县（市）总数的51%，超过了全国县级红十字会理顺管理体制的平均数11个百分点。655个乡镇、200个街道建立了红十字组织，1362个社区设立了红十字服务站，1763所学校建立了红十字组织，冠名红十字医院119个。全省有基层红十字组织12273个，志愿工作者20743人，发展成人会员480112人，青少年会员613480人。

本年，省红十字会对湖北省发生暴雨灾害和雪灾的地区共派出了3个查灾救灾工作组，了解灾情，慰问灾民。省红十字会共募集救灾物资996.8万元，调拨700万元救灾物资紧急运抵各受灾地区。

本年，湖北省红十字会新引进项目47个（完成23个），内容涉及图书室、卫生院站、饮水、修路、电网改造等。共引进援助资金454.5万元。

本年，全省各级红十字会共培训了救护师资1303名、救护员45177名，开展救护防病知识普及433878人次，超额完成了年初理事会确定的救护培训任务。省红十字会建立了救护培训基地，成立了救护专家委员会，组建了救护师资库。

本年，省红十字会所属的中华骨髓库湖北分库共完成了5400人份骨髓捐献资料入库任务，超额完成了总库下达的5000人份的任务。省红十字会动员了895人捐献遗体，其中有72人成功捐献遗体，10人捐献了眼角膜；联手卫生部门动员了410922人次无偿献血；开展预防艾滋病宣传427802人次。

2010年

元旦、春节期间，湖北省各地红十字会募集款物1182.62万元，发放给17个地市5.91万户困难人群，使23.65万人受益。其中，省红十字会给筹措到包括服装、棉衣、棉被、大米等价值867万元的物资。省红十字会还派出3个慰问组，分别到黄冈市团风县、襄樊市枣阳县和咸宁市通山县等地，参加当地启动仪式和开展入户慰问活动。

1月8日，湖北省红十字会第十一次"红十字博爱温暖送万家"（武汉）正式启动。湖北省副省长、省红十字会会长张岱梨出席启动仪式，省红十字会专职副会长毛三元主持仪式。此次活动共发放救助物资484600元。其中，省红会下拨大米89.835吨、家庭包200个，价值340000元；武汉市红十字会自筹食用油、棉被等物资，价值144600元，使5434户特困家庭、11434人受益。

1月15日，湖北省红十字会与湖北省金融办在武昌举办"博爱在荆楚"慈善答谢晚宴。湖北省政府副省长、省红十字会会长张岱梨出席活动，并为奥运冠军程菲、杨威颁发"湖北省红十字会博爱大使"证书。2005年以来，湖北省红十字会共募集5亿多元，引进公益援建项目130多个，受益人口689.5万人次。晚宴上，马应龙药业集团、招商银行武汉市分会、九州通医药集团等三家企业与省红十字会签署了人道及公益事业战略合作协议。武汉市正和大药房现场捐赠50万元人民币，用于资助武汉市社区贫困居民购药。马应龙药业集团现场捐赠价值200万元的药品。

1月16日，奥运冠军程菲、杨威在受邀担任"湖北省红十字会博爱大使"后，专程赴广州军区武汉总医院看望中国红十字基金会"天使阳光基金"救助的3名患儿，并勉励他们早日康复，重返校园。

2月7日，赤壁市红十字会慰问当地30户特困家庭，送去价值24000元的钱物。

2月8日，省红十字会发文，同意襄樊市传灯中医门诊部冠名为“襄樊市红十字会爱心门诊部”。

2月8日，武汉市财政局致函武汉市红十字会，核定武汉市红十字会2010年预算收入482.3万元，其中，财政指标拨款（补助）482.3万元。核定2010年预算支出482.3万元，其中，基本支出159.4万元，项目支出322.9万元。

2月28日，根据省红十字会要求，武汉市红十字会完成了对该市11名白血病患者申请“小天使救助基金”的情况进行审核。在将审核通过的结果上报省红十字会后，联合省红十字会开展对白血病患者的救治。

3月1日，湖北省卫生厅和省红十字会联合向卫生部、总会报送了2008—2009年度湖北省无偿献血先进集体和先进个人名单。其中，湖北省报送无偿献血奉献奖（金奖）候选人1583人，无偿献血促进奖候选单位3个（武汉银福传媒有限公司、武汉晨报、华夏德璐广告策划有限公司），无偿献血先进城市奖候选城市6个（宜昌市、孝感市、襄樊市、荆门市、十堰市、荆州市）。

3月25日，根据省红十字会要求，武汉市红十字会组织开展“金杯救护车健康扶贫活动”，并协助该市江汉区、江岸区、硚口区、洪山区和下口区购买金杯车15辆。

3月28日，根据省红十字会在全省开展“扶贫救心活动”的要求，武汉市红十字会在全市开展调查摸底。经各区共同努力，完成了“扶贫救心”救助对象的调查统计工作。据调查统计，武汉市有5个区上报救助对象111名。其中，有10名先天性心脏病患者。

4月6日，因为成都市遭遇严重干旱，金堂县、蒲江县、青白江区旱情尤为严重，成都市红十字会向武汉市红十字会发来求助信，请求武汉市红十字会大力援助，以应对严重的旱灾。

4月14日，青海玉树发生7.1级地震造成灾区人员巨大伤亡和财产重大损失后，中国红十字会总会于当日下午启动一级救灾响应，各级红十字会闻灾而动，迅速开展募捐活动，救助灾区同胞。湖北省红十字会召开紧急会议，积极响应总会号召，布置救助和募捐事宜，并立即向青海省红十字会捐款10万元，用于当地抗震救灾。

4月15日，为切实做好捐赠款项的接收、管理、使用、上缴等工作，省红十字会紧急召开了会党组扩大会，就募捐活动、数字统计、对外宣传、款物接收等项工作，对单位各部门进行了细致的分工安排和纪律要求。

4 月 29 日，湖北省各级红十字会募集的青海玉树地震救灾专款累计金额已近 1500 万元，救灾物资价值 968 万余元。同日，省红十字会与省审计厅联合发出《关于对玉树地震募捐款物加强管理的紧急通知》，要求各级红十字会本着对灾区人民负责，对捐赠人负责的态度，以高度的政治责任感和使命感，管理使用好捐赠款物，做到专款专用、定期公布，主动接受当地审计部门的审计。

5 月 4 日起，湖北省审计厅对湖北省红十字会玉树地震抗震救灾款物使用情况进行审计。

5 月 6 日，武汉市红十字会联合市教育局举办“武汉市首届教师救护技能竞赛”，来自全市 12 个区的 75 支队伍，共 225 人参加比赛。本次竞赛共产生团体总分一等奖 2 名、二等奖 4 名、三等 5 名，进一步提高了中、小学及幼儿园教师学习自救互救的积极性，对推广普及红十字自救互救知识和技能起到了重要作用。

5 月 8 日至 15 日，在纪念“五·八”世界红十字日活动期间，湖北省各地红会结合开展“红十字博爱周”活动，大力开展募捐和宣传工作，发放宣传资料 85200 份，全省筹资达 1934 万元；与省地震局合作举办地震应急救护人员卫生救护培训班；慰问贫困人员 2270 人，免费发放药品 196700 元。

5 月 21 日，省红十字会系统累计接收社会各界向西南旱灾灾区捐款 121.75 万元。

6 月 3 日，湖北省审计厅对湖北省红十字会玉树地震捐赠款物接收、管理、使用情况进行了全面审计。此前，湖北省审计厅已于 5 月 4 日对湖北省红十字会玉树地震捐赠款物使用管理等情况进行了审计。两次审计都客观、翔实地记录并反映了该会地震募捐款的接收、管理、使用情况，在社会上产生了较好影响。

6 月 8 日，据统计，自 4 月 15 日接受青海玉树地震捐赠以来，湖北省各地红会累计收到捐款 2669.707 万元。其中，省红十字会收到 734.5396 万元，各市州红十字会上缴 1935.1674 万元。捐款已支出 615.203 万元。其中，汇青海红十字会 10 万元，上缴总会 600 万元，拨给随州市红十字会慰问青海玉树在随州就读学生 1.1 万元，省红十字会支出救灾物资运输费、募捐条幅、荣誉证书、证书打印机宣传折页等费用 4.103 万元。同时，湖北省红十字会共收到青海玉树地震捐物价值 220.9982 万元，所有物资已于 4 月 30 日全数运抵青海省红十字会。

6 月 26 日，贵州省安顺市红十字会向武汉市红十字会发出感谢信，感谢武汉市红十字会在安顺市遭遇严重洪涝灾害后将武汉市爱心企业和人士的1000元捐款转赠给安顺市红十字会，并提供其他援助。

6月，截至本月，上半年湖北省各地红会共培训10000名初级救护员，为25000人普及急救知识。

7月5日，根据省红十字会《关于在武汉地区开展“魔豆宝宝”爱心工程公益项目的通知》要求，武汉市红十字会在全市征集贫困人群参加此次公益活动。经各区社区或街道、区红会和市红会的层层调查审核，确定了9个区的27名贫困对象。

7月20日，武汉市红十字会正式启动人体器官捐献工作试点，进一步提升“三献”工作水平。

7月21日，湖北省红十字会致函总会，请求总会给予湖北省抗洪救灾资金援助100万元。此前，总会高度重视，先后5次向湖北省调拨救灾物资，开展灾害救助，有力支援了湖北省抗洪救灾工作。

7月28日，武汉市红十字会专职副会长舒汉明亲临该市防汛救灾第一线，到蔡甸区为转移安置灾民送去了“五个一”，即：100箱方便面、100件矿泉水、100床棉被、100个家庭包和100壶食用油等救灾物资，并代表武汉市副市长、市红十字会会长刘顺妮到灾民安置点慰问灾民。

7月28日至30日，省红十字会在荆门市举办了湖北省首届红十字应急救护技能大赛，全省17个市州区24支代表队参加，全面展示培训成果。最终，武汉市红十字会代表队获得团体第一名，杨婵等10人获得大赛个人技能冠军和标兵。湖北省省政府、省政协、省应急办、省卫生厅领导出席了开幕式和闭幕式。据统计，自2003年国家公益彩票基金支持湖北省红十字会开展救护培训以来，湖北省累计培训师资1403人，组织群众参与救护知识和技能普及245万人次。

7月29日，武汉市遭遇严重暴雨袭击后，武汉市红十字会立即组织各级红会开展救助工作，并向湖北省红十字会申请拨付救灾款和救灾物资及药品，帮助该市因洪涝火害紧急转移安置的68942人渡过难关。

7月30日，截至当日，省红十字会系统共接收社会各界向青海省玉树地震灾区捐款3170.89万元、捐物价值1046.43万元。

7月，武汉市被总会正式确定为全国人体器官捐献首批11个试点城市。

7月，武汉市蔡甸区红十字会指导该区与区红十字会合作共建的消泗乡卫生院，在抗洪抢险中，参与一线抢险10次，派出医疗巡回人员44人次，巡诊641人，免费发放救灾急需药品4700元。

8月5日，省红十字会累计募集物资价值612.97万元，已发放物资价值594.97万元，品种主要有家庭包、棉被、衣服、消毒剂、药品、奶粉等，主要用于本省洪涝灾害的救助。

8月5日，湖北省红十字会累计争取总会援建卫生站2个、美国商会援助小学1所、总会基金会建“红十字书库”30个，共计援助资金达64万元。

8月10日，湖北省红十字会通过甘肃省红十字会向舟曲泥石流灾区汇去捐款10万元，并通过捐赠大厅、银行转账、邮政汇款、红十字募捐箱等不同方式接受来自社会各界的爱心捐赠。同时，要求各地红会继续行动起来，依法募捐，救助灾民。省红十字会也呼吁社会各界行动起来为灾区群众奉献爱心。

8月10日，省红十字会联合武汉市红十字会，使用美国一商会捐赠的9万元资金，维修改造武汉市黄陂区郑店小学，并顺利竣工。

8月12日，武汉市红十字会向舟曲泥石流灾区灾民捐赠10万元，并动员各界积极募捐，救助灾民。

8月24日，中共武汉市委、武汉市人民政府对全市对口支援四川省抗震救灾和灾后重建工作先进单位和个人进行表彰，授予武汉市红十字会“先进单位”称号，授予该会罗虹“先进个人”称号。

8月底，在中国红十字会总会举办的全国首届红十字应急救护技能大赛上，湖北省红十字会代表队取得第三名的好成绩，较好地展示了湖北省急救员的风采，展现了湖北省红十字会急救训练的成果。此前，湖北省红十字会举办了全省红十字系统教护演练比赛活动，武汉市红十字会参赛队伍荣获第一名。

9月1日，武汉市红十字会第一个心理救援志愿服务基地在市精神卫生中心成立。这是湖北宏源医药有限公司与武汉市红十字会合作，捐赠精神类药品，对贫困精神病患者进行救助的公益活动。该活动共为武汉市贫困精神病患者筹集救助药品价值人民币67万余元。

10月8日，白血病患者田明华向武汉市红十字会致感谢信，感谢武汉市红十字会以及社会爱心人士给予她的援助。

10月10日，省红十字会发文，表彰在全国首届红十字应急救护大赛中作出突出贡献的单位和个人，决定授予杨光田、魏捷、王华松3人“作出突出贡献的专家”称号；授予姚华“作出突出贡献的领队”称号；授予马可玲、王辉“作出突出贡献的教练”称号；授予周愿芳、朱小星、郭佳伦、杨蝉、程星5人“作出突出贡献的队员”称号；授予武汉市红十字会救护培训中心、江汉大学卫生职业技术学院两家单位“作出突出贡献的单位”称号。

10月25日，省红十字会下文，根据红十字会与红新月会联合会以及总会要求，同意成立中国红十字会供水紧急救援队湖北分队。该队由武汉、荆州、十堰、荆门、孝感、咸宁6个支队组成，基地设在孝感市的中国红十字会湖北救灾备灾中心。每支救援支队人员6名，其中水厂志愿者4名（水质化验员1名，机械、水电、管道工程师各1名）；红会专职人员2名（队长1名，由红会相关领导担任）。

10月31日，湖北省红十字系统累计募集到人道救助款物9793.57万元（救助物资2417.58万元，资金7375.99万元），超额完成年初制定的募集6000万元的目标。

10月，省红十字会召集相关地市在武汉市召开了供水紧急救援队招募组建会议，筹备成立中国红十字会湖北供水紧急救援队。至当年11月，经过西班牙红十字会2位专家和湖北供水ERT孝感分队共同努力，完成对供水设备的检查维修任务，并成功试车演示。

11月1日，省红十字会向总会推荐武汉市红十字会、宜昌市夷陵区红十字会参评青海玉树抗震救灾先进集体；推荐十堰市郧县红十字会办公室主任王波、黄石市红十字会秘书长程燕莉、省红十字会办公室主任科员黄芸参评青海玉树抗震救灾先进个人；推荐武汉市红十字会志愿者金钰傅、襄樊市南漳县志愿者杨国昌、省红十字会志愿者乔华中参评青海玉树抗震救灾优秀志愿者。该年青海省玉树地震发生后，湖北省各地红会积极募集捐款，协助灾区开展抗震救灾和灾后重建工作，涌现出一大批先进集体和个人。

11月2日，湖北省累计有52个市、县理顺管理体制（其中地级13个，县级39个），所有13个地级市红十字会全部理顺管理体制，有64个县（市）尚未完成任务；全省有12171个基层组织，工作人员665人（其中编制人数270人，专职人数177人，兼职人数218人）；有志愿者20240人，团体会员1077个、成人会员437352人、青少年会员672843人；以及151家冠名红十字会的医疗卫生机构。

11月3日，省红十字会向湖北省政府报送请示，申请将省红十字会“十二五”规划纳入省政府“十二五”规划，使其成为社会事业专项规划中的重要组成部分，更好地促进经济社会发展。

11月5日，总会、省红十字会在武汉举行“以爱育爱——爱心天使”活动，并发放价值100万元的奶粉，使100户贫困户受益。

11 月初，湖北省累计有 13 个地市（州）级红十字会全部理顺管理体制；县级红十字会理顺 39 个，尚余 64 个未理顺；拥有基层组织 12171 个，专职工作人员 177 个，兼职工作人员 218 个；有志愿者 20240 人，团体会员 12774 个，成人会员 437352 人，青少年会员 672843 人。

11 月 17 日，麻城农家女魏霞成功实施人体器官捐献，实现了湖北省非活体非亲缘人体器官捐献零的突破，成为湖北省人体综合器官捐献最多者。《湖北日报》对此进行了系列报道，全国人大常委会副委员会、总会会长华建敏和省委常委、副省长张岱梨都做出了重要批示。11 月 19 日，麻城市委宣传部、市殡仪馆、市精神文明建设委员会、共青团麻城市委员会、市红十字会、市志愿者协会领导和社会各界人士等一起送别魏霞，褒奖其善举。11 月 21 日，省红十字会常务副会长贺方红、武汉市红会秘书长桂顺利、黄冈市红会副会长周进一行对魏霞的家人进行了慰问。

11 月底，武汉市红十字会共募集捐款 11186949. 89 元其中，海地地震募捐 48090 元、西南旱灾募捐 178653 元、青海玉树地震募捐 8894100 元、甘肃舟曲泥石流募捐 759198. 10 元、“加油，冯志刚”救助项目募捐 216152. 90 元、“白雪公主”救助项目募捐 6900 元、武汉水灾募捐 218165 元、红十字募捐箱募捐 38338. 19 元、为军嫂田明华募捐 21300 元、助学募捐 52500 元等；收到爱心物资价值人民币 4141290 元。

11 月，为救助饱受洪水侵害的湖北受灾贫病婴童，中国红十字基金会在湖北启动“以爱育爱，幸福天使”行动，向湖北省红十字会捐赠总价值 500 万元的婴幼儿食品和 50 万元现金，用于贫病婴幼儿的救助。同时，捐赠现金 84 万元用于在湖北省内援建“幸福天使博爱新村”“幸福天使博爱卫生站”和“幸福天使红十字书库”。100 个贫困婴童家庭在武汉首义广场的“幸福小屋”领取了幸福天使基金捐赠的价值 21. 8 万元的婴儿食品。

11 月，省红十字会专职副会长贺方红率工作组到孝感市孝昌县卫店镇开展“城乡互联、结对共建”活动，并在深入调研和协商的基础上，与结对帮扶村开展了结对帮扶和共建工作，受到当地村民的欢迎。

11 月，省红十字会发出通知，公布了 2010 年全省征订《中国红十字报》和《博爱》杂志情况，以及 2010 年征订量为零的单位，并要求各地红会做好新一年的报刊征订工作。

11 月，截至本月底，武汉市红十字会共接收舟曲地震爱心捐赠接收捐赠款物 780502. 10 元，其中，捐款 759698. 10 元，捐物 20804 元；支付舟曲救灾款100000元。

12月10日，毕马会计师事务所受红十字会与红新月会国际联合会委托，对湖北省红十字会2008、2009年接受该会援助的10个项目的建设情况进行现场审计。

12月21日，武汉市烧伤妇女儿童救助基金在武汉市三医院正式成立，并首期募集到基金30万元。该基金委员会决定将基金交由武汉市红十字会托管，专门用于烧伤妇女儿童的救助。

12月24日，中国红十字会总会发文，授予武汉市红十字会、夷陵区红十字会“青海玉树地震抗震救灾先进集体”称号，授予湖北省金钰傅、杨国昌、乔华中“抗震救灾优秀志愿者”称号。

12月26日，经省红十字会最终审定，武汉市8个区的21名贫困生被录取参加省红十字会举办的第二期“魔豆宝宝”爱心工程培训班。此前，此次培训班于12月6日在武汉市教师进修学院如期开班。

12月28日，湖北省政府副省长、省红十字会会长张岱梨亲自听取湖北省红十字会的工作汇报，对湖北省红十字会工作给予充分肯定，并要求各级红会依法履职尽责，创新工作机制，突出工作重点，加强能力建设，为湖北省经济社会发展贡献力量。

12月28日，为进一步推进红十字志愿服务工作，武汉市红十字会正式成立武汉市红十字志愿服务委员会。

12月28日，武汉市红十字会向该市江夏区红十字会发出通知，将湖北省红十字会拨付的武汉人福医药集团股份有限公司捐赠的20万元救助款，转赠给江夏区红十字会，定向用于江夏区五里界镇群益村、童周岭村开展公益项目。

12月，武汉市红十字会红十字志愿服务部设立了特殊儿童帮扶和夕阳关怀等爱心救助项目，共筹集资金25000元，其中20000元为法国爱心妈妈团（银杏苑慈善协会）定向捐给武汉市敬老院和特殊儿童教育中心的捐款，5000元为台湾同胞黄明仁捐给武汉市孤儿院的爱心善款。

本年，湖北省红十字会募集资金约6.4亿元，用于开展人道救助行动；引进公益援建项目265个；动员33943人成为骨髓捐献志愿者；宣传发动239万人无偿献血4980人登记捐献遗体；为34.4万人进行了应急救护培训；开展“红十字博爱送万家”活动，受益群众达46万人次；打造了具有湖北特色的“温暖楚天行动”“博爱楚天行动”“博爱送万家”和“霞光”等人道救助品牌。

本年，武汉市红十字会共有各类红十字志愿服务队20余支，志愿者6千余名，其中在市红十字会注册登记的红十字志愿者1300多名。

本年，全省各级红十字会共培训救护师资9595名，救护员34295名，救护防病知识普及443180人次。

本年，中华骨髓库湖北分库超额完成了总库下达的捐献者资料入库任务5000人份及捐献骨髓人数任务12例任务。同时，完成骨髓捐献25例，完成初筛再动员人数1556人次。累计捐献造血干细胞人数达71例。全年采集血样6400余份，招募捐献者6400余人。

本年，湖北省各地红会围绕“五·八”纪念活动、“博爱送万家”活动、救灾救助、援建项目等活动，加强宣传工作，受到中央、省市媒体的广泛关注和报道。全省红十字系统在报纸杂志登载文章791篇，电视台播报节目1014条。

本年，湖北省红会新引进56个援建项目。收到香港红十字会捐助的“农村社区为本项目”经费150万元。引进中国红十字基金会援建卫生站、健康新村、博爱小学等项目24项，资金达300万。引进“红十字书库”项目30个，价值45万元。引进红十字扶贫开发中心援助湖北省咸宁市心电诊断设备4台套，价值80万元。引进红十字扶贫开发中心有偿援助湖北省基层红十字会和卫生院站救护车18辆，总价值124.20万元。超额完成了全年引进项目任务。

本年，湖北省红十字会开展“魔豆宝宝爱心救助工程”。经过广泛宣传，在武汉地区征集困难母亲240名，对她们免费开展“网上开店创业”技能培训。经过7个月的培训，有56位母亲通过考试，并获得省红十字会资助的每人1台电脑和1万元启动资金。而且，首批29位受资助的母亲有了稳定的收入来源，减轻了这些困难母亲的压力，增强了她们生活的信心。

本年，省红十字会加强机关党的建设工作，抓好省红会机关备灾救灾中心党支部换届工作，安排机关党支部书记参加培训，提升党支部建设水平和党务干部的工作能力；认真落实“三会一课”、民主评议党员等制度；加强机关干部作风建设，树立落实科学发展观，创建“六型”机关；以党的十七大提出的“以健全民主集中制为重点加强制度建设”为重点，推进民主集中制规范化建设，制度完善了《财务工作制度》《档案工作制度》《党风廉政建设暂行办法》《公务车辆管理制度》等一系列制度。

本年，武汉市红十字会用于社会救灾救助款物达7369237.69元。其中，接转上级红十字会下拨救灾救助款物1683906元，自筹款物价值

5685331.69 元。

本年，青海玉树地震和甘肃舟曲泥石流灾情相继发生后，武汉市红十字会第一时间发出救灾呼吁，公布捐赠账号，在全市开展为灾区募捐工作，共为两地灾区募集捐款物1900余万元。

本年，在玉树地震救灾行动中，由武汉大道物流红十字紧急救援运输志愿服务队派遣的3名红十字志愿者，满载武汉市红十字会募集的救助物资，冒着严重的高原反应，远赴甘肃玉树灾区，给灾区人民送去了药品、棉被衣物等，并帮助他们搬运和发放救助物资，被玉树灾区人民誉为“雪中送炭”的红十字志愿者。

2011年

1月1日，武汉市红十字会网上祭奠墓园正式开通。志愿者家属足不出户，就可以在网上完成网上向遗体捐献者点歌、献花、烧香、发表纪念文章等祭拜程序，志愿者家属凭吊亲人更加便捷。

1月，湖北省红十字会累计有39个红十字会理顺了管理体制，建设有12171个基层组织，冠名红十字医院151个；拥有志愿工作者20240人，成人会员437352人，青少年会员672843人。

年初，入选总会确定的首批开展人体器官捐献11个试点省（市）后，武汉市红十字会认真按照总会要求，精心组织、周密部署、稳步推进。省红十字会加强指导，积极协调，共同努力，各项工作依法有序进行。

3月，据不完全统计，自1998年至2011年3月，武汉市红十字会募集国（海）内外人道主义救助款物价值人民币近2亿元，向四川、甘肃、青海、云南、广西、陕西、新疆和湖北省内等10余个省、市灾区提供人道主义援助价值人民币1.4亿元，受益群众近8万人。

3月，截至本月底，武汉市累计领取遗体捐献登记表5000余人，办理登记手续4200余人。已实现人体器官捐献1例；捐献遗体387例，其中捐献眼角膜75例（有20人既捐献了眼角膜又捐献了遗体），捐献皮肤9例。

4月6日，总会印发《全国红十字模范单位标准（试行）》后，湖北各地红会认真组织学习，并对照标准，就红十字志愿服务组织、红十字基层组织、冠名红十字（会）医疗机构、中小学及高校红十字组织、社区红十字组织建设等加强建设和探索。

4 月 12 日，由湖北省红十字会与湖北日报传媒集团等主流媒体共同组建的湖北省红十字新闻宣传志愿服务队正式成立。湖北省委常委、副省长、省红十字会会长张岱梨出席仪式并为服务队授旗。志愿服务队以湖北省、武汉市以及中央驻湖北省的报纸、广播、电视、网络等单位的新闻工作者组成，宗旨是弘扬红十字精神，培育公益文化，提升公益意识，促进社会主义精神文明建设和和谐湖北建设；职责是围绕湖北省红十字事业，对全省红十字会开展的重要工作和重大活动进行客观报道，为红十字人道救助发出社会呼吁，对红十字会工作进行新闻监督。志愿服务队设队长 1 人、副队长 2 人，并推选各单位热心公益事业、自愿为红十字会服务的新闻工作者担任队员。服务队的成立进一步弘扬了红十字精神，促进红十字文化建设中发挥宣传作用。

4 月 15 日，湖北省委常委会听取省红十字会工作情况汇报，同意以省委、省政府的名义发文，就进一步加强新时期全省红十字会工作提出意见。

4 月中旬，湖北省人大教科文卫委员会分别赴宜昌市、宜都市、荆门市和孝感市对各地贯彻执行《中华人民共和国红十字会法》和《湖北省实施〈中华人民共和国红十字会法〉办法》的有关情况进行调研，听取当地政府部门的汇报，视察学校红十字青少年工作、救护培训学校、省红十字会备灾仓库，总结成绩，指出问题，并提出相关意见建议，有力推动了地方红十字会普法工作。同时，省红十字会邀请省人大教科文卫委、省政协社法委、省政府法制办、省司法厅领导并组织各市州、直管市、神农架林区红十字会负责人参加总会六·五普法电视电话会议（湖北分会场）。此外，根据总会规划，结合湖北省实际制定了《湖北省红十字会 2011-2015 年法制宣传教育提纲》。

4 月 29 日，湖北省红十字会第六次会员代表大会在武汉市举行。全国人大常委会副委员长、中国红十字会会长华建敏，中国红十字会常务副会长王伟、副会长郝林娜，湖北省委书记李鸿忠，湖北省省长王国生等领导，以及湖北各地红会、省红十字会团体会员单位代表、六届理事会理事候选人、会员代表、志愿者代表等 1000 多人出席开幕式。红十字会与红新月会国际联合会驻东亚区代表范马丁先生、湖北省妇联主席梁惠玲等到会致词。会议由湖北省委常委、副省长、省红十字会会长张岱梨主持。大会选举产生了新一届领导机构，审议通过了《湖北省红十字事业 2011-2015 年发展规划》，表彰了一批先进集体和先进工作者。

“六大”的召开对于进一步加强红十字会组织建设和思想建设，动员全省红十字会组织和广大会员，围绕中心服务大局，积极参与社会建设，服务保障改善民生，切实发挥党和政府人道工作领域得力助手作用，推进红十字事业新发展具有十分重要的意义。

4月下旬，全国人大常委会副委员长、中国红十字会会长华建敏在湖北期间考察了武汉石门峰名人文化公园遗体捐献纪念馆，视察了武汉市东亭社区红十字服务站、博爱超市，观看了社区志愿者的救护演练，并深入特困家庭进行亲切慰问。

5月9日，省红十字会印发通知，要求各地红十字会认真贯彻落实省红十字会第六次会员代表大会精神，做好传达学习、任务落实等工作，推动湖北省红十字事业跨越式发展。

6月9日至11日，湖北省红十字会启动灾害应急救助三级响应，对当地遭受暴雨冰雹灾害的灾民紧急拨付价值26.04万元的家庭包（内含衣服、鞋子等日常生活用品）、饮水消毒剂等救灾物资，并组织工作组到灾区进行发放。

6月13日，湖北省红会积极号召社会各界捐款捐物，支持湖北省抗洪救灾工作，并筹集到价值44.08万元的救灾物资。

6月14日，总会根据湖北省红十字会上报的洪涝灾情报告，继续支持湖北省做好灾害救助工作，并在前期支持400个家庭包和500箱饮水消毒剂的基础上，追加拨付价值25.38万元的夹克衫、环境消毒剂、饮水消毒剂等救灾物资，支持湖北省红十字会开展救灾工作。6月15日，总会派出赈济部副部长李立东等人员赶赴湖北，听取救灾情况汇报，指导救灾工作。

6月29日，中国红十字会主办的“红十字老区行”系列公益活动湖北站启动仪式在红安县七里坪镇熊家咀红军小学隆重举行。

6月，湖北遭遇旱涝急转的严峻形势后，省红十字会及时启动自然灾害应急救助三级响应，制定预案，紧急动员，周密部署，及时赶赴重灾区通城县查看灾情，紧急调拨救灾物资给咸宁、黄石、十堰红十字会划拨紧急救助金13万元，用于采购大米救助受灾群众。总会对湖北灾情高度关注、大力援助，先后调拨4批总价值103.29万元救灾急需物资，派出工作组赴通城县实地考察灾情，特大暴雨导致通城县城区居民饮水困难，应当地政府的请求，湖北供水紧急救援队紧急实施救援行动，14天共制水260吨，受益人口4000余人，有效地缓解了当地部分居民紧急阶段的用水困难。这是湖北供水紧急救援队组建后首次执行任务。救援行动深受人民群众欢迎，社区居民和当地政府送来“红十字会，人民感谢你”等锦旗、横幅救援队撤离时，当地居民夹道欢送。救援行动受到省红十字会隆重表彰，为湖北供水紧急救援队立足本省、面向全国、走向世界打下了良好基础。

7月，湖北成为人体器官捐献工作扩大的试点省后，省红十字会按照省政府的批示，参照国家的做法，成立了器官捐献委员会，研究制定了试点方案，并召开湖北省人体器官捐献试点工作会议，同时承办了两期人体器官捐献协调员培训班，积极稳妥地推进各项工作。

8月19日，湖北省红十字会召开全员动员大会，组织省红十字会机关和直属单位全体党员干部，传达和学习省委、省政府有关强力推进治庸问责动员会议精神，并针对工作中存在的“慵懒散软”现象，推出以“治庸提能、治懒提效、治散提神、治软提劲”为主要内容的治庸问责工作，进一步增强全会党员干部能力席位意识、危机意识、责任意识和奋发有为意识，切实转变作风，增强责任感，树立红十字会干部队伍爱岗、敬业、奉献的良好形象，努力提升红十字会的社会公信力。常务副会长贺方红主持会议并亲自动员、亲自部署，强调要坚持做到“四个到位”，即：组织领导到位、责任分工到位、人员参与到位、规定动作到位。

8月22日，湖北省红十字会和仙桃市红十字会形象大使、体操名将杨威通过其父将其在2002年第十四届釜山亚运会上夺得的体操个人全能比赛金牌交由仙桃市红十字会拍卖，并将拍卖所得用于帮助特困患者和品学兼优的寒门学子。

8月29日，省红十字会组织全体干部职工以“实施‘十二五’规划，推动跨越式发展”为主题，开展了解放思想大讨论；以“治庸提能、治懒提效、治散提神、治软提劲”为主要内容，开展了一场作风建设大讨论。党员干部分别从不同方面、不同视角各有侧重地踊跃发言，谈认识、谈体会、谈学习、谈工作。通过讨论，在机关干部职工中树立起了“人人参与治庸问责，人人都是红十字会形象，人人都要为全省红十字事业作贡献”的工作理念。

9月2日，湖北省政府法制办和省红十字会联合调研组就《湖北省遗体和器官捐献条例》（草案）在武汉市进行立法调研。调研组认真听取了武汉市红十字会关于开展人体器官捐献试点工作情况的汇报以及武汉市卫生局、市法制办、同济医院等单位提出的立法建议。省红十字会常务副会长贺方红、秘书长张钦等陪同了调研。

9月，为纪念世界急救日，襄阳市襄樊区红十字会干部走进民营企业襄阳瑞宝服饰有限公司，为该公司所属的6家工厂的20多名高层管理干部进行救护知识培训。

10月8日，省红十字会向中国红十字会报告，对总会转来关于武汉东方丽人医院冒充红十字会人员以免费体检骗取农村妇女治疗费用的情况，立即责成武汉市红十字会对此事进行调查。调查后发现，武汉东方丽人医院冒充红十字会人员以免费体检骗取农村妇女治疗费用情况属实，武汉市红十字会取消了武汉东方丽人医院的合作协议，与市政府有关部门采取了有效措施，对手术病人免费复查，晚会社会不良影响，并在今后工作中严把质量监督关，杜绝类似事件发生。

10月21日，湖北省红十字会派出常务（专职）副会长参加总会在江苏省昆山市组织召开的中国红十字会南方片区座谈会，学习贯彻党的十七届六中全会精神，总结各地红会的先进经验和做法，并就加强组织建设、体制机制创新等开展研讨。全国人大常委会副委员长、中国红十字会会长华建敏和中国红十字会常务副会长赵白鸽、副会长郭长江出席会议，并要求各地红会在新时期新形势下，要始终坚持党的领导，当好政府人道救助领域的助手。

11月1日至8日，香港红十字会国际及赈灾部主任林钧浩一行赴湖北考察农村社区为本备灾项目进展情况，并在石首市、十堰市、郧县实地考察村民培训情况，研究制定下一步工作计划。

12月2日，由湖北省红十字会主办、中国造血干细胞捐献者资料库（简称“中华骨髓库”湖北分库）、湖北电视台“阳光行动”栏目承办的“生命相髓——湖北省造血干细胞捐受者喜相逢”见面会在武汉举行。湖北省人大常委会副主任周洪宇、中华骨髓库管理中心主任洪俊岭、省红十字会常务副会长贺方红等领导出席仪式。见面会上，9名接受过造血干细胞移植的受捐者及家属与他们的湖北供者见面，彼此相认紧紧相拥，并互送祝福。

12月5日至6日，省红十字会常务副会长、副会长和秘书长赴京参加总会组织召开的省级红十字会领导干部培训班暨组织建设信息系统管理培训班。中国红十字会常务副会长赵白鸽、副会长郭长江出席会议并讲话。培训班邀请了中国社科院、中央党校、中央纪委等单位的专家学者讲授了社会管理、危机公关、廉政建设等方面的课程。

12月26日，《湖北省红十字会应急救护工作方案》印发实施。该“方案”明确了湖北省红十字会应急救护工作的指导思想、工作定位、总体思路、目标、内容、实施计划、保障措施等，对各地开展应急救护工作具有重要指导作用。

12月，中华骨髓库湖北分库拥有造血干细胞入库志愿者资料4.1万份，85名志愿者实现了捐献意愿。

本年，有5000多人在武汉市红十字会自愿登记捐献遗体器官，实现遗体器官组织捐献397名。

本年，省红十字会依托武汉市红十字会在武汉城市圈开展遗体捐献工作，建立了遗体捐献者纪念馆、纪念日、纪念碑、纪念林，设立了11个遗体捐献报名登记站、7个遗体（器官）捐献接收站。同时，积极参与无偿献血的宣传、动员与表彰工作，宣传动员200多万人次无偿献血，献血量达40000万毫升。

本年，《湖北省红十字事业2011—2015年发展规划》首次被纳入湖北省“十二五”规划。省红十字会与省发改委联合发布了《湖北省红十字事业“十二五”规划》。《规划》对于统领红十字事业“十二五”的发展，加快建设、促进提升、有效保障红十字会工作在经济社会发展中发挥积极作用具有十分重要的意义和影响，也是指导全省红十字会工作的蓝图。

本年，省红十字会实施总会、港澳红十字会、兄弟省市红十字会以及社会各界援助湖北省项目33个978.50万元；实施援助外省项目共计9个3351.43万元。项目内容涉及学校、民房、卫生院（站）、备灾仓库博爱家园、农村社区为本等。

本年，湖北省红十字会系统募集救灾救助款物总价值6328.20万元，组建“供水紧急救援队”和“灾害心理救援队”，进行了专业化灾害救援演练和培训，弥补专业救援空白，提升了湖北省应急救援能力；开展“博爱送万家，和谐在荆楚”活动，走访慰问城乡特困户、低保户、残疾人家庭、重灾户、艾滋病人等，共募集款物价值880.41万元，发放62个县市区，3.03万户家庭受益。

本年，省红十字会为迎接建党90周年，开展红十字老区行活动，调拨价值199.696万元的物资，深入老区乡村组织义诊、免费发放药品，上门慰问生活困难的老党员、老战士和革命后代。

本年，湖北省红十字会新一届领导班子上任后，有效“推进“4321”工程，即：着力推进“四个建设”（工作体制建设、备灾能力建设、应急救援建设、信息网络建设）、积极构筑“三个中心”（红十字应急救护培训中心、人体器官捐献管理中心、募捐筹资管理中心）、努力打造“两个品牌”（“博爱”项目品牌、“霞光”救助品牌）、奋力实现“一个目标”（运转良好的各级红十字会）。

本年，湖北省红十字会重点推动了“红十字博爱新村”和“红十字博爱社区”建设。共引进项目33个，总价值923.5万元；援外项目5个，总价值750万元。

本年，湖北省红十字“博爱送万家”活动共募集款物935.68万元，3.24万户家庭受益。继续扩大造血创业式救助规模，“魔豆宝宝爱心工程”筛选的74人已完成培训工作，并在武汉、襄阳、十堰、黄石等地铺开，援助范围进一步扩大。积极主动开展助医、助学、助困、助残和助老等人道救助工作，帮助30名白血病患儿获得中国红十字基金会100余万元救助资金。深入实施“天使爱心行动”“温暖楚天行动”“博爱楚天行动”和“以爱育爱幸福天使行动”等特色救助活动，形成了具有湖北特色的“博爱”“霞光”等人道救助品牌。

本年，湖北省红十字会推进救护培训知识进学校、进课堂、进企业、进机关、进农村，广泛普及救护知识和健康知识。培训救护员19030人，参与急救知识讲座480652人次。

本年，湖北省红十字会加强救灾备灾基础设施建设，形成了以中国红十字会湖北备灾救灾中心为主，以宜昌、荆州、咸宁、黄冈、潜江、荆门、仙桃、恩施、神农架、十堰等十个市州备灾仓库为辅，以灾害多发地县级备灾仓库为补充的红十字应急备灾网络体系。

本年，经过积极争取、有效沟通，省财政部门对红十字会有关会议经费、救援队工作经费、援助项目经费、ERT项目经费等给予大力支持，确保了重大活动正常开展和各项工作有序推进。特别是，省政府追加预算400万元作为省红十字基金会初始资本金，以后视年度财力状况，再逐步补充。湖北省红十字会财政预算2011年增加了28%。

本年，按照总会的部署和要求，省红十字会积极推进“能力建设年”活动，并结合湖北省在省直机关党员干部中开展的治庸问责工作，以“治慵提能、治懒提效、治散提神、治软提劲”为主要内容，精心抓好宣传发动，自查整改、检查追责，总结提高等工作环节，全方位查找能力平慵、业绩平庸、思想懒惰、工作懒惰纪律作风松散、工作懒散等“慵懒散软”方面的突出问题进一步规范和完善政务、业务、财务等制度，形成了以制度管人、管财、管事和以制度规范工作的良好局面，工作效率和质量明显提高，运转良好的省级红十字会建设有序推进。

本年，武汉市各级红十字志愿者共有3万多人，成立了“红十字新闻志愿服务队”“心心语志愿服务队”“乐助自愿服务队”“紧急救援运输志愿服务队”“武汉市红十字紧急供水救援志愿服务队”“武汉市红十字紧急救护志愿服务队”“红十字社区志愿服务队”和“遗体器官捐献”志愿者等20余支红十字志愿服务队，市红十字会直管注册的志愿者达6000余名。